68

L'ÉGYPTE EN 1845.

SAINT-DENIS.—IMPRIMERIE DE PREVOT ET DROUARD.

L'ÉGYPTE

EN 1845

PAR

M. VICTOR SCHOELCHER.

PARIS.

PAGNERRE, ÉDITEUR,

Rue de Seine, 14 bis.

1846.

L'ÉGYPTE.

PARTIE POLITIQUE.

CHAPITRE PREMIER.

Impôts.

Division administrative de l'Egypte. — Diverses contributions. — Règlement de l'impôt territorial. — Solidarité générale des contribuables. — M. Cosseri. — Le Para. — Villages confisqués au profit du vice-roi. — Spoliation des titres de propriété. — Toute l'Egypte est devenue le domaine de Méhémet-Ali. — Les impôts perçus à coups de bâton. — Horribles cruautés commises envers les contribuables. — Villages donnés en cadeaux. — Gaspillage de l'administration. — Aucun recours contre l'arbitraire. — Méhémet-Ali ferme les yeux sur les concussions. — Tout le monde volé. — La solde des employés et de l'armée, toujours arriérée. — L'Etat ne doit jamais rien perdre. — Les ouvriers obligés de payer la réparation des machines. — Les officiers responsables de l'équipement des déserteurs. — L'armée vaincue en Syrie, forcée de payer le matériel perdu. — Fonctionnaires privés de leur solde comme punition. — Mendicité générale. — Backchis.

Deux intérêts puissants nous firent entreprendre un voyage en Orient (novembre 1844) : le désir d'étudier l'esclavage musulman pour le comparer à l'esclavage chrétien ; l'espérance de contempler en Egypte un spectacle unique dans l'histoire, celui d'un peuple régénéré par son maître. Nous pensions qu'il s'accomplissait sur les bords du Nil une œuvre de civilisation, et qu'un grand homme appelait de sa puissante et généreuse voix une race longtemps opprimée à la liberté, à l'industrie, à tous les perfectionnements sociaux.

Nos recherches sur la servitude d'Orient ont besoin de se compléter en Algérie, où la France tolère encore cette odieuse institution ; elles formeront un ouvrage spécial. Ici nous ne parlerons que de l'Egypte.

Ce qu'on va lire est l'exposé de ce que nous avons vu.

Nous ne croyons pas utile, avant de commencer, de dire ce qu'était l'Egypte au moment où Méhémet-Ali l'a prise. Plus d'un voyageur a rempli cette tâche. La seule chose qu'il importe de savoir, c'est que le régime qui pèse aujourd'hui sur l'antique royaume des Pharaons est entièrement dû à celui qui le gouverne. La soumission séculaire du peuple égyptien à tous les maîtres ne s'est, hélas ! jamais démentie. Méhémet-Ali, depuis trente ans, peut ce qu'il veut ; il avait table rase, et tout ce qui existe en Egypte est bien son ouvrage, soit qu'il l'ait conservé du passé, soit qu'il l'ait créé à nouveau. On ne doit pas chercher la clef des choses autre part que dans la volonté jamais contredite de ce pacha souverain. Son dessein, son but, la valeur et la portée de ses actes, le mystère de l'étrange galvanisation politique, qui a provoqué l'attention de l'Occident, ressortiront des faits ; à mesure que le tableau se déroulera, on verra quelle route a suivie le vice-roi Méhémet-Ali, pourquoi il s'y est engagé et comment il a pu jouer son rôle. Nous abordons, sans autre préambule, notre triste sujet ; les considérations qu'il peut faire naître en découleront d'elles-mêmes.

Examinons d'abord l'organisation administrative et financière.

L'Egypte moderne est divisée en trois grandes provinces : la Haute, la Moyenne et la Basse-Egypte, à la tête desquelles sont des pachas. Ces trois provinces sont subdivisées en sept gouvernements ou moudyrlicks, dirigés par des espèces d'intendants, appelés moudyrs. Il y a deux moudyrlicks dans la Haute-Egypte, une dans la Moyenne et quatre dans la Basse. Les sept gouvernements se partagent en 64 départements, dont les chefs s'appellent mamours. Les départements sont à leur tour séparés en cantons, sous les ordres de directeurs du nom de nazirs, puis enfin le canton embrasse plusieurs villages, conduits par un homme de la localité, sorte de maire nommé cheik-el-beled, chef de village. « On compte 2,250 villages [1]. »

Parmi ces fonctionnaires, il n'y a que les pachas qui aient réellement un caractère politique ; tous les autres ne sont guère que des intendants du vice-roi, chargés de l'exploitation du pays. Le mamour, particulièrement, fixe, d'après les ordres supérieurs, les travaux de l'agriculture et les diverses sortes de cultures imposées à chaque village.

Telle est à peu près l'organisation intérieure de l'Egypte ; nous disons à peu près, et nous ne serions pas surpris de n'en avoir point exactement précisé le mécanisme, car la volonté du vice-roi suffit à tout faire et défaire, et là où règne la loi du bon plaisir, il est difficile, on le conçoit, de saisir ses formes toujours changeantes.

Le cheik-el-beled est chargé de percevoir les contributions de chaque homme de son village ; les nazirs touchent des cheiks et s'acquittent dans les mains des mamours, qui versent ensuite au trésor ou dans les magasins de l'Etat.

Les contributions régulières, en dehors des réquisitions toujours nombreuses, se paient, à la campagne, en numéraire ou en denrées ; à la ville, le cheik de chaque catégorie d'habitants ou de chaque corporation de marchands les recouvre en numéraire. Elles sont de plusieurs sortes. L'impôt personnel ou ferdeh, qui frappe tout le monde, est une innovation de Méhémet-Ali ; il remonte à 1822. On commence à payer le ferdeh à 15 ans. Il est fixé pour cet âge à 10 piastres, et augmente successivement d'une manière arbitraire, à mesure que l'individu grandit et selon sa condition. Les domestiques n'en sont pas exempts : leur taxe s'élève d'ordinaire à 40 piastres. Outre le ferdeh et l'impôt territorial, dont nous parlerons tout à l'heure, l'homme des campagnes a encore à payer un droit sur chaque tête de bétail, chaque pied de dattier [2] et chaque sakié, roue hydraulique indispensable pour l'arrosement des terres.

---

[1] Mengin, *Histoire de l'Egypte sous Mohammed-Ali*, 2 vol. in-8°, 1823.

[2] On fait monter le nombre des dattiers à cinq millions pour toute

Les fellahs ou paysans, gente taillable à merci, doivent de plus fournir toutes les corvées dont ils sont requis par le vice-roi ou les pachas; mais, lorsqu'un village a ainsi été employé à une corvée, quelquefois pendant un, deux et trois mois, il n'en est pas moins tenu de solder sa contribution entière.

L'impôt territorial a été réglé vers 1820 ou 1821, pour ainsi dire à forfait. Cette combinaison financière caractérise parfaitement l'esprit général des institutions de Méhémet-Ali. On compta un jour l'étendue des terres de chaque village avec le nombre de ses habitants, et, sur cette donnée, on détermina le chiffre fixe de la redevance ! Maintenant, que le fleuve ronge le terrein; que la guerre, l'émigration, la mort, diminuent la population; que les hommes ou les animaux de labour aient été requis par le gouvernement; que la crue du Nil, insuffisante, n'ait pu atteindre les hautes terres, il n'importe ! le fisc ne connaît aucune raison, n'admet aucune excuse : le village devra, quoi qu'il arrive, payer la somme à laquelle il a été taxé. Que si, au contraire, le fleuve augmente son territoire, car le Nil, toujours généreux, même dans ses désordres, ne prend guère à l'une de ses rives sans rendre à l'autre, oh ! alors, c'est différent : le gouvernement calcule, mesure, suppute, et prononce une augmentation qui reste ferme à son tour, quelque changement contraire qui puisse arriver ensuite.

Voici qui paraîtra encore moins croyable, malgré l'authenticité du fait. Pour assurer la perception de l'impôt, on a conçu l'Egypte. « Ils sont généralement taxés, selon leur qualité, de 1 piastre à « 1 piastre et demie : » la piastre vaut 5 sous [*].

Cet arbre est un des plus bienfaisants que la nature ait donnés à l'homme. Son fruit, toujours bon, frais ou sec, et très nourrissant, est suspendu à la base des palmes en énormes grappes qui pèsent quelquefois un quintal. La Haute-Egypte, renommée pour la qualité supérieure de ses dattes, en a de grandes plantations appelées dattières. A l'époque de la récolte, on fait sécher les fruits au soleil, et ils deviennent l'objet d'un commerce assez étendu. Le dattier vit, dit-on, jusqu'à deux cents ans.

[*] *An account of the manners and costoms of the modern Egyptians.* By Lane, 2 vol. in-12; London, 1837, p. 79 du 1ᵉʳ vol.

un genre de solidarité qui n'a peut-être pas de précédent ou d'analogue dans l'histoire fiscale, si riche d'ailleurs en iniquités. Les habitants d'un même village sont responsables les uns pour les autres; nul ne peut se soustraire à cette effroyable loi, et, tant qu'il reste un para [1] à celui qui a déjà payé son contingent, il doit encore payer pour tous ceux de ses frères qui sont insolvables. Ce n'est pas tout; il y a de plus solidarité entre les villages d'un même canton et entre les cantons d'un même département!!!

Inutile de dire qu'un aussi monstrueux système a détruit toute espèce d'activité, d'énergie, de progrès. Quel homme voudrait travailler et chercherait à se créer un bien-être par l'économie, lorsqu'il sait que tout ce qu'il possède peut à chaque heure lui être ravi pour solder la dette de son voisin? Citons un exemple emprunté à MM. Cadalvène et Breuvery [2] :

« Un Syrien intelligent et habile agriculteur, M. Cosseri,
« drogman du consulat d'Autriche à Damiette, se laissa persua-
« der de prendre du gouvernement et de cultiver six cents fed-
« dans [3] de terre. La seconde année, après avoir fait beaucoup
« d'améliorations et de dépenses, il trouva, tout compte fait et
« ses impositions payées, un bénéfice net de 18,000 piastres
« (environ 5,400 fr.); mais, à peine avait-il fini de régler avec
« le fisc, et calculé avec un certain contentement le produit de

---

[1] Le para est une petite pièce de cuivre si légère que le vent l'emporte. Il y a 40 paras dans une piastre, et la piastre vaut 5 sous. La valeur d'un sou est donc subdivisée en huit parties. Nous avons, il est vrai, en France, des centimes qui représentent la 5ᵉ partie d'un sou; mais, en France, on ne peut rien acheter pour un centime; en Égypte, beaucoup de choses se vendent 2 et 1 para. Un centime n'est rien chez nous, un para est quelque chose ici. Méhémet-Ali a sagement voulu détruire l'usage du para, subdivision monétaire trop minime; il a fait frapper une énorme quantité de pièces de 5 paras; mais dans la Moyenne et la Haute-Égypte, on se sert encore généralement de cet infiniment petit.

[2] *L'Égypte et la Turquie de 1829 à 1836*, 2 vol. in 8°, 1836, page 66 du 1ᵉʳ volume.

[3] Le feddan égale 40 ares 83 centiares, ce qui équivaut à 4,100 mètres carrés, ou un peu moins des 4/5 d'un arpent.

« son travail de deux années, qu'on vint encore réclamer de lui
« le paiement de 25,000 piastres (7,500 fr.). — Je ne dois rien,
« répondit-il; j'ai quittance de mes impositions; c'est hier
« même que j'ai soldé. — Ceci est une autre affaire; vous avez
« payé pour vous; mais nous demandons aujourd'hui la part
« qui vous concerne dans la répartition des dettes contractées
« envers le trésor par les cultivateurs des terres voisines, qui
« n'ont pu acquitter leur cote-part.

« Force fut de payer, car tout raisonnement échoue devant
« des ordres qui s'exécutent à coups de bâton et par la saisie
« immédiate. M. Cosseri maudit la malheureuse pensée qui lui
« était venue de faire fructifier les terres du pacha; il abandon-
« na bœufs, brebis, semences, projets d'amélioration, rêves de
« fortune, et redevint inoccupé et pauvre comme devant. »

Lorsqu'un village est resté quelque temps sans pouvoir acquitter la taxe, et que la solidarité des voisins ne paraît pas devoir combler le déficit, il est confisqué au profit du grand-pacha ou vice-roi avec tous ses habitants et toutes les terres qui en dépendent! C'est la contrainte par corps exercée en masse; bien plus que la contrainte par corps: c'est la mise en servitude de la population insolvable, car il faut ajouter qu'un village une fois confisqué ne peut plus s'affranchir, paya-t-il même son arriéré. On donne aux villages entrés de cette manière dans le domaine particulier du vice-roi le nom de chiflick.

Il avait commencé cette œuvre de spoliation générale dès 1810, en demandant aux propriétaires l'exhibition de leurs titres pour les vérifier: « Les plus confiants, dit M. Mengin, auteur
« dévoué à Méhémet, au service duquel il était resté longtemps,
« les plus confiants les déposèrent, et, sous différents prétextes,
« on les garda dans les archives. La plupart furent ainsi dépos-
« sédés: seulement, ceux qui avaient quelques protecteurs puis-
« sants touchèrent la moitié de leurs revenus sur les douanes,
« les autres ne reçurent aucune indemnité [1]. »

Méhémet s'est emparé aussi des biens des mosquées et de

---

[1] 1er vol., page 345.

ceux dont les maîtres avaient confié l'administration au clergé, espérant les sauver en les mettant sous la garde de la religion. Il se contenta, après avoir annulé tous les titres de ces dernières propriétés, appelées wakoufs, d'acquitter les charges spéciales dont il lui plut de reconnaître la légalité. Quant aux mosquées elles-mêmes, il s'attribua le soin de fournir à leurs besoins.

Le territoire presque entier de l'Egypte est devenu de la sorte la propriété particulière de Méhémet-Ali : il en est le seigneur féodal, l'unique possesseur ; tout est à lui, terres et personnes, sauf les biens qu'il a distraits, pour les donner en apanage avec leurs habitants à sa famille et à ses favoris.

C'est ainsi que, par d'autres moyens non moins barbares, le fils de Jacob mit autrefois la population entière du pays dans la dépendance servile du Pharaon qui avait fait sa fortune : « Vous « et vos terres appartenez désormais à Pharaon ; » mais le roi qui accepta les propositions de Joseph était de la dynastie des pasteurs ou hyksos, de ces habitants nomades du désert, qui peuvent être considérés comme les ancêtres des peuplades arabes appelées Bédouins. Ils étaient en Egypte en pays conquis, et Joseph était lui-même un étranger. Cependant, on est allé chercher cet antique évènement pour en faire au grand-pacha le plus étrange bouclier du monde. « Ce système « défectueux, dit le docteur Clot-Bey, ce n'est pas Méhémet-« Ali qui l'a inventé : il existait de tous temps en Egypte, et « porte en lui, par conséquent, un haut caractère de néces-« sité [1] ». Joseph lui-même n'aurait pas mieux trouvé pour défendre son Pharaon. Avec cette manière de raisonner, si Clot-Bey était passé au service de Prusse ou de Russie, il est permis de craindre qu'il ne se fût fait le défenseur de la torture, car, la voyant remonter, en Allemagne et en Russie, aux siècles les plus reculés, il en aurait dû aussi conclure « qu'elle porte un haut caractère de nécessité. »

Quoi qu'il en soit, les fellahs, les cultivateurs de l'Egypte,

---

[1] *Aperçu général sur l'Egypte*, 1840, 2 volumes in-8°, page 199 du 2ᵉ volume.

ne sont plus que des ilotes, des hommes attachés à la glèbe ; en leur demandant le ferdeh, une contribution personnelle, on a résolu un problème que l'on aurait cru insoluble, celui d'imposer des serfs.

L'homme qui établissait des impôts avec un despotisme si désordonné ne devait reculer, pour les faire rentrer, devant aucun moyen. Méhémet-Ali a été conséquent. Le pouvoir le plus absolu est laissé au différents fonctionnaires chargés de la perception. Ils usent à leur gré, sans contrôle, sans responsabilité, du bâton sur la plante des pieds et du courbach sur le corps nu[1]. Si le fellah ne paie pas, on le bat; on le bat sans aucune forme de procès, jusqu'à ce qu'il paie tout ou partie, jusqu'à ce qu'il donne son dernier para ; et, c'est un fait certifié par un Européen qui nous parlait d'après le témoignage de ses propres yeux, quand cet infortuné ne cède pas aux coups sur les reins, il est arrivé qu'on l'a fouetté sur le ventre...... Lasser le bourreau est le seul moyen qu'ait le contribuable de prouver qu'il ne possède plus rien. Les gouverneurs, les moudyrs, les mamours aux abois, ne reculent pas devant l'emploi de la peine capitale ou de supplices plus affreux que la mort, pour arracher de la population épuisée l'argent que ne cesse de demander le vice-roi. « Malgré l'épidémie qui décimait la po-
« pulation d'Edfou, réduite à 1,500 âmes, écrivent MM. Cadal-
« vène et Breuvery[2], le fisc n'entendait pas perdre ses droits,
« et Chériff-Bey était venu quelques jours avant notre arrivée
« avec une centaine de ses soldats pour presser la rentrée
« de l'impôt. Dans l'impossibilité de l'acquitter, les fellahs,
« poussés à bout par les mauvais traitements, avaient osé me-
« nacer de repousser la force par la force, et deux malheureux
« dont les cadavres agités par le vent pendaient attachés au

---

[1] Le courbach est une grosse cravache en cuir d'hippopotame. Il forme l'objet d'un grand commerce entre l'Egypte et l'Afrique d'où on le tire. On regarde le mot *courbach* comme la racine étymologique de notre mot *cravache*, qui nous est venu des Allemands, qui, eux-mêmes, l'avaient pris aux Turcs.

[2] 2e volume, page 403.

« gibet élevé près de leur misérable cabane, étaient encore là
« quand nous arrivâmes à Edfou, pour rappeler aux habitants
« ce qu'ils avaient à attendre de leurs inexorables domina-
« teurs. Plusieurs autres fellahs avaient eu le nez et les oreilles
« coupés, et la stupeur la plus profonde était venue, chez ces
« infortunés, se joindre au fléau terrible qui les moissonnait. »

« En 1839 ou en 1840, dit à son tour M. Hamont[1],
« Os.....-Effendi avait demandé bon nombre de chameaux aux
« chefs des villages, ses subordonnés, pour transporter du
« matériel de guerre dans le Sennaar. Un cheik refusa, je
« ne sais pourquoi, de fournir le contingent qui lui était im-
« posé. Os.....-Effendi le fit venir dans son divan, et après lui
« avoir craché plusieurs fois à la figure, après lui avoir fait
« appliquer cinq cents coups de bâton sur les pieds, il ordonna
« à un de ses valets de lui passer à travers la cloison cartila-
« gineuse du nez une lanière en cuir, comme on met aux
« dromadaires. Puis on attacha cette lanière à un clou planté
« dans le mur, assez haut pour que le patient, qui était placé
« sur la pointe des pieds, ne pût se laisser aller sans ressentir
« des douleurs très vives. Le cheik, dont les jambes étaient
« gonflées et très douloureuses, se trouva bientôt fatigué ; il
« fit encore des efforts pour conserver l'attitude qui lui était
« imposée ; mais, n'en pouvant plus, il se laissa tomber, et
« un morceau de nez demeura attaché au lien de cuir.

« Ce même Os.....-Effendi faisait chauffer des briques dont
« il ordonnait l'application sur les jarrets des paysans qui ne
» payaient pas assez vite leurs contributions. »

« En 1840, à Esneh (Haute-Egypte), un Copte voit ses
« moissons de blé dévorées par les rats, il perd tout son
« avoir. Pauvre, ne pouvant payer ses contributions, il prend
« le parti de se sauver, en laissant sa famille dans le village
« qu'il habite. Le gouverneur de la province, Méri-Bey, or-
« donne qu'on s'empare de la femme du Copte, et il la fait
« battre avec une branche de dattier, munie de ses épines.

---

[1] *L'Egypte sous Méhémet-Ali*, 2 vol. in-8°, 1843, p. 477 du 1ᵉʳ vol.

« Donnez-moi de l'argent, lui crie le gouverneur : et la Copte
« peut à peine répondre qu'elle n'en a pas. Méri-Bey fait
« mettre à nu la gorge de la femme, et veut qu'on y applique
« des clous rougis au feu. Des assistants font observer qu'elle
« nourrit. Eh bien ! reprend le gouverneur, qu'on pose les
« clous sur les f..... de cette chrétienne. L'ordre est exécuté.
« Tandis que l'infortunée souffre les horreurs d'un pareil tour-
« ment, tandis qu'elle s'agite dans les convulsions, son bour-
« reau, Méri-Bey, rit à ses côtés. Il trouve que les mouve-
« ments qu'exécute sa victime ressemblent à ceux des danseu-
« ses qui l'avaient distrait la veille. »

Dans quelle âme honnête de pareilles atrocités ne soulève-
ront-elles pas l'indignation et la douleur ! anathème sur la tête
du monstre qui les provoque et les autorise ! et l'on a donné
le chiffre de 75 millions de francs, auquel il a fait monter ses
revenus, comme un signe de la prospérité de l'Egypte ! !

Si la férocité des percepteurs d'impôts n'était affirmée par
nombre de témoins oculaires, qui ne se connaissaient pas,
qui ont vu les choses à différentes époques, et dont l'unani-
mité, par cela même, garantit la véracité, on ne voudrait pas
y croire. La raison y répugne autant que la philanthropie. Mais
comment ne pas se rendre à de pareilles évidences? Après tout,
il est malheureusement très facile de s'expliquer la barbare conduite des agents de Méhémet-Ali. Le vice-roi ne s'adresse pas
directement aux contribuables, c'est aux moudyrs et aux nazirs qu'il demande les sommes fixées, c'est d'eux qu'il exige
par la force la taxe des villages dont ils sont chargés. On conçoit donc que ces intermédiaires pèsent sans pitié ni merci sur
les populations; ils empruntent à la torture les moyens de
leur arracher tout ce qu'elles possèdent, pour éviter eux-
mêmes la colère d'un pouvoir aussi impitoyable qu'avide. Le
fils de Méhémet, Ibrahim-Pacha, a fait tuer et bâtonner, avec
l'approbation de son père, des nazirs qui avaient osé représenter que le peuple était hors d'état de payer [1]. « A l'époque

---

[1] Nous en fournissons la preuve plus bas, au chapitre *Fellahs*.

« de la rentrée des taxes, dit M. Lane, qui a vécu trois années
« en Egypte, les cheiks de village reçoivent fréquemment de
« plus sévères bastonnades que leurs inférieurs ; car, si la po-
« pulation d'un village ne fournit pas la somme requise, le
« chef de ce village est battu [1]. »

Pourvu que les collecteurs versent au trésor, Méhémet-Ali ne s'inquiète jamais de la manière dont ils ont opéré ; il ne veut pas le savoir, et le pauvre fellah, sur qui viennent descendre, en définitive, toutes ces violences accumulées, ne trouve nulle part la justice pour écouter ses réclamations, la loi pour le protéger, l'autorité pour le défendre.

Un chef prête-t-il l'oreille par fantaisie aux plaintes des victimes, c'est en commettant un mal qu'il en répare un autre, et la démence de son équité ne fait pas moins frémir que la barbarie des crimes qu'il châtie. On se heurte à chaque pas contre une monstruosité, sur cette terre où l'on prétend qu'un grand homme a établi l'ordre. Voici un exemple du régime législatif, de l'organisation judiciaire, fondés en Egypte : il peut faire connaître, comme dit l'auteur qui le rapporte, la nature du gouvernement auquel est soumis le peuple égyptien.

« Le nazir du district de El-Menoux (Delta), ayant à recueil-
« lir la taxe d'un village, imposa un paysan à la somme de
« 60 réaux (environ 35 piastres) ; le pauvre homme dit qu'il ne
« possédait rien qu'une vache qui suffisait à peine pour le nour-
« rir lui et sa famille. Mais, au lieu de suivre la coutume éta-
« blie, qui est de donner une forte bastonnade au fellah qui se
« déclare incapable de payer sa taxe, le nazir se fit amener par
« le cheik la vache du paysan, et voulut la vendre. Personne ne
« se trouvant en état de l'acheter, il envoya chercher un bou-
« cher, fit tuer la vache et la fit diviser en soixante morceaux.
« Le boucher fut payé avec la tête, puis soixante fellahs furent
« contraints d'acheter chacun pour un réal une des soixante

---

[1] *An account of the manners and costoms*, etc., p. 178 du 1ᵉʳ vol.

« parties de la vache. Le pauvre propriétaire alla se plaindre
« du nazir à Mohammed-Bey, deftardar.

« Celui-ci convoqua le nazir, le boucher qui avait exécuté
« l'ordre de son supérieur, ainsi que les soixante fellahs qui
« avaient été contraints d'acheter la viande, et, après s'être
« assuré que la vache vallait 100 réaux, il ordonna à ses sol-
« dats de dépouiller le nazir, de le lier, et il dit au boucher :

« — Tu crains Dieu, et pourtant tu as tué injustement la
« vache. Le boucher s'excusa sur la nécessité où il était d'obéir
« au nazir. — Alors, reprit le deftardar, si je te commande une
« chose, tu obéiras? — J'obéirai. — Eh bien! tue le nazir.
« Aussitôt, le boucher coupa la gorge au nazir, de la même
« manière qu'aux animaux. — Maintenant, fais-en soixante
« morceaux.

« Tout cela se passait devant une foule de peuple qui regardait
« avec ceux que la chose concernait, mais qui n'osait parler. Les
« soixante fellahs qui avaient acheté la vache furent appelés
« l'un après l'autre, et obligés de payer 2 réaux une des soixante
« parties de la chair du nazir, ce qui fit 120 réaux; après quoi
« ils furent congédiés, et le boucher, qui reçut la tête du nazir en
« paiement, remercia Dieu de ce qu'il ne lui était pas arrivé pire,
« et ne se crut sain et sauf que lorsqu'il fut chez lui. On donna
« l'argent de la chair du nazir au propriétaire de la vache [1]. »

On a dit que les fellahs se faisaient un point d'honneur de ne payer leurs impôts que sous le bâton, et l'on a découvert, dans Ammien-Marcellin, une petite note pour établir que déjà cette fabuleuse manie existait chez leurs ancêtres. Les gens qui prêtent à l'espèce humaine des goûts aussi dépravés, aussi impossibles, ne parviennent à montrer qu'une chose, c'est que, sous les Pharaons, comme aujourd'hui, un pouvoir cruel employait la torture pour demander à la population ce qu'elle ne pouvait donner.

Le fellah s'enfuit-il pour éviter les coups, malgré le point d'honneur, il expose les siens à toute la colère du fisc. En visitant

---

[1] Lane. *An account*, etc., 1er vol., p. 173.

à Karnac, près Louqsor, la prison que l'on a établie dans une petite chambre du temple de la déesse Athor, nous fûmes frappé de n'y trouver que des femmes, des enfants et des vieillards. « Il y
« a peu de malfaiteurs dans le pays, nous dit-on ; les personnes
« que vous voyez sont les parents des fellahs qui, hors d'état de
« payer leurs impôts, se sont sauvés afin d'échapper au bâton.
« On les garde ici comme otages jusqu'à ce que revienne le
« fugitif. On sait que la tendresse des fellahs pour leur famille
« les ramènera tôt ou tard. »

Il arrive un moment où il faut bien reconnaître l'impuissance même des supplices. Le grand-pacha est obligé d'abandonner les poursuites et de se résigner au rôle de créancier. Cependant, il ne veut rien perdre, et voilà ce qu'il a imaginé pour retrouver l'argent que le contribuable ne peut plus fournir. Il avise tel ou tel homme, bey ou autre, musulman, copte ou arménien, qu'il sait s'être enrichi d'une manière quelconque, et il lui fait présent, par grâce singulière, de deux ou trois villages, le laissant maître de disposer à sa fantaisie des hommes et des choses. Tout le monde redoute ces cadeaux que personne n'ose refuser. En effet, lorsque le généreux prince vous donne un village, cela veut dire qu'il vous rend responsable, vis-à-vis du trésor, de la redevance de ce village, sans parler de l'arriéré, que l'on rembourse en compensation de la faveur du maître !

Le don d'un village n'est en définitive qu'une avanie déguisée. On n'a d'autre ressource que d'acheter un gros matériel d'exploitation, des animaux de labour et de transport, des instruments aratoires, pour tâcher de diminuer la charge en faisant valoir la concession. Le fellah alors n'a plus un instant de répit, et nous l'avons vu dans les champs piocher sous la direction d'un intendant toujours armé du courbach. La comparaison avec un atelier de nègres, conduit par un commandeur, était pour nous forcée, et l'on ne nous accusera pas, sans doute, d'exagération lorsque nous dirons qu'entre le serf égyptien et un véritable esclave la différence est imperceptible.

On ne demande pas seulement à l'Egypte des sacrifices au delà des forces du pays, on accroît encore le mal par la tolérance accordée à de scandaleux abus. L'administration est livrée à un gaspillage épouvantable. La perception des impôts est devenue une spoliation organisée. En ne mettant aucune borne au pouvoir de ses agents, le vice-roi a donné patente aux voleurs les plus effrontés. L'arbitraire est de sa nature sans frein ; il ne serait pas s'il n'était illimité ; à la faveur du désordre général, l'innombrable kyrielle des employés pillent outrageusement les fellahs au nom de leur maître.

Quand ils arrivent dans un village, ils s'y mettent en subsistance avec le personnel qui les accompagne. Les percepteurs prennent dans leurs tournées, lors des différentes récoltes, tout ce qu'ils trouvent chez le paysan, et en donnent un reçu qui doit être représenté à l'époque du règlement des impôts. L'époque venue, ils estiment arbitrairement, au-dessous de sa valeur, ce qu'ils ont pris ; ils fixent de même arbitrairement les fruits en nature que livre le fellah pour s'acquitter, et il est obligé d'en passer par tout ce qu'ils veulent, sous peine du bâton. Il ne peut porter plainte à personne : il n'y a de justice que la volonté du grand-pacha ; et, résister à son agent, ce serait résister à lui-même. On calcule que, sur dix mesures de blé enlevées au contribuable, trois à peine entrent dans les magasins de l'Etat ! L'amiral de la flotte réquit un jour trois cents poulets pour des bâtiments de guerre qui partaient, et il fut constaté que la demande de trois cents, après avoir passé de main en main, du gouverneur au moudyr, du moudyr au mamour, du mamour au nazir, du nazir au cheik, s'était élevée à douze cents.

Méhémet-Ali n'ignore pas ces déprédations, mais il ferme volontairement les yeux, d'abord, parce que les employés peuvent ainsi se passer des appointements qu'il ne paie point, et ensuite parce que, de temps à autre, il sait reprendre tout en masse à ceux qui se sont enrichis, soit en les accusant de concussion, soit en leur donnant des villages. Il est peu de fonctionnaires civils, militaires et judiciaires qui puissent échapper à ce reproche de concussion. Il n'est pas jusqu'aux ingénieurs préposés à la direction des canaux qui ne vendent aux villages les eaux d'irrigation, l'ouverture des canaux.

Et, ce qui décèle l'immensité du mal, la profondeur de la plaie, c'est que personne ne s'en étonne ni ne s'en indigne, pas même les victimes. « Ne faut-il pas qu'il vive, » dit naïvement le volé du voleur. Il n'est que trop vrai, les employés du vice-roi, les plus hauts comme les plus infimes, volent pour vivre, par la seule raison que leurs minces émoluments ne sont jamais payés régulièrement. La solde, dans tous les services, est toujours arriérée de quatorze, quinze, dix-huit mois, deux ans. Ces retards ont créé une sorte d'agiotage non moins déplorable que le reste. Les fonctionnaires, poussés par le besoin, vendent leurs appointements à des Arméniens, à des Coptes ou à des Juifs, à 25, 30 et 40 pour cent de perte. Ce papier, qui hausse ou baisse selon l'état du trésor, est revendu aux négociants, qui le donnent au gouvernement en acquit des frais de douane ou des autres choses qu'ils peuvent lui devoir.

On a vu des trésoriers participer eux-mêmes à ce commerce des appointements, de complicité avec les escompteurs. Le créancier de l'Etat, auquel on venait de refuser sa solde accumulée, trouvait à la porte un homme qui offrait de la lui acheter, et, le marché conclu, le trésorier payait immédiatement en prenant la moitié de la prime. Des ministres ont trempé dans ces fraudes odieuses.

Méhémet-Ali a une idée, en matière de finances, qui ne contribue pas peu à augmenter la misère de ses employés. Il prétend que l'Etat ne doit jamais rien perdre, et, en vertu de ce nouvel axiôme d'économie politique, il fait payer aux administrateurs ce qui se détériore sous leur administration. Il professe de plus sur la durée des choses et sur celle de la vie des quadrupèdes des opinions tout à fait particulières. A-t-il donné un âne ou un bœuf à tel ou tel établissement, ces animaux doivent se retrouver toujours. Meurent-ils? Ils ont été nécessairement tués, et si l'on ne trouve personne à qui attribuer le crime pour le charger du remboursement, le directeur de l'usine qui en doit compte fait supporter, par une assimilation naturelle du principe, fait supporter, disons-nous, la perte à la masse de ses subordonnés. Dans les fabriques, une machine, un métier se dérange-t-il, la

réparation est aux frais des ouvriers ! « A l'école d'agriculture,
« dit M. Hamont, je pratique des essais sur la pomme de terre;
« la pomme de terre ne germe pas, pourrit dans les sillons, et
« le divan en retient la valeur sur mes émoluments. Je dresse
« des juments aux labours. Pour cela, j'emploie des hommes.
« Le ministère résume les dépenses, déclare que mon travail
« d'expérimentation est plus coûteux que celui des fellahs ; et
« prélève encore, sur mes appointements, le surplus de ce que
« passe le gouvernement pour le labour d'une terre. »

« Une fois, je reçois une lettre dont voici les termes : « Puis-
« que vous avez sollicité du pacha l'école d'agriculture, avec la
« vente des produits qui proviennent des terres concédées, vous
« paierez les professeurs, les traducteurs et les élèves de cette
« école. »

Ce prodigieux système de comptabilité a été introduit également dans l'armée. Lorsqu'un soldat déserte, son village est obligé de fournir un homme pour le remplacer, ensuite, le capitaine, comme responsable, parce qu'il aurait dû empêcher le soldat de s'enfuir, est à son tour obligé d'habiller et d'équiper à ses frais le nouvel incorporé !

Le maître de l'Egypte est allé jusqu'à faire payer à son armée vaincue le matériel perdu dans la déroute de Syrie, sans excepter six mille fusils brûlés par ordre du généralissime Ibrahim-Pacha ! « Je vous ai confié des fusils, des canons, des bagages
« pour vous battre, vous les perdez, rendez-m'en la valeur. »
Quoi de plus juste ? Par le même genre de raisonnement, les hommes tombés au pouvoir de l'ennemi ont été privés de toute leur solde de campagne. « En vous laissant faire prisonniers,
« vous m'avez causé un grand dommage, puisque j'ai été battu
« plus aisément, je réclame donc une indemnité. » Quoi de plus logique ? Combien d'officiers auxquels on a dit : « Je vous de-
« vais 3,000 piastres de solde : votre part dans les pertes de
« Syrie s'élève à 3,000 piastres, nous sommes quittes. »

C'est invraisemblable, mais c'est vrai.

Il arrive aussi à Méhémet-Ali de priver son monde d'honoraires pendant six mois, un an pour une faute quelconque, et il est recommandé aux chefs de service d'user de cette punition envers leurs inférieurs.

Est-il très surprenant qu'avec un tel régime, les employés, non-seulement commettent des concussions pour vivre, mais encore se livrent à la mendicité. On a vu des écrivains, des militaires demander l'aumône en disant : « Il y a quinze mois que je n'ai reçu de solde, » comme un pauvre ouvrier d'Europe dit : « Il y a quinze jours que je suis sans ouvrage. » Notre compagnon de voyage, M. le docteur Estienne, a trouvé à la citadelle du Caire un soldat en faction qui lui a tendu la main avec le mot backchis (donnez-moi quelque chose). A la porte de la ville on ne visita point nos malles, parce qu'on nous reconnut pour simples voyageurs, mais un douanier vint à nous, sollicitant un backchis. Au surplus ajoutons, pour finir ce chapitre, que cette sorte de mendicité est générale en Egypte. Backchis est assurément le mot le plus usité de la langue arabe : vous l'entendez sortir incessamment de toutes les bouches, sur les routes, dans les villes, au milieu des campagnes, depuis Alexandrie jusqu'à Syène; les enfants le bégaient, nous croyons, avant ceux de père et mère. Un fellah suit un jour un voyageur qu'il voit descendre de sa barque à terre, le fusil sous le bras pour aller tirer quelques pigeons; au bout d'une demi-heure il s'arrête et lui demande un backchis. — Pourquoi donc? dit l'autre. — Pour vous avoir regardé chasser, répond l'Egyptien. Tout le monde mendie dans ce malheureux pays. Le marchand même dont vous acquittez un compte vous poursuit du cri universel : backchis, backchis! Et si l'on pouvait analyser cette vague rumeur de voix humaines qui s'élève des lieux habités, la dominante sur les bords du Nil serait assurément backchis, backchis.

CHAPITRE II.

Administration de la justice. — Juges et Prisons.

Grand-cadi. — Témoins à bon marché. — Vénalité des juges. — Le vice-roi viole la loi. — Le pouvoir de ses fonctionnaires est sans limite. — Le garde-magasin qui cherche son voleur. — Aucun tribunal protecteur du faible. — Les pachas font enlever les ouvriers dont ils ont besoin. — Méhémet-Ali a conservé le droit de vie et de mort. — Personnes décapitées, lors de la première expédition en Syrie, pour avoir parlé de ce qui s'y passait. — Fellah pendu pour avoir abandonné son village. — Assassinat d'Achmet-Pacha. — Sorcière noyée par ordre de Méhémet-Ali. — Le pal encore appliqué en 1837. — Les agents du vice-roi ont aussi droit de vie et de mort. — Le pacha de Syout fait pendre trente fellahs, et en fait décapiter douze, pour une barque pillée. — Méhémet-Ali fait bâtonner un colonel devant lui. — La bastonnade; elle tue. — La question. — Effroyable supplice. — La torture est la conséquence logique des châtiments corporels. — Les Orientaux, moins cruels que les colons, ne battent pas les femmes. — Les galères; elles ne flétrissent pas. — Galériens à l'arsenal d'Alexandrie. — Despotisme oriental. — Prison du Caire, salle des pauvres, salle des riches. — Dourah. — Les musulmans pardonnent facilement. — Fatalisme. — Pas d'évasions. — Petit nombre des prisonniers.

L'administration de la justice ne répond que trop à l'organisation fiscale dont nous avons donné un aperçu dans le chapitre précédent.

Le sultan, de qui émane toute justice, puisque, représentant de Dieu sur la terre, il est tout à la fois chef spirituel et temporel de l'islamisme, envoie chaque année au Caire un grand-cadi dont la juridiction s'étend sur l'Egypte entière.

Le grand-cadi actuel est un vieillard à tête branlante, qui, pour tout dire en un seul mot, ne parle pas même la langue des gens qu'il condamne ou absout; il ne sait pas une syllabe d'arabe, et c'est par drogman que juge le magistrat suprême. On examine les causes afférentes à son haut tribunal dans des chambres d'instruction où chacun se défend ou se fait défendre par qui il lui plaît[1] ; puis on lui porte la procédure, et il rend ses arrêts le plus ordinairement sans même voir les parties!

Le grand-cadi a sous lui, dans les provinces, les naïbs (espèces de substituts), et dans les villages les cheiks, qui agissent à peu près aussi rationnellement. Ces magistrats, de même que leur supérieur, décident selon leur gré ou leur caprice. Il n'existe point de lois précises : la base de toute doctrine judiciaire est dans les préceptes du Coran, et l'on conçoit qu'ils les interprètent comme il leur convient, qu'ils y trouvent ce qu'ils veulent. Tout le monde sait, au surplus, qu'en Orient les plaideurs rencontrent aux alentours des tribunaux des témoins prêts à déposer de quoi que ce soit à bon marché.

La vénalité des juges turcs est un fait proverbial : la partie la plus puissante ou la plus riche a toujours raison devant eux; ils ne rendent pas la justice, ils la vendent ; et un homme du pays, auquel je demandais si ceux d'Egypte étaient accessibles à la corruption, me répondit : « Ils ne sont accessibles qu'à cela. » Le grand-cadi, bien qu'il ne demeure qu'un an au Caire, y fait toujours une fortune. Le mal a sa principale source, il est vrai, à Constantinople, où le cadiah d'Egypte s'adjuge, pour ainsi dire, au plus offrant; mais le tout-puissant vice-roi n'a rien fait pour y porter remède.

A bien prendre, il n'y a véritablement pas de justice en Egypte; les tribunaux même n'y sont qu'une forme, et encore ne s'occupent-ils guère que d'affaires civiles. Le vice-roi est maître absolu et souverain, il est au-dessus de la loi, et quand il viole telle ou telle règle établie, il dit comme un insensé : « Je l'ai faite, je puis la défaire. » Le pouvoir des gouverneurs, des moudyrs, des cheiks est sans frein, sans contrôle, illimité, et l'administration de ces rudes maîtres, qui ne connaissent d'autre argument que le courbach, entretient et augmente encore l'abrutissement des fellahs et leur stupide soumission. Citons un fait qui s'était passé à Louqsor peu de jours avant notre arrivée à ce village.

[1] Il n'y a pas de corps d'avocats en Orient.

Un garde-magasin du gouvernement est volé; il soupçonne deux hommes, il les dénonce, et, bien qu'ils protestent tous deux de leur innocence, bien qu'il ne s'élève aucune charge contre eux, on leur donne à chacun cinq cents coups de courbach pour les engager à avouer. Ils n'avouent rien; on les renvoie purement et simplement, sans qu'ils aient aucune espèce de réclamation à faire. Ils ne songent même pas à en faire, les malheureux! La chose est commune, elle se répète chaque jour, à chaque heure; on s'est trompé, n'en parlons plus. Un autre homme alors est accusé, même épreuve : il est jeté en prison, enchaîné, mis plusieurs jours de suite sous le bâton, et puis relâché, sans qu'il soit possible de reconnaître en lui l'auteur du méfait. Or, il faut considérer que ces affreuses violences ont lieu sur l'unique déposition du garde-magasin, qui cherche ainsi de bonne foi son voleur! Mais il y a mieux : dans le cas où il aurait pu, et il est presque permis de dire, où il aurait voulu trouver deux personnes qui attestassent avoir été témoins du vol, voici ce qui serait arrivé : tous les habitants de Louqsor eussent été taxés proportionnellement jusqu'à concurrence de la somme!.... Tel est effectivement le moyen qu'a trouvé le législateur de l'Egypte pour créer l'ordre; il impose à tous les membres des villages la responsabilité des crimes qui s'y commettent, à moins qu'ils ne dénoncent le criminel!

L'arbitraire le plus grossier règne partout; il n'y a point de tribunal où un homme pauvre, lésé par un homme considérable, puisse trouver protection. Le peuple n'a aucune garantie; il appartient à tous les pachas, qui usent de lui à discrétion; il n'a pour son indépendance aucune sauvegarde, pour sa personne et le libre emploi de ses forces et de son industrie, aucune sûreté. Le grand exploite le petit à son gré. « Quand un prince,
« un haut dignitaire veut faire construire, dit M. Hamont,
« qui a passé douze années en Egypte, quand il a besoin d'ou-
« vriers, de manœuvres, de menuisiers, de charpentiers, de
« maçons, de tailleurs ou autres, des soldats courent les rues,
« enlèvent les premiers venus et les conduisent à leurs maîtres,
« qui les font travailler sous bonne garde. L'ouvrage fini, les

« pachas paient ou ne paient pas. Les ouvriers s'en vont, atten-
« dent, réclament, attendent encore, et souvent, après deux an-
« nées de réclamations, ils reçoivent la moitié, les deux tiers de
« ce qu'ils espéraient toucher. Si le harem d'un pacha, si la fille
« de Méhémet-Ali, par exemple, veut établir des divans neufs
« dans ses appartements, si elle veut faire confectionner des
« habillements, elle ordonne de prendre tous les tailleurs grecs
« de la ville; ils sont conduits au palais, bon gré mal gré, et ils
« restent là jusqu'à ce qu'il plaise à la maîtresse de les renvoyer;
« enfin elle fixe le prix de la journée. Lorsqu'un grand voyage
« sur le Nil par un mauvais temps ou que les vents sont
« contraires, il fait tirer son embarcation par des fellahs ri-
« verains, que ses serviteurs saisissent et maltraitent [1]. »

Les Egyptiens n'ont pas plus de garantie pour leur existence que pour le reste : elle dépend d'un caprice. Méhémet-Ali n'a posé aucune borne à la toute-puissance de sa volonté ; il a conservé le droit de vie et de mort sur ses sujets, et il l'a maintes fois exercé avec tout le cynisme d'un pacha du vieux temps. Lors de la première expédition des troupes égyptiennes en Syrie, la prolongation du siége de Saint-Jean-d'Acre donna lieu à des bruits sinistres; on disait au Caire qu'Ibrahim-Pacha avait été complètement défait. Le vice-roi, irrité, prescrivit de mettre à mort quiconque parlerait en public des affaires de Syrie. Il répandit des espions dans la ville, et plusieurs personnes furent décapitées sur la place de Roumelie, au pied de la citadelle, pour avoir laissé échapper de leurs lèvres les noms d'Ibrahim et de Saint-Jean-d'Acre! Il n'y a pas encore deux ans que Méhémet a prononcé la peine de mort, par une simple ordonnance, contre les individus absents de leurs villages, qui n'y seraient pas rentrés dans le délai d'un mois, en fussent-ils sortis depuis leur enfance. Et cette ordonnance n'a pas donné lieu seulement aux investigations les plus vexatoires et à de cruelles bastonnades, elle a été appliquée une fois à la lettre. Un pauvre fellah a été réellement pendu, à titre d'exemple,

---

[1] 2ᵉ vol., page 363.

pour avoir préféré le séjour du Caire à celui de son bourg natal.

La solidarité imposée à tous les membres d'un même village pour le paiement de la taxe explique ces farouches rigueurs et leur donne un certain degré de justice. Il est clair que celui qui s'échappe fait retomber sur la communauté la charge qui lui était dévolue. Tant il est vrai que le mal engendre toujours un mal plus grand.

Tuer par ordonnance, c'est encore observer une certaine tenue gouvernementale. Méhémet-Ali ne se croit pas obligé d'y mettre toujours autant de formes. Chaque année, plusieurs personnages sont pendus, ou boivent une tasse de café mortelle, sans autre raison connue que celle de son bon plaisir. Achmet-Pacha, gouverneur du Sennaar, ayant été soupçonné de vouloir se rendre indépendant, a été tué en 1844 d'un coup de pistolet tiré au milieu d'un repas, dans son propre pachalich, par un chef d'arnaoutes, envoyé près de lui. Aucun de ses officiers, aucun des assistants n'osa le venger. Tout le monde comprit que le coup partait du Caire.

Les panégyristes les plus dévoués de Méhémet-Ali n'osent pas même nier les assassinats qu'il commet. Ils les excusent, il est vrai, mais leur aveu n'en reste pas moins pour constater l'horrible vérité. « Une tête tombée, dit Clot-Bey, prévient de grandes
« calamités et sauve des milliers d'existences. Ce n'est pas que
« je veuille défendre en principe le système qui livre à la vo-
« lonté d'un souverain ou d'un chef la vie d'un seul homme,
« mais chez les peuples barbares, l'arbitraire peut produire lui
« seul de bons résultats ; on ne doit pas hésiter à s'en servir lors-
« qu'on l'emploie au nom de la cause de la civilisation. » Et là-dessus le médecin du terrible pacha en vient par digression à conseiller à la France les cours prévôtales pour dompter l'Algérie ! Que ne conseille-t-il aussi d'assassiner Abd'el-Kader, en vertu de son axiôme : « Une tête tombée sauve des milliers
« d'existences. » Quelle accusation contre Méhémet-Ali ! Voilà un Européen, un homme éclairé, élevé dans nos écoles, avec notre morale et notre philosophie, qui, pour avoir vécu auprès de lui pendant 12 ou 15 ans, en est venu à professer publique-

ment les misérables sophismes des étrangleurs et des empoisonneurs de sérail ! A ce dangereux contact, sous cette influence démoralisatrice, Clot-Bey s'est tellement familiarisé avec l'assassinat, qu'il raconte, comme un fait à la gloire de son patron, l'anecdote suivante : « Au commencement du règne de Méhé-
« met-Ali, lorsque sa puissance n'était pas encore affermie, une
« espèce de sibylle parut au Caire et se fit un grand nombre de
« prosélytes. On disait qu'elle avait à ses ordres un esprit fa-
« milier, dont elle faisait, dans l'obscurité, toucher la main et
« entendre la voix mystérieuse. C'était surtout parmi les sol-
« dats et leurs chefs qu'elle comptait de dévoués partisans. Mé-
« hémet-Ali fut curieux de savoir à quoi s'en tenir sur le compte
« de cette magicienne, dont l'influence pouvait devenir dange-
« reuse. Il la fit venir dans son palais et lui dit qu'il désirait
« converser avec son génie. Elle consentit à montrer au vice-
« roi sa puissance. C'était la nuit : on éteignit les lumières dans
« le mandarah, où se trouvaient réunis les principaux officiers.
« Méhémet-Ali avait averti ses serviteurs d'apporter de la lu-
« mière aussitôt qu'il en demanderait. La sibylle évoqua ses
« esprits. Le djinn répondit, et sa voix caverneuse, comme celle
« d'un ventriloque, semblait sortir de la muraille. Il donna sa
« main à baiser au pacha ; mais celui-ci, la saisissant fortement,
« demanda aussitôt des flambeaux. Il tenait la main de la pré-
« tendue magicienne, qui, voyant sa supercherie découverte,
« implora sa grâce. Les assistants, étonnés de l'audace du vice-
« roi, qu'ils regardaient comme irréligieuse, commençaient à
« murmurer. Le pacha, après leur avoir reproché leur crédu-
« lité grossière, ordonna que l'on allât jeter la jongleuse dans
« le Nil. Les officiers voulurent s'y opposer, mais Méhémet-Ali
« vainquit leurs scrupules, en leur disant que, si elle avait réel-
« lement à son service un esprit tout-puissant, il ne la laisserait
« pas se noyer ; que si, au contraire, elle n'en avait pas, elle
« serait justement punie d'avoir abusé sans crainte de la piété
« des fidèles. »

Voilà donc une femme cousue dans un sac et jetée au Nil, parce qu'elle a fait la sorcière ! M. Clot en est arrivé à trouver la chose si simple qu'il en prend texte pour admirer la force d'âme de ce misérable noyeur de femmes.

Le grand-pacha n'a pas non plus supprimé l'horrible supplice du pal. En 1837, on a encore vu deux hommes empalés dans le voisinage de Choubrah !

Ce terrible droit de vie et de mort, Méhémet-Ali ne se l'est pas même réservé pour lui seul : il le délègue à des gouverneurs de province, et l'on va voir comment ceux-ci en usent. Pendant que M. Eusèbe de Salles descendait le Nil, en 1839, une barque, chargée de provisions, appartenant à des voyageurs anglais, fut pillée par les habitants d'un village aux environs de Syout. M. Eusèbe de Salles raconte ainsi la manière dont fut terminée cette affaire : « Le pacha de Syout a fait pendre aux palmiers « de Qatiah TRENTE fellahs des plus soupçonnés; une DOUZAINE « ont eu la tête tranchée sur une place de Syout ; il a saisi en « outre toutes les propriétés mobilières du village et les a ven- « dues pour indemniser le propriétaire du bateau [1]. »

Pour prévenir les vols dans ses chiflicks, le maître de l'Egypte a souvent livré la vie des cultivateurs à de simples intendants. « J'ai vu, dit M. Hamont[2], j'ai vu *pendre* des Egyptiens *accusés* « d'avoir volé une livre de coton ou une poignée de maïs, qu'ils « destinaient à leur famille. »

On a moins de peine à s'expliquer l'atroce cruauté de pareils jugements, quand on apprend que les hommes auxquels est accordé un tel pouvoir aujourd'hui seront eux-mêmes soumis demain à un arbitraire empreint de la plus dégradante brutalité. Pendant notre séjour au Caire, le vice-roi a fait mettre sous le bâton, dans son propre divan, en sa présence et devant tous ceux qui se trouvaient chez lui, un colonel de l'armée, qu'il venait d'interroger et qui lui parut coupable. Le docteur Clot-Bey n'a pas craint de dire dans son livre que Méhémet-Ali « comprenait les nobles inspirations de la philanthropie, et que « les accusations dirigées contre lui ne pouvaient l'atteindre. »

---

[1] *Pérégrinations en Orient*, 1840, 2 vol. in-8°, p. 42 du 2ᵉ vol.
[2] Page 69 du 1ᵉʳ vol.

Peut-être changera-t-il de langage, s'il a été l'un des témoins de cette ignoble violence.

Lors même que le *civilisateur* égyptien n'eût pas accordé le droit de vie et de mort d'une manière *légale* à ses plus minces représentants, ceux-ci n'auraient pas moins, en fait, la faculté de l'exercer. Le droit de bastonnade est inhérent au commandement, et forme une partie intégrante de toute autorité.

Un individu revêtu d'une fonction quelconque du gouvernement peut faire battre celui qui occupe une fonction au-dessous de la sienne, à plus forte raison le malheureux fellah. Or, le battu expire-t-il sous les coups, le meurtrier officiel n'a aucun compte à rendre : il n'a usé que de son droit, ce n'est pas sa faute si la victime n'a pu supporter le châtiment !

La bastonnade sur la plante des pieds, le courbach sur tout le corps, servent non-seulement à punir une faute, mais encore à rechercher le coupable. On sait ce que vaut l'atroce moyen de la question pour obtenir un aveu. Des hommes vraiment coupables, mais doués d'une certaine insensibilité nerveuse, lassent le bourreau qui les torture, tandis que d'autres, innocents, confessent tout ce qu'on veut, pour éviter la douleur physique qu'ils ne peuvent endurer.

Le nombre des coups qu'il est permis d'infliger est illimité, et souvent le condamné vient d'expirer, qu'on le frappe encore; car la prostration qu'amène l'excès de la souffrance ne met pas toujours fin au châtiment. Il est des malheureux, au contraire, dont la force et le courage pour supporter le supplice sont presque incroyables : ils reçoivent cinq cents, mille, deux mille coups sans mourir... Nous rapporterons ici ce que M. Hamont a vu lui-même : rien qu'à le copier nous nous sentons frémir ; mais il faut que l'Europe sache tout, et nous voulons contribuer à l'éclairer, du moins dans la mesure de notre publicité.

« .... Le sang jaillissait, le fouet emportait à chaque coup une
« parcelle de peau ou un morceau de chair ; les habits du pa-
« tient, le parquet étaient ensanglantés ; des débris de muscles
« étaient projetés au loin, et palpitants encore ils venaient se
« coller aux murailles blanchies, tout près du juge impassible

« qui dirigeait l'instruction du procès. Le corps du misérable,
« étendu, tremblait avec force; un homme maintenait, fixées,
« les deux mains sur le dos, et le condamné, qui, d'abord, serrait
« violemment un mouchoir avec les dents, comme pour mieux
« supporter son mal, cessait de se plaindre.

« Puis les serviteurs s'arrêtaient ; c'est que le chef du divan
« voulait interroger : — Avoue donc ton crime, disait-il à l'E-
« gyptien, qui rampait devant lui; je fais serment de t'absoudre.
« — Je ne suis pas coupable, répondait le malheureux; je mour-
« rai sous le fouet, mais Dieu connaît mon innocence !... Les
« gardes frappaient de nouveau, et afin que l'impression du
« fouet ne pût faiblir, on exigeait qu'ils se revelassent après
« chaque distribution de 250 coups. Cependant, ils étaient
« essoufflés, harassés, et celui dont on meurtrissait les chairs
« vivait encore. Il avait senti déjà plusieurs fois se renouveler
« les esclaves qui le déchiraient, et, sous le poids des coups qui
« se succédaient avec rapidité, il semblait défier le magistrat
« et ses bourreaux toujours renaissants [1]. »

On a parfois besoin d'un terrible courage pour enregistrer les maux que l'homme fait à son semblable.....

Ceux qui admettent la nécessité des châtiments corporels pour quelque race que ce soit, dans quelque condition morale ou intellectuelle qu'elle se trouve, ne songent pas sans doute que ces monstrueuses tortures en sont la conséquence logique, inévitable, forcée, si bien qu'elles accompagnent le fouet partout, dans les colonies à esclaves comme en Egypte. Et, en effet, si une faute mérite cent coups, une autre plus grande doit en mériter deux cents. Pourquoi une mille fois plus grande n'en méritera-t-elle pas dix mille?... De même pour la question. Nous sommes convaincus que cet homme est coupable, mais son aveu nous est utile; si cinq cents coups ne peuvent le décider à le faire, deux mille le lui arracheront sans doute, qu'on le déchire... *horrible, horrible! the most horrible!*

Sur cette échelle de barbarie, il est cependant un point où

---

[1] Page 458 du 1er vol.

nos colons se montrent plus cruels encore que les Orientaux. Ceux-ci infligent très peu le fouet ou la bastonnade aux femmes, et ces honteuses exécutions n'ont lieu que dans l'intérieur des geôles, loin des yeux du public et pour des cas extrêmes.

Il y a aussi en Egypte la peine des galères et celle de la prison, mais la première n'est point une aggravation de la seconde : elles sont à peu près au même degré dans le fait comme dans l'opinion publique; l'une ne flétrit pas plus que l'autre. Les galériens enfermés à l'arsenal d'Alexandrie sont ferrés pareillement aux nôtres et travaillent aux ouvrages de force; ils sont nourris et habillés tant bien que mal, sans ordre, sans règle précise; ils n'ont pas même de logement; nous nous le sommes fait répéter plusieurs fois, ils couchent où ils peuvent, sous les hangars, sous une porte, à la belle étoile! Les galériens riches ou puissants ont la faculté de louer une chambre avec meubles, divan, tapis, et de se faire apporter leur nourriture du dehors; plusieurs gardent un domestique ou un esclave. Ceux-là ne vont au travail qu'autant que le vice-roi, dans sa colère, l'a expressément ordonné. Nous en avons rencontré dans l'arsenal, qui nous ont salué de l'air le plus aisé du monde : ils avaient leur costume habituel, et un simple fer à la cheville.

Ce renversement de toutes les idées européennes sur les galères tient à ce qu'ici cette peine ne déshonore pas par une raison toute simple : Méhémet pouvant vous y envoyer à son gré, on y va souvent sans avoir commis d'autre crime que celui de le fâcher; un de ses caprices vous y fait entrer, un autre vous en fait sortir. Rougit-on de subir l'effet d'un moment d'humeur, fût-ce au bagne? Les plus grands personnages n'y ont point échappé. Zélim pacha, aujourd'hui à la tête du gouvernement de la Haute-Egypte, l'un des postes les plus élevés de l'Etat, a passé deux ans aux galères. On reprend son grade en sortant de l'arsenal, comme si l'on avait été à la campagne; quelquefois on en est tiré subitement pour être promu à une charge supérieure à celle que l'on occupait! Le despotisme oriental a une mobilité que le despotisme d'Occident n'a jamais connue. Il abaisse aujourd'hui ce qu'il élevait hier, il honore le soir ce qu'il déshonorait le matin et puisqu'il est tout pour ses sujets prosternés, l'honneur ou le déshonneur n'est qu'une chose de circonstance.

Au reste, le bagne d'Alexandrie est un eldorado comparé à la prison des pauvres, au Caire; nous disons la prison des pauvres, parce qu'en effet, bien que sous le même toit, les détenus sont séparés en deux catégories, *les gens de rien* et *les gens comme il faut!* Le gouvernement de Méhémet-Ali ne fait pas entre les prisonniers d'autre distinction, et dans chaque catégorie, prévenus et condamnés, délinquants et criminels, voleurs et détenus politiques, hommes et enfants, sont tous confondus pêle-mêle.

Le lieu où sont enfermés les pauvres est une salle infecte, à peine éclairée par une petite lucarne; les détenus y sont pressés, entassés l'un sur l'autre, couchant par terre, dévorés par des myriades d'insectes immondes, dans une atmosphère si brûlante, si lourde, si nauséabonde, qu'il semble impossible d'y respirer. Et l'on était au mois de novembre, lors de notre visite! Ils demeurent dans une oisiveté complète dont, faute de jour, ils ne pourraient sortir s'ils en avaient la volonté, et ils ne reçoivent quotidiennement que deux galettes de dourah [1], à peine

---

[1] Le dourah, qui demande très peu de culture et d'arrosement, et qui rend quarante pour un, est une sorte de blé noir. Son épi sans enveloppe, de forme ovoïde, est porté par une tige à nœuds, de 10 ou 12 pieds de haut, pareille à la canne à sucre, mais beaucoup plus mince. Pour le récolter, un homme tient la tige pendant qu'un autre la coupe à ras de terre. Cela fait, on sépare l'épi, qu'on laisse sécher au soleil pour l'égrainer ensuite en le battant ou en le faisant piétiner par des chevaux. Les feuilles sont données aux bestiaux, et la tige sert de combustible. Le dourah est le pain du peuple. Quelquefois on le mange tel quel, en se contentant de faire griller l'épi; mais le plus ordinairement, dans chaque ménage, les femmes le réduisent elles-mêmes en farine avec un moulin portatif dont elles tournent la pierre supérieure au moyen d'un manche en bois qui s'y trouve fixé. De la farine, elles font des galettes sans levain, qu'elles cuisent dans un petit four de terre ou sur des plaques de fer. Les Orientaux n'usant, comme on sait, ni de fourchettes ni de couteaux, tout leur pain est préparé en galettes minces et molles, qu'ils déchirent, et avec lesquelles ils saisissent les morceaux dans le plat commun. — Cet usage de manger avec les doigts est encore très général

suffisantes pour soutenir leur vie. Enfin, chaque soir, on les attache par le cou à une chaîne commune, et la porte reste close jusqu'au lendemain, sans qu'un homme malade ou frappé d'un accident quelconque puisse se séparer de ses voisins ni appeler les gardes endormis loin de là.

Il faudrait remonter à l'histoire des plus mauvais temps du moyen âge pour retrouver la description et le régime de cet épouvantable cachot.

Il y a cependant de simples prévenus qui sont là depuis huit, dix, quatorze mois; on nous a montré un misérable aveugle qui attend depuis onze mois. D'autres, comme il arrive au bagne, sont enfermés en vertu d'un ordre privé du grand-pacha, et pour un délai indéterminé.

Il n'existe pas en Egypte l'ombre d'une garantie pour la liberté individuelle. Le dernier cheik de village a droit d'envoyer un homme en prison quand il lui plaît et de l'y laisser aussi longtemps qu'il lui plaît. Le prisonnier, par compensation, celui-là même qui est condamné judiciairement, peut toujours conserver l'espoir d'être libre le lendemain. Les musulmans ont une extrême facilité à faire grâce. La rancune ne germe pas dans l'âme des sectateurs de Mahomet: ceux qui en ont le pouvoir accordent à la plus simple prière d'un ami la liberté de l'homme qu'ils avaient juré de détenir éternellement, et il faut rendre cette justice à Méhémet-Ali: il partage avec ses coreligionnaires l'adorable vertu du pardon facile.

La prison des riches, composée de deux grandes pièces contiguës, est aussi commode que l'autre est affreuse. Ils ont de l'air pour respirer, du jour pour voir, de l'espace pour marcher, et, à les regarder fumer de magnifiques pipes, ou se promener tranquillement, enveloppés de leur longue robe de soie, on les croirait plutôt à un cercle qu'en prison. L'illusion est complétée par la vue d'un petit fourneau établi dans un coin, où on leur vend du café au même prix que dehors, ce qui n'est pas moins extraordinaire que tout le reste.

en Orient, quoiqu'il commence un peu à se modifier; les plus riches comme les plus recherchés puisent ainsi au même plat.

A la prison comme au bagne, on ne remarque pas chez les détenus le moindre sentiment d'embarras ni de honte. Le châtiment a nécessairement peu d'effet moral dans un pays où le juge est corrompu et l'arrêt souvent arbitraire; mais cette indifférence doit aussi être attribuée à des idées religieuses. Le Coran proportionne la peine au délit; le coupable qui a souffert la peine a expié le délit, il est quitte envers la société. On a vu des femmes tombées dans la prostitution être regardées, après une purification solennelle, comme pures, trouver un mari et reprendre leur place dans la société à côté des femmes restées les plus honnêtes. Quels sublimes principes l'homme ne parvient-il pas à fausser ! Fort des généreuses maximes de Mahomet, le musulman subissant sa condamnation veut se regarder comme un débiteur qui paie une dette et il n'y trouve pas de honte. Peut-être aussi pousse-t-il le fatalisme jusqu'à croire en quelque sorte son libre arbitre désintéressé lorsqu'il devient coupable, et reporte-t-il à Dieu la responsabilité de sa faute. Ne serait-ce pas là une des causes de l'excessive rareté des évasions dans ce pays où l'on n'est presque détenu que sur parole. A la geôle du Caire, la porte de la salle des pauvres ne résisterait pas dix minutes à des prisonniers français. Nous avons trouvé celle des riches ouverte à deux battants pour donner de la fraîcheur; on s'était contenté de mettre en travers une petite ficelle parfaitement respectée.

Quoi qu'il en soit, quand vous interrogez ici les prisonniers, comme tous les prisonniers du monde, ils se disent tous innocents. Dernier hommage du crime rendu à la vertu ! Le sublime instinct du bien dompte jusqu'aux sophismes religieux, jusqu'au fatalisme !

Nous avons cherché à nous procurer quelques notions sur le mouvement des prisons, le nombre des incarcérés, la nature des délits ; impossible d'obtenir rien de certain; personne ne s'est jamais occupé de cette question ; le gouvernement ne pourrait lui-même fournir aucune note. Le bon plaisir n'a pas de statistique. Ce que nous pouvons dire, c'est que la population du bagne d'Alexandrie et de la prison du Caire ensemble nous parut s'élever à trois cents individus au plus, chiffre excessivement minime, comparativement à la population du pays. Il est probable que la bastonnade suffit à presque tout; on évite d'ailleurs ainsi l'embarras de loger et de nourrir des gens dont l'insouciance orientale se fatigue bientôt de prendre soin. — Ajoutons que l'assassinat est presque inconnu en Egypte, et que le petit vol y est le crime le plus commun.

CHAPITRE III.

Almées. — Khowals.

Almées. — Prison des femmes. — Les musulmanes n'échappent pas à la prostitution. — Les almées déportées à Esneh. — Pudeur de grande ville. — La prostitution des hommes tolérée. — Khowals. — Licencieuses parades des saltimbanques. — Les femmes y assistent.

En parlant des prisons dans le chapitre précédent, nous avons omis de mentionner celle des femmes. Elle n'a que les quatre murs, mais du moins est-elle planchéiée et existe-t-il une petite cour où les détenues peuvent se promener pendant le jour.

Nous n'avons trouvé là que des courtisanes. La vie retirée des femmes musulmanes, loin de toutes les passions de la société, en dehors de toute action publique, les sauve des crimes et même des délits. Le vol, si commun parmi les nôtres, est un acte presque phénoménal chez elles. Elles n'ont pu cependant échapper à la prostitution, à ce vice déplorable, qui semble inhérent à tous les systèmes d'organisation sociale dont on ait fait l'application jusqu'à ce jour.

Les courtisanes, qui ont toutes pour profession avouée celle de danseuses sous le nom d'almées, formaient il y a peu de temps encore, en Egypte, une corporation qui payait une grosse redevance au gouvernement. Le scandale public devint si criant avec le nombre toujours croissant des Européens employés et des voyageurs, que Méhémet fut obligé d'abandonner ce honteux tribut, et de prohiber les danses et le commerce des courtisanes.

Toute femme arrêtée dans ce cas est détenue pendant un

temps laissé à la discrétion du juge, et à la troisième récidive elle est déportée à Esneh, ville de la Haute-Egypte. Le costume de celles que nous avons trouvées dans la prison (environ une vingtaine) indiquait une extrême misère, d'où l'on peut conclure que les riches savent fermer les yeux des agents de la loi.

Méhémet-Ali renonce à une branche de revenu déshonorante et poursuit la prostitution. Certes, voilà qui est bien. Mais pourquoi une loi aussi morale est-elle localisée? Les plus célèbres courtisanes ont été déportées en bloc à Esneh. Ce qui peut être mortel au Caire et à Alexandrie est-il donc sans danger à Esneh? Cette malheureuse petite ville avait-elle commis quelque crime irrémissible, pour être impitoyablement vouée à la débauche? Esneh, depuis lors, est devenu un lieu de désordre où s'arrêtent tous les voyageurs, afin d'y faire quelqu'orgie dont la curiosité est le prétexte. Au surplus, on trouve presque partout de ces femmes renvoyées du Caire. Nous en avons vues, entre autre part, à Keneh, à Atkim, où elles ont un quartier spécial, et jusque dans de misérables villages, comme Onasana (Moyenne-Egypte) et Kafr-Saya (Delta). A Louqsor, elles sont venues, le matin de notre arrivée, nous donner une représentation de leurs danses, publiquement, sur les bords du fleuve, comme elles font pour tous les étrangers. Qu'est-ce donc que cette pudeur de grandes villes? Chasser les prostituées des deux capitales pour les répandre au fond des provinces, c'est changer le mal de place et non pas le détruire; c'est infecter dix endroits pour en purger un seul.

En vérité, il est impossible de saisir la moindre intelligence du bien dans le demi-décret du grand-pacha contre les almées; les honnêtes gens ne lui en tiendront aucun compte: on n'y peut voir que l'effet d'un caprice d'autant moins explicable que la mesure semble prise au profit d'une immoralité plus grande encore et plus affreuse.

Le voudra-t-on croire, en effet? là où la prostitution des femmes est interdite, celle des hommes est tolérée! Les khowals, qui servent un vice contre nature, trop répandu en Orient, exécutent à toute heure, dans les rues du Caire, identiquement les mêmes danses que les almées, et exercent la plus misérable partie de leur métier. Ces jeunes garçons, par une contradiction étrange, cherchent autant qu'ils le peuvent à éloigner l'idée de leur sexe et à ressembler à des femmes. Ils s'habillent entièrement comme elles; comme elles ils se noircissent le bord des yeux, pour les rendre plus grands et plus vifs, ils se fardent le visage, se teignent les ongles en rouge, portent de longs cheveux mêlés de joyaux, se chargent les doigts et le cou de bagues et de colliers; enfin ils sont aussi horribles à voir que leur rôle est ignoble. Dans les cafés où ils vont également danser et promener leur sébile à la ronde, il n'est pas rare que des assistants les prennent sur leurs genoux et les traitent comme s'ils s'adressaient à de jeunes filles... Ceci, nous l'avons vu au Caire, de nos yeux, à la face du soleil, le jour de la fête des Coptes.

Et les admirateurs de Méhémet-Ali osent le louer d'avoir expulsé les almées de la capitale de l'Egypte !

Un trait non moins saillant de la réelle indifférence de Méhémet-Ali pour les bonnes mœurs, c'est le genre de parades qu'il permet aux saltimbanques, tels que nous les avons vus à cette même fête des Coptes. Leurs farces, tradition dégénérée sans doute de l'ancienne fête d'Amon-*Generator* et des divertissements dont Hérodote fut témoin, sont tellement licencieuses qu'il est impossible de les décrire. A peine la noble chasteté de notre langue nous permet-elle de dire qu'un énorme emblème de la virilité y remplit le principal rôle ! Étrange chose, du reste, que les effets de l'usage et les modifications qu'il apporte dans nos sentiments. Ce grossier spectacle, qui révolterait chez nous les êtres les plus corrompus, fait rire en Egypte non-seulement les hommes, mais aussi les femmes de toute classe qui le regardent, sans paraître aucunement blessées. Voudra-t-on présenter cette dépravation spéciale des Egyptiens comme excuse pour Méhémet-Ali? Mais, à ce compte, on l'excuserait donc aussi de tolérer l'anthropophagie, s'il l'avait trouvée sur les bords du Nil? N'est-ce pas le premier devoir des gouvernements aujourd'hui de poursuivre et de détruire les restes de la barbarie des temps passés?

CHAPITRE IV.

Hôpitaux, École de médecine, École de sages-femmes.

L'Islamisme a toujours eu des hôpitaux et des hospices. — La science thérapeutique perdue en Turquie et en Égypte. — L'institution médicale, corollaire de l'établissement d'une armée régulière. — Hôpital d'Alexandrie. — Bey. — Pacha. — Hospice civil d'Alexandrie. — Mendiants. — Hôpital militaire du Caire. — Maladies des yeux. — Leurs causes. — Quelques mesures d'hygiène et de propreté en arrêteraient le développement. — Maternité. — Enfants trouvés. — Hospice des fous. — Service sanitaire des Moudyrlicks, véritable jonglerie. — La vaccine introduite à coups de bâton. — Ce qu'était la médecine en Égypte. — Belle école organisée par le docteur Clot. — Durée des études trop limitée. — Rare intelligence des élèves égyptiens. — Ils occupent aujourd'hui les principales chaires. — École de sages-femmes fondée par le docteur Clot. — Ses immenses difficultés, ses admirables résultats. — Les sages-femmes musulmanes seront des agents de civilisation. — La directrice de l'école de la maternité est une négresse. — La langue française mise dans le programme des études. — M. Perron. Ses travaux. — Hôpital européen d'Alexandrie. — Il appartient à la France de le relever.

Du moment que Méhémet-Ali voulut avoir une armée régulière, il lui fallut forcément des médecins, des chirurgiens, des hôpitaux, un service de santé. Il le comprit comme il a toujours bien compris tout ce qui se rattachait aux moyens d'asseoir sa puissance par les forces appartenant à la civilisation, et il demanda des médecins à l'Europe, de même qu'il lui avait déjà demandé des officiers.

Dans une religion qui fait de la charité la vertu la plus méritoire aux yeux d'Allah, les soins à donner aux malades pauvres devaient être regardés comme l'un des principaux devoirs à remplir. L'islamisme, aux temps de sa gloire, eut toujours des hôpitaux et des hospices ; toutes les mosquées recevaient gratuitement des malades, et celle, entre autres, d'Ahmed-ibn-Toulon, au Caire, possédait, depuis sa fondation, un hôpital civil et militaire avec un service régulier et classé par ordre de maladies.

Ces établissements n'échappèrent point au marasme qui saisit peu à peu toutes choses lors de la décadence de l'empire des califes et des maîtres de Constantinople. La science médicale était complètement oubliée en Egypte comme sur les rives du Bosphore ; c'est à Méhémet-Ali que l'on doit de l'avoir restaurée sur la terre des Pharaons, où elle avait eu son berceau.

Mais ce fait ne fut jamais pour Méhémet-Ali le but d'une œuvre de charité pure : ce ne fut qu'un des corollaires du *nizam* (armée régulière), et il n'y a jamais apporté la volonté ferme, suivie, soutenue, qui résulte d'un amour sincère du bien. Après avoir donné plein pouvoir à M. le docteur Clot, de Marseille [1], qu'il avait attiré près de lui, il ne l'a pas suffisamment aidé, et les fondations à la conservation desquelles l'œil européen ne veille plus retournent déjà aux errements de la barbarie.

On en peut juger à Alexandrie. L'hôpital militaire de cette ville, qui reçoit les soldats et les marins, est un bâtiment carré dont la cour, brûlée par l'ardeur du soleil d'Orient, est poudreuse comme une grand' route. Les malades (au nombre de 250 lors de notre visite) sont tenus dans des chambres petites,

---

[1] M. Clot, qui a toute l'adresse et l'infatigable activité des gens de son pays, s'est fait une grande réputation sous le nom de *Clot-Bey*.

Bey est un titre honorifique qui équivaut à peu près à celui de comte chez nous ; de même que celui de pacha équivaut à celui de prince. Le fils d'un pacha est toujours bey, celui d'un bey n'est rien. Les titres d'effendi et d'aga sont également honorifiques ; mais l'usage en a fait des termes de courtoisie que l'on accorde comme le *don* espagnol et le *gentleman* anglais à tout homme un peu distingué. Effendi s'applique plus particulièrement aux gens lettrés, et aga aux militaires.

Un pacha reçoit toujours, à titre d'apanage 300 bourses, soit 37,500 fr. (la bourse est de 125 fr.) Cette somme est indépendante des émoluments attribués aux fonctions qu'il peut remplir. Il y a en Egypte quelques pachas dont les traitements s'élèvent à 500,000 fr., et dévorent ainsi l'impôt de plusieurs villages et de villes entières. Les tyrans n'ont jamais épargné ce genre de séduction pour se faire des créatures, en apprivoiser d'autres, et jeter de l'éclat autour d'eux. Les scandaleuses donations que Bonaparte accordait à ses favoris n'avaient pas d'autre but.

basses, sans air, où les lits se touchent, où les maladies se confondent. Tout est là d'une grossièreté sauvage. La cuisine est une immense pièce sans cheminée, dans laquelle on est suffoqué par la fumée. Les chaudières, chauffées au bois, et placées sur des fourneaux très élevés, ne reçoivent pas la centième partie du calorique qu'elles consomment.

L'hospice civil s'éloigne davantage encore de ce qui constitue la civilisation. C'est un hangar long, obscur, fétide, ne recevant d'air et de lumière que par la porte. Sur un lit de camp en bois, régnant le long des murs noirs et imprégnés de saletés, on aperçoit des lambeaux de nattes, qui seraient du fumier dans un pays humide. Toutes les conditions d'insalubrité semblent réunies à dessein dans ce lieu immonde, où respirent à peine, entassés les uns sur les autres, une centaine de misérables, hommes, femmes, enfants, vieillards, mendiants, malades, infirmes, incurables et aveugles, tous pêle-mêle, sans aucune distinction ni séparation. La seule chose à louer, au milieu de cette salle de catacombes, c'est que les enfants n'y sont pas séparés, comme chez nous, de leurs mères.

Pour ce qui est des mendiants, ils sortent au bout de huit jours, sur la simple promesse de ne plus recommencer, ce qui n'empêche pas qu'on ne soit assailli par les pauvres, aux portes mêmes de l'hospice où on en détient quelques-uns.

Comment ne pas accuser l'administration qui tolère un tel état de choses, lorsque, pour y remédier, elle n'aurait qu'à imiter le modèle qu'elle a sous les yeux, au Caire! L'hôpital militaire de cette ville, installé par Clot-Bey, et dirigé aujourd'hui par M. le docteur Perron, est sans contredit le plus bel établissement de l'Egypte, celui où l'empreinte première, donnée par la pensée européenne, s'est conservée la plus intacte. Etabli dans une position salubre, sur les bords du Nil, à 25 minutes de la capitale, tout y est bien disposé, bien tenu, le service s'y fait régulièrement ; les dortoirs, que l'on dirait trop grands, si un hôpital pouvait jamais être trop spacieux, sont aérés avec beaucoup d'art, et les lits, largement espacés, laissent parvenir aux patients un air pur et frais. On n'y sent rien de la terrible et nauséabonde odeur qui règne d'ordinaire dans ces lieux de souffrance.

Parmi les 400 malades que nous avons trouvés au bel hôpital de Kosr-el-Ayny, près du tiers occupaient les salles spécialement consacrées aux maladies des yeux. Ces maladies sont la grande plaie de l'Egypte. On estime que, sur 20 habitants, 5 seulement ont les yeux intacts; des 15 autres, 1 est aveugle, 4 sont borgnes et 10 sont atteints d'ophthalmies chroniques ou aiguës. Quand on a parcouru l'Egypte, on ajoute foi à ces chiffres effrayants; car c'est réellement une cause de profonde tristesse que le nombre extraordinaire d'aveugles qu'on rencontre.

Ce mal cruel, avons-nous entendu dire, tient, comme la peste, à des conditions de localité encore inconnues, et qui semblent devoir rester un mystère pour la science. Pourquoi, cependant, aucun auteur de l'antiquité ne parle-t-il de cette prédisposition ? Auraient-ils tous gardé le silence là-dessus, si, en effet, les anciens Égyptiens eussent été sujets, plus que les autres peuples, aux maladies des yeux ? En cette occasion, comme en bien d'autres, on accuse le climat d'un fléau amené, nous croyons, par l'incurie des habitants, ou dont la prudence, au moins, pourrait prévenir les ravages. Pendant le jour, la coiffure sans visière des Égyptiens livre leurs paupières à l'ardente action du soleil, tandis que la funeste habitude qu'ils ont de coucher en plein air les expose à la malfaisance de l'abondante humidité de la nuit. En second lieu, ils vivent dans des huttes sans cheminées, où ils préparent leurs aliments, au milieu d'une atmosphère de fumée, fumée d'autant plus dangereuse pour les organes de la vue que les fellahs ne brûlent pas autre chose que des mottes de fiente d'animaux, mêlée à de la paille hachée. Un pareil combustible doit nécessairement dégager une grande quantité de vapeurs ammoniacales ; on sait que l'ammoniaque est tiré presque exclusivement par distillation de la fiente de chameaux. Outre cela, toutes les habitations sont entourées d'amas énormes d'immondices que la chaleur sèche et pulvérise, et d'où il s'élève, au moindre souffle d'air, à la moindre agitation, une poussière fine, très irritante, également chargée qu'elle est, par la même cause, de sel ammoniac. Il faut encore ajouter que la poussière d'Égypte paraît contenir naturellement une grande quantité de nitre; dans les ruines, ce sel corrode avec le temps les colonnes de granit qu'elle entoure, et les cultivateurs de la Haute-Égypte s'en servent même comme engrais. Enfin, plus d'un malheureux doit la perte de la vue, dès son bas âge, au peu de soins intelligents que l'on a pour les enfants. La moindre attaque d'ophthalmie dégénère chez eux en ophthalmie aiguë, grâce à leur effroyable état de malpropreté. Ils sont, on peut dire, livrés aux mouches, leur visage en est couvert, et ils les supportent, par habitude, avec une insensibilité que l'on a peine à croire. Il nous est arrivé d'en voir dont les yeux malades étaient littéralement cachés sous une innombrable quantité de mouches qui les dévoraient sans que ces pauvres petits enfants parussent les sentir et fissent aucun mouvement pour s'en débarrasser.

Les raisons que nous venons d'exposer suffisent, à notre avis, pour expliquer l'origine des maux d'yeux qui affligent les habitants de ce magnifique climat, et dont quelques mesures d'hygiène et de propreté arrêteraient le développement. Les masses ne savent jamais ces choses et ne peuvent jamais les savoir; c'est aux gouvernements à prescrire, par de simples ordres de police, les moyens de préservation. Mais il n'y a que les gouvernements amis des peuples qui puissent songer à cela et le vouloir avec assez de suite pour vaincre les vieilles habitudes de toute une population.

A l'hôpital civil d'el-Esbekieh, placé directement sous la surveillance de Clot-Bey, il se trouve une maternité, un dépôt d'enfants trouvés et un hospice de fous.

Ces deux dernières institutions sont exclusivement dues à notre compatriote. Quoique formées depuis trente mois, pas un ministre n'y a fait encore une visite; le gouvernement en connaît à peine l'existence, et il faut au docteur Clot sa haute position pour qu'il puisse prendre sur lui de tout faire.

Les enfants trouvés, du reste en petit nombre, appartiennent uniquement aux Européens; il n'y a jamais eu de tours en Orient, parce qu'il est presque sans exemple qu'une femme musulmane abandonne son enfant. Les fous sont traités par la méthode de Pinel, cet homme qui fut aussi admirable philanthrope que grand médecin, et que l'on doit ranger au nombre des bienfaiteurs de l'humanité. Les mauvais traitements et les chaînes ont fait place à un régime de douceur et de liberté dont une attention bienveillante prévient les dangers.

Clot-Bey n'est point toujours aussi heureux : la rapacité de Méhémet-Ali a plus d'une fois paralysé les effets de ses bonnes conceptions. Ayant eu l'idée, par exemple, de faire participer l'Egypte entière aux bienfaits de la médecine, jusque-là renfermée dans les villes capitales, il a fondé dans chaque moudyrlick ou province un service sanitaire composé d'un médecin et d'un pharmacien en chef avec quelques officiers de santé adjoints. Ces employés de l'Etat ont charge de veiller à l'hygiène du pays, de faire vacciner les enfants et de donner gratis soins et médicaments aux pauvres. Le vice-roi parut se prêter à une institution qui pouvait devenir d'une grande utilité effective, et l'on est tout d'abord disposé à l'en féliciter ; mais, en pénétrant au fond des choses, en pesant les résultats, on ne tarde pas à reconnaître qu'ici encore il n'y a de sa part qu'un semblant de bonne intention, et que, pour la santé publique comme pour le bien-être matériel de ses sujets, il n'a voulu faire et n'a fait en réalité aucun sacrifice.

D'abord, chaque moudyrlick est obligée de payer tous les frais du service de santé sur les fonds consacrés à l'administration locale, et ces fonds n'ont point été augmentés en conséquence; ensuite la caisse locale rembourse au gouvernement qui les fournit tous les approvisionnements des pharmacies. Il n'y aurait encore que demi-mal, si les soins sanitaires étaient véritablement gratuits pour les pauvres, mais il n'est pas un individu, ayant eu recours aux docteurs de l'Etat, auquel l'administration n'ait prouvé à coups de courbach qu'il était assez riche pour payer médecin et pharmacien. Ceux-ci n'y gagnent rien, il est vrai, puisqu'ils ne touchent que leurs appointements, mais la moudyrlick rentre ainsi dans l'argent que le gouvernement central lui avait arraché.

Il est résulté de là que l'établissement des hommes de l'art dans les provinces est tout à fait illusoire : ils n'ont quoi que ce soit à faire, personne ne s'adresse à eux, parce que personne ne se peut croire assez pauvre pour n'être pas contraint de payer leurs soins.

D'autres ne veulent pas recourir au service sanitaire, par la seule raison qu'il est dû au grand-pacha : ils redoutent tout d'un prince qui les a toujours traités avec une implacable dureté. Aussi les médecins sont-ils réduits à dénoncer les enfants qui ne sont pas vaccinés, pour obliger les parents à leur faire subir l'utile inoculation. Les fellahs sont persuadés que la vaccine est une marque que le vice-roi met à leurs enfants pour les mieux reconnaître un jour, s'ils tentent de quitter le pays! Cette crainte, qui témoigne tout à la fois de leur ignorance et de la terreur qu'inspire le gouvernement, ne cède qu'à la contrainte, et c'est à coups de bâton qu'on introduit la vaccine en Egypte. Mieux vaudrait presque y renoncer; de tels moyens augmentent et perpétuent les répugnances des populations pour un bienfait réel. La douceur et la persuasion étaient d'autant plus nécessaires que la preuve des immenses avantages de la vaccine est d'un ordre négatif. Comment me ferez-vous croire, à moi barbare, que, si l'enfant de mon voisin n'a pas la petite vérole, c'est parce que vous lui avez piqué un jour le haut du bras? Lorsqu'elles partent d'un mauvais principe, les applications même du bien ne tournent qu'à mal.

Dès que le docteur Clot fut appelé en Egypte pour y introduire la médecine européenne, il jugea qu'installer des hôpitaux était une entreprise éphémère, et que, pour lui donner des bases durables, il fallait fonder en même temps l'enseignement médical sur les lieux mêmes. Il obligeait de cette manière les gens du pays à prendre part à l'œuvre, à s'intéresser à sa conservation.

Depuis une époque difficile à fixer, tant elle est reculée, il n'était plus question de science thérapeutique en Egypte, c'était chose oubliée. Il existait bien, il est vrai, des médecins, mais sans médecine. Ils possédaient par tradition quelques recettes qu'ils appliquaient empiriquement à toutes les maladies. De science point; d'anatomie, de physiologie, de chimie, etc., etc., rien. Si les drogues convenues ne réussissaient pas, on avait recours aux exorcismes, car les Orientaux en sont pour tout encore au point où l'Europe se trouvait au moyen âge : ils croient fort au diable. On prononçait sur le malade des paroles mystérieuses, on faisait sur lui des passes avec prières et invocations à des santons renommés, morts ou vivants. Le remède par excellence était une infusion de quelques passages du Coran, tracés par un saint ; il écrivait les paroles mirifiques dans une tasse, on versait de l'eau dessus, et on avalait ainsi une tasse de Coran comme une tasse de thé. Même encore aujourd'hui, malgré la présence des docteurs européens, la médecine musulmane n'a guère changé, tant les hommes mettent de tenacité à conserver leurs vieilles idées, celles surtout qui sont mêlées de religion.

C'était un motif de plus pour que M. Clot songeât, dès son arrivée, à fonder une école de médecine. Aussitôt qu'il en parla, toutes les *intelligences* du pays se réunirent pour contester son utilité; toutes, une seule exceptée, celle du vice-roi, qui soutint avec sa fermeté ordinaire l'Européen dans lequel il avait confiance. L'école devait fournir des praticiens à son armée, elle subsista donc malgré tous les dénigrements, et elle est aujourd'hui jointe au grand hôpital de Kosr-el-Ayny.

Les élèves, logés, nourris, habillés, soumis à un régime de collége, trouvent là réunis sur le même emplacement les cabinets de physique, de chimie, d'anatomie, d'histoire naturelle, le jardin botanique et la grande pharmacie centrale. L'annexation de l'école à l'hôpital est une heureuse idée qui permet de les employer d'une manière plus ou moins directe, selon leur degré de force, au service des malades. On les familiarise ainsi de bonne heure avec les maladies, ils acquièrent la pratique et la théorie ensemble.

Cet excellent système d'instruction a malheureusement été poussé trop loin. Non-seulement les élèves de première classe remplissent à peu près le rôle des internes dans nos hôpitaux, mais on les admet de plus à faire les opérations. Or, la durée totale des études est fixée à cinq années seulement : il est donc matériellement impossible qu'ils puissent avoir acquis la science nécessaire, et ils martyrisent les pauvres malades sur lesquels s'exerce leur inexpérience. Nous en avons eu, à l'école même, un cruel exemple sous les yeux.

N'est-il pas impossible, en effet, de faire d'un jeune homme qui sait à peine lire et écrire un médecin ou un chirurgien en cinq ans? La nécessité où l'on était d'avoir tout de suite des sujets pour le service de l'armée, et l'obligation de présenter des résultats certains à un maître qui ne sait pas attendre, a forcé le fondateur de l'école à restreindre beaucoup trop la durée des études; elle lui a fait oublier qu'en définitive c'était des existences humaines qu'il livrait à des hommes auxquels manque évidemment le temps matériel pour acquérir des connaissances suffisantes. Aujourd'hui que les besoins sont moins pressants, il serait sage de revenir à une base d'instruction plus large, plus étendue, plus solide, si l'on veut conserver à l'école son but d'utilité et la réputation un peu trop éclatante qu'a su lui procurer son méridional fondateur.

Nous n'accusons pas les élèves: ils montrent au contraire une rare facilité de compréhension, ils vont au delà de ce qu'on pouvait espérer de jeunes fellahs tirés tout à coup de la barbarie de leurs campagnes. Ceux que Clot-Bey conduisit en France en 1833 y poursuivirent avec succès leurs études et furent reçus docteurs à la faculté de Paris. Rentrés en Égypte, on les adjoignit d'abord aux professeurs européens, qu'ils ont peu à peu remplacés tous. Les chaires d'anatomie, de pathologie interne et externe, de physiologie, d'opérations chirurgicales, de physique, de chimie et analyse, de pharmacie, de botanique et de français, sont aujourd'hui exclusivement occupées par des professeurs indigènes, et quoiqu'on puisse juger ces substitutions beaucoup trop hâtives, il paraît certain que plusieurs de ces professeurs ne se montrent pas tout à fait au-dessous de leur tâche.

Clot-Bey ne s'est pas contenté de créer une école de médecine. Dans un pays surtout où les femmes sont séquestrées, si l'on voulait qu'elles participassent aux bienfaits de la science, il fallait la leur faire porter par des femmes. Animé de cette généreuse pensée, M. Clot fonda aussi une école d'accouchement. Elle renferme aujourd'hui trente jeunes filles de douze à vingt ans, et nous avons pu constater par nous-même qu'elles y reçoivent une forte éducation. Une enfant de douze ans a fait, devant nous, la description du squelette ; d'autres plus avancées ont répondu sans hésiter à des questions difficiles que leur adressa le docteur Estienne sur la circulation du sang, les fonctions du cœur et des poumons, et enfin deux autres ont fait sur le mannequin l'application du forceps avec beaucoup de précision et de légèreté. Un petit hôpital de maternité, attenant à l'école, leur permet de joindre la pratique à la théorie.

Il n'y a pas d'exemple, dans l'histoire de l'islamisme, que les femmes aient été employées à une fonction importante quelconque. Clot-Bey a donc fait une chose considérable et de haute portée en créant des sages-femmes musulmanes, en instruisant quelques-unes de ces malheureuses qui végètent au fond des harems, insouciantes comme des prisonnières nées dans la prison. Il a d'autant plus de mérite, qu'il avait à combattre tout à la fois des usages et des préjugés, les plus redoutables de tous les obstacles qu'un réformateur puisse rencontrer sur son chemin. Grâce à l'infatigable tenacité de volonté qui est sa qualité distinctive, il a tout bravé, tout enduré, tout surmonté. Être parvenu à vaincre une erreur séculaire, enracinée dans les mœurs par la religion, est une victoire assurément plus mémorable que bien des victoires de champ de bataille.

Que de rudes combats de toute sorte pour la remporter!

Comme aucune femme, même parmi les plus misérables, les plus réprouvées, n'aurait consenti à entrer dans l'école d'accouchement, Clot-Bey a d'abord acheté vingt-quatre négresses, et, après les avoir libérées, il s'est mis à les instruire. Quelle tâche! Vingt-quatre pauvres filles déjà âgées de quinze à dix-huit ans, à demi sauvages, auxquelles il fallait tout apprendre, depuis les premières lettres des alphabets arabes et français jusqu'à l'anatomie! Clot-Bey a fait cela, et, plus heureux que bien d'autres, lui vivant, il a le glorieux bonheur de jouir de son œuvre accomplie. Le talent de ses sages-femmes a été vite et généralement apprécié par tous; elles ont introduit la science et le raisonnement, dans les cas ordinaires, à la place de la routine, et, dans les cas difficiles, à la place de pratiques ridicules ou meurtrières ; elles ont commencé aussi, grâce à la confiance qu'elles inspirent, à faire pénétrer la vaccine au fond des harems. — Il en est de même de l'hospice de la maternité, où grand nombre de femmes du peuple viennent se faire accoucher, maintenant qu'elles savent y trouver des soins éclairés et gratuits, rendus par des mains féminines.

Les sages-femmes de Clot-Bey sont des agents de civilisation, qui, avec le temps, ne peuvent manquer d'exercer une influence directe, positive, efficace sur l'émancipation de leur sexe en Orient. Leur exemple répandra le goût de l'instruction, et leurs connaissances détruiront dans l'esprit des mahométans cette idée commune à tous les peuples barbares, que les œuvres d'intelligence, sauf la poésie peut-être, sont inaccessibles aux femmes.

Déjà quelque chose de cet effet naturel se produit. Les pauvres négresses, noyau de l'école d'accouchement, ont subi le sort de leur race en Egypte ; elles sont presque toutes mortes phthisiques ou paralysées : il n'en reste que quatre, et encore l'une d'elles présente-t-elle les symptômes de la maladie qui a frappé ses compagnes. Malgré ce malheur, l'école n'a pas périclité ; la première épreuve une fois faite, des femmes du pays se sont présentées d'elles-mêmes, ou plutôt ont présenté leurs filles pour suivre ces études *effrayantes*, où l'on est obligé de toucher le squelette suspendu au milieu de la salle des cours. Remarquons encore que c'est un uléma qui vient donner les leçons d'arabe ; un uléma, un docteur musulman qui enseigne quelque chose à des femmes! c'est tout une révolution. Lorsqu'on a vu cela, il paraît insignifiant d'ajouter que les élèves ont déjà enfreint la loi servile que leur impose le prophète, et n'éprouvent aucun embarras à rester le visage découvert, même devant des chrétiens! Leur tête est simplement encadrée dans un voile de gaze blanche, qui, après avoir entouré le dessous du menton, retombe avec élégance sur l'épaule.

Nous ne sortirons pas de l'hôpital de l'Esbekieh, où se rencontrent tant de choses faites pour frapper d'étonnement, sans noter que la directrice de l'école et de la maternité est une des quatre négresses survivantes. Clot-Bey loue son habileté, et tout le monde lui obéit ici, sans se douter qu'un certain nombre d'individus soutiennent encore en France, dans ce pays des lumières, que sa race tient le milieu entre l'homme et le singe, et qu'elle doit être éternellement condamnée à creuser, sous le fouet, des trous de cannes à sucre aux colonies!

Bien que M. Clot pousse la reconnaissance pour l'auteur de sa fortune jusqu'à des excès, selon nous, condamnables, il faut avouer que son nom est célèbre à juste titre; outre les hôpitaux qu'il a installés, et l'enseignement médical des hommes et des femmes, qu'il a fondé, c'est lui qui a eu l'idée, adoptée aujourd'hui dans toutes les écoles d'Egypte, de mettre la langue française dans le programme des études. Grâce à cet acte d'une prévoyance admirable, les élèves, lorsqu'ils sont devenus praticiens, peuvent se tenir au courant des travaux de la science européenne, en lisant les journaux, les revues et les livres spéciaux publiés en France.

M. Clot a été puissamment secondé par M. Perron, qu'il s'adjoignit en 1833, comme professeur de chimie et de physique. M. Perron, nommé ensuite directeur de l'école, quand le fondateur obtint un grade plus élové, a beaucoup contribué à son amélioration. Orientaliste distingué autant qu'habile médecin, on lui doit l'introduction du langage et des nomenclatures chimiques et physiques dans l'idiome du pays, et ce n'était pas une petite difficulté que celle de traduire les termes techniques par des équivalents arabes. Il fut le premier à faire imprimer ses leçons en arabe, et l'impulsion qu'il a donnée a multiplié et perfectionné tous les travaux de ce genre. L'école de médecine du Caire a ainsi mis au jour, depuis huit ou neuf ans, une trentaine d'ouvrages spéciaux en arabe, tirés chacun à mille exemplaires, aux frais du gouvernement. Ce sont là des services d'une haute importance, car les livres resteront toujours, quoi qu'il puisse arriver des écoles, dont il est permis de craindre la chute.

On doit encore à M. Perron une mesure capitale, propre à

pallier un peu les dangers de la faiblesse des études. Pour forcer les médecins égyptiens à entretenir ou à augmenter leurs connaissances acquises, il a fait établir une disposition règlementaire qui oblige tous les anciens élèves de Kosr-el-Ayny, employés dans les services publics, à subir chaque année un examen. Celui qui ne répond pas d'une manière satisfaisante est passible de différentes peines : ou l'on diminue ses émoluments pour un temps plus ou moins long, ou il redescend d'un grade, ou bien enfin il est réintégré dans l'école.

Ah! si le vice-roi eût voulu, avec les hommes que lui fournit l'Europe, quel bien n'eût-il pas fait[1]!

[1] Quoi qu'on ait pu dire sur l'œuvre de civilisation prétendue qui s'accomplit en Egypte, la vérité est que la carrière de l'enseignement y présente à l'homme dévoué à la science et à l'humanité des dégoûts et des difficultés sans nombre. Voilà onze années que M. Perron consume à les vaincre, c'est bien payer sa dette. Il serait heureux qu'il voulût transporter maintenant en France le résultat de ses profondes études sur la langue arabe. Les orientalistes pratiques comme l'est M. Perron sont rares en Europe; il ne manquerait pas de prendre une utile et belle place parmi nos savants, et la publication de plusieurs grands ouvrages qu'il possède en porte-feuilles serait d'une importance réelle.

M. Perron s'est particulièrement occupé des poètes arabes antérieurs à l'islamisme, non pas seulement comme poètes, ce qui offrirait déjà un extrême intérêt littéraire, mais comme historiens; car les poètes, aux époques inorganisées, sont aussi toujours des historiens. Ils n'ont pas alors la maladie de langueur qu'ils contractent dans la civilisation : ils ne rêvent pas, ils vivent de la vie commune, ils disent les évènements contemporains, les choses qui occupent la famille, le clan ou la nation.

Les vers de ces anciens poètes, poètes de nature qui souvent ne savaient ni lire ni écrire, ont fourni des fragments aux chants populaires, aux cantilènes des tribus, et celles-ci les ont conservés de bouche en bouche jusqu'à ce qu'ils fussent recueillis aux époques littéraires, et passassent de la mémoire des hommes dans les livres, pour ne plus s'effacer jamais.

Les savants arabes, alors que les Arabes avaient des savants, ne le cédaient en rien aux plus érudits d'aucun autre peuple. Ils ne se bornèrent pas à l'enregistrement pur et simple de quelques strophes éparses; outre les vers, ils recueillirent les chroniques qui s'y rapportaient, si bien qu'on eut tout ensemble la composition, le nom de l'auteur et les circonstances qui l'avaient inspiré. C'est dans un recueil de vieilles chan-

Avant de finir ce chapitre, nous ne pouvons oublier de parler d'un petit hôpital fondé à Alexandrie, il y a longues années, par la France, pour y recevoir les Européens. Les étrangers pau-

sons que se trouvent enfouis de la sorte les éléments de l'antique histoire de la péninsule arabique, c'est à cette source difficile, aride, obscure, qu'a puisé M. Perron, et il en a tiré des matériaux considérables sur les temps ante-islamiques et sur le caractère de ces temps, à l'époque où Mahomet préparait sa grande réforme religieuse. Mais là, poètes, tribus, évènements, acteurs, sont rapprochés, confondus, sans ordre, sans chronologie précise. M. Perron, semblable à tous les vrais savants, ne se contente pas d'à-peu-près, il a voulu débrouiller le chaos, se rendre compte, poser des époques, fixer les noms et les places des anciennes tribus, leurs divisions, leurs subdivisions, juger les hommes les plus marquants de chacune d'elles, et, après de longues et sagaces recherches, il est parvenu à reconstruire l'enchaînement des personnages nécessaires à connaître ; il a su, par le calcul de la durée des générations, établir leur moment d'existence, à quelques années près. Or, ce travail de M. Perron, qui peut former la matière de trois ou quatre volumes français, embrasse les deux siècles qui précédèrent immédiatement l'islamisme ; ce n'est donc rien de moins que l'histoire d'une partie du monde tout à fait inconnue, une page de la tradition générale de l'humanité, qui manquait.

M. Perron ne s'est pas contenté de faire de la science pure, il n'a pas négligé le côté pittoresque des mœurs, de la tournure d'esprit, en un mot, de la physionomie caractéristique des anciens Arabes, et plusieurs fragments de ses manuscrits, insérés, soit dans le *Voyage* de MM. Michaud et Poujoulat, soit dans le *Journal asiatique* de Paris, font connaître l'intérêt artistique de l'ouvrage dont nous voudrions par ces notes provoquer la publication.

Tout ce que peut faire un homme qui travaille est inimaginable. M. Perron, dans ses studieuses veilles, a su trouver encore le temps d'écrire l'histoire des Egyptiens, d'après les idées arabes ; il a rassemblé tout ce que les écrivains de cette nation disent à ce sujet dans leurs livres, et il est en état de jeter de grandes lumières sur une question très controversée et encore pleine d'obscurité, l'origine des Coptes, qui se prétendent les seuls héritiers directs et sans mélanges de la vieille race égyptienne. Enfin, c'est à lui que l'on doit un *Voyage au Dâr-Four et au Dâr-Waday*, que M. Jomard vient de faire imprimer*.

Un chérif uléma de Tunis, aujourd'hui réviseur des traductions de

---

* *Voyage au Dâr-Four*, par le cheik Mohammed Ebn-Omar el-Tounsy, un vol. grand in-8°, 1845.

vres y sont admis aux frais de leur consulat respectif, les matelots aux frais de leur bord ; mais la rétribution stipulée ne suffit pas aux dépenses. On a cherché à pourvoir au surplus par des

livres français en arabe, qui se font à l'école de médecine du Caire, avait passé plusieurs années dans le Soudan oriental, où le pied européen n'a jamais pénétré ; il pouvait donc faire connaître des choses entièrement neuves. Mais qui songe aujourd'hui, en Orient, à composer un livre, où trouverait-il un lecteur? L'intelligence de cet antique berceau de toutes les connaissances du monde est plongée, depuis des siècles, dans une léthargie profonde. M. Perron a vaincu l'apathie de son collègue arabisant ; il a insisté avec tant de persévérance que le chérif tunisien a écrit la relation de son voyage ; M. Perron l'a aussitôt mise en français, et nous devons à son infatigable zèle de savant quelques notions de plus sur l'Afrique intérieure, notions doublement précieuses, car le caractère sacré du chérif lui a rendu bien plus accessible qu'aux Denham et aux Clapperton l'étude de ces régions nègres qui professent la religion de Mahomet.

Nous éprouvons du bonheur à publier ce que nous avons appris des travaux d'un compatriote qui, loin de la terre natale, s'occupe encore à bien mériter d'elle.

M. Perron n'est pas moins distingué par le cœur que par l'esprit. Rien n'est plus touchant que de l'entendre parler de ses labeurs d'orientaliste ; à peine peut-on savoir ce qu'il a fait, mais il ne se lasse pas de dire tout ce qu'il doit à un autre orientaliste non moins modeste que lui, M. Fresnel, notre agent consulaire à Djedda. C'est à l'instigation de M. Fresnel, répète-t-il, qu'il a entrepris cette vaste étude, c'est à lui qu'il est redevable des moyens d'avoir pu l'accomplir. M. Fresnel, avec un sentiment de générosité rare entre rivaux de science, a mis à sa disposition une superbe collection de livres arabes réunis à grands frais et à grand'peine.

Heureux pays que cette France, qui, malgré tout ce qu'on tente pour l'amoindrir, peut encore livrer de pareils enfants aux hasards de l'émigration, aux chances qu'affrontent les missionnaires de civilisation ! Quelle joie pour le voyageur français de rencontrer sur son chemin de tels frères ! Et c'est une chose dont nous pouvons nous glorifier, une chose que, sans vanité nationale, nous pouvons dire dans toute la sincérité de notre âme, aucun peuple ne détache de son sein, pour porter la lumière aux contrés lointaines, des hommes supérieurs à ceux de la France ; l'Angleterre elle-même, dont on ne saurait, sans injustice, méconnaître la haute fonction humanitaire, n'en a point au dehors qu'elle puisse comparer aux nôtres. En Egypte surtout, nous sommes admirablement représentés.

contributions volontaires des résidents; mais les souscripteurs sont en si petit nombre, que la recette ne s'est pas élevée, pour l'exercice de 1843, au delà de 2,893 talaris (14,465 fr.); aussi l'hôpital franc manque-t-il de tout, et peut-il à peine fournir aux besoins des rares malades qu'il renferme aujourd'hui. Il serait hors d'état de rendre d'efficaces services dans un cas d'épidémie. Il y a vraiment lieu de s'étonner que les consuls restent inactifs et ne provoquent pas leurs gouvernements à secourir un établissement aussi utile. La France pensera sans doute que sa mission de dévoûment lui impose ici un devoir à remplir. Il serait digne de nos députés démocrates de proposer un crédit de 100,000 fr. pour l'hôpital d'Alexandrie, ouvert aux Européens de toutes les nations. Ce serait là un argent bien employé, et les contribuables français, nous n'en faisons point de doute, ne le regretteraient pas. Une partie de cette somme devrait être employée à ravitailler l'hôpital de toutes les choses nécessaires qui lui manquent, à le mettre en état de recevoir des femmes, car les femmes ont été oubliées dans ce lieu de secours comme dans toutes les institutions du passé, et enfin le surplus pourrait être converti en une petite rente qui aiderait aux dépenses annuelles.

CHAPITRE V.

Arsenal, Ateliers-modèles, Fabriques.

Magnifique arsenal, construit par M. Cerisy. — Flotte créée par enchantement. — Tout est déjà presque perdu. — On ne pourrait faire aujourd'hui une construction navale à Alexandrie. — Intelligence et adresse des ouvriers indigènes. — L'arsenal pourrait devenir une école industrielle pratique. — Fonderie de Boulack. — Machine à vapeur faite par les Egyptiens. — Filatures et fabriques de toiles de coton. — Le travail rétribué avec une parcimonie insultante. — Les ouvriers des fabriques du vice-roi, enlevés de force dans les villages, traités comme des esclaves, menés à coups de bâton, et ne recevant qu'un salaire insuffisant. — Les manufactures fondées par Méhémet-Ali sont des spéculations particulières. — Il frappe d'impôts exorbitants une usine élevée par un étranger. — Il n'a jamais rien fait pour encourager l'industrie; il l'a rendue odieuse aux Egyptiens.

Lorsque le pacha d'Égypte se fut ouvertement révolté contre son suzerain, il sentit qu'il lui était indispensable d'avoir une marine pour continuer la guerre en Syrie et se défendre des attaques que Constantinople pourrait diriger sur lui par mer. Les vaisseaux qu'il faisait acheter dans les ports marchands, à Marseille, à Livourne, à Venise, étaient peu propres à être armés; il résolut donc d'en construire lui-même, et fit venir d'Europe M. Cerisy pour lui faire un arsenal.

L'ingénieur français déploya un caractère égal à ses talents; il sut vaincre toutes les difficultés que présentaient les hommes et les choses et faire mouvoir un personnel de 8,000 fellahs, transformés d'un seul coup en maçons, charpentiers, menuisiers, forgerons, mécaniciens, cordiers, etc., etc. Il avait commencé le 9 juin 1829, et, le 3 janvier 1831, un vaisseau de cent canons était lancé. Au bout de quatre ans, l'arsenal était achevé. Ateliers de taillanderie, de mécanique, d'instruments nautiques, de poulerie, de voilerie, salle de modèles, machine à curer, pont de carénage, corderie, fonderie, hangars pour dépôt et conservation des bois, rien n'y manquait !

En même temps, une manufacture de toile à voiles était montée à Rosette, une autre de tarbouchs (bonnets grecs) à Fouah; une fabrique d'armes et une de draps au Caire. Tout se complétait sous l'inspiration d'une pensée active que l'on pouvait croire civilisatrice autant que guerrière; si bien qu'une flotte de trente voiles sortit de l'arsenal d'Alexandrie en peu d'années, armée, équipée et montée par des marins indigènes, formés par des instructeurs européens.

Eh bien! de tous ces grands ouvrages dont le souvenir restera pour la gloire du nom de M. Cerisy, on ne voit plus à présent que le squelette; et le bassin de radoub que M. Mougel, ingénieur des ponts et chaussées de France, vient d'achever, demeurera inutile comme le reste.

Si l'on voulait faire aujourd'hui la moindre construction navale à Alexandrie, il faudrait tout commander en Europe, comme si l'on n'avait pas d'arsenal. Les magasins sont entièrement dégarnis, ou bien les pièces qu'ils renferment sont incomplètes et gâtées par la rouille et la poussière. On travaille bien encore dans les ateliers à quelques réparations, mais ils sont presque déserts, plusieurs sont vides; la corderie, par exemple, est fermée, faute de chanvre, m'a-t-on assuré. Sur 8,000 ouvriers, il n'en reste plus que 1,000; tout languit, et la barbarie commence à envahir cette œuvre de civilisation.

La science de l'Occident éclate partout dans les dispositions de l'arsenal d'Alexandrie : tout y a été conçu, dirigé, créé par des hommes d'Europe, cela est incontestable; mais il est vrai de dire que tout y a été exécuté par des Égyptiens; et la promptitude de leur intelligence, leur extrême adresse manuelle furent un sujet d'étonnement pour leurs instituteurs. Les heureux résultats du début étaient donc un gage de succès pour l'avenir. Quoi de plus simple que d'en tirer parti pour le perfectionnement social et le bien-être commun! On ne l'a pas voulu.

Les choses ne s'étaient point faites aussi promptement sans d'énormes frais. L'Égypte n'a ni bois ni fer; on avait tout démandé à l'Europe, et le peuple avait été écrasé d'impôts pour subvenir aux dépenses. D'un autre côté, les ouvriers avaient été arrachés à leurs foyers de la manière la plus inhumaine.—On aurait pu encore peut-être atténuer ces violences en faisant de l'arsenal une sorte d'école industrielle, en y formant des maîtres dont on aurait encouragé l'établissement dans les villes et les villages. Loin de là, tout est délaissé ; et, comme les nouveaux artisans licenciés ne peuvent trouver d'emploi au milieu d'un monde où rien n'est préparé pour eux, ils oublient ce qu'ils savent d'autant plus vite qu'ils l'avaient appris plus rapidement, et retombent dans la torpeur générale d'où l'on avait semblé vouloir tirer le pays.

A la fonderie de Boulack, près du Caire, mêmes observations. C'est une usine superbement montée à l'européenne, mais frappée de mort. Les fellahs, enlevés tout à coup à leurs vieilles habitudes des champs et jetés dans ces ateliers, ont fait avec une rare dextérité tout ce qu'on leur a demandé. La machine à vapeur de cinq chevaux, qui donne le mouvement à l'atelier d'outillage, a été construite dans l'atelier même, tout entière de leurs mains, sous la direction d'un ingénieur anglais. Nous avons vu là des serrures, des pièces de fonte, des instruments faits avec de l'acier trempé sur les lieux, des objets d'ébénisterie, qui attestent la parfaite aptitude industrielle des indigènes. On ne peut douter que leurs progrès n'eussent été profitables aux masses, si on avait honorablement excité, récompensé et salarié le travail; mais le grand-pacha n'eut jamais cela en vue. Les quatre cents ouvriers de Boulack sont réduits à cent cinquante; on les renvoie à la glèbe, et chaque jour les marques d'indifférence et de mauvais vouloir du gouvernement jettent plus de découragement dans les esprits.

L'arsenal d'Alexandrie et la fonderie de Boulack appartiennent à l'Etat, si l'on peut établir une distinction entre l'Etat et Méhémet-Ali ; mais il a créé, en outre, quelques fabriques qui sont restées sa propriété particulière. On doit citer, entre autres, au Caire, la filature et la fabrique de toile de coton appelée Kromfich. Ce vaste établissement renferme deux cent cinquante métiers d'origine française, trois cents ouvriers et un manége à mulets. La blanchisserie, teinturerie et fabrique de toiles peintes de Mabiadeh (Caire) mérite aussi l'attention. Ces deux établissements fonctionnent parfaitement. Nous avons vu à Keneh (Haute-Egypte) une autre fabrique de toiles de coton en pleine activité.

Le directeur en chef de Mabiadeh (Egyptien élevé en Europe), l'homme chargé de la conduite de cette grande usine et aussi de la préparation des couleurs, a 500 piastres par mois (125 fr.), et encore est-ce un des employés les mieux payés du vice-roi. A la fonderie de Boulàck, un des chefs d'atelier nous montrait avec une certaine fierté une caisse à amputation dont tous les instruments sortaient de ses mains. « Apprenez, dit au drogman un ouvrier qui nous voyait prendre note du fait, apprenez à votre *maître* que l'auteur de cette caisse touche 125 piastres (31 fr. 25 c.) par mois d'appointements. » Tel est le salaire que reçoivent en Egypte les plus habiles contre-maîtres indigènes, ces jeunes gens que l'on envoie pompeusement étudier au dehors ! Aussi l'un d'eux nous disait-il : « En France, nous sommes traités comme des princes ; ici comme des réprouvés. » C'est toujours le même mensonge : faire croire à l'Occident que l'on veut civiliser l'Egypte, et en Egypte laisser les choses ce qu'elles étaient, pour continuer à régner sur des esclaves.

Les filatures de Méhémet-Ali lui donnent, à ce qu'il paraît, de beaux bénéfices. Il vient de faire un traité par lequel il a vendu pour un an, à un prix déterminé, tout ce qu'il produirait, s'engageant à livrer au moins trente-cinq mille pièces par mois[1]. Ces toiles, assez grossières, mais solides, sont toutes consommées sur place ; teintes en bleu avec l'indigo du pays, elles forment le seul vêtement des femmes de la basse classe, en vertu d'un monopole vexatoire. Nulle femme fellah ne peut acheter ce vêtement autre part que dans les magasins du grand-pacha ou de ses représentants. Chaque pièce porte une marque,

---

[1] La pièce a 58 piques (environ 38 mètres 66 centimètres).

et toute femme dont la robe n'aurait point cette marque serait exposée à un sévère châtiment.

A voir ce mouvement industriel, à voir ces édifices aux larges façades criblées de fenêtres, on se sent porté à louer tout d'abord la pensée de l'homme d'Etat qui, en les élevant, eut l'idée de les distribuer en divers lieux pour doter le pays entier d'une part égale de progrès; mais on ne tarde pas, en examinant de près le régime des manufactures, à n'y trouver plus que la pensée d'un exploiteur qui a été partout chercher des victimes à sa cupidité.

Les ouvriers des fabriques particulières du vice-roi, comme ceux de l'arsenal, de la fonderie et des établissements publics, sont pris de vive force dans les villages, arrachés à leurs familles, soit qu'ils veuillent ou ne veuillent pas s'adonner à l'industrie; le bâton contraint le petit nombre de ceux qui ont l'audace de faire la moindre résistance. Enrôlés presque militairement, ils ne peuvent rester quelques jours chez eux sans permission; celui qui s'éloigne est obligé de fournir un garant, et il sait que, s'il ne revient pas, ou s'il dépasse seulement le terme fixé, le garant est mis en prison jusqu'à son retour. Dans les ateliers, les hommes sont traités comme des esclaves. Les contre-maîtres parcourent les salles, armés d'une badine de dattier, dont ils frappent ceux qui causent ou ne se montrent pas assez actifs à leur gré. Les fautes graves, de même que l'absence à l'appel du matin, sont enregistrées et punies après le travail avec le bâton ou le courbach.— Le travail forcé une fois admis, toutes les cruautés du châtiment corporel en deviennent la conséquence logique.

Les hommes condamnés à cet infâme régime ne sont point payés à prix débattus avec eux, mais au gré du maître, qui, encore, les met le plus souvent à la pièce, combinant ainsi, par un raffinement cruel, la violence avec l'intérêt personnel, pour extraire de ces ilotes jusqu'à la moindre parcelle de leurs forces. On leur donne un salaire, parce qu'il faut bien qu'ils aient de quoi manger; mais il est à peine suffisant pour les empêcher de mourir de faim. A la filature de Kromfich (Caire), les premiers ouvriers, ceux qui conduisent les métiers, ne gagnent pas au delà de deux piastres 30 paras (65 cent. par jour). Le tisserand a 8 piastres 30 paras pour une pièce. Or, le plus habile n'en peut faire plus de sept par mois. La moyenne est de six; c'est donc 12 fr. et demi qu'il reçoit mensuellement! A la fabrique de toiles peintes de Mabiadeh, les artistes qui gravent les bois pour imprimer reçoivent 3 piastres (75 cent. par jour). Le taux de la tâche est calculé de façon que l'ouvrier le mieux rétribué ait 60 piastres (15 fr.) par mois, et celui qui gagne le moins 20 piastres (5 fr.). La moyenne est de 40 piastres (10 fr.) par mois, 120 fr. par an! Et encore les ouvriers touchent-ils rarement cette somme entière. Comme il a été dit plus haut, on leur fait souvent des retenues pour les faux frais de la manufacture, pour remplacer un buffle ou un mulet du manége, qui meurt, pour réparer un métier brisé, etc... Quelquefois, enfin, ce qui leur reste dû de salaire est payé au bout de six mois en produits mal réussis de la fabrique, qu'ils revendent à moitié prix pour réaliser de l'argent comptant.

Voilà comme sont traités les ouvriers de Méhémet-Ali. Aussi portent-ils sur leur figure pâle et cave l'empreinte d'une profonde tristesse.

Les essais industriels opérés par ces abominables moyens n'ont jamais été entrepris dans un but d'intérêt général. Méhémet-Ali n'est point un chef de gouvernement élevant des manufactures à ses frais, afin de les répandre ensuite dans la communauté, c'est un spéculateur qui tente la fortune pour son propre compte. Il n'a jamais fait d'élèves, jamais excité, par des récompenses ou des primes, les particuliers à l'imiter. Il n'a jamais encouragé l'industrie au dedans, jamais rien tenté pour l'attirer du dehors; il n'y a pas en Egypte d'autre fabricant que lui, et sa volonté n'a jamais été qu'il y en eût d'autres. Un fait en fournit l'irrésistible preuve.

Un Français, M. Andriel, a fondé sur les bords du canal Mamoudieh, aux portes d'Alexandrie, une usine pour la décortication des graines de coton. M. Andriel nétoie la graine et la brise, puis il l'envoie à Marseille, où nos machines peuvent en extraire une grande quantité d'huile très bonne à brûler et à faire du savon. En utilisant une chose perdue jusqu'ici, M. Andriel créait une ressource nouvelle pour l'Égypte; il apportait un élément de plus à la richesse du pays. Il était donc naturel de le protéger, de le favoriser, de l'aider même, s'il l'avait demandé. Eh bien! non-seulement le ministre de l'intérieur, du commerce et des manufactures ne vint jamais visiter son usine, témoignage assez significatif de l'indifférence du gouvernement, mais encore à peine les premiers résultats furent-ils obtenus, qu'on voulut frapper bâtiments et produits de droits ruineux. Au moment où nous étions en Égypte, M. Andriel se défendait contre des prétentions fiscales de Méhémet-Ali, qui ne tendaient à rien moins qu'à tuer sa fabrique.

La vérité est que le progrès industriel dont le grand-pacha est censé avoir jeté les bases en Égypte est encore une invention de prôneurs gagés ou reconnaissants. Ses fabriques n'ont été que des entreprises particulières, isolées, sans lien avec la chose publique; loin d'être utiles au pays, elles ont au contraire rendu le travail industriel odieux par la manière infâme dont il s'est procuré des ouvriers, et la manière plus infâme encore dont il les traite et les rétribue. Les fabriques inspirent à la population l'horreur d'un nouvel instrument de torture découvert pour accroître son infortune.

CHAPITRE VI.

Écoles.

Beau système d'éducation. — Écoles primaires, préparatoires et centrales. — Les élèves soldés par l'État. — Toutes ces institutions sont déjà mortes ou se meurent. — École de cavalerie de Giseh. — École polytechnique; ses résultats. — Les professeurs européens sont volontairement remplacés par des indigènes, d'une manière prématurée. — Cours de droit administratif, par M. Solon; nouvelle jonglerie. — Méhémet-Ali n'est pas doué de la persévérance qui produit les choses durables. — La solde des élèves, payée aujourd'hui plus irrégulièrement que jamais. — Les honoraires des professeurs et des employés, arriérés de plus d'un an. — Il faut attendre trois semaines l'autorisation de faire remettre un carreau cassé. — L'hôpital de Ras-el-Tin laissé pendant cinquante-deux jours sans matelas. — Les écoles n'étaient que des instruments de guerre. — Loin de profiter de la paix pour leur donner un nouveau lustre, Méhémet a partout réduit de moitié le nombre des élèves.

On peut dire des écoles la même chose que des fabriques : aucune émanation bienfaisante n'en est sortie pour pénétrer dans les masses et les réveiller.

Un vaste système d'éducation avait été admirablement établi par les Européens qui en furent chargés. Dans cinq grandes écoles primaires, tout à fait indépendantes de celles des mosquées, et fondées avec discernement sur différents points du pays, on enseignait à lire et à écrire aux enfants du premier âge. Ceux qui se distinguaient le plus entraient dans trois écoles préparatoires, où une éducation plus forte les devait mettre en état de passer dans les écoles centrales de médecine, d'infanterie, d'artillerie, de cavalerie, des arts et métiers, et enfin dans l'école polytechnique et dans celle des langues. Pour vaincre les répugnances d'une population plongée depuis des siècles dans la plus grossière ignorance, on logeait et nourrissait les élèves des écoles préparatoires et centrales, on leur payait en outre une solde mensuelle de 15 à 35 piastres, destinée à indemniser les parents du travail de l'enfant.

Certes, ce sont là d'admirables dispositions, et l'humanité n'aurait pas assez de louanges pour le prince généreux qui forcerait ainsi l'instruction à pénétrer dans le corps social soumis à sa puissance. Mais tous ces nobles commencements n'ont pas eu de suite: l'esprit vivifiant qui devait venir d'en haut, et qui pouvait seul leur faire porter des fruits, a manqué. La vie réelle n'a jamais été communiquée à ces institutions éphémères, et maintenant on les abandonne tout à fait. L'école des langues n'est déjà plus guère qu'un bureau de traduction où ne se forme personne. Celle d'agriculture est tombée presqu'aussitôt après sa création, pour être remplacée par une espèce de ferme-modèle dont le vice-roi a pensé qu'il tirerait des avantages plus palpables. Celle des arts et métiers, d'une utilité si directement immédiate, est supprimée, sous l'incroyable prétexte que l'on est embarrassé du trop grand nombre d'hommes instruits auxquels on ne peut trouver d'emploi! Dans un pays où tout, absolument tout est à faire! L'école polytechnique, celle de médecine et de cavalerie sont les seules qui se soutiennent encore.

L'école de cavalerie, fondée en 1830 à Giseh, par le colonel français, M. Varin, est magnifiquement disposée; ses bâtiments seraient partout de beaux bâtiments. Elle peut recevoir 350 élèves, et elle a des écuries pour 900 chevaux, aérées, larges et si bien installées, qu'il est facile à chaque escadron d'y monter à cheval. Le colonel Varin y lutte encore pour les bonnes traditions. Grâce à son obligeance, nous avons pu nous convaincre que ses élèves manœuvrent admirablement; il serait difficile de trouver des cavaliers plus sûrs et plus hardis, c'est-à-dire plus instruits. Mais, au lieu de 350, il n'y en a plus que 150; ils sont très mal tenus, faute d'équipement; ils n'ont pas assez de chevaux; et, malgré la bonne contenance qu'a toujours faite le colonel devant nous, nous savons que l'on fournit de très mauvaise grâce aux indispensables besoins de l'établissement qu'il dirige.

L'école polytechnique renferme 125 élèves de douze à vingt ans. On leur enseigne le français, l'arithmétique, l'algèbre, la géométrie, la géographie, le dessin linéaire et architectural.

Ils sont destinés à devenir des ingénieurs de ponts et chaussées, de mines et de constructions navales. Or, cinq ans seulement sont fixés pour atteindre ce but que nous mettons, nous autres Européens, dix et quinze ans à poursuivre. Quel que soit l'incontestable mérite et le zèle du directeur, M. Lambert, l'ex-saint-simonien, il ne peut évidemment rien réaliser de satisfaisant. Nous avons trouvé ses élèves au-dessous de ce qu'on leur demande, et il n'en saurait être autrement, puisqu'on leur demande trop. Ajoutons que les professeurs, déjà presque tous indigènes, sont loin d'être assez forts, et enfin que les élèves, au moment même de leur entrée, n'ont pas une éducation première suffisante. Les enfants des écoles préparatoires n'ayant presque jamais les connaissances requises pour l'admission aux écoles centrales, on prend les moins ignorants, tels que tels.

Pour l'école de médecine, bien que les études y soient peut-être plus avancées, parce que les professeurs y sont plus instruits, nous avons vu que les mêmes causes y produisent les mêmes effets. C'est assurément un utile encouragement à donner à tous que de confier les chaires aux indigènes qui se distinguent; mais, en présence de la faiblesse évidente de quelques professeurs et de la généralisation du fait là et dans les ateliers, il est impossible de ne pas voir la tendance bien prononcée d'éloigner les Européens de tous les services. Or, on ne peut supposer une précipitation irréfléchie, le vice-roi sait pertinemment que le moment de cette réforme désirable n'est pas encore venu, que les bases de l'édifice intellectuel ne sont pas encore assez solides pour qu'il soit raisonnable d'arracher les principaux étais; en un mot, que les Européens ont seuls, jusqu'à ce jour du moins, assez de science et de tenue pour maintenir l'organisation établie et l'enseignement à une hauteur convenable.

L'Égyptien (et nous ne lui en faisons pas un reproche, il subit la loi commune) a encore les défauts des races qui vivent depuis des siècles sous l'oppression; il est sans capacité administrative, sans esprit d'ordre ni de justice, sans tact. Du moment qu'il demeurera seul chef des institutions d'enseignement transportées tout à coup d'Europe en Égypte comme des plantes exotiques, elles tomberont en décadence ; le laisser-aller, l'insouciance, l'inexactitude naturelle, la présomption, seront les causes forcées qui amèneront le relâchement et l'oubli des devoirs. C'est une tâche si délicate que de conduire et d'instruire la jeunesse ; elle demande tant de soins, tant d'adresse ; il faut tant savoir même pour enseigner l'a b c ! Je comprendrais que l'État marchât avec tous les ministères occupés par des Égyptiens ; mais je doute d'une école confiée tout entière à ces jeunes gens à peine sortis de classe. Que si l'on met un Turc pour directeur, afin de conserver l'ordre hiérarchique, il saura tenir, il est vrai, les rênes d'une main ferme en faisant agir le fouet ; mais, quant à l'instruction, elle est perdue. Les Turcs ne savent que commander du haut de leur divan. On peut juger par l'école vétérinaire de ce qu'ils feront ; le directeur actuel, officier turc, l'a déjà conduite à l'agonie. Il demande très sérieusement à quoi bon l'art vétérinaire européen, puisque les chevaux meurent toujours.

Il y a trois ou quatre ans à peine, Méhémet-Ali a fait venir de France un jurisconsulte, M. Solon, pour établir au Caire un cours de droit administratif. C'est encore une de ces jongleries sur lesquelles il compte pour tromper l'Europe. A quoi servirait un cours administratif dans ce pays où règne le bon plaisir, et auquel on ne veut pas donner d'administration, parce qu'on veut conserver l'arbitraire. Le vice-roi a confié cinq élèves à M. Solon, et, au bout de la première année, il a voulu lui enlever le meilleur pour en faire, quoi ? le chef d'une buanderie ! M. Solon paraît homme à ne pas conserver de rôle dans la grande comédie égyptienne ; il exigera probablement l'organisation définitive de son école avec ses conséquences sérieuses ; et, comme on ne voudra rien lui accorder, il y a lieu de croire que la toile tombera avant peu sur l'intermède qu'on lui avait confié.

Les écoles, même à l'époque de leur plus grande faveur dans l'esprit du maître de l'Égypte, ont souffert, comme tout ce qu'il a créé, d'un défaut assez commun chez les gens vaniteux et peu éclairés. Méhémet-Ali veut passionnément ce qu'il veut, dans l'instant même où il le veut ; mais il n'est pas doué de cette force calme de la persévérance qui produit les choses durables. Il sait donner un million, dix millions pour fonder; il lésine sur une dépense de détail de dix piastres, d'une piastre pour compléter et entretenir. Il est plus préoccupé de jouir et d'éblouir que de consolider. Ainsi, par exemple, il consacra vingt mille francs à l'achat d'une assez belle collection de préparations anatomiques; mais on fut cinq ans à lui arracher l'argent des vitrages indispensables pour la loger, et il a fini par donner des armoires en menuiserie, si mal faites et si mesquines, qu'elles déshonorent la collection, d'ailleurs fort endommagée.

Alors, du moins, les écoles n'avaient à subir que les effets de cette fâcheuse disposition d'esprit; aujourd'hui, c'est contre un mauvais vouloir très prononcé qu'elles ont à disputer leur existence. La solde des élèves est payée plus irrégulièrement que jamais. Au moment où nous visitâmes l'école de médecine, ils n'avaient point touché un para depuis seize mois; tous les professeurs et employés, sans excepter les domestiques, étaient dans le même cas, et l'on réglait une année seulement à ceux dont les appointements mensuels n'allaient pas au delà de cent piastres (25 francs.). Les autres devaient encore attendre indéfiniment.

Les écoles n'ont point de budget particulier; rien n'est arrêté, rien n'est fixe; on leur donne à mesure de leurs besoins, et elles sont obligées de s'adresser au ministère pour la plus petite chose. Mais les ministres de Méhémet-Ali ne sont que les principaux commis de ce grand négociant; bien qu'une organisation administrative récente leur ait donné une sorte de liberté, ils n'osent ordonnancer la moindre dépense sans en référer à lui. Nous avons vu, au Caire et dans les provinces, les objets que renferment les magasins de l'État, couverts d'une épaisse couche de poussière venant du dehors, parce qu'on attendait l'autorisation, demandée depuis trois semaines, de rétablir des vitres cassées! Méhémet-Ali a la manie de s'occuper de tout par lui-même, et les directeurs ont des peines incroyables à obtenir les choses les plus indispensables aux études. Il a déclaré qu'il voulait économiser, mais il entend par économiser ne pas laisser sortir une piastre de ses caisses. Tout ce que l'on ne dépense pas est économisé! Pour vaincre ces difficultés de détail, toujours renaissantes, les Européens directeurs ont besoin de cet amour inné qui attache les hommes aux choses qu'ils ont créées ; c'est avec des efforts inouïs qu'ils conservent ce qui reste ; ils ne pourront en retarder longtemps la destruction complète.

Comme exemple de l'incurie et du désordre qui caractérisent l'administration de Méhémet-Ali, et de ce qui arrivera lorsqu'il sera parvenu à se débarrasser de tous les Européens, citons un seul fait ; il est fabuleux, incroyable, mais authentique. Nous le tenons de la bouche même de celui qui y joue le principal rôle.

Après la peste de 1835, M. le docteur Aubert Roche, qui, pour le dire en passant, avait montré un admirable courage pendant le fléau, reçut ordre, à l'hôpital de Ras-el-Tin, où il était médecin en chef, de brûler la paille qui compose le seul matelas des lits. Le docteur, ravi de renouveler ses paillasses, exécuta l'ordre avec empressement. Mais, hélas! quoiqu'il y eût de la paille aux portes d'Alexandrie, il n'en put obtenir qu'au bout de cinquante-deux jours de correspondance, de prières, de démarches, de sollicitations auprès de l'autorité. Pendant ce temps-là, les malades couchaient par terre, sur des nattes !

Les écoles n'étaient pour Méhémet-Ali que des instruments de guerre ; il y renonce aujourd'hui que son rôle d'agresseur est fini, et qu'il a dû perdre l'espérance de conquérir le trône du sultan. Il n'a plus besoin d'armée, il ne veut plus d'école. S'il avait eu le réel désir de régénérer l'Egypte, il aurait profité de la paix pour donner aux établissements d'instruction un nouveau lustre, pour en faire d'actifs agents de perfectionnement, pour y former des hommes distingués qu'il eût répandus dans le pays avec la noble mission d'enseigner. Il aurait employé l'argent que ne dévore plus la guerre à augmenter le nombre des écoles et à redoubler leurs moyens d'influence. Loin de là, il a pris prétexte des affaires de Syrie, non-seulement pour s'arrêter, mais encore pour rétrograder ; et l'on peut dire à ce sujet que les boulets anglais qui ont frappé les murs de Saint-Jean-d'Acre roulèrent jusqu'en Egypte. Aussitôt que les derniers traités d'Orient eurent fixé sa fortune et réglé son destin, le grand-pacha réduisit en masse et partout le nombre des élèves au moins de moitié. Pour ne parler que de l'institution de Kosr-el-Ayny, de 312 il fut tout d'un coup limité à 130.

Méhémet-Ali a calculé que la fermeture des écoles ne pourrait nuire à son renom ; l'effet est produit ; on a appris en Europe qu'il les avait ouvertes, on ne s'inquiètera pas de ce qui en arrive, ou bien l'on accusera les ministres qui n'auront pas su exécuter la volonté d'un prince aussi généreux.

CHAPITRE VII.

Percement de l'isthme de Suez. — Commerce. — Les Français en Égypte.

L'idée d'un canal de jonction entre la mer Rouge et la Méditerranée a de tout temps occupé le monde. — Une compagnie française a offert de se charger de l'opération. — Méhémet-Ali a refusé. — Explication probable de cet inexplicable refus. — Si les puissances occidentales voulaient unanimement le canal, Méhémet n'y pourrait mettre obstacle. — L'Angleterre appuie ses répugnances. — Pourquoi l'Angleterre attend une occasion opportune de s'emparer de l'Égypte. — En cas d'un envahissement de l'Égypte, il n'y aurait aucune résistance locale. — L'armée régulière est déjà anéantie. — Etroitesse du sentiment patriotique. — La Grande-Bretagne a la vaniteuse ambition de se voir maîtresse de la moitié du globe. — Elle excite le vice-roi à construire un chemin de fer inutile d'Alexandrie à Suez. — Elle a déjà pris à Aden possession de la mer Rouge. — Ses nationaux fondent son influence en Égypte en y répandant de l'argent. — Dénoûment des dernières affaires de Syrie, funeste à notre position sur les bords du Nil. — La France y a perdu son prestige. — Notre commerce éprouve le contre-coup de cet abaissement. — Les Anglais ont pris notre place sur les marchés d'Égypte. — Exportations et importations de la France et de la Grande-Bretagne. — Commerce général de l'Égypte. — La frauduleuse infériorité de nos produits déconsidère partout la manufacture française. — Urgente nécessité d'une loi sur les marques de fabrique. — Mérite et honorable conduite de nos compatriotes en Égypte. — Sollicitude de l'Angleterre pour ses nationaux à l'étranger. — Nos diplomates n'acceptent que le côté politique de leur rôle. — Leur morgue aristocratique. — Les agents anglais entendent mieux leurs devoirs.

Le percement de l'isthme de Suez est encore une des questions où se dessine le plus nettement l'indifférence de Méhémet-Ali pour la régénération et la fortune de l'Égypte. De tous temps l'idée d'un canal de jonction entre la mer Rouge et la Méditerranée a occupé le monde civilisé. Hérodote dit qu'on y travailla sous Nécos ou Néchao II, fils de Psamméticus, 1650 ans avant notre ère. Aristote rapporte que le creusement fut discontinué quand on sut que la mer Rouge était plus haute que les terres d'Égypte ; mais on doit plutôt croire Hérodote, qui attribue l'interruption des travaux à cette réponse d'un oracle consulté par Néchao II : « Le canal projeté facilitera l'invasion de l'Égypte aux étrangers. » Selon Diodore, Ptolémée II acheva l'entreprise avec des barrières ou des écluses qui maîtrisaient les eaux. Le canal antique était comblé depuis des siècles, lorsque Amrou, le premier conquérant arabe de l'Égypte, recommença à y travailler il y a 1200 ans ; mais il fut arrêté par Omar, qui ne voulait pas, dit Lebeau, « ouvrir l'Arabie aux vaisseaux chrétiens. » Les sultans revinrent plus d'une fois au désir de couper l'isthme. Le baron de Tott, qui a laissé des mémoires si curieux sur la Turquie, fut chargé de s'en occuper. Ce travail est, on peut dire, une des grandes affaires du siècle, et non-seulement la possibilité de l'exécuter est aujourd'hui démontrée pour tout le monde, mais on est certain, de plus, qu'il ne présente aucune difficulté.

Le Caire et Suez sont sur le même parallèle ; la mer Rouge n'est qu'à 10 m. 66 c. au-dessus de la Méditerranée; des écluses empêcheraient donc facilement qu'elle ne se vidât en partie dans notre bassin, et cette circonstance rend, au contraire, le canal d'autant plus facile à faire que l'eau se creuserait, pour ainsi dire, un lit elle-même. Un mémoire présenté il y a peu de temps à Méhémet-Ali, par l'ingénieur français M. Cordier, a établi que l'opération pouvait être achevée en cinq années, avec une dépense de 25 millions de francs, et dix ou douze mille travailleurs pris dans l'armée, ou 75 millions avec des ouvriers salariés. Toutes les études préparatoires avaient été faites et les calculs apurés ; en un mot, une compagnie se présentait pour exécuter à ces conditions un grand canal direct de Suez à Peluze (petit port entre Damiette et Rosette), pouvant recevoir des vaisseaux de guerre du plus haut bord, et conséquemment des navires de commerce du plus fort tonnage. Ce canal, de 20 mètres de largeur, 10 mètres de profondeur et 13 myriamètres de long, devait être relié au Caire par un autre canal dont les eaux, prises dans le Nil, auraient arrosé des terres du Delta, que la compagnie s'engageait à défricher.

Le projet était magnifique, la proposition sérieuse, le succès hors de doute, puisque l'exécution devait être remise à des ingénieurs français; l'entreprise était aussi utile à l'Égypte qu'à l'univers entier; elle rapprochait de trois mille lieues les Indes et la Chine de l'Europe; elle mettait aux mains de l'Égypte la partie la plus considérable du commerce du monde; elle lui assurait des bénéfices presque incalculables, ne dût-on percevoir qu'un talari (5 fr.) par tonneau de péage [1]; enfin elle devenait, pour les pauvres habitants des bords du Nil, une source de prospérité, de richesse et de lumières toujours croissantes. Méhémet-Ali a refusé !

Ce refus est tellement inexplicable qu'on n'a pu s'en rendre compte que d'une seule façon. Méhémet-Ali, quoique peu religieux, est cependant musulman; il a été élevé dans le fanatisme du Coran; il s'est éclairé trop tard pour dépouiller tout à fait les impressions de la jeunesse, et aujourd'hui qu'il marche vers la tombe, il revient aux vieilles erreurs, aux vieilles terreurs de l'enfance; il tremble, en perçant l'isthme, de faire de la mer Rouge un nouveau bassin européen, où se noierait l'islamisme. A la crainte de compromettre par là le salut de son âme dans l'autre monde, s'en joint, nous croyons, une autre, qui n'est peut-être pas la moins forte : il a peur que l'établissement des Européens et la permanence de leur séjour près des bords du Nil n'amènent dans le pays un mouvement intellectuel dangereux pour son obscur despotisme, n'éclaire la population, et ne l'excite à conquérir son indépendance.

Cette honteuse terreur, qui l'accuse au moins autant que tout le reste, n'est pas dénuée de raison. Déjà la présence des chrétiens au milieu des musulmans, sur le pied d'égalité, a un peu familiarisé ceux-ci avec le contact des infidèles, et a beaucoup émoussé les antipathies religieuses encore vivaces parmi les croyants. Les fellahs nous respectent comme on respecte des êtres supérieurs et redoutables; ils voient un savant dans tout homme coiffé d'un chapeau; ils le consultent sur toutes choses;

---

[1] La Hollande seule reçoit tous les ans de l'île de Java 250,000 tonneaux de marchandises.

cependant, au fond, ils ont encore de la haine basée sur des griefs récents. Comme ils ont vu des chrétiens au service de leur tyran, ils les accusent de l'avoir aidé à les opprimer, ils les rendent, par exemple, seuls responsables des nouvelles souffrances qu'ils ont éprouvées dans les ateliers et dans les arsenaux, parce que le vice-roi, disent-ils, n'aurait pu créer ces établissements sans les conseils des Européens. Mais une idée aussi fausse ne tarderait pas à disparaître dans des rapprochements plus suivis, et les fellahs s'attacheraient, au contraire, davantage à nous, en reconnaissant que nos principes tempèrent un peu la dureté dont le conquérant de l'Egypte est toujours prêt à user envers un peuple qu'il méprise.

Il n'est pas douteux que si les puissances occidentales voulaient unanimement le canal de jonction, Méhémet-Ali ne pourrait s'y opposer ; la résistance d'un vieux Macédonien ne priverait pas le monde entier d'un bienfait immense, et l'on obtiendrait d'ailleurs aisément de la Porte un firman qui lui ordonnerait de livrer passage.

Par malheur, les répugnances de Méhémet-Ali trouvent un appui dans celles de l'Angleterre. La Grande-Bretagne a de l'autre côté de l'Egypte 93 millions de sujets à exploiter ; elle a donc besoin de l'Egypte comme un propriétaire, dit-elle, a besoin d'un chemin vicinal pour aller chez lui. C'est une idée générale chez tous les Anglais ; ils n'hésitent pas à l'avouer dans les conversations particulières ; ils ont même déjà leur justification toute prête, et prétendent que l'Egypte pour eux sera la compensation de l'Algérie pour nous.

La Grande-Bretagne, avec la patience persévérante qui caractérise sa politique, attend donc une occasion opportune pour s'emparer de l'ancienne terre des Pharaons, où elle pratiquerait alors immédiatement un passage maritime qu'elle ouvrirait ou fermerait à son gré. Jusque-là, elle s'oppose au percement de l'isthme, parce qu'il profiterait à tout le monde, deviendrait une grande route commune, préviendrait la possession exclusive qu'elle ambitionne, et surtout rendrait la conquête plus difficile en raison de l'intérêt plus grand encore et plus direct que les autres nations auraient à y mettre obstacle afin de conserver la neutralité du canal de jonction.

Personne ne se trompe sur l'immense importance, au point de vue économique et politique, de ce beau port d'Alexandrie, placé en face de l'Europe et de l'Asie, touchant à l'Afrique et tenant la clef du futur chemin des Indes. L'Angleterre est trop intelligente et trop positive pour se faire illusion à cet égard ; elle comprend très bien que les puissances ne consentiront pas volontiers à ce qu'une semblable position commerciale et militaire lui appartienne plutôt qu'à telle ou telle autre nation ; mais qui sait s'il ne s'élèvera pas quelque noire tempête politique au milieu de laquelle elle pourrait aller planter ses drapeaux sur la citadelle démantelée du Caire? Qui sait si, dans une dislocation possible de l'empire ottoman, dont chacun prendrait un morceau, l'objet de sa convoitise ne lui échoirait pas en partage? Le cabinet de Saint-James n'oublie jamais tout ce qu'à force d'adresse et souvent de perfidie l'infatigable tenue de ses idées, l'imperturbable poursuite de ses desseins, lui ont déjà fait gagner.

Dans l'éventualité d'un envahissement de l'Egypte par une puissance quelconque, nous n'admettons pas, on s'en aperçoit, le cas d'une résistance locale ; c'est qu'il est inadmissible. La population, désaffectionnée comme elle l'est, resterait indifférente, en supposant même qu'elle ne se joignît pas aux assaillants, et quant à l'armée, dix mille hommes de troupes européennes en auraient raison. Cette fameuse armée régulière pour laquelle on a fait tant de sacrifices est à peu près anéantie; Méhémet, qui n'en a plus besoin, la laisse tomber et se dissoudre. Elle a déjà perdu jusqu'à une bonne tenue. Les uniformes, de drap ou de toile, sont d'une saleté repoussante, usés, déchirés ; les buffleteries de cuir noir sont devenues jaunes de vétusté ; les armes sont rouillées ; beaucoup d'hommes, fantassins ou cavaliers, portent des chaussures raccommodées avec des ficelles, enfin ils n'ont plus aucun cachet militaire. Nous avons vu à la citadelle du Caire un soldat en faction, qui avait posé son fusil contre le rocher, et, nonchalamment appuyé de même, se tricotait une de ces calottes blanches que les Egyptiens portent sous le tarbouch. Des troupes dans un pareil état, si braves qu'elles soient, ne résistent pas à quelques régiments bien disciplinés.

Mais revenons à la question. La Grande-Bretagne a fait d'immenses choses, et elle gardera pour les âges futurs, comme un titre éternel à la reconnaissance de l'humanité, la gloire d'avoir la première détruit l'esclavage chez elle et d'en poursuivre avec vigueur la destruction dans le monde. Cette œuvre sublime, qui est populaire chez nos voisins, montre que les Anglais ne sont point étrangers au sentiment de la fraternité universelle; mais ils sont encore dominés par l'orgueil patriotique avec tout ce qu'il a d'étroit et d'exclusif. C'est ainsi que la vaniteuse ambition, la misérable espérance de se voir un jour maîtres souverains de la moitié du globe leur donne le triste courage de s'opposer à une entreprise d'où sortirait peut-être l'émancipation de l'Orient. Voilà pourquoi, malgré l'avantage qu'ils trouveraient eux-mêmes dès aujourd'hui au percement de l'isthme de Suez, ils aiment mieux attendre que d'en jouir avec tout le monde.

Placée qu'elle est à ce point de vue égoïste, mesquin, indigne de la civilisation moderne, quoique général encore, on ne doit pas être surpris que l'Angleterre aille jusqu'à gagner des familiers du vice-roi pour le détourner du canal de jonction, et l'excite maintenant, en lui prodiguant d'incroyables flatteries [1], à construire un chemin de fer du Caire à Suez.

---

[1] Voici une lettre publiée il y a un mois dans le *Times* :

« Le Caire, 18 octobre 1844.

« *A Son Altesse le Pacha d'Égypte, etc., etc.*

« Je m'empresse d'adresser à Votre Altesse la lettre qu'elle m'a demandée pendant notre entrevue d'hier.

« Les temps sont arrivés : le gouvernement anglais a besoin de se tracer le chemin le plus court possible vers l'Orient; ce chemin, c'est à travers votre pays qu'il doit passer, car l'Égypte est un centre et une grande route entre la Chine à l'est et l'Amérique à l'ouest. Il y a onze ans, Votre Altesse voulait établir un chemin de fer dans le désert de Suez; le moment

Une pareille ligne coûterait de 15 à 20 millions de francs à poser seulement (9 myr. 27 kil.), et ne serait bonne qu'à rac-

est venu d'accomplir ce projet. Qu'aucune considération politique n'en arrête l'exécution ; agissez sous les plus puissants auspices, et vous ferez de l'Égypte ce qu'elle était autrefois, le premier marché du monde.

« Je vous le dis confidentiellement : MM. Rotschild, les premiers financiers de l'Europe, peuvent vous trouver à Londres, à Paris ou à Vienne, les fonds nécessaires. Ils m'en ont donné l'assurance. Il faut que le chemin de fer à travers l'Égypte se construise tôt ou tard. Je supplie Votre Altesse d'y réfléchir : par cette entreprise, son nom peut devenir plus grand dans la postérité que celui d'aucun monarque européen.

« L'intérêt des relations politiques, commerciales et domestiques entre l'Orient et l'Occident doit vous porter à ce grand œuvre. L'Égypte est déjà maintenant la route que suivent les gouverneurs-généraux, les fonctionnaires de tout grade, les lettres, les marchandises précieuses, etc., pour se rendre d'Europe en Orient, ou d'Orient en Occident.

« Qu'un chemin de fer soit établi sous la direction des premiers ingénieurs de l'Europe : MM. Stephenson et Brunnel. Votre pays est destiné à s'élever. La Russie, l'Autriche, la Prusse, l'Angleterre, l'Amérique, et toutes les autres puissances, excepté la France, désirent ce chemin de fer. La France n'en veut pas, parce qu'elle sait que, s'il s'exécute, Trieste ne tardera pas à devenir ce que Marseille est aujourd'hui. Que Votre Altesse prenne la peine de vérifier sur la carte d'Europe l'exactitude de ces observations ; puis, si elle consent à se mettre, soit directement, soit par mon intermédiaire, en rapport avec les financiers et les ingénieurs, il lui sera prouvé surabondamment que la dépense sera plus que compensée par les résultats, qui, au point de vue de l'accroissement de richesse et de commerce, dépasseront toutes les prévisions.

« Les diplomates veulent arrêter Votre Altesse dans l'exécution d'un plan vers lequel sa haute raison doit la faire pencher. En l'accomplissant, vous attirerez le mouvement du monde entier vers ce pays-ci, qui est, je le répète, appelé à de magnifiques destinées. Que Votre Altesse fasse, ou non, construire un chemin de fer entre le Caire et Suez, il est clair comme le jour que ce chemin existera tôt ou tard.

« Saisissez donc l'occasion et établissez-le, car il se fera sous votre dynastie, j'en suis aussi sûr que je le suis que je vous écris ces lignes. Si l'argent manque, on peut se le procurer, et, songez-y encore, l'exécution d'un chemin de fer entre le Caire et Suez fera plus pour votre renommée dans l'histoire qu'aucun acte consigné jusqu'ici dans ses annales.

courcir de quinze ou dix-huit heures au plus [1] le voyage de 3 ou 4000 voyageurs. Les marchandises ne prendraient jamais cette voie aussi dispendieuse que mal sûre, parce qu'elles auraient à y subir *cinq* transbordements : le premier, du navire au quai d'Alexandrie ; le second, du quai à bord des barques du canal Mamoudieh ; le troisième, des barques au chemin de fer du Caire ; le quatrième, du chemin de fer sur les canots de transport de Suez, pour enfin être rechargées et arrimées une cinquième fois sur les bâtiments de Suez à Bombay.

Et puis, qui osera compter sur un rail-way établi en pareil lieu ? Lorsque le vent agite le désert, on peut dire sans exagération qu'il y pleut du sable : la ligne de fer exposée à ces mouvantes ondulations du terrain ne sera-t-elle pas souvent interceptée, toujours d'un entretien énorme, et bientôt peut-être hors de service ?

L'Angleterre sait tout cela mieux que personne ; mais, sans parler des machines qu'elle aurait à vendre, du personnel qu'elle aurait à placer, elle calcule que Méhémet-Ali, après avoir perdu une trentaine de millions de francs dans cette opération, n'en serait que plus éloigné de l'autre.

« Quant à moi, je ne demande ni rétribution, ni honneur, ni avantage quelconque.

« Votre Altesse s'est déjà placée par ses travaux au premier rang des souverains. Que ce chemin, destiné à relier le Caire à Suez, s'achève, et qui peut prédire où s'arrêtera la grandeur et la prospérité de l'Égypte ?

« Je vous transmets ces idées en toute humilité ; mais chaque mot part de mon cœur, et j'espère parvenir à vous convaincre.

« Les circonstances vous mettent presque en demeure de construire cette voie ferrée.

« Je suis avec le plus profond respect, de Votre Altesse,

« Le très humble et très obéissant serviteur,

« Thomas WAGHORN. »

[1] Une diligence, établie pour le service de la compagnie de transit des Indes, va du Caire à Suez en quarante heures. Un chameau chargé fait ce trajet en trois jours.

La Grande-Bretagne a toujours été gouvernée par de véritables hommes d'Etat. Ceux-là n'oublient pas le soin de sa fortune pour veiller à la conservation de leur pouvoir. Outre leurs sourdes menées actuelles au Caire, ils ont déjà préparé l'exécution de ses plans sur l'Orient avec leur adresse habituelle; ils ont pour ainsi dire pris possession de la mer Rouge en s'établissant à Aden, place centrale, choisie avec une admirable justesse de coup d'œil. Ce ne fut d'abord qu'un comptoir, un hangar pour y déposer le charbon des steamers; il y a sept ou huit ans à peine de ces commencements si modestes, et aujourd'hui Aden est devenu le Gibraltar du golfe Arabique. Vienne maintenant l'opportunité de mettre la main sur l'Egypte, et l'œuvre sera accomplie.

En attendant, l'Angleterre fonde peu à peu son influence dans le pays sur les ruines de la nôtre. La compagnie de transit pour les Indes a déjà trois ou quatre bateaux à vapeur qui transportent les voyageurs d'Alexandrie au Caire, avec un service de diligences bien réglé du Caire à Suez, où d'autres steamers viennent les prendre pour les mener à Bombay et à Calcutta. Cette entreprise est exclusivement desservie par des Anglais qui font ce qu'ils veulent des lettres et des voyageurs. La compagnie agit de sa propre autorité en dehors du gouvernement égyptien. Elle a eu l'adresse d'obtenir du pacha un véritable monopole, que la Grande-Bretagne saura bien avec le temps convertir en droit [1].

Les voyageurs anglais, presque tous employés de la compagnie des Indes, qui paie son monde avec profusion, contribuent, par l'argent qu'ils répandent sur leur passage, à donner une haute idée de leur nation. Partout, et plutôt encore chez un peuple aussi misérable que les fellahs, on considère les hommes en raison de leurs dépenses. Les Anglais gagnent cha-

---

[1] Depuis que ces lignes sont écrites, le vice-roi d'Égypte a repris le service des postes : c'est un acte sage et rationnel. Le rusé pacha a très bien jugé où tendait le privilége de la compagnie de transit. Resté à savoir si l'Angleterre se tiendra pour battue. Elle est adroite, tenace, forte, et il était si avantageux pour elle d'avoir une part directe dans l'administration du pays !

que jour du terrein par ce moyen, par l'énergie de leurs négociants, par la constante attention de leurs agents diplomatiques à protéger leurs nationaux, enfin par l'habile conduite de leur gouvernement.

Dans le dénoûment des dernières affaires de Syrie, qu'elle provoqua, l'Angleterre n'avait d'autre but que de s'agrandir encore aux yeux de l'Egypte, et d'augmenter là sa prépondérance au détriment de la nôtre. On ne paraît pas avoir compris en France toute la portée de ce qui s'est passé. Nous n'y avons vu qu'un échec de plus pour nous. En Orient, l'intervention de la quadruple alliance a prouvé qu'il était dangereux de vouloir cultiver trop particulièrement l'amitié de la France, et de s'appuyer sur elle. Le sort des Syriens ne touchait pas assez la Grande-Bretagne pour qu'on puisse lui supposer l'unique et généreux projet de les délivrer du joug barbare du satrape d'Egypte. D'un autre côté, il lui importait peu d'affaiblir Méhémet-Ali, il lui importait peu qu'il eût ou n'eût point la Syrie, la question était insignifiante relativement à ses intérêts politiques; que l'Egypte soit ou non séparée de la Syrie, elle n'en sera ni plus facile ni moins difficile à prendre; mais il était bon de montrer que nous avions cessé d'être redoutables là même où l'on conservait traditionnellement un souvenir merveilleux de notre puissance.

Le but a été parfaitement rempli : à cette heure, la France a perdu dans l'esprit des Egyptiens le premier rang parmi les nations civilisées; ils comptaient sur elle, et ils l'ont vue reculer, tandis que la prise de Saint-Jean-d'Acre, non secourue, a témoigné de la force de l'Angleterre. Il n'y a plus de Français, disent-ils, et Méhémet-Ali, qui sait le proverbe turc : « Baise la « main que tu ne peux couper, » fait meilleure mine aux Anglais qu'à nous, malgré ses légitimes ressentiments contre eux.

Si d'un côté nous perdons notre influence morale et politique, notre commerce éprouve naturellement de l'autre le contre-coup de cet abaissement, et les Anglais occupent déjà en grande partie la place que nous avions sur les marchés d'Egypte. Partout on trouve les produits de la Grande-Bretagne. Dans les deux principaux hôtels d'Alexandrie et du Caire, l'un et l'autre cependant montés et tenus par des Français, tout est anglais, ameublement, linge, fournitures, serrures, tapis, patères de rideaux, couteaux, vaisselle de table et de toilette ; parmi les provisions que l'on fait pour le voyage de la Haute-Égypte, tout ce qui n'est pas du pays est encore anglais : conserves de viandes, de légumes, biscuits de mer et le thé, couverts de métal, cadenas des caisses, même le rhum et le vinaigre. Il n'est donc pas jusqu'à la quincaillerie et aux spiritueux, dans lesquels nous n'avions pas de rivaux, que l'on ne tire aujourd'hui de l'Angleterre. La France en est réduite à ses vins et à de mauvaises lithographies enluminées !

Aussi, pendant que la France importait en Egypte :
Année 1842, pour . . . 7,472,700 francs.
» 1843, » . . . 5,500,000 »
L'Angleterre importait :
Année 1842, pour . . . 18,113,200 »
» 1843, » . . . 12,875,000 »

L'exportation est dans les mêmes proportions. La France n'a tiré d'Egypte :
Année 1842, que pour . . . 5,485,000 f. de marchandises
» 1843, » . . . 4,175,000 »
Tandis que l'Angleterre :
Année 1842, » . . . 10,107,700 »
» 1843, » . . . 10,330,000 [1] »

[1] Quelques lecteurs peuvent être curieux d'avoir le tableau général du commerce d'Égypte pendant ces deux dernières années ; nous le donnons ici avec une confiance entière dans son exactitude, parce que nous le devons à M. Benedetti, élève vice-consul qui remplissait par intérim, d'une manière très distinguée, la charge de consul général lors de notre séjour en Égypte.

Importation. Année 1842.

France. . . . . 7,472,700 fr.
Angleterre 18,113,200
Autriche. 8,298,500
Turquie 13,136,500
Divers. 14,751,500

Total pour l'année 1842. . . 61,772,400

Au surplus, cette profonde décadence de notre commerce n'a pas lieu seulement en Egypte : elle se remarque par tout le Levant, et elle a une bien triste signification pour ceux qui savent que, dans ces contrées, les questions commerciales sont étroitement liées aux questions politiques. A Constantinople, où mouillent tous les ans huit à neuf cents navires, la France, nous avons peine à le dire, en envoie vingt ou vingt-cinq ! Et il y a trente ans au plus, en 1816 encore, la France faisait la moitié des affaires en Turquie !

Exportation. Année 1842.

France.	5,485,000 fr.
Angleterre	10,107,700
Autriche.	9,720,200
Turquie	9,775,000
Divers.	10,084,300
Total pour l'année 1842. . .	45,172,200
Total général du commerce d'Égypte, importation et exportation pour l'année 1842.	106,944,600

Importation. Année 1843.

France	5,500,000
Angleterre	12,875,000
Autriche.	5,376,900
Turquie.	9,317,000
Divers.	13,408,000
Total pour l'année 1843. . .	46,476,900

Exportation. Année 1843.

France.	4,175,000
Angleterre	10,330,000
Autriche.	13,800,000
Turquie	9,422,000
Divers.	10,145,000
Total pour l'année 1843. . .	47,872,000
Total général du commerce d'Égypte, importation et exportation pour l'année 1843.	94,348,900

La différence en moins, que l'on remarque sur l'année 1843, comparée à 1842, porte sur les importations, et s'explique par la quantité de marchandises que le commerce extérieur expédia après l'arrangement de Syrie. Il y eut encombrement ; de là, réduction des envois en 1843. Mais cette réduction n'est que momentanée.

Il faut le dire, notre gouvernement n'est pas ici l'unique coupable. Il a la plus grande part du mal, mais il y aurait injustice à le rendre seul responsable. Les fraudes que commettent nos négociants, la mauvaise qualité des marchandises qu'ils exportent, n'expliquent que trop aussi cette dépréciation de notre commerce. Dans les filatures d'Égypte, pour ne signaler qu'un fait, la plupart des métiers d'origine française sont de vieilles machines mal restaurées, que nos compatriotes, nous devons l'avouer à notre honte, ont eu l'infamie de vendre au grand-pacha comme neuves et bonnes. Nous avons déjà eu occasion de le dire dans un autre ouvrage, en parlant des colonies françaises et étrangères aux Antilles, et quoi qu'il nous en coûte d'y revenir, d'accuser encore nos compatriotes, nous regardons comme un devoir de le faire. L'infériorité de nos produits nous déconsidère sur tous les marchés étrangers. Que le commerce de France y songe ; la *pacotille* le tuera. Il a partout à lutter contre une concurrence active, s'il ne veut mettre plus de soin dans la fabrication, plus de loyauté dans le mesurage et le pesage des objets destinés à l'exportation ; il n'y perdra pas seulement l'honneur, il y perdra son crédit et se fermera tous les débouchés. L'intérêt matériel bien entendu s'accorde ici avec la probité. Les individus ne le croient pas et espèrent, lorsqu'ils font de gros bénéfices sur une marchandise mal confectionnée, arriver plus rapidement à la fortune : erreur de la cupidité ; l'acheteur trompé s'adresse le lendemain à un autre marchand, et dénonce en même temps à tous ses voisins celui qui l'a volé. Tant que l'on n'aura pas préposé à la sortie des marchandises pour l'extérieur un vérificateur qui constate leur bonne qualité, tant que chaque fabricant ne sera pas obligé de marquer ses produits, pour que l'on sache à qui revient la honte ou l'éloge, le mal se perpétuera. Il est grand temps d'y porter remède. Les négociants honorables déplorent comme nous cet état de choses, ils réclament une loi sur les marques de fabrique. Pourquoi le ministère ne répond-il pas à cette loyale demande ? Tous ceux qui ont étudié la question, tous ceux qui ont entendu en pays étranger le consommateur dire : « C'est de manufacture française, je n'en veux pas; » tous ceux qui ont vu le tort que la mauvaise foi de certains expéditeurs cause à l'industrie générale de notre pays, regrettent que les chambres ne fassent pas, en vertu de leur initiative, ce qu'il serait du devoir d'un gouvernement sage de faire.

Il est constant que la France perd chaque jour quelque chose de la haute position qu'elle occupait en Égypte, et qu'il lui était si facile de conserver. Il ne subsiste aucune trace matérielle de l'expédition française ; mais les souvenirs de son courage, de sa générosité, de ses lumières, nous étaient entièrement favorables : les enfants avaient appris de leurs pères à nous aimer. Une autre circonstance devait encore augmenter nos avantages, à part même la préférence que les Egyptiens éprouvent pour notre caractère, comparativement à celui de nos rivaux : c'est particulièrement à la France que le vice-roi a demandé les hommes dont il avait besoin pour accomplir ses projets. Or, le véritable mérite de ceux qui lui ont été envoyés ne pouvait qu'entretenir l'admiration que la grande expédition a fait naître dans le monde oriental pour le génie français. MM. Linant, Sèves, Clot, Lambert, Jorelle [1], Peron, Fresnel, Thibaudière, Mougel, Galis, Solon, Rousset, et d'autres que nous oublions, ont tous, chacun dans leur partie, une véritable éminence, et

---

[1] M. Jorelle est premier drogman du consulat général de France, et ne peut aller plus haut. Quand on voit des hommes aussi distingués condamnés à rester toujours interprètes, on se demande par quelle série d'étranges considérations il a fallu passer pour interdire à cette classe de fonctionnaires la carrière diplomatique. Est-ce donc parce qu'ayant tous reçu au collège Louis-le-Grand l'éducation la plus élevée, ils ont de plus l'avantage d'y apprendre les langues orientales, et sont ainsi à même de se passer de drogmans ? Il y a ainsi des choses où il semble que la raison humaine se soit évertuée à découvrir l'absurde. Ce n'est pas d'aujourd'hui que l'on signale une telle bizarrerie ; Volney disait déjà en 1788 :
« Et les interprètes, n'est-ce pas une méprise encore de les avoir
« exclus des places de consulat, eux que la connaissance de la langue et
« des mœurs y rendait bien plus propres que des hommes tirés sans pré-
« ration des bureaux et du militaire de la France. » (*Considérations sur la guerre des Turcs.*)

l'élévation de leur caractère ajoute encore au relief qu'ils donnent à leur pays. S'ils appartenaient à la Grande-Bretagne, il n'est sorte d'honneurs dont elle ne les entourât. La France, au contraire, ne leur montre aucune sollicitude : ils ont l'air d'aventuriers abandonnés par leur métropole; elle ne fait rien pour eux, elle n'excite pas leur courage, elle les oublie et laisse échapper ainsi l'influence que la considération qu'elle leur témoignerait lui communiquerait à elle-même. Bien plus, elle les traite avec une sorte d'hostilité. M. Cerisy, qui a créé la marine égyptienne et construit par enchantement le magnifique arsenal d'Alexandrie, a eu tant à se plaindre du gouvernement à son retour, qu'il a quitté le service de l'Etat. Lorsque M. Rousset, habile économiste, sollicité de venir en Egypte organiser un système financier, en demanda la permission au ministre des finances, dans les bureaux duquel il était employé, au lieu d'obtenir un congé qui lui réservât sa position en Europe, ce fut une lettre de destitution qu'il reçut.

Le gouvernement de la Grande-Bretagne en use de bien autre façon avec ses nationaux à l'étranger. Il veille constamment sur eux, il facilite leurs relations continuelles avec la mère-patrie, il les soutient, il les défend. Un seul fait, d'une valeur nulle en lui-même, mais relativement assez grave, prouvera le soin qu'il apporte à montrer que sa protection ne leur manque jamais. Il existe, comme nous l'avons dit, un petit hôpital européen à Alexandrie. Le ministère anglais s'est empressé de concourir à son entretien en s'inscrivant pour une somme égale au double de ce que paieraient ensemble tous les souscripteurs volontaires de sa nation. Le ministère français sollicité n'a rien donné.

La conduite des agents diplomatiques répond à ces inspirations opposées des pouvoirs de la mère-patrie. Les nôtres, sauf d'honorables exceptions, se considèrent comme les représentants du roi, ils sont presque aussi peu abordables que lui pour le pauvre; la plupart d'entre eux même habitent la campagne, et loin d'être les serviteurs de leurs compatriotes, loin de se regarder comme ayant des devoirs envers eux, ils attendent leurs respects. Hommes privés, leur commerce est parfait; mais, hommes publics, diplomates, ils comprennent leur rôle d'une détestable manière, ils n'en acceptent que le côté politique. Pour qu'ils daignent s'occuper d'un individu de leur nation, il faut que l'intérêt qu'il se trouve avoir à défendre devienne en quelque sorte une affaire d'État.

Un exemple :

Nous avons dit que Méhémet-Ali voulait frapper de droits ruineux la fabrique de décortication des graines de coton, fondée près d'Alexandrie par M. Andriel. Celui-ci devait d'autant plus s'attendre à trouver un solide appui dans notre représentant, qu'il ne défendait pas seulement un intérêt particulier. La recherche des graines oléagineuses est, en effet, une question vitale pour l'industrie de Marseille. Malgré tout, le consulat général de France le laissa se débattre seul et sans secours entre les griffes du rapace vice-roi. Est-ce qu'un consul général de France peut avoir souci de plantes oléagineuses et de décortication? Curieuse preuve, pour le dire en passant, de l'état d'anarchie violente où est encore plongée la société. Voilà un homme qui a une heureuse et belle idée, celle d'utiliser une chose jusque-là inutile, de rendre à tous une richesse perdue; il essaie lui-même, à ses propres frais, il réussit, et, sur deux gouvernements qui le devraient aider, le récompenser même, l'un veut le tuer, l'autre le laisse tuer! Il est douteux qu'ils n'y parviennent pas.

En général, les membres de notre corps diplomatique sont infectés d'une morgue aristocratique incompatible avec les fonctions paternelles qu'ils ont à remplir. Partout, à l'étranger, les Français se plaignent du peu de confiance que leurs protecteurs naturels savent leur inspirer. Plus d'une fois nous avons entendu les officiers de nos paquebots-postes déplorer l'absence de zèle et de bonne volonté qu'ils rencontraient souvent dans les consulats des ports de mer pour l'expédition du service des lettres. Nos consuls estiment au-dessous d'eux de s'occuper de pareilles choses.

Les agents diplomatiques anglais entendent bien autrement leurs obligations; ils n'oublient jamais qu'ils sont avant tout les hommes de leurs compatriotes; ceux-ci trouvent toujours auprès d'eux une assistance, de forme froide, il est vrai, mais solide, efficace, active. On ne peut douter que la hardiesse avec laquelle le commerce anglais fait de si lointaines expéditions, et va fonder au bout du monde des établissements où il risque souvent de gros capitaux, ne prenne en partie sa source dans la conviction où il est d'être partout fermement protégé, de même que l'extrême timidité du nôtre tient à une conviction contraire, malheureusement trop justifiée.

CHAPITRE VIII.

Les Fellahs.

Il n'y a de différence entre les Égyptiens et des sauvages que l'impôt qui les accable. — Aspect repoussant de leurs villages. — Leur combustible. — L'Egypte n'a pas de bois. — Aucune espèce de meuble dans la tanière des fellahs. — Mortalité que cause la peste parmi eux. — Leur extrême misère intéresse la santé générale de l'Europe. — Tous les écrivains s'accordent sur leur indicible pauvreté. — Le dourah est souvent l'unique aliment du fellah. — Il est quelquefois réduit à se nourrir de feuilles de chardon ou d'un pain fait avec de la semence de coton et de la graine de lin. — Il meurt d'inanition à côté des magasins du vice-roi, gorgés de blé. — Il ne sait plus faire vivre ses enfants. — On ne trouve pas la moindre parcelle de civilisation dans les villages d'Egypte. — La vie se réduit là au fait d'exister. — L'excès de la misère détruit en nous les impressions délicates. — Splendides palais de Méhémet-Ali. — L'apathie du fellah tient aux circonstances où il se trouve ; sa paresse, à ce qu'il ne retire rien de son travail. — Grossièreté des moyens de culture. — L'armée recrutée au moyen de la presse. — Mutilations volontaires. — Régiment de borgnes. — Corvées. — Curage des canaux. — Exactions commises par Abbas-Pacha. — Vols de fourrage à main armée pour nourrir les chevaux du haras de Méhémet-Ali. — Charrues attelées d'un bœuf et d'un chameau ensemble. — Les femmes fellahs dépouillées de leurs bijoux. — Cinq millions de dot à la fille de Méhémet-Ali. — Parade et tragédie. — Emigration des fellahs, malgré les mesures violentes prises pour s'y opposer. — Dépopulation toujours croissante. — Les fellahs voleurs, parce qu'ils n'ont rien. — Les Turcs et le grand-pacha leur donnent l'exemple. — Les fellahs sont bons et reconnaissants. — L'Egypte peut-elle concevoir l'espérance d'être délivrée de Méhémet-Ali ? — Elle y gagnera peu de chose si la révolution est faite par un Turc. — Ibrahim-pacha est le digne fils de son père. — Il est plus organisateur, mais impitoyable. — Divers exemples de sa cruauté. — L'Egypte est incapable de se sauver par elle-même. — Elle ne pourrait être régénérée que par un établissement européen, impossible aujourd'hui.

En parcourant l'intérieur de l'Egypte, on s'étonne davantage encore que Méhémet-Ali ait pu obtenir un nom glorieux. Rien n'égale la misère du peuple qu'il gouverne depuis quarante ans. Les descendants direct de ces anciens Égyptiens, qui taillaient les obélisques dans les carrières de granit, qui transportaient et sculptaient des colosses monolithes, qui élevaient, avec une science encore non surpassée, des monuments gigantesques, qui furent enfin une des lumières de la civilisation, sont tombés dans la barbarie la plus caractérisée. Il n'y a aujourd'hui de différence entre eux et des sauvages que l'impôt dont on les accable et le bâton toujours levé sur leurs têtes par un impitoyable despote.

Point d'établissement de cases à nègres dans les colonies, qui présente un aspect plus repoussant que celui d'un village d'Égypte. « Est-ce là vraiment la retraite de votre semblable? la de« meure d'un être intelligent? demande M. Pariset; quelles rues « étroites, inégales, tortueuses, infectées d'ordures et de tour« billons d'une poussière suffocante! Quelles maisons! ou plu« tôt quelles tanières affreuses! Construites de boue, petites, « basses, obscures, humectées par les excréments du père, de « la mère, des enfants, qui se nichent là pour la nuit, pêle-mêle « avec les chats, les brebis, les chèvres, et, quand l'espace le per« met, avec les buffles, les chameaux, les ânes ou les vaches; en « sorte qu'un si triste habitacle paraît plutôt fait pour la bête « que pour l'homme [1]. »

Le tableau n'est que trop fidèle. Il est impossible de se tenir debout dans ces misérables huttes agglomérées sans ordre les unes à côté des autres, élevées de quelques pieds à peine au-dessus du sol, et couvertes, pour toute toiture, de tiges de dourah ou de feuilles de palmier, à travers lesquelles perce la fumée du foyer, qui remplit et empeste l'intérieur. Les femmes fellahs paraissent prendre à cœur d'augmenter la laideur du coup d'œil. Le bois manquant partout[2], elles pétrissent le fumier des bestiaux avec de la paille hachée, et en font de petites mottes minces qui

---

[1] *Mémoire sur les causes de la peste*, 1837, p. 127.

[2] L'Égypte est entièrement dépourvue de bois. On n'y trouve que des dattiers. Elle ne fournit pas une pièce de construction ni de menuiserie; planches et charpentes, tout lui vient du dehors; et le combustible ligneux y est si rare qu'on le vend au poids, par petits morceaux pesés dans des balances à la main. Nous avons vu, à Atkim, un cloutier alimenter sa petite forge avec des noyaux de dattes. Il faut dire cependant qu'on fait du charbon dans la Haute-Égypte avec le gommier, arbuste à épines, qui s'y trouve en assez grande abondance. Ce charbon,

servent de combustible, et dont l'usage est universel parmi les pauvres. Comment sèchent-elles ensuite ces dégoûtantes préparations? En les appliquant tout à l'entour des murailles de leurs terriers!

Çà et là on aperçoit de rares animaux domestiques, maigres, efflanqués, rongés de tiques, le poil hérissé et couverts de plaques d'ordures. Leur présence ne fait qu'ajouter à l'aspect de désolation de ces tristes lieux, où parfois des restes de minarets semblent attester la présence antérieure d'une population moins abrutie.

La pureté du ciel, l'admirable limpidité de l'atmosphère, les flots de lumière colorée dont le soleil inonde ces contrées, l'éclat éblouissant qu'il prête aux eaux du fleuve, les teintes d'un violet brillant, qu'il répand sur les montagnes, ou les torrents de flammes qu'il verse le soir à l'horizon, tout ce luxe de la nature ne rend que plus pénible le spectacle des incomparables misères de la population. On ne trouve dans la hutte d'un fellah aucune espèce de meubles, aucun, à moins que l'on ne veuille appeler ainsi un petit tas de loques amassées dans un coin avec quelques pots de terre. Il vit là, presque nu, accroupi le jour sur le sol où il dort la nuit, et mangeant un peu de dourah, sa principale, et quelquefois, au dire de Clot-Bey lui-même, son unique nourriture. Il n'en a pas toujours en quantité suffisante pour se soutenir; il n'y joint que rarement des lentilles, des fruits confits dans

du reste fort cher, est amené en bas par les bateaux du Nil, dans de grands sacs de natte.

On prétend que le vice-roi a fait planter seize millions de pieds d'arbres, et son fils Ibrahim six millions. Ces chiffres doivent être exagérés, car nous n'avons rien aperçu de ces boisements dans le trajet d'Alexandrie à Thèbes. A peine rencontre-t-on quelques figuiers, sycomores, acacias et cassiers. En tout cas, ce serait un éminent service à rendre à l'Égypte que d'encourager les plantations de toute sorte d'arbres ; plusieurs expériences ont prouvé qu'elles réussiraient à merveille. Les sycomores de l'allée de Choubrah et les acacias de la place de l'Esbekyeh, mis en terre il y a huit ans à peine, ont atteint une grosseur où ils ne parviendraient pas en quarante ans dans nos régions, et prêtent déjà un vaste ombrage d'une verdure éternelle.

du vinaigre ou des ognons, des poireaux et des ciboules, légumes pour lesquels il tient de ses ancêtres un goût particulier. Il existe des fellahs, nous a-t-il été assuré, qui n'ont de leur vie mangé une bouchée de pain de blé!...

Nous hésitons à retracer ce que nous avons vu, nous craignons d'être taxé d'exagération, nous avons peur que la vérité ne passe pour fiction, et cependant les voyageurs les plus favorables à Méhémet-Ali ont dit à cet égard les mêmes choses que nous; écoutez MM. Michaud et Poujoulat : « On ne peut se faire une « idée de la quantité de malheureux qu'on trouve dans la plupart « des villages du Nil. On ne voit que des hommes presque nus ou « couverts de haillons pires que la nudité, des visages sillonnés « par la douleur, une jeunesse triste, des femmes en qui l'indi- « gence a effacé les traits de leur sexe..... C'est ici qu'il faudrait « avoir plusieurs manières d'exprimer la pauvreté, car on la ren- « contre à chaque pas, elle se présente sous toutes les for- « mes [1]. »

« S'il est vrai de dire, écrivait M. Mengin en 1823, qu'il n'y « a pas de contrée plus riche que l'Egypte dans ses productions « territoriales, il n'en est peut-être pas dont les habitants soient « plus malheureux. Ce n'est qu'à sa fertilité et à la sobriété de « ceux qui la cultivent qu'elle doit la population qu'elle conserve « encore aujourd'hui [2]. Il était facile au vice-roi de compenser le « bénéfice peu lucratif qu'il fait jusque sur les nattes dont il s'est « approprié la confection. *Il n'est pas permis au fellah, qui n'a* « *d'autre lit que ce tissu de jonc, de le fabriquer lui-même. Il* « *est obligé de recourir à l'entrepôt, et souvent sa misère est* « *telle qu'il n'a d'autre lit que le sol de sa chaumière* [3]. »

Voici maintenant comment s'exprime M. Aubert-Roche, ancien médecin en chef de l'hôpital d'Alexandrie : « Si jamais « peuple a été malheureux dans toute l'étendue du mot, soit au « moral, soit au physique, c'est bien le peuple égyptien. Le

---

[1] *Correspondance d'Orient.*
[2] 2e vol., p. 342.
[3] 2e vol., p. 377.

« gouvernement lui laisse juste de quoi ne pas mourir de faim.
« On peut imaginer tout ce que l'on voudra en fait de misère
« publique et particulière; on peut accumuler toutes les causes
« d'insalubrité naturelle et celles qui proviennent du fait de
« l'homme, c'est à peine si l'on arrivera au hideux tableau que
« présente un village ou une réunion du peuple égyptien [1]. »

« Quel aspect de souffrance! s'écrie à son tour M. Pariset,
« avec son beau style et sa chaleureuse éloquence, quelles phy-
« sionomies sinistres et malheureuses ! quelle malpropreté !
« quelle puanteur ! Spectres demi-nus à côté de la riche toison
« de leurs troupeaux, à côté du chanvre, du lin, du magnifique
« coton qui couvrent la terre ; spectres livides, chancelants, af-
« famés, à côté de leurs moissons abondantes! Dans le mois de
« janvier de l'année dernière, nous avons traversé, dans le Delta,
« plusieurs villages où, depuis quinze jours, les malheureux
« fellahs se nourrissaient de feuilles de chardon ou d'un pain
« fait avec de la semence de coton et de la graine de lin dont on
« avait retiré l'huile, aliment sans substance, irritant, et qui,
« loin de ranimer les forces déjà épuisées par le travail, achève
« de les consumer par la douleur.

« A quels maux, à quelles maladies cruelles ne préparent
« point une si mauvaise nourriture, une si dangereuse inanition !
« Dans les derniers temps de notre séjour au Caire, la Haute-
« Egypte, Herment, Esneh, Edfou, étaient, disait-on, ravagés par
« une épidémie qui n'avait pas d'autres causes. Ne vous étonnez
« pas, du reste, que des hommes si sales, si mal nourris, si
« rudement éprouvés par le sel de l'air et la chaleur, appliqués
« sans relâche à remuer la terre, à creuser et à curer des canaux
« dans lesquels ils se plongent pour relever la fange avec les
« mains; ne vous étonnez pas qu'ils aient la peau durcie, cre-
« vassée, hérissée de boutons psoriques et de plaques dartreuses ;
« que sur leur corps, dans leurs haillons, fourmille le plus dé-
« goûtant de tous les insectes; et que, si, à vingt pieds de di-
« stance, une odeur de suie fétide vous annonce l'approche du

---

[1] *De la peste d'Alexandrie, de* 1834 *à* 1835, brochure.

« fellah, ce même insecte qu'il semble lancer jusqu'à vous en
« retrace à tout moment le souvenir dans votre esprit [1]. »

Mais, au milieu de ces masures, de ces ruines, de ces haillons, quelles sont ces vastes cours entourées de murailles avec une série de constructions à larges dômes élevés les uns à côté des autres ? Ce sont les greniers de Méhémet-Ali. Là viennent s'entasser tous les produits du sol. Sous un dôme le blé, sous cet autre le coton, plus loin le sésame, le riz, etc. La grandeur monstrueuse de ces magasins, comparée à l'exiguité des tanières de ceux qui les remplissent, est bien l'image du régime qui pèse sur les bords du Nil. Le cultivateur meurt de faim près de ces antres fermés, à la manière de l'antique Egypte, avec une serrure de bois recouverte d'un peu de boue sur laquelle on découvre l'empreinte d'un sceau grossier.

Partout, aux portes des capitales comme au fond des campagnes, les plus petits comme les plus grands villages présentent le spectacle que nous venons de décrire, et, on le conçoit sans peine, la peste, quand elle s'y déclare, y fait de si horribles ravages, que parfois on les brûle pour détruire un foyer d'infection. « A « Alexandrie comme ailleurs, dit M. Aubert-Roche, parlant de « l'épidémie de 1835, les malheureux habitent les quartiers les « plus sales et les plus mal aérés. Ces quartiers furent horrible-« ment décimés. On fera remarquer, peut-être, que deux villages « très bien aérés et situés sur le bord de la mer, celui de Ras-« el-Tin et celui de l'Abattoir, *ont été presque dépeuplés*; aucun « autre endroit n'a éprouvé une mortalité si grande! mais, dans « aucun autre endroit aussi, la saleté n'est plus affreuse, la mi-« sère plus générale, l'habitation plus malsaine et plus mal « bâtie [2]. »

Les causes d'insalubrité et de misère ont donné parmi les fellahs d'Alexandrie, durant le cours de cette épidémie, une mortalité de 54,6 pour cent. Afin que le lecteur juge de la portée de ce chiffre, nous dirons que la mortalité, parmi les Européens,

---

[1] *Mémoire sur les causes*, etc., p. 124.
[2] *De la peste d'Alexandrie, de* 1834 *à* 1835, broch.

les étrangers, n'avait été que de 5,2 pour cent[1]. Rapprochez de tels chiffres, remarquez de plus que la garnison, composée des mêmes hommes que les fellahs civils, mais bien alimentée et bien dirigée dans son hygiène par ses médecins européens, ne perdit que 15, 60 pour cent, et vous ne douterez pas de cette proposition du docteur Aubert-Roche : « Si l'on donnait un cer-« tain bien-être au peuple, et qu'on y ajoutât des mesures d'hy-« giène, on se rendrait maître de la peste, et l'on verrait cesser « ses ravages [2]. »

Il y a là un fait qui appelle l'attention même du plus égoïste parmi nous sur la malheureuse condition des fellahs. M. Aubert-Roche, dans un livre[3] et dans un Mémoire[4] où le médecin et le philanthrope se montrent également distingués, a établi que la profonde misère des Égyptiens, en faisant de leur pays un centre de peste, n'était pas seulement une question locale, si l'on peut dire, mais qu'elle intéressait la civilisation entière, et touchait à la santé générale de l'Europe. M. Aubert prouve d'une manière irréfutable, par des chiffres et des faits relevés et observés sur les lieux, que la mortalité, sous l'influence de ce terrible mal, est toujours en raison directe du plus ou moins de misère des habitants. L'ordre, dans les ravages du fléau, ne cesse jamais de répondre à celui des diverses classes, selon leur richesse ou leur dénûment. On a vu tout à l'heure, enfin, que, pendant l'épidémie de 1834 à 35, qui enleva, selon les approximations générales, près de deux cent mille âmes[5], les Européens ne perdirent que 5 sur cent des leurs, parce qu'ils sont généralement dans l'aisance. La vieille Égypte, puissante, occupée de l'hygiène publique et particulière, embaumant toutes les matières animales, n'a jamais connu la peste, cela est bien avéré.

[1] *De la peste d'Alexandrie, de 1834 à 1835*, broch.
[2] *Id.*
[3] *De la peste ou typhus d'Orient*, 1 vol. in-8°, Paris, 1840.
[4] *De la prophylaxie générale de la peste*, broch., 1843.
[5] Il est impossible de fixer le nombre d'une manière certaine, faute de relevés officiels et de registres mortuaires.

« Ce pays, dit encore M. Aubert, n'est devenu un foyer d'infec-
« tion que par l'incurie des habitants et du gouvernement, qui
« ont laissé les causes locales s'accumuler et s'unir à celles de
« l'atmosphère, qui semble n'avoir pas changé. La peste, enfin,
« ne s'est montrée en Egypte qu'avec la décadence de sa civili-
« sation, et aujourd'hui elle y règne continuellement avec la
« barbarie. »

Si l'on considère maintenant les entraves et les embarras que les lazarets et les quarantaines jettent dans les relations de l'Occident et de l'Orient, les pertes de temps, les frais énormes qu'entraînent ces établissements, le mal que le fléau à déjà fait à l'Europe, et peut encore lui faire, un jour ou l'autre, malgré les fumigations et le vinaigre, si l'on considère enfin que le dixième de notre marine de l'Etat pourrit inutile dans les bassins de la santé [1], on verra qu'il est bien réellement de l'intérêt direct du monde civilisé que la population égyptienne soit soulagée des maux qui l'accablent. La peste alors disparaîtra des bords du Nil comme elle a disparu de l'Europe à mesure que le sort des masses, en s'améliorant un peu, en a détruit les causes déterminantes. Lorsque les heureux de ce monde ne poursuivent pas comme incendiaires ceux qui parlent de la fraternité universelle, ils sourient dédaigneusement de ce rêve d'utopistes. Qu'ils y songent, s'ils ne veulent écouter la voix de la philanthropie, la peste se chargera de leur prouver la solidarité de tous les peuples.

Le fellah ne sait plus même faire vivre ses enfants! Ils expirent tous dans ses bras. On a supposé aux eaux du Nil des vertus prolifiques, tant est grande la fécondité des égyptiennes. On ne rencontre guère de femme fellah qui ne porte un nourrisson à cheval sur l'épaule gauche comme les peintures des hy-

---

[1] « Je ne crois pas exagérer en disant que la dixième partie au moins
« de notre marine de l'État est constamment en quarantaine. D'où il suit
« que, si les mesures sanitaires étaient abolies, nous pourrions réduire
« notre marine militaire d'un dixième, et peut-être même d'un huitième,
« sans que les différents services dont elle est chargée en souffrissent le
« moins du monde. Quelle économie! » Pétition du docteur Chervin, en
1833, sur la nécessité de réformer notre système sanitaire.

pogées représentent leurs ancêtres [1]. Les villages sont remplis d'une quantité innombrable d'enfants; mais presque tous ont l'air malade et rachitique, et il en meurt le plus grand nombre. Les fellahs les aiment passionnément; cette énorme mortalité ne tient donc pas au manque de tendresse des parents : elle tient à l'absence de toute lumière dans les soins donnés au premier âge, et plus encore à la mauvaise nourriture, aux privations inséparables de l'extrême pauvreté! Les enfants partagent le régime alimentaire de leur famille; quand ils ont autre chose que du dourah, ils mangent des lentilles, des ognons, ou bien de ces saumures dont nous parlions tout à l'heure. Beaucoup d'entre eux, d'un autre côté, succombent au virus siphilitique qui infecte la population, et la petite vérole aussi en enlève considérablement. Il n'y a de ces pauvres enfants que les plus fortement constitués qui parviennent à la vie, et c'est une des causes qui expliquent, jusqu'à un certain point, comment, malgré toutes les souffrances d'où naissent d'ordinaire tant de maladies, on ne remarque presque pas de bossus ni de contrefaits parmi les fellahs. Ceux-là meurent en naissant, faute des soins qui leur seraient nécessaires pour exister, de même que l'on ne voit pas non plus en Egypte un seul manchot ni une seule jambe de bois, parce que ceux auxquels l'amputation aurait sauvé la vie sont morts faute d'opérateurs.

Nous avons vu les Indiens de l'intérieur du Mexique, ceux de l'Amérique du nord, les Caraïbes des bois de la Dominique, les esclaves des Antilles, et nous croyons, en vérité, qu'ils sont plus avancés que les fellahs! On ne trouve pas ici la moindre parcelle de civilisation, la moindre trace d'un agrément quelconque donné à l'existence. L'homme reste avec toutes les rudesses et dans tout le dénûment de l'état de nature. Il est livré à des superstitions ridicules, il chante encore et fait des repas funèbres de plusieurs jours à la mort de ses proches. Sans besoins comme sans lumières, déguenillé, sale, morne, indolent, plongé dans une sorte

---

[1] Les plus jeunes enfants finissent, en embrassant la tête de leur mère, par se tenir si bien dans cette position dangereuse, qu'on ne prend plus à les voir aucune inquiétude.

de stupeur hébétée, il cultive les champs du maître souverain; toute son action sur la terre se borne là... A peine quelques-uns de ces villages, dispersés sur les berges d'un fleuve, possèdent-ils une barque, un canot, deux planches jointes ensemble à mettre sur l'eau. Les habitants de la rive gauche sont étrangers à ceux de la rive droite! On n'observe aucune relation d'un côté à l'autre que dans les grandes villes. Il n'y a plus rien d'intellectuel chez les paysans égyptiens; ils ignorent, je crois, la signification du mot école, ils semblent abrutis par le long asservissement qui pèse sur eux depuis des siècles, et qui les écrase aujourd'hui plus que jamais. Sans doute, il y a des passions parmi eux, puisqu'il y a des hommes et des femmes, mais dans quel cercle étroit ne doivent-elles pas rouler, quelles restreintes limites ne doit pas avoir la pensée d'une telle population!

Les fellahs ont conservé le sentiment religieux, si l'on peut donner ce nom à quelques croyances aveugles dont la manifestation la plus saillante est une résignation stupide; mais leurs mosquées, faites de boue comme leurs maisons, informes, délabrées, ouvertes à tout vent, jonchées de paille dégoûtante, ignoblement sales, disent qu'ils ont perdu jusqu'à ce besoin instinctif qu'éprouvent les hommes d'orner le temple du dieu qu'ils révèrent, comme les amants d'embellir la maison de la personne aimée. Beaucoup de leurs femmes même en sont venues à négliger le soin de se couvrir la figure. C'est un effet habituel de l'excès de la misère de détruire en nous les impressions délicates : or, pour une musulmane, quelle plus grande absence de toute délicatesse que de montrer son visage!

En voyant descendus à un tel abaissement les fils d'une race qui eut des écoles où les Pythagore et les Platon venaient s'instruire, on demeure doublement convaincu que l'homme est partout le même, et que là où il manque à la civilisation, c'est qu'il n'est pas cultivé. Oh! ils n'ont pas vu l'état de ce malheureux pays, ou ils veulent tromper l'Europe, ceux qui donnent le titre de régénérateur au pacha qui, ayant la toute-puissance, a fait aux Égyptiens cette existence végétative; au prince qui, en face de ces villages de fumier et d'ordure, a eu la honteuse audace de construire pour lui le long du Nil dix ou douze palais splendides. Ceux d'Alexandrie et de la citadelle du Caire ont dû coûter des millions. Dans le jardin de celui de Choubrah, quinze marches conduisent à un pavillon carré, très simple à l'extérieur, dont les portes en s'ouvrant laissent voir un spectacle véritablement magique. Un immense bassin de marbre blanc contient une eau claire et limpide dans laquelle se reflète une somptueuse galerie soutenue par une colonnade ; aux quatre coins, de grands lions lancent des torrents d'eau dans de larges vasques ornées de poissons et de coquillages sculptés. Jamais on ne vit une telle profusion de marbre et plus magnifiquement employé. Ce kiosque où l'on vient braver quelquefois la chaleur du milieu du jour et le terrier où le fellah passe sa vie entière représentent assurément les deux degrés les plus extrêmes du faste et de la misère qui se puissent imaginer dans la demeure de l'homme, et pourtant voilà des milliers de siècles que le travail de l'habitant du terrier élève le kiosque du prince !

Les partisans de Méhémet-Ali prétendent que les fellahs sont stupides, apathiques, et qu'il est impossible de les arracher à leur abrutissement. Les colons prétendent aussi que les nègres sont des bêtes brutes, comme les Anglais assurent que les Irlandais sont indignes de jouir de la liberté, comme Aristote soutenait que les esclaves n'avaient qu'une demi-âme, comme les Espagnols affirmaient que les Caraïbes n'étaient pas des hommes, comme enfin tous les oppresseurs ont toujours dit des opprimés. La cause de la servitude n'a que ce misérable argument à son service. Mensonge. L'apathie du fellah n'est pas le résultat, chez lui, d'un vice de nature : elle tient aux circonstances où il se trouve. L'intelligence qu'a montrée la population à l'armée, dans les ateliers, dans les écoles, dans toutes les entreprises auxquelles Méhémet l'a employée, prouve avec une irrésistible évidence que, s'il l'avait voulu, il aurait pu bien facilement et bien rapidement la dégrossir et la relever. — Les habitants de l'Égypte retrouveraient vite, sans aucun doute, le génie artistique qui distingua leurs ancêtres. Lorsqu'on parcourt les ruines de Thèbes, on est obsédé par une nuée de fellahs, hommes et enfants, ceux-ci quelquefois entièrement nus, qui vous proposent des objets de curiosité trouvés dans les fouilles auxquelles ils se livrent constamment. Ces fellahs sont tous devenus des antiquaires, ils connaissent très bien la valeur des choses qu'ils découvrent, et, pour vous demander le double ou le triple d'une figurine qui porte quelques caractères, ils savent parfaitement bien vous dire en vous les montrant : *cartouche, cartouche*[1]. Ils ont acquis une telle expérience des antiquités, qu'il y a maintenant grande attention à faire pour ne pas acheter des faux, quelquefois assez difficiles à juger, soit qu'ils coulent l'objet, comme des scarabées en bronze, dans des creux réellement antiques, soit qu'ils le fabriquent de toute pièce. La loyauté à part, il est curieux d'examiner l'adresse avec laquelle ces imitations sont exécutées par leurs sauvages auteurs. Nous regrettons sous ce rapport d'avoir refusé une statuette en pierre, couverte d'hiéroglyphes, d'autant plus surprenante que les faussaires, presqu'entièrement privés d'outils, doivent être forcés d'y suppléer par une rare industrie.

On a dit encore, pour excuser les rigueurs dont on l'accable, que le fellah était paresseux. Comment ne le serait-il pas? quel intérêt a-t-il au travail? aucun ; il en retire à peine sa nourriture, on lui enlève jusqu'à son dernier morceau de pain. Donnez-lui un avantage, un motif d'émulation, et il deviendra laborieux comme tous les autres hommes. C'est une calomnie contre la race humaine entière que d'attribuer à la nature de l'Égyptien le résultat inévitable de l'horrible oppression exercée sur lui.

Nulle terre du monde ne cède ses trésors à moins de travail que la terre d'Égypte ; mais le fallah, par son ignorance et l'insuffisance des moyens dont il dispose, parvient à rendre illusoire la générosité du sol. Sa charrue est petite, mal construite et sans force ; ses buffles sont attachés au joug par le cou avec

---

[1] Les savants, comme on sait, appellent ainsi les noms propres qui, dans les inscriptions hiéroglyphiques, sont entourés d'un cercle elliptique.

des liens qui leur dépouillent affreusement la peau, les harnais sont en mauvaises cordes de fibres de dattiers, qui se brisent à chaque pas. Ainsi outillé, il ne conduit point l'attelage sans une peine extrême, et il fait, comme ses animaux, des efforts énormes pour ne produire qu'une somme d'action à peine capable d'ouvrir la terre avec une irrégularité choquante. Est-ce donc la faute de ce malheureux qui n'est rien par lui-même? Instruisez-le.

Nous avons déjà exposé que les fellahs étaient de véritables serfs, durement attachés à la glèbe ; il n'est sorte de vexations ni de cruautés que le vice-roi n'ait exercées et n'exerce encore contre eux. Quand il a besoin de soldats, par exemple, une bande d'arnaoutes, de ces brigands qu'il garde à son service, fond inopinément sur un village, arrête tous les hommes valides, leur lie les bras, les entraîne loin de leur famille en pleurs, et, sans qu'ils puissent faire valoir aucune considération, ils sont incorporés dans les régiments pour un temps illimité ! C'est ainsi que le réformateur égyptien s'est fait une armée, c'est ainsi qu'il improvisa d'un jour à l'autre huit mille ouvriers pour l'arsenal et dix mille marins pour la flotte. Bien mieux, afin que ces ouvriers et ces marins, une fois enrôlés, ne pussent s'échapper, il leur fit tatouer une ancre sur le dos de la main, comme un propriétaire qui marque son bétail ! Réduits au désespoir, les parents, pour garder leurs fils, les mutilent eux-mêmes: ils leur arrachent les deux incisives avec lesquelles on déchire la cartouche; le plus grand nombre leur coupent l'index droit ; et ce n'est point une exagération de dire que, sur cinquante jeunes fellahs, il n'y en a peut-être qu'un seul qui ait ses dix doigts. Des mères ont été jusqu'à crever un œil à leurs garçons, et l'on fait entrer pour un chiffre assez notable les borgnes de cette dernière catégorie dans la grande quantité de ceux qui existent en Égypte. Inutiles efforts, vaines espérances ! Méhémet-Ali a fait tout prendre; il a formé deux régiments de borgnes, et les hommes sans index ont été jetés dans le train!

Le paysan égyptien, après avoir subi la presse pour l'armée, pour les ateliers du gouvernement, pour les fabriques particulières du grand-pacha, n'en est pas quitte encore ; il ne s'appartient jamais ; il peut tous les jours être requis pour faire ou réparer les digues, pour curer ou creuser les canaux ; lui, sa femme, ses enfants, son vieux père, ne sont jamais à l'abri de ces corvées épouvantables, dont un témoin oculaire fait le tableau suivant :

« Le curage des canaux se fait par la main-d'œuvre ; des hommes piochent, remplissent des couffes [1] de terre, et des garçons, de jeunes filles les versent sur les bords des canaux.

« Rien de plus affligeant que la vue de ce travail. Tout ce qu'il y a de chétif, de malheureux, d'infirme dans la population est envoyé aux canaux. Les hommes harassés, très vieux, cassés, n'en pouvant plus, ayant pour tout vêtement un chiffon de laine qu'ils s'attachent aux reins, enlèvent un peu de boue avec les mains, la jettent sur les rives, et passent ainsi des journées entières dans la fange ou dans l'eau.

« De temps à autre, un jeune homme applique un vigoureux coup de fouet sur le corps penché d'un vieillard qu'il excite au travail; celui-ci se relève subitement, crie, se plaint et n'en va pas plus vite. De petites filles, groupées, chantent forcément, battent des mains, et ne paraissent pas s'effaroucher des nudités qu'elles ont sous les yeux.

« Tout le monde couche sur les bords du canal, dans le champ, sur la terre. Quelques fellahs ont pour couverture une natte vieille, usée, percée; la plupart n'ont rien. Ils se blotissent et passent la nuit pressés les uns contre les autres. Leur nourriture consiste en petites rondelles de pain de dourah, qu'apportent des femmes venues souvent de très loin : ce sont les mères, les sœurs, les parentes des ouvriers. Un tambour annonce les heures de repas; chaque petite fille alors court chercher sa mère, elle se jette à ses pieds, se plaint des mauvais traitements qu'elle a reçus, et lui montre en sanglotant l'empreinte des coups de fouet ! Fatiguée, elle pleure, elle demande à s'en aller ; le jour précédent on lui a volé son pain, les feuilles,

---

[1] Panier conique, tressé en feuilles de dattier.

« les racines que sa mère lui avait données ; elle est restée sans
« manger ! La mère la console ou pleure avec elle, puis s'arrache
« des bras de son enfant en promettant de revenir bientôt. Un
« roulement se fait entendre, et la pauvre fille, le cœur brisé,
« retourne dans le bourbier, poursuivie par les surveillants im-
« pitoyables qui viennent ajouter aux premières blessures de
« nouvelles marques de leur cruauté [1]. »

Le fellah n'est pas victime du vice-roi seulement, il l'est encore des fils du maître, de ses petits-fils, de ses gendres et des grands. Tout le monde le pressure, le pille, le rançonne, le ruine, et l'on ne voudra jamais croire en France les avanies auxquelles il est en proie. « Vers le milieu de 1841, rapporte encore M. Ha-
« mont [2], Abbas-Pacha, petit-fils de Méhémet-Ali, avait fait
« planter des cannes à sucre dans ses domaines : pressé d'en
« tirer le meilleur parti possible, il les fit vendre aux villages
« libres. Je passais à Zefté quand une barque, chargée de cannes
« à sucre, arriva ; on appela le supérieur de l'endroit, et le sol-
« dat qui représentait le maître lui déclara que ce chargement
« était pour son village. — Je vous le livre moyennant six bour-
« ses, dit-il ; prenez la marchandise, et dans deux jours je vien-
« drai toucher l'argent. Le cheik, pour qui de semblables
« déclarations étaient des ordres qu'il se gardait d'enfreindre,
« baissa la tête, fit débarquer les cannes et contraignit ensuite
« ses fellahs à les recevoir au prix qu'il jugea convenable d'é-
« tablir.

« Ce même Abbas-Pacha fait élever des poulets dans quel-
« ques-uns de ses chiflicks. Quand il en a un grand nombre,
« il les vend encore par la méthode employée pour les cannes
« à sucre : on les conduit dans un village, et le délégué du di-
« recteur des domaines les consigne au chef, qui n'ose les re-
« fuser. A la vue de cette marchandise, les habitans s'éloignent ;
« le principal de la commune distribue les poulets aux Egyptiens
« présents, et, sur son injonction, des hommes en font entrer

---

[1] Hamont, 1er vol., p. 228.
[2] Page 93 du 1er vol.

« dans les habitations des absents. Les propriétaires reviennent;
« on leur demande le paiement des poulets qui ont été livrés.
« — Nous n'en avons pas reçu, disent-ils. — Ils sont dans vos
« maisons, répondent les chefs. — Nos maisons sont fermées, et
« en voici les clefs. — Nous les avons fait entrer par les ouver-
« tures que présentent les portes ; payez donc ! »

Ces abominables rapines ont tellement passé dans les mœurs, que les Européens eux-mêmes finissent par s'en rendre coupables. L'honorable M. Hamont, que nous venons de citer, avoue qu'étant directeur des haras de Méhémet-Ali, il a dû se procurer à main armée les fourrages dont on le laissait souvent manquer. « Une fois, les charriots qu'on expédie tous les matins à Boulac re-
« viennent à vide. Les étalons, les juments, les poulains jeûnent.
« Je cours au divan. Le faisant-fonction de ministre me donne
« une lettre pour le chef des magasins centraux. Je vais trouver
« ce chef, je le presse, et, en posant lentement sa pipe à ses cô-
« tés, il me dit qu'il ne peut rien. Je retourne au ministère;
« j'insiste de nouveau ; je fais pressentir des accidents qui sur-
« viendront certainement. Le délégué du ministre me fait cette
« réponse: —Le haras est au pacha, l'orge et la paille sont à lui;
« s'il ne sait en trouver, puis-je vous en donner, moi ? — Mais
« pourquoi ne pas avoir pris les précautions que je vous ai indi-
« quées? Rentré au haras, j'expédie quarante hommes dans un
« bois, tout près de l'établissement ; je fais dépouiller les arbres
« de leurs feuilles, que je donne aux animaux. Je préviens ainsi
« des avortements, des maladies, etc., etc. Une autre fois, je
« place vingt palefreniers et des soldats sur la voie publique; je
« fais saisir les chameaux chargés de paille et d'orge. Les pro-
« priétaires vont se plaindre au divan. Je reçois des reproches,
« mais je détourne encore des maux qui seraient venus fondre
« sur la pauvre création de Méhémet-Ali.

« Une année, c'est en avril ou en mai, je crois, il n'existe plus
« un grain d'orge ni un brin de paille dans les magasins. Je de-
« mande des vivres au petit-fils de Méhémet-Ali, Abbas-Pacha.
« Le prince renvoie ma réclamation, avec une apostille, à des
« administrateurs. Ma lettre va et vient, toutes les démarches

« restent infructueuses. Que faire? Un jour se passe. Le lende-
« main, même inquiétude. Le soir, je délivre des bâtons à trente
« hommes, qui, sous la conduite d'un Européen, vont dérober
« dans les champs l'orge des paysans. Je nourris ainsi les che-
« vaux pendant quarante-huit heures [1]. »

Les directeurs d'usines enlèvent de la même manière aux cultivateurs les grands bestiaux, quand ils en ont besoin à leurs manéges. Pas de réclamations! C'est pour les fabriques, c'est pour le haras de Méhémet-Ali! L'Egypte ne lui appartient-elle pas tout entière, hommes et choses?

On est arrivé de la sorte à tout prendre aux fellahs, tout; il ne leur reste rien, absolument rien. Nous avons vu des charrues attelées d'un buffle et d'un chameau ensemble; nous avons vu des moulins à farine mus par des relais de quatre femmes remplaçant le mulet, l'âne ou le bœuf dont manquait le village! Ces pauvres femmes elles-mêmes, elles ont été presque toutes dépouillées de leurs bijoux séculaires. Colliers, boucles d'oreilles, bracelets d'argent, anneaux de nez et de jambes ont passé comme le reste dans les mains du fisc, et celles qui ne peuvent se résoudre à être privées de ces ornements les portent en cuivre ou en plomb. Pour 5 piastres (1 fr. 25 c.) nous avons acheté, à un marché de village, un bracelet, des boucles d'oreilles et des imitations de sequins en cuivre avec une seconde paire de boucles d'oreilles en plomb, et enfin une bague en plomb qui a pour chaton une petite graine rouge! Tous ces objets sont coulés ou estampillés.

Mais voilà que revient le collecteur des impôts; il réclame le ferdeh : Paie, Paie, crie-t-il au fellah qu'il assomme. Le bâton même ne peut arracher à ce malheureux un para qu'il n'a plus, on saisit le bourriquet poussif qui l'aidait encore, le dernier bijou de sa femme, sa dernière poignée de dourah, et il est réduit à se faire de la graine de coton un aliment qui le tue avec des douleurs atroces.

---

[1] Pages 229 et 230 du 2ᵉ vol.

Le lendemain, Méhémet-Ali marie sa fille, et l'Europe industrielle n'a rien de trop coûteux pour former le trousseau de cette enfant de quinze ans, qui reçoit pour cinq millions de francs de diamants et de bijoux, sans compter une bourse de 800,000 francs.

Pendant que ces choses se passent en Egypte, la *réclame* suit son cours en France, et l'on peut lire dans les journaux gagnés des notes comme celle-ci, sur l'amour de l'égalité qui honore le grand pacha : « La création de l'institut égyptien à Paris, où « trente jeunes beys sont instruits, avec les deux enfants du vice- « roi, dans toutes les sciences utiles, paraît devoir être prochai- « nement développée. Au printemps prochain, une nouvelle co- « lonie viendra, dit-on, accroître la population studieuse qui est « déjà établie dans l'hôtel de la rue du Regard. M. le maréchal « Soult s'est réservé la direction suprême de cet établissement. « Ce qui paraît avoir causé le plus de plaisir au vice-roi dans les « règlements que le maréchal a fait rédiger pour l'institut égyp- « tien, c'est la rigoureuse application du principe d'égalité entre « tous les élèves. Les deux jeunes princes sont soumis dans l'é- « cole absolument aux mêmes règles que tous leurs condisciples, « et ne sont l'objet d'aucune condescendance particulière. »

Hélas! le doyen des Français en Egypte, le vieux docteur Dussap, avait raison, lorsqu'il disait à M. Fontainier : « Mon- « sieur, la pièce qu'on joue ici est, au premier étage, une bien « ridicule parade, et, au rez-de-chaussée, une bien déplorable « tragédie. »

Si l'on récapitule tous les maux qui écrasent les fellahs, on ne s'étonnera pas que ceux que ne retient aucune attache de famille aillent chercher au loin un destin meilleur. Beaucoup déjà sont parvenus à se réfugier du côté de Gaza, dans la Judée, et jusqu'en Syrie. Méhémet-Ali a pris les mesures les plus violentes pour s'opposer à ces émigrations. Il donne, assure-t-on, 650,000 francs par an aux Bédouins qui, des deux côtés du désert, tirent sur les pauvres serfs fugitifs, quand ils ne peuvent s'en emparer pour les ramener. C'est une gendarmerie un peu chère. Il y aurait presque bénéfice à ôter aux fellahs le désir de s'enfuir, en les traitant plus humainement. — Les bédouins sont à peu près les seuls employés du vice-roi qui reçoivent leur solde d'une manière régulière, parce qu'ayant éprouvé une fois quelque retard, ces honnêtes gens du désert, au lieu d'arrêter les fellahs, se mirent à les aider, et se chargèrent eux-mêmes de les conduire en Syrie.

Sans parler des batailles du passé, les émigrations, la mauvaise nourriture qui décime l'enfance et entretient des maladies mortelles, l'immense misère qui détruit rapidement de nombreuses familles, amènent une dépopulation toujours croissante. A chaque pas, dans la campagne, on rencontre des maisons renversées; plus d'une fois nous avons vu des villages entiers complètement abandonnés et tombant en poussière, quelques-uns même paraissaient avoir joui d'une certaine aisance, du moins y voyait-on un tombeau de saint ou quelques murs en briques crues, qui sont déjà un luxe, comparé aux huttes en torchis de boue. La capitale n'échappe pas à la dissolution générale : plus de deux mille maisons du Caire sont vides aujourd'hui. La dépopulation qu'accusent ces amas de décombres n'est pas seulement attestée par leurs signes matériels et par l'énorme quantité de terres incultes [1]; elle est avouée dans le pays par tous les gens de bonne foi. On sait qu'il n'existe pas d'état civil, il est donc impossible de fixer le nombre actuel des habitants; mais des approximations qui paraissent sûres le réduisent à moins de deux millions; il était de deux millions cinq cent quatorze mille [2] quand Méhémet-Ali s'empara de l'Egypte!

Les fellahs, pendant un mois et demi que notre voyage du Caire à Thèbes nous a mis en contact presque continuel avec eux, nous ont inspiré par leurs manières une sympathie que leurs souffrances seules feraient naître. Ils ont en général le regard doux et sérieux,

---

[1] La totalité du terrein cultivable s'élève, en Égypte, à 7,014,000 feddans; sur ce nombre 3,157,774 sont en friche! Et encore ici nous prenons les chiffres de Clot-Bey (p. 265 du 2ᵉ vol.), écrivain passionnément ami de Méhémet-Ali, comme on a pu le voir.

[2] Mengin.

la physionomie triste et bienveillante. Sans le nier, nous avons peine à croire à l'esprit de brigandage et de meurtre que le vice-roi aurait, dit-on, réprimé chez eux, et qui est bien plutôt propre aux bédouins, aux Arabes du désert. Les mœurs cruelles qu'on leur attribue supposent une énergie que ces pauvres gens n'ont pas. Ils sont voleurs, il est vrai, mais voleurs de petites choses ; ils volent par nécessité, s'il est permis de dire, parce qu'ils manquent de tout. Ce vice est général chez les peuples encore sauvages ou d'une excessive pauvreté : voyez les Mexicains, les Indiens, les esclaves. Et d'ailleurs, est-ce que les Turcs ne sont pas les premiers à leur donner l'exemple? Est-ce que tout le monde ne vole pas en Egypte, depuis le grand-pacha et les petits pachas jusqu'à l'écrivain copte ? Nous avons de la peine à ajouter foi à la perversité foncière d'une race dans laquelle, comme dans celle-ci, le père aime ses enfants avec passion, et le fils, à tout âge, respecte ses parents et ne les abandonne jamais lorsqu'ils sont vieux ou infirmes.

Chaque fois que je me suis rapproché des fellahs, je n'ai remarqué en eux qu'une naïve et confiante curiosité, qu'un désir de me consulter sur leurs nombreuses maladies, car ils voient toujours un médecin dans un homme habillé à la franque. Souvent ceux que je rencontrais en route, quand ils étaient par hasard montés sur un âne, me l'ont offert avec bonté et en descendaient même tout d'abord pour mieux m'engager à le prendre. Le moindre *backchis* donné à leurs enfants excitait de leur part une reconnaissance dont la vivacité s'exprimait d'une manière simple, mais touchante. Un jour, je venais de mettre un 5 paras dans la main d'une petite fille et je continuais mon chemin, lorsque, dix pas plus loin, je fus rejoint par un fellah qui m'avait aperçu sans que je le visse, et qui m'offrit deux cannes à sucre dépouillées avec soin de leurs feuilles. Un autre jour, je me trouvais dans un village, entouré d'hommes, de femmes et d'enfants que j'avais mis en grande familiarité en leur distribuant quelques paras. Ils touchaient et retournaient mes gants, examinaient mes habits, et les enfants se passaient l'un à l'autre, en l'essayant avec des cris joyeux, mon lorgnon dont ils s'étaient emparés. Tout à coup une femme qui venait de s'éloigner du groupe revint, le visage toujours enveloppé jusqu'aux yeux, portant sur sa main renversée une grande jatte de lait qu'elle approcha de ma bouche; les autres s'unirent à elle pour vaincre mon refus, et elle finit par déposer avec grâce la jatte à mes pieds, faisant signe que je la pourrais envoyer à la cange, dont les voiles pointaient au loin par dessus les épis. J'avais peut-être distribué deux sous, elle m'en voulait rendre dix! Il y eut dans cette scène quelque chose d'antique dont je ferais un beau tableau si je savais peindre. — Encore un trait charmant. J'avais donné en passant des paras à deux petits garçons. Une minute après, et comme s'il avait pris le temps de se résoudre au sacrifice, le plus âgé accourt vers moi et me tend avec la délicieuse timidité de la première enfance une balle de fusil. Le pauvre enfant, afin de me remercier, voulait se dépouiller d'un objet bien précieux pour lui et qu'il conservait depuis longtemps, à en juger par l'usure de la balle toute polie et luisante.

En prenant sur le fait d'aussi bons instincts, il est impossible de croire ce peuple privé de nobles sentiments, et destiné *par la nature* aux dégradations de l'esclavage. On le calomnie, on le dit ingrat et méchant pour se justifier de l'asservir et de le maltraiter.

L'Egypte peut-elle concevoir quelqu'espérance d'être affranchie du joug destructeur de Méhémet-Ali? C'est une question qu'à la vue de ses malheurs on a le droit de se poser. En forçant les grands à accepter des villages où ils se ruinent, Méhémet a peut-être pris un parti qui témoigne plus de son avidité que de sa prudence. La haute classe, associée jusqu'à ce jour à ses déprédations, commence à murmurer maintenant que le mal vient à l'atteindre elle-même. Qui sait si quelques beys, exaspérés par la perte de leurs richesses, ne songeront pas à la révolte? Des hommes calmes et bien placés pour voir ne jugent pas la chose impossible. Les fellahs haïssent leur insatiable satrape; ils souffrent au point que, malgré la circonspection ordinaire aux opprimés de longue date, ils ne craignent pas de dire que l'Egypte ne pourra jamais être heureuse si Méhémet-Ali et les siens ne sont chassés ou exterminés. L'un d'eux, traîné au divan d'un gouverneur, a osé s'écrier avec une effrayante énergie : « Méhémet-Ali est jaloux des poux qui nous rongent. » Le nom tant redouté du grand-pacha a donc perdu de sa puissance. Tout le monde gémit ; il n'y a de riches que ceux qui participent au pouvoir, et il n'y a que ceux-là qui osent l'avouer. Les individus qui exceptionnellement possèdent quelque chose s'en cachent dans la crainte d'attirer les extorsions du fisc. Ce que Volney a dit de l'Egypte sous les mameloucks est encore vrai aujourd'hui : « Ce n'est que par les dehors de la pauvreté qu'on « échappe aux rapines du pouvoir. » L'armée, désorganisée, mal payée, est mécontente. Le moindre coup porté à cet édifice de barbarie, élevé sur l'exaction, le peut faire crouler. Nous ne disons pas qu'un tel évènement soit inévitable ni prochain, nous disons qu'il est permis de le prévoir.

Qu'arriverait-il alors? Le peuple égyptien obtiendrait-il quelque adoucissement à ses maux. Nous en doutons. Les Turcs qui renverseraient Méhémet-Ali l'imiteraient, à moins qu'ils ne rendissent leur conquête à la Porte, ce qui n'est guère supposable. Les Turcs ne comprennent pas un gouvernement libéral appliqué à une race qu'ils méprisent comme les Lacédémoniens méprisaient les ilotes, comme les Thessaliens méprisaient les Pœnestes.

Mais le vice-roi touche au dernier terme de la vie. Les fellahs ont-ils la ressource d'attendre quelque miséricorde du prince que l'ordre de la nature appellera bientôt à lui succéder? Hélas ! non. Ibrahim-Pacha compte plus de cinquante ans, et s'est fait connaître.

Ibrahim-Pacha est en tout le digne fils de son père; il partage avec lui la manie des affaires commerciales, il est possédé, comme lui, du démon de la rapine. Il a bâti des maisons à Alexandrie, qu'il loue au plus offrant, il a créé deux belles usines avec des machines à vapeur pour la fabrication du sucre, l'une à la fameuse île Rodha (près du Caire), et l'autre à Rey-Remoun, près Mynieh (Moyenne-Egypte). A son superbe jardin botanique de Rodha, il a joint de vastes plantations productives, qu'arrose abondamment une autre machine à vapeur. Enfin on assure qu'il a fait planter plus de six millions de pieds d'arbres depuis cinq ans. Mais dans la direction de ces entreprises toutes particulières, de ces opérations d'un spéculateur, rien n'annonce le prince grand et bon. Dès aujourd'hui, le fils de Méhémet-Ali exploite l'Egypte avec non moins de rigueur que son père; les paysans attachés à ses nombreux villages ne sont pas traités moins impitoyablement que ceux du grand-pacha. Comme tous les gens de sa famille, il paie souvent ses ouvriers en nature ou en marchandises, que le pauvre salarié doit prendre au prix fixé par son puissant débiteur. On l'a vu rétribuer les ouvriers de sa fabrique de tarbouchs, à Fouah, en leur donnant, au prix de 35 piastres, des tarbouchs que ces pauvres diables s'estimaient encore heureux de revendre 24 ou 26 piastres.

Ibrahim-Pacha est peut-être plus organisateur que son père, il a plus d'ordre et de prévoyance, mais ces qualités ne tourneront pas au profit de l'Egypte, car il est dur et sans entrailles. Le panégyriste qui s'est donné la tâche de louer tout de Méhémet-Ali, jusqu'à ses enfants, défend beaucoup Ibrahim de l'accusation de cruauté, généralement portée contre lui. C'est déjà une chose bien triste que de donner une pareille besogne à nos amis. En tous cas, la presse de l'époque s'est accordée pour flétrir l'inhumanité d'Ibrahim dans l'expédition de Morée. Il y a encore dans la servitude des harems d'Egypte, au nombre des épouses, des concubines ou des servantes, beaucoup de femmes grecques, prisonnières de tout âge, qu'Ibrahim enlevait pour les envoyer vendre au marché du Caire. Nous en avons connu deux, achetées par des chrétiens qui avaient fini par se marier avec elles.

Presque tous les voyageurs rapportent des faits particuliers, où l'opinion publique, à l'égard d'Ibrahim, se trouve trop bien justifiée. Nous voulons en citer quelques-uns. La cour des Tuileries rend de grands honneurs au fils aîné du vice-roi d'Egypte depuis qu'il est en Europe; il importe de montrer comment il les a mérités.

« Ibrahim-Pacha venait de quitter Beni-Souef quand nous y

« arrivâmes, disent MM. Cadalvène et Breuvery [1]. L'impôt se
« faisait attendre, et le prince était venu de sa personne réveiller
« le zèle des agents du pouvoir et redoubler la rigueur des me-
« sures fiscales. Une assemblée générale avait eu lieu pour cet
« objet, et Ibrahim y avait, pour tout expédient, signifié à quelle
« époque il exigeait que l'impôt fût rentré. Un nazir du Fayoum
« avait eu l'*audace* de lui faire observer qu'il y avait impossibi-
« lité matérielle à ce que la somme exigée pût être perçue dans
« le délai fixé. D'autant plus irrité de ces représentations, qu'il
« en sentait la justesse, et craignant, en outre, que, s'il les ac-
« cueillait, elles ne pussent devenir un précédent dangereux, le
« fils du vice-roi avait fait donner, en sa présence, cent coups
« de bâton au nazir, pour lui apprendre à faire des représen-
« tations. »

Au mois de mai 1821, Méhémet-Ali avait chargé son intendant principal, Mallen-Ghaly, de lever le reste des contributions
dues par des villages de la Basse-Égypte. L'intendant lui fit observer que ces villages étaient hors d'état de payer, et parvint à
l'en persuader. Ibrahim-Pacha dit alors à son père qu'on le
trompait, que rien n'empêchait la perception de l'arriéré, et le
père, qui ne demandait pas mieux, ordonna au fils de forcer
les rentrées. Ibrahim se rend aussitôt dans la province où se
trouvait l'intendant, le fait appeler, et, sur une simple alterca-
tion qu'ils ont ensemble à propos d'une note de contribuables,
ordonne de le tuer. Les gardes entraînent Ghaly, mais, supposant que l'ordre donné était l'effet d'un mouvement de colère
auquel succèderait la clémence, ils diffèrent l'exécution. « Quoi,
« vous refusez de m'obéir! » s'écrie le vainqueur de Nezib, comme
on l'appelle aujourd'hui. Il n'en fallait pas davantage, Ghaly tomba
percé de trois balles. Son jeune fils, présent à cette scène de
meurtre, n'obtint la permission de faire inhumer le corps de son
père qu'après que le farouche Ibrahim, pour assouvir sa rage, eut
laissé le cadavre exposé pendant quatre heures au milieu du
camp. « Ibrahim, ajoute le narrateur de cet assassinat, avait à

---

[1] Page 435 du 1er vol.

« se plaindre des procédés de Ghaly et de son peu de déférence
« envers lui, il ne laissa point échapper l'occasion de se
« venger[1]. »

Pendant les jours d'allégresse qui suivirent le retour d'Ibrahim au Caire, après la guerre des Wahabites, il perdit son fils Osman-Bey. « Ce jeune prince s'était endormi sur les genoux
« d'une négresse, lorsqu'une dispute survint entre elle et une
« esclave blanche : celle-ci lança un coup de pied à son adver-
« saire ; mais, au lieu de l'atteindre, elle frappa l'enfant, qui
« éprouva des convulsions et mourut deux jours après. Dès que
« le père en fut informé, il fit mettre six esclaves en prison, et
« ordonna ensuite de les noyer[2]. »

« Ibrahim-Pacha est cruel, dit M. Hamont[3], on l'accuse de
« plusieurs meurtres accompagnés de circonstances horribles.
« Souvent il décapita lui-même ou tua à coups de pistolet des
« gens de sa maison ou des étrangers. On raconte, par exemple,
« qu'à Damas, avant le départ des troupes pour l'Egypte, il fit
« étrangler son mamelouck favori[4], Osman, qui s'était rendu
« au bain sans sa permission. Puis il ordonna, dit-on, qu'on
« enterrât Osman de manière à ce que ses pieds sortissent de
« terre, afin que son cadavre fût bientôt dévoré par les chiens. »

Ce fait s'ajoute à d'autres pour expliquer comment Ibrahim faillit devenir victime de ses mameloucks dans la campagne de Syrie. « Il en avait fait bâtonner plusieurs, dit M. Mengin[5], à
« Deray, et trois avaient eu la tête tranchée ; un autre subit la
« même peine à Doramâ. Ce traitement fit penser à ceux qui
« restaient que tôt ou tard Ibrahim se déferait d'eux, et ils réso-
« lurent de le tuer. »

[1] Mengin, 2ᵉ vol., p. 247 à 250.
[2] Id., ibid., p. 190.
[3] 2ᵉ vol., p. 48.
[4] Les grands d'Égypte donnent encore le nom de mamelproucks aux jeunes esclaves blancs qu'ils destinent à l'état militaire et qu'ils élèvent comme leurs enfants. On sait que mamelouck veut dire homme acheté à prix d'argent, esclave.
[5] Page 153 du 2ᵉ vol.

Le complot échoua par la trahison d'un des conjurés.

La ville de Nauplouse se révolte, Ibrahim l'attaque, la réduit et emmène une partie des habitants à Saint-Jean-d'Acre, où il les emprisonne dans une mosquée. « Un matin, M. Mître, médecin
« français, reçoit l'ordre de chercher parmi les captifs ceux qui
« peuvent servir dans l'armée. Il en désigne un certain nombre
« après les avoir scrupuleusement examinés. Un officier les en-
« ferme, et des soldats reçoivent l'ordre de trancher la tête à
« ceux des captifs que M. Mître n'a pas trouvés bons pour le
« service militaire ! — Le lendemain, nouvelle arrivée d'hom-
« mes et nouvelle visite. M. Mître se propose de sauver tout le
« monde ; il fait un premier choix, un deuxième, un troisième,
« mais il est des vieillards si infirmes, si impotents que, malgré
« tout son désir, M. Mître est contraint de les écarter. Des bour-
« reaux s'en emparent et les décapitent sous les yeux du mé-
« decin français [1]. »

Pendant cette même insurrection, qui embrasa toute la Syrie, le fils de Méhémet-Ali tint à Jérusalem une conduite aussi barbare, mais plus déshonorante encore. « Après avoir été battu
« par les paysans au delà de Bethléem, près du vasques de Salo-
« mon, Ibrahim vint s'enfermer dans la citadelle de Jérusalem
« avec une poignée de soldats, et soutint un siége de plusieurs
« semaines. Les paysans s'étaient établis dans toutes les maisons
« du voisinage, et, par les fenêtres, sur les terrasses, fusillaient
« les Egyptiens, qui ripostaient avec leurs mousquets et avec
« quelques canons chargés à mitraille. Une capitulation fut à
« la fin consentie par Ibrahim, qui abandonna la citadelle en
« promettant d'abolir les impôts et la conscription, cause pre-
« mière de la révolte. Au bout de peu de temps, il revint avec
« plusieurs régiments et des canons, reprit la citadelle, rétablit
« la conscription, leva les impôts, et fit pendre aux oliviers tout
« ce qu'il put saisir des turbulents montagnards [2]. »

Il est presque impossible d'ouvrir un livre sur l'Egypte sans y

---

[1] Hamont, 2ᵉ vol., p. 404.

[2] Eusèbe de Salles, p. 281 du 1ᵉʳ vol.

trouver quelques preuves de la férocité de cet homme, auquel le gouvernement français fait à cette heure même une pompeuse réception. Nous rappellerons encore ce que raconte le célèbre Belzoni, l'émule de Champollion, lorsqu'il arrive à Syout. « Ibra-
« him-Pacha avait été récemment la terreur du pays. Quand
« on lui amenait un malheureux, accusé d'un délit, il lui adres-
« sait quelques questions et l'envoyait ensuite au cadi pour être
« jugé ou plutôt exécuté. En effet, le cadi le faisait attacher à
« l'embouchure d'un canon destiné à cet usage affreux. Le coup
« partait et dispersait au loin les membres palpitants du con-
« damné. Deux Arabes, convaincus d'avoir tué un soldat après
« quelques provocations de sa part, avaient été percés d'un bâ-
« ton par ordre de ce pacha, et *rôtis à petit feu*. Voilà la con-
« duite de l'héritier présomptif du trône de l'Egypte [1]. »

Ibrahim avait annoncé de bonne heure ce qu'il devait être; nous en emprunterons le témoignage à M. Fontanier [2] :

« Méhémet-Ali, après avoir défait quelques troupes anglaises
« qui descendirent en Egypte en 1807, rentra au Caire avec un
« certain nombre de prisonniers. Ibrahim, alors âgé de 18
« ans, s'empara des captifs pour se distraire. Il les faisait ran-
« ger sur la place de l'Esbekieh, montait à cheval, et ils lui ser-
« vaient de but pour s'exercer au djerit. Il lançait donc son
« cheval à toute bride, et il se réjouissait quand il avait atteint
« de son lourd et rapide bâton un de ces malheureux. M. Dro-
« vetti, alors consul de France au Caire, ne put voir un tel
« spectacle sans émotion, et reprocha à Ibrahim son inhumani-
« té. Il fut parfaitement inutile de se plaindre à Méhémet de ce
« qu'il considérait comme une aimable étourderie. »

Tel est l'homme qui succèdera à Méhémet-Ali. Malheureuse Egypte! Quel présent! quel avenir!

Quant à se sauver elle-même, il ne faut pas l'attendre de cette

---

[1] *Voyage en Egypte et en Abyssinie*, Paris, 2 vol. in-8º, 1821, p. 49 du 1er vol.

[2] *Voyage dans l'Inde par l'Egypte*, 2 vol., 1844, p. 23 du 1er vol.

race énervée par de longs siècles de servitude; sa résignation est arrivée à un point qui cesse d'en faire une vertu, et qui va jusqu'à la perte de la dignité humaine. Il n'y a pas un fellah capable de délivrer ses frères ! L'Egypte ne pourrait être vraiment régénérée que par un établissement européen ; et, à ce point de vue, elle est condamnée pour des siècles encore peut-être à la mort civile. Un funeste antagonisme divise toujours les nations les plus éclairées. Comment trouver une combinaison qui livrerait la vallée du Nil à quelque puissance d'Occident pour lui donner des institutions avouées par l'humanité ?

CHAPITRE IX.

Chasse aux hommes dans le Sennaar et le Kordofan. — Eunuques.

Conquête du Sennaar et du Kordofan. — On enlève les habitants pour en faire des esclaves. — Comment fut vengée la mort d'Ismayl, fils de Méhémet-Ali. — Le prétendu civilisateur de l'Egypte n'est qu'un vil négrier. — Il envoie vendre aux marchés les nègres qu'il prend. — Il paie quelquefois ses troupes avec des esclaves. — Un jour de solde. — Récit d'une chasse aux hommes dans le Sennaar. — Syout, entrepôt des caravanes d'esclaves. — Cette ville de la Haute-Egypte est la seule du monde civilisé où l'on fasse encore des eunuques. — Méhémet-Ali n'est rien que par la France et l'Angleterre, et elles ne lui imposent pas la destruction de l'infâme industrie de Syout. — Abdul-Medjid appelé à prendre rang parmi les bienfaiteurs de l'humanité, en supprimant les eunuques en Turquie.

Nous avons vu ce que Méhémet-Ali a fait de l'Égypte ; on ne le connaîtrait pas tout entier, si l'on ignorait ce qu'il a fait du Sennaar et du Darfour, les seules conquêtes qu'il ait su garder.

Après avoir vaincu les Wahabites et occupé momentanément l'Hedjaz et le Nedjd, le vice-roi résolut de porter en Afrique ses armes victorieuses. Au mois de juin 1820, son fils Ismayl partit à la tête de 3,400 fantassins, 1,500 cavaliers et 500 Arabes du désert. Il en fallait moins encore pour vaincre des tribus de nègres nus, armés de lances ou de flèches avec des pointes d'ébène.

Jusqu'à Sennaar, la conquête ne fut qu'une promenade. Les peuplades essayèrent à peine de résister quand elles virent des fusils et des canons aux mains de troupes régulières.

Méhémet-Ali connaît les avantages de la civilisation ; il a des soldats disciplinés à l'européenne. Il traitera donc ces pauvres sauvages avec ménagement; il apportera dans leur manière de vivre des améliorations ; il leur enseignera l'agriculture et l'industrie ; il en fera des hommes utiles ; il les gagnera, enfin, à la civilisation. C'est là ce qu'on a droit d'attendre de ce vainqueur éclairé. Point du tout. Méhémet-Ali n'avait d'autre mobile, en allant attaquer l'Afrique, que d'y faire des esclaves bons à livrer au commerce ou à incorporer dans son armée : les caravanes ne lui en apportaient pas assez ; il voulait un champ de traite plus vaste et tout à lui. A peine est-il maître du Sennaar, que la population, première richesse d'un Etat, est attaquée dans ses sources vives. « Sous le prétexte, dit M. Mengin, de « fournir des soldats à l'Égypte, on enlève des familles entières, « on les conduit à Syène, où, malgré les cris et les pleurs, on « arrache par la violence les hommes à leurs affections les plus « chères pour les jeter dans une caserne. Les femmes de tout « âge et les filles sont conduites au Caire pour y être vendues à « vil prix, car leur affluence en a fait diminuer la valeur [1]. »

Du Sennaar, l'armée marcha sur le Kordofan, dans le Darfour ; elle y trouva plus de résistance : les nègres, de l'aveu général, se défendirent avec un courage sans pareil ; mais que peuvent des sauvages nus contre des troupes réglées ? Ils furent aisément subjugués. « De même qu'à Sennaar, dit le témoin que nous « venons de citer, on dépeuple le pays de Kordofan ; les soldats « envoyés en excursion traînent au milieu des montagnes des « malheureux arrachés à leurs chaumières. La dernière cara- « vane, expédiée au mois de mai de Kordofan (M. Mengin écri- « vait ceci en 1821), comptait 2,000 esclaves des deux sexes. « Il en arriva 600 à Syène ! En les voyant, on eût dit des spec- « tres. Des mères, des filles succombant de lassitude, accablées « par le besoin, tombaient sur le sable, et terminaient leurs « souffrances en quittant la vie. »

Pendant qu'Ismayl, établi au Sennaar, présidait à ces brigandages, il fit une fois bâtonner un chef du pays, nommé Memer. Celui-ci profita d'une occasion où le généralissime des ravisseurs s'était éloigné de la ville avec peu de monde, pour le surprendre

---

[1] 2ᵉ vol., p. 226.

et le brûler avec ses principaux officiers, dans une cabane où ils faisaient festin. N'écoutant qu'une folle colère, le vice-roi ordonna aussitôt à son gendre, Méhémet-Bey, dont il connaissait la férocité, d'aller venger Ismayl le bâtonneur. Méhémet-Bey versa des torrents de sang, pilla tout ce qu'il ne livra pas aux flammes, enleva les hommes, les femmes, les enfants qu'il ne massacra pas, et le grand-pacha jugea son fils bien vengé.

Méhémet-Ali n'a jamais fondé quoi que ce soit dans les deux contrées qu'il a conquises en Afrique, il n'a jamais cherché à les faire sortir de la barbarie : elles sont aussi sauvages aujourd'hui qu'elles l'étaient il y a vingt-quatre ans, quand il s'en empara ; elles n'ont jamais été pour lui qu'une sorte de garenne où il va à la chasse aux hommes. Oui, le vice-roi d'Égypte n'est qu'un vil négrier qui fait la traite avec une cruauté égale à celle des plus barbares approvisionneurs des Antilles ; la seule différence entre eux et lui, c'est qu'il n'achète pas les noirs : il va les voler lui-même pour en trafiquer. Il en couvre ensuite les marchés d'Égypte, il les expédie sur tous les points de l'empire ottoman, où ils sont vendus pour son compte ; enfin, il en donne, c'est un fait avéré, à ses officiers et à ses soldats en paiement de leur solde arriérée ! Mais on ne voudra peut-être pas croire que Méhémet-Ali ait poussé le dévergondage de l'inhumanité jusqu'à payer ses soldats avec des esclaves ; nous allons donc citer le rapport d'un témoin qui assista de sa personne à un de ces monstrueux règlements de compte :

« A ma première visite à Mustapha-Bey, je le trouvai dans la
« cour qui précède son divan, mettant en ordre trois ou quatre
« cents esclaves, produit d'une incursion. Il s'apprêtait à donner
« ce butin en guise de solde à ses troupes. Ces esclaves étaient
« classés selon l'âge et le sexe ; d'un côté, les femmes vieilles
« et infirmes, les femmes grosses et les jeunes filles ; dans une
« seconde division, les garçons de huit à douze ans ; dans une
« troisième, les enfants de quatre à huit ans ; dans une qua-
« trième, ceux d'un an et demi à quatre ans. Les femmes et
« les filles étaient aussi classées d'après leur apparence, si elles
« pouvaient avoir quelque valeur d'utilité ou de beauté. C'était

« en général des femmes de rebut : les belles avaient été triées
« et vendues pour le harem des Turcs et des Arabes.

« Cette monnaie d'une nouvelle espèce devait être employée
« au prorata du rang des militaires qui allaient la recevoir.
« Chacun devait toucher en chair humaine la moitié de sa solde
« arriérée. L'autre moitié se payait en argent comptant.

« En distribuant les esclaves, on parfaisait la somme qu'ils
« représentaient avec des individus pris dans toutes les divi-
« sions. Un capitaine reçut quatre adultes et trois enfants en
« contre-valeur de dix-huit cents piastres. Deux simples soldats
« eurent entre eux un esclave adulte. Les officiers et soldats,
« après livraison reçue des esclaves, les conduisaient à leur
« habitation.

« Au moment où une femme noire allait quitter la cour, un
« enfant de trois ans et demi qui reconnut sa mère se précipita
« vers elle, l'enlaça avec les plus ardentes démonstrations de
« l'amour filial, la supplia de l'emmener avec elle et de lui con-
« tinuer ses soins et sa protection. Un soldat turc, réveillé de
« son apathie par les cris de l'enfant, courut à lui et l'arracha à
« sa mère.

« Quelque hideux que soit un pareil sujet pour le cœur d'un
« Anglais, je dois ajouter qu'un soldat noir qu'on avait pris à
« Gebel-Nouba, et qui était venu au divan pour recevoir sa part
« du butin, reconnut son jeune frère dans un garçon de six ans,
« qu'on venait de capturer. Il l'avait placé sur ses genoux et
« le caressait affectueusement, quand Mustapha-Bey, le remar-
« quant, demanda qui était cet enfant, et apprenant ses liens de
« parenté avec le soldat, s'informa auprès du scribe de ce qu'il
« pouvait valoir ? Quatre ou cinq talaris, répondit celui-ci. Qu'il
« le prenne pour trois talaris, reprit le gouverneur. Ainsi un
« soldat de Mohammed-Ali-Pacha, le régénérateur de l'Égypte,
« reçut son propre frère en paiement de sa solde arriérée [1] »

Deux ou trois fois par an, une petite armée va, par ordre de
Méhémet-Ali, ravir des troupeaux d'esclaves en Afrique. Nous

---

[1] *Egypt and Mohammed-Ali-Pacha in* 1837, by Horoyd.

sommes à même de publier le récit encore inédit d'une de ces horribles expéditions, faite il y a deux ans à peine (janvier 1843). C'est un document d'une authenticité irréfragable; il a été communiqué officiellement au gouvernement anglais, qui en a fait le sujet de plusieurs notes diplomatiques très sévères.

« Récit d'une chasse aux esclaves, faite par les troupes égyp-
« tiennes, sous Ahmed-Pacha, en 1843.

« Le 15 chawal 1258 (janvier 1843), les troupes égyptiennes
« sous Ahmed-Pacha, gouverneur du Sennaar, ou plutôt du
« Beled-Soudan, entre Assouan et Fazoglou, partirent de Kar-
« toum pour faire une chasse aux esclaves dans le pays compris
« entre le Nil blanc et le Nil bleu. Ces troupes étaient compo-
« sées de cinq bataillons d'infanterie régulière, au nombre de
« 2,450 hommes pour la plupart nègres, les officiers seuls étant
« Turcs ou Égyptiens ; de 1,000 cavaliers arabes irréguliers,
« avec quatre canons et 6,000 chameaux. Ils furent rejoints
« en route par un corps de bédouins, et à Galle ils reçurent un
« nouveau renfort de six cents fantassins.

« Arrivée le 9 février à la tête de Khot-el-Sidr, la cavalerie
« fut envoyée contre les Dinkas, nègres nomades sur les bords
« du Nil blanc. En même temps, le corps principal se dirigea
« au sud, vers Ule, dans le pays des nègres borouns, et y atten-
« dit le retour du détachement, qui revint le 14 février, amenant
« six cent vingt-trois esclaves, tant hommes que femmes et en-
« fants, 1,500 bœufs, quelques chèvres et quelques moutons.
« Le lendemain on fit deux parts du butin : l'une pour le gou-
« vernement, l'autre pour les soldats qui avaient fait la prise. La
« personne qui m'a communiqué le présent document n'ayant
« point accompagné le détachement, n'a rien vu de ses actes et
« n'en a connu le résultat que d'une manière générale.

« L'armée alors se dirigea du côté du sud, dans le pays des
« Borouns, jusqu'à Abou-Gounous; puis elle se porta vers l'est,
« chez les Basta, habitant les bords du fleuve bleu et le long
« du Tourmat. C'est à Djebel-Tombak qu'eut lieu la première
« attaque, le 19 février. Les habitants du village, avertis de l'ap-
« proche de l'ennemi, s'étaient retirés au sommet d'une petite

« montagne isolée, élevée de 167 ou 200 mètres. Cette monta-
« gne fut entourée par la cavalerie égyptienne et prise d'assaut
« par l'infanterie. Les nègres se battirent avec le courage du
« désespoir, préférant la mort à l'esclavage, et bien peu d'hom-
« mes capables de se défendre échappèrent à la mort. Leurs
« armes ne consistant qu'en arcs et flèches à pointes d'ébène,
« étaient si peu offensives, qu'aucun Égyptien ne fut tué, et les
« blessures qu'elles firent à beaucoup d'entre eux furent si
« légères qu'elles n'empêchèrent pas un seul individu de faire
« son service ordinaire. Vers le milieu du jour, les soldats re-
« tournèrent au camp avec leurs prisonniers et leur butin, et,
« après avoir enlevé tout le dourah et le sésame nécessaires à
« l'armée, ils livrèrent les maisons aux flammes.

« Le jour suivant, 20 février, on passa les esclaves prisonniers
« en revue. Ils furent tous amenés, au nombre de cinq cent
« vingt-six, y compris les enfants à la mamelle, et examinés
« par les officiers de santé de l'armée (presque tous Européens)
« pour voir ceux qui seraient capables de porter les armes. Ils
« étaient nus, grands, beaux et forts. Les hommes n'avaient
« qu'une peau de mouton sur les épaules; les femmes portaient
« un petit tablier. On ne trouva que soixante-quinze d'entre
« eux propres au service militaire, la plupart ayant reçu de
« graves blessures. Quand ils eurent été mis de côté, le pacha
« choisit les plus belles femmes et les plus beaux enfants pour
« compléter la moitié appartenant au gouvernement, et laissa le
« reste à partager entre les soldats. Jusque-là tous ces malheu-
« reux étaient restés tranquilles; mais, lorsque les lots furent
« faits et qu'il fallut séparer les femmes de leurs maris, les fils
« de leurs pères, arracher les enfants du sein de leurs mères,
« les cris et les lamentations de ces infortunés devinrent déchi-
« rants et brisaient le cœur [1]. Pour les attacher, on prit des bâ-

---

[1] Faisons remarquer que les deux narrateurs, tous deux témoins oculaires, M. Ch. Beks, ou celui au nom de qui il parle, et M. Horoyd,
s'accordent à dire que ce qui les a le plus douloureusement frappés dans
ces cruels partages, ce sont les gémissements des maris et des femmes,

« tons de 2 m. 33 c. à 2 m. 66 c., de la grosseur du bras, et dont
« une des extrémités était terminée en fourche. On y introduisit
« le cou de chacun d'eux en assujétissant les dents de la four-
« che derrière la tête; l'autre bout du bâton tenait à la selle
« d'un cavalier qui pouvait ainsi traîner après lui son prison-
« nier sans s'en occuper. Les hommes et les femmes robustes
« furent emmenés de cette manière; quant aux vieillards et aux
« enfants, on se contenta de leur passer une corde autour du
« cou. Un grand nombre de ces malheureux succombèrent en
« route au besoin et à la fatigue. Ils étaient obligés de faire six
« à huit heures de marche, n'ayant pour toute nourriture qu'un
« peu de dourah, et la plupart du temps manquant d'eau, les
« outres portées par les soldats leur suffisant à peine à eux-
« mêmes. Ceux qui, trop grièvement blessés ou trahis par leurs
« forces, ne pouvaient suivre l'armée, étaient immédiatement
« et sans aucune pitié fusillés par leurs maîtres inhumains;
« ainsi il en périt au moins la moitié avant qu'ils eussent atteint
« le quartier-général de Kartoum.

« Le 21 février, l'armée se dirigea vers le nord, et arriva
« à Keyr, formé par la réunion de dix ou quinze petits villages.
« A l'approche de l'ennemi, les habitants se retirèrent dans
« deux enceintes fortifiées, qu'ils avaient élevées comme lieu
« de refuge et moyen de défense. Le lendemain matin, on bra-
« qua un canon pour battre en brèche une des enceintes, mais
« le feu fut si mal dirigé qu'après quarante coups, il cessa sans
« avoir causé aucun dommage. Les soldats alors se frayèrent un
« chemin, en arrachant eux-mêmes les pieux. Les nègres, aussi
« mal armés que ceux de Djebel-Tombak, opposèrent pourtant
« une si vive résistance que, par trois fois, les assaillants furent
« repoussés. Mais que pouvait le courage contre les armes à

des pères, des mères et des enfants. Or, ceux qui n'ont pas honte d'excuser la traite et de vanter les avantages que trouvent les nègres dans la
servitude *civilisée*, ne nous disent-ils pas tous les jours que les noirs,
dans le grossier état social où ils sont encore, n'ont aucune idée de la
famille, et ne connaissent ni père, ni mère, ni enfants!

« feu des Egyptiens? Au bout d'une heure, ils furent accablés.
« La scène d'horreur qui suivit ne peut se décrire. Une fois
« entrés dans l'enceinte, les soldats fusillèrent et sabrèrent non-
« seulement tous ceux qui leur résistaient, mais ils égorgèrent
« de sang-froid les hommes, les femmes et les enfants, que leurs
« blessures les empêchaient de faire prisonniers. Ils mirent en-
« suite le feu à la palissade, et les morts et les mourants devin-
« rent la proie des flammes. On commença ensuite l'attaque de
« la deuxième palissade. Ahmed-Pacha, voyant le peu d'avan-
« tage qu'il retirait de la violence, voulut essayer d'amener
« l'ennemi à se rendre ; il envoya l'un de ses prisonniers pour
« engager les nègres à se soumettre à l'esclavage. Ce fut avec
« une grande répugnance que cet homme consentit à se charger
« d'une telle mission. — Je connais mes frères, disait-il, ils ne
« se rendront jamais. Il jugeait bien ces braves indigènes, car
« ils ne daignèrent même pas faire de réponse, et le pacha,
« après avoir attendu quelque temps, ordonna l'attaque, qui,
« comme il était facile de le prévoir, eut les mêmes résultats
« que la précédente. Les Turcs eurent ce jour-là six hommes
« tués et douze grièvement blessés par leurs propres balles, tant
« étaient grandes leur indiscipline et leur maladresse ; de plus,
« quatre autres furent grièvement et trois cents légèrement
« blessés par les flèches des nègres, dont la perte ne saurait être
« évaluée. On fit en tout quatre cent soixante-trois prisonniers,
« et on trouva dans les enceintes cinq cents bœufs et quelques
« chèvres ; il y avait aussi beaucoup de porcs ; mais les musul-
« mans les laissèrent. Les prisonniers furent, ainsi qu'à la
« première expédition, partagés entre le gouvernement et les
« soldats.

« Après un repos de dix jours, l'armée se rendit à Meyak,
« dans la direction du nord. Les esclaves du gouvernement
« furent envoyés à Kartoum, sous une escorte de bédouins, et
« les soldats, qui ne se souciaient pas de se charger des leurs,
« les vendirent à l'enchère et à vil prix aux marchands ara-
« bes qui accompagnaient l'armée. Le témoin oculaire qui
« m'a fourni ces renseignements a vu vendre des enfants de

« dix à douze ans au prix de 7 piastres turques (1 fr. 75 cent.),
« une vieille femme fut adjugée pour 3 piastres (75 c.). »

« Au 1ᵉʳ mars, l'armée s'approcha de Koumouk, dans l'est.
« Les habitants sont des nègres borouns, armés de lances ; ils
« passent pour les plus braves du pays, car ils ne furent jamais
« conquis. Le village, assez considérable, pouvait contenir seize
« cents cabanes. Les habitants se retirèrent, selon leur coutume,
« au sommet d'une montagne, et tout fut livré aux flammes
« par ordre du pacha. L'armée resta campée jusqu'au 3 au ma-
« tin ; alors, quatre bataillons d'infanterie, avec les nègres
« auxiliaires, s'avancèrent afin de prendre la montagne d'as-
« saut, le 5ᵉ bataillon restant pour la garde du camp, tandis
« que la cavalerie et les bédouins cernaient la montagne, afin de
« ne laisser échapper aucun fuyard. Le 1ᵉʳ bataillon, qui gravit
« la montagne, arriva à une enceinte qui renfermait douze cents
« femmes et enfants. Pressés par la soif du butin, les soldats se
« précipitèrent sur eux, et se mirent à les garrotter ; mais, à
« peine avaient-ils commencé, que les nègres descendirent du
« haut de la montagne en poussant de grands cris ; ils fondirent
« sur les Égyptiens, qui, s'attendant peu à cette attaque et saisis
« d'une terreur panique, jetèrent leurs armes chargées, et se
« sauvèrent. Les trois bataillons qui suivaient furent entraînés
« par la fuite de celui-ci, la panique devint générale, et l'armée
« entière, tournant le dos à l'ennemi, se dispersa sans songer à
« se défendre. La démoralisation fut si complète que, si les Bo-
« rouns avaient risqué l'attaque du camp, l'armée entière était
« anéantie. Le commandant (un major), deux capitaines, trois
« lieutenants du 5ᵉ (celui qui était en avant) quarante-deux
« mograbins (la plupart de ce même 5ᵉ), seize cavaliers, vingt
« bédouins et quarante nègres auxiliaires, moururent sur le
« champ de bataille ; on perdit cent deux fusils. Malheureuse-
« ment, les Borouns ne surent pas profiter de leur avantage.
« Le pacha rallia ses troupes, et, ne voulant rien hasarder, il
« resta campé jusqu'au 6 mars, époque à laquelle un envoyé
« des indigènes vint proposer des conditions de paix. Ils étaient
« sans eau, les Égyptiens occupaient leur fontaine, et ils étaient

« forcés d'accepter une soumission nominale. Le pacha consen-
« tit avec joie à leurs propositions, et convint de retirer ses
« troupes, sur leur promesse de payer un tribut de 15 onces
« d'or. Jamais ce tribut ne fut acquitté, jamais on n'essaya de
« l'exiger, et, lorsque l'armée se retira, six mograbins furent
« tués par les indigènes, sans que le pacha cherchât à venger
« leur mort.

« Les Egyptiens alors se dirigèrent à l'est, vers Doull, pour ex-
« plorer quelques mines d'or. Ce lieu se trouve dans le pays des
« nègres Barta, peuple mieux armé que les Borouns, mais bien
« inférieur en courage et en force physique. Ils sont d'une ex-
« trême maigreur par le manque de nourriture, et le témoin dont
« je ne suis ici que l'interprète dit qu'il n'a jamais vu une race
« aussi misérable; quelques-uns ont l'air de squelettes ambu-
« lants. Les Borouns, au contraire, dont le pays produit des
« grains en abondance, sont robustes et bien portants.

« En revenant de Doull, après avoir passé Kormuck, les Egyp-
« tiens se rendirent, par Surkoum et Kècle, à Fazoglou. Pen-
« dant leur marche, ils n'attaquèrent qu'un petit village où ils
« firent quelques prisonniers. A Surkoum, ils parcoururent la
« route qu'avaient suivie les esclaves faits à Keyr et envoyés à
« Fazoglou. Le chemin était jonché des squelettes des infortunés
« morts pendant la marche. Jamais, peut-être, spectacle plus af-
« freux ne s'offrit aux regards!

« Le 20 mars, l'armée d'Ahmed-Pacha atteignit Fazoglou,
« situé à l'extrémité méridionale des possessions égyptiennes.
« Le pacha ne fut que médiocrement satisfait du résultat de la
« campagne: le nombre total des esclaves ne montait pas à plus
« de dix-huit cent soixante-quinze, tandis que le brigadier-gé-
« néral, Emin-Bey, qui revenait dans le même temps d'une ex-
« pédition semblable au pays des nègres de Nubie, au sud du
« Kordofan, en avait fait plus de cinq mille.

« La plupart des esclaves qui forment la part du gouverne-
« ment sont destinés à l'armée, Méhémet-Ali trouvant plus facile
« et plus économique d'entretenir ainsi ses forces plutôt que
« d'obliger les fellahs à s'engager. Aussitôt leur arrivée à Kar-

« toum, les hommes sont incorporés dans des régiments et
« exercés au maniement des armes. Les femmes et les enfants ap-
« partenant au gouvernement sont confiés aux officiers, qui sont
« tenus de fournir un homme valide, capable de porter les armes
« au lieu et place de chacune des esclaves qui leur est assignée,
« et qui ont de plus à supporter les chances de mortalité du tra-
« jet. Quelque arbitraire que soit cet arrangement, il est main-
« tenu avec la plus grande rigueur, comme le prouvera l'exemple
« suivant :

« Quarante-deux esclaves furent confiés à des bédouins pour
« être conduits à Kartoum; le partage en avait été fait à l'avance
« entre les officiers du corps dans lequel était celui auquel je
« dois ce renseignement. Vingt et un seulement arrivèrent au
« lieu de leur destination, les vingt et un autres ayant péri en
« route. Les bédouins rapportèrent aux officiers auxquels ils
« étaient échus les oreilles des esclaves morts dans le trajet,
« pour preuve de leur décès, et les officiers furent obligés de
« livrer autant d'hommes que s'ils avaient reçu leurs prison-
« niers vivants.

« Les faits qui précèdent m'ont été communiqués par un offi-
« cier de santé européen au service du pacha d'Egypte, qui a
« été attaché plusieurs années à l'armée du Sennaar, et qui l'a
« accompagnée dans l'expédition décrite ici. Tout commentaire
« est superflu, mon devoir se bornant à mettre les faits sous
« les yeux de mon gouvernement.

« 16 octobre 1843. *Signé*, Ch^{er} BEKS. »

Tout commentaire est effectivement inutile. Quelles réflexions vaudraient ce simple et navrant exposé! Et ici Méhémet-Ali n'a pas, pour échapper à la condamnation universelle, la mauvaise excuse d'un précédent établi. Il ne peut dire qu'il ait suivi les errements de ses prédécesseurs, qu'il ait été forcé de s'accommoder à un ordre de choses plus ou moins bon, mais qu'il aurait trouvé existant. Non, cette chasse, ces barbaries, cette exploitation de créatures humaines poursuivies comme les daims ou les cerfs des bois, et envoyées au marché, c'est lui qui a tout conçu, tout créé, tout organisé! Voilà une des œuvres de l'homme que des écrivains français osent offrir à l'admiration du monde pour son génie civilisateur!!

Méhémet-Ali un civilisateur! Mais on oublie donc que Syout est dans la Haute-Egypte! on oublie donc que cette ville, dont le nom sera rayé un jour de l'histoire comme furent rayées du monde Sodôme et Gomorrhe, fournit presque exclusivement à elle seule tout l'Orient d'eunuques.

On choisit d'ordinaire des enfants de huit à douze ans pour les soumettre à l'infâme opération. Ils sont achetés dans les caravanes de cinq ou six mille esclaves, qui, deux fois par année, arrivent à Syout. Sur trois opérés, il y en a toujours deux qui ont, il est permis de dire, le bonheur de succomber! Ce chiffre n'est nullement exagéré, il nous a été donné sur les lieux par un homme que sa position mettait à même de pouvoir le constater, et qui, tout en flétrissant l'exécrable spécialité de Syout, maîtrisait assez son indignation pour rester dans le vrai. Les trois cents eunuques que livre tous les ans cette ville maudite représentent donc plus de six cents morts!

Ainsi, pendant que l'Europe abusée croit qu'il existe sur les bords du Nil un prince disposé à répandre le progrès en Orient, ce prince exerce lui-même le métier de négrier, et ses Etats sont les seuls du monde civilisé où se commette encore tous les jours, à ciel ouvert, le plus grand outrage que l'homme se soit fait à lui-même dans l'égarement de ses délires! Méhémet-Ali ne tolère pas seulement ce crime de lèse-humanité: il en tire un lucre, il touche des opérateurs une redevance qui leur assure le monopole de leur exécrable commerce. Il a participé plus directement encore au forfait : on l'a vu faire mutiler pour son propre compte deux cents enfants dont il envoya les survivants en cadeau à son maître, le sultan de Constantinople [1]!

Pourquoi faut-il, hélas! que les grandes lois de la philanthropie préoccupent si peu les hommes qui régissent l'Occident! Com-

---

[1] Caillaud, *Voyage à Meroé et au fleuve Blanc*, 1826, 4 vol. in-8°, p. 118 du 3° vol.

ment expliquer que les barbaries du vice-roi d'Egypte déshonorent le dix-neuvième siècle, quand on songe que Méhémet-Ali n'existe que par la France et l'Angleterre; qu'il est tout par elles, rien sans elles, et qu'il leur suffirait de vouloir ensemble l'extinction de ses commerces sacriléges pour être obéies à l'instant! Les gouvernements d'Europe tarderont-ils longtemps encore à regarder comme un devoir de mettre un terme aux épouvantables expéditions dont les conquêtes africaines du grand-pacha sont le théâtre, à l'infâme industrie dont Syout est la métropole! Leur force morale et effective peut obtenir cette victoire sans violence. Ici du moins aucun de ces intérêts majeurs que l'égoïsme fait valoir pour défendre l'esclavage des Antilles ne saurait être opposé aux intérêts de l'humanité. Nulle existence pécuniaire n'est établie sur les chasses aux nègres du Sennaar et du Kordofan ; nulle fortune respectable ne s'attache à la fabrication des eunuques : ils ne servent qu'une stupide erreur de la vanité des hommes, ils ne représentent plus qu'un reste honteux du mépris que l'antiquité eut le malheur de faire peser sur les femmes.

Le sultan de Constantinople, que l'on voit animé des plus nobles ambitions, aurait ici un grand rôle à jouer. Déjà signalé à la civilisation par des réformes qui font autant d'honneur à son âme qu'à son intelligence, ne voudra-t-il pas se faire un nom immortel en réformant les eunuques de son sérail? Qu'a-t-il besoin, lui auquel tout le monde reconnaît un ardent amour du bien, lui potentat jeune, plein de douceur, aimé du peuple, qu'a-t-il besoin d'emprisonner ses femmes? Abdul-Medjid s'est montré jusqu'à ce jour l'un des hommes les plus avancés de la Turquie; il a porté sur le trône une bonté rare à trouver même loin du trône; il serait digne de lui de donner un exemple que ne manquerait pas de suivre bientôt tout l'empire du croissant. Puisse le cri de miséricorde que nous poussons vers lui parvenir jusqu'à ses oreilles! Qu'il y songe. C'est à la plus belle des gloires que nous le convions. Le sultan qui supprimera les eunuques prendra place parmi les bienfaiteurs de l'humanité!

CHAPITRE X.

De la nationalité arabe ou égyptienne.

L'idée d'une nationalité arabe, attribuée à Méhémet-Ali, est un mensonge politique pour tromper l'Europe. — Méhémet-Ali est resté Turc. — Il se considère en Egypte comme en pays conquis. — Il n'a jamais porté le costume égyptien, et ne veut pas même parler arabe. — Les arnaoutes. — Petit nombre des fellahs envoyés en Europe pour s'instruire. — Les Egyptiens toujours éloignés des fonctions supérieures. — Méhémet ne pouvait faire tout sans eux, mais il les tient à distance. — Ils ne peuvent dépasser le grade de colonel. — Jamais un d'eux n'est parvenu à la dignité de pacha. — Le vice-roi gouverne avec des Turcs et des chrétiens. — Ses innovations, sans résultats. — Il n'a fait d'emprunts à la civilisation que dans son intérêt exclusivement personnel. — Le fellah reste écrasé sous les mêmes vexations que par le passé. — Méhémet-Ali a fait tout ce qu'il a voulu d'un peuple façonné depuis des siècles à une obéissance servile. — Il avait table rase. — Aujourd'hui que la paix est profonde et irrévocable, il détruit les institutions créées pour la guerre, et d'où pourrait maintenant sortir le progrès. — Les Egyptiens instruits en Europe sont découragés et abandonnés. — Etat d'avilissement où est tombée la population. — L'Egypte est un pays où un huitième de la population bat les sept autres huitièmes. — Les Européens eux-mêmes ont aussi le bâton toujours levé sur les malheureux fellahs. — Théorie de la bastonnade. — Les Egyptiens ont prouvé qu'ils étaient plus sensibles à la justice qu'au bâton. — La masse de la nation n'a point avancé d'un pas au delà de ce qu'elle était sous les mameloucks.

Les hommes dévoués à Méhémet-Ali ne pouvant nier tous ses mauvais actes, ne pouvant dissimuler l'emploi habituel qu'il fait de la violence, ont eu le courage de vouloir l'en justifier : « Les « Arabes, disent-ils, n'avaient ni assez d'esprit de nationalité, « ni une intelligence suffisante des destinées de l'Egypte pour « se plier volontiers et librement sous la main qui les façonnait. « D'ailleurs, ils ne connaissaient et n'estimaient d'autre lan- « gage de la part du pouvoir que celui de la force. Méhémet-Ali « fut donc dès le principe obligé d'employer la violence pour « les faire concourir à ses desseins. »

A priori, ce raisonnement nous paraît aussi détestable que dangereux, il donne un bill d'indemnité à toutes les tyrannies. Le bien, d'ailleurs, ne peut jamais être produit par de tels moyens; ils irritent, ils exaspèrent les populations et leur ferment les portes de la raison. *A posteriori*, il n'est pas exact de dire que le grand-pacha ait cherché à créer une nationalité égyptienne : il n'y a jamais pensé et n'y pensera jamais. Ce mensonge politique n'a servi qu'à tromper l'Europe. Il est impossible de constater la moindre tentative de sa part pour faire sortir l'Egypte de la barbarie, pour la façonner à autre chose qu'à un joug honteux, pour relever et cultiver son intelligence obscurcie, pour créer son bien-être. Méhémet-Ali est un Turc, il est toujours resté Turc, il n'a jamais songé une seconde à devenir Egyptien. Il considère l'Egypte comme pays conquis, il traite le peuple égyptien en peuple vaincu; et il veut qu'il reste dans la condition de peuple vaincu. Le ferdeh ou impôt personnel qu'il a établi n'atteint uniquement que les Egyptiens; les Turcs en sont exempts; c'est un signe de servitude analogue à la capitation que les rayas payaient en Turquie avant la constitution de Gull-hané. Le Turc ici, de quelque basse extraction qu'il puisse être, se trouve revêtu d'un caractère aristocratique; membre de la race conquérante, il reste toujours à part, toujours au-dessus des gens du pays. On bâtonne tout indigène sans hésiter, on ne bâtonne pas le Turc le plus obscur sans y regarder beaucoup. On pend les Egyptiens; mais, pour les osmanlis, on leur tranche la tête.

Le vice-roi est si peu devenu Egyptien, qu'il ne porte pas le costume du pays, sauf l'uniforme de l'armée; il est toujours vêtu à la turque, et il méprise ses sujets au point qu'il n'a jamais voulu, depuis quarante ans qu'il les gouverne, parler leur langue; bien qu'il comprenne l'arabe, il est censé ne pas le savoir et ne daigne jamais en prononcer un mot; il se sert toujours d'un interprète turc lorsqu'il s'entretient avec un indigène.

En parcourant les bords du Nil, on voit dans les villes et les principaux villages des hommes à longues moustaches, à face de brigands, dont la figure audacieuse porte tous les traits de la débauche et des plus mauvaises passions; dont la ceinture, garnie de trois ou quatre pistolets chargés et d'autant de poignards, est un véritable arsenal : ce sont des arnaoutes, troupe irrégulière composée de 3,000 hommes. Ces gens de sac et de corde, toujours tirés de l'Albanie, sans attache, sans relation dans le pays, pleins du mépris turc pour les Égyptiens, forment une sorte d'aristocratie militaire. Une bonne solde, le droit tacite de voler et d'opprimer la population, garantissent leur dévoûment capable de tout. Répandus par petits détachements, soi-disant pour maintenir l'ordre, leurs violences effrénées portent le trouble partout où il séjournent. Quand des plaintes trop vives s'élèvent contre une de leurs compagnies, Méhémet-Ali l'envoie en garnison dans le Sennaar, où le climat la dévore, mais il en reforme bien vite une autre, et ne réprime jamais autrement leurs excès. Ses défenseurs les plus ardents ne peuvent le justifier de conserver cette horrible bande à laquelle il est impossible d'assigner d'autre fonction que celle d'entretenir la terreur.

Comment, de bonne foi, prêter d'autres sentiments que des sentiments d'hostilité contre la nation à l'homme qui emploie une pareille force publique après avoir dépensé des millions pour organiser une armée régulière!

On a beaucoup parlé des élèves que Méhémet-Ali a envoyés s'instruire en Europe; leur présence dans nos écoles n'a pas été une des moindres causes de sa célébrité, mais il ne faut pas perdre de vue que, sur ces quatre-vingts ou cent jeunes gens (leur nombre ne va pas au delà), plus de la moitié étaient des Turcs ou des Arméniens, c'est-à-dire des membres de la race conquérante ou d'une caste ennemie des fellahs.

Méhémet-Ali a été forcé d'employer des Egyptiens : il lui eût été impossible de remplir tous les services sans eux, mais il les a toujours tenus éloignés des fonctions supérieures. Un jour, par caprice, il y a de cela douze ou quinze ans, il en a fait quelques-uns gouverneurs de département; mais il ne leur a donné aucune aide morale, il les a laissé bafouer par ses Turcs, que les autres, craignant de lui déplaire et un peu étourdis d'ailleurs de leur grandeur nouvelle, n'ont pas toujours osé punir. Là-dessus on s'est empressé de les remplacer par des osmanlis, en proclamant qu'un fellah était incapable de commander. L'expérience, en vérité, ne semblait faite que pour abaisser davantage la race indigène. La vérité est qu'ils ne peuvent, quel que soit leur mérite, dépasser le grade de lieutenant-colonel ; on n'en cite qu'un seul qui ait été colonel (toute fonction civile est assimilée, comme en Russie, à un grade militaire). Jamais un d'eux n'est parvenu à la dignité de pacha. Méhémet-Ali gouverne avec des Turcs et même avec des Arméniens ou des Coptes (des rayas, des chrétiens!); il leur confie exclusivement les hauts emplois. Il a eu et il a des ministres arméniens, mais jamais un indigène n'a été revêtu de cette charge suprême ; enfin, les affaires dans l'administration, les commandements même à l'armée, se font en langue turque, en Egypte où il n'y a que les osmanlis qui la parlent.

Il est réellement impossible d'excuser par la raison du bien poursuivi les violences que le vice-roi a exercées contre la nation égyptienne. On n'y voit que l'intérêt de sa chose privée. Après s'être créé une position, il ne recula devant aucun moyen pour la conserver.

Les emprunts qu'il a su hardiment faire à l'Europe lui ont donné un prestige de générosité ; mais si l'on examine d'un œil attentif toutes ses innovations, on verra qu'elles ont exclusivement pour but son propre salut et non point la civilisation de l'Egypte. Ses meilleures créations ne sont en résumé que des armes dont il avait besoin pour être en état de résister à son suzerain, et qu'il brise une à une depuis qu'elles sont devenues inutiles dans ce sens. Les écoles devaient lui fournir des officiers instruits, des ingénieurs, des médecins ; l'arsenal, une flotte ; les fabriques, des toiles, des draps et des tarbouchs pour la marine et les soldats. Rien n'a tourné au profit du pays, parce que rien ne tendait à son amélioration matérielle et morale. M. Clot, dont le livre est consacré à célébrer les louanges de Méhémet-Ali, est forcé par l'inflexible logique des faits, toujours si impérieuse pour le bon sens de notre nation, M. Clot, dis-je, est forcé quelque part d'avouer lui-même cette vérité et d'arracher de ses propres mains à son héros le masque de civilisateur. « *Il ne* « *faut pas*, écrit-il, *voir dans le vice-roi d'Égypte un apôtre* « *de civilisation*, il faut voir en lui un homme de génie qui a « agi avec une immense habileté dans l'intérêt de son élévation « d'abord, et puis dans celui de sa conservation. A la suite de « l'organisation de l'armée et de la flotte, sont venus, à cause de « leur relation avec cette organisation, les établissements d'in-« struction publique, d'écoles savantes et d'hôpitaux. On le « voit, c'est l'armée et les nombreux appendices qui s'y ratta-« chent qui ont donné à l'Egypte l'impulsion civilisatrice qui « l'entraîne aujourd'hui [1]. »

Méhémet-Ali a détruit tous les petits chefs du Nil, vrais seigneurs féodaux qui tyrannisaient la population, cela est exact; mais ce fut pour centraliser la tyrannie en ses mains, et leurs exactions ont été remplacées par celles de ses agents. Les Arabes bédouins ont été réprimés : ils ne viennent plus comme autrefois enlever les récoltes, piller les villages et les villes, cela est encore exact; mais le pays n'y a rien gagné : son maître actuel l'exténue par d'effroyables rapines. Rien n'est changé pour le fellah, qui reste écrasé sous l'énorme poids des mêmes vexations que par le passé. Loin de fermer les plaies qui rongeaient ces malheureuses et belles contrées, Méhémet-Ali les a augmentées, élargies, envenimées. Jetez plutôt les yeux sur les hideuses tanières où loge encore, morne et languissante, l'immense majorité de la population. Les Egyptiens sont véritablement les serfs d'un haut baron turc, pas autre chose : ils ne s'appartiennent pas, ils lui appartiennent. Est-ce là ce que veut un grand prince pour un peuple aimé? est-ce ainsi qu'on restaure une nationalité éteinte?

Non, Méhémet-Ali n'a jamais eu la volonté de régénérer le peuple qu'il avait dompté ou plutôt qu'il avait enlevé, toujours inerte aux mains de ses derniers maîtres.

La race égyptienne semble dénuée de l'énergie nécessaire

---

[1] Page **178** du 2ᵉ vol.

pour se créer une indépendance et se donner elle-même des lois; depuis qu'elle existe, elle a passé sous mille dominations diverses sans essayer jamais d'en secouer aucune. Si l'on remonte à son berceau, on ne lui voit d'abord opposer nulle résistance à la tyrannie de ses Pharaons, qui du moins lui firent un nom à jamais célèbre. Conquise en 525 (avant notre ère) par Cambyse, elle resta soumise aux Perses jusqu'en 404, pour retomber de nouveau en leur puissance vers 338, et devint en 331 une proie facile pour le fou barbare qu'on appelle Alexandre-le-Grand. Depuis cette époque, elle a subi sans frémir tous les jougs étrangers; successivement dominée et exploitée par les Grecs, les Romains, les Arabes, les Turcs, les mameloucks, et enfin aujourd'hui par un aventurier courageux.

Façonnés depuis tant de siècles à une obéissance servile, menés au bâton, les fellahs ont les mœurs et la faiblesse des esclaves, leur caractère dégradé est dépourvu de toute volonté, ils sont devenus incapables d'une grande résolution. Malgré leur profonde répugnance pour le service militaire, Méhémet-Ali les a enrôlés sans autre peine que celle de les prendre; ils se mutilent afin de ne pas aller à l'armée, mais ils n'ont pas eu l'idée de se servir des fusils qu'on leur mettait aux mains, pour faire la facile conquête de leur indépendance. Quelques cris poussés une ou deux fois dans les airs, un peu de poussière jetée en fuyant ne méritent point le nom d'une révolte contre leur nouveau dominateur. Aucune résistance sérieuse ni ouverte, ni tacite n'a gêné Méhémet-Ali dans ses desseins, la plus entière soumission a répondu à ses innovations, quelles qu'elles fussent; il a pu sans entendre un murmure imposer à tous ces mahométans le respect pour les Francs, introduire dans ses armées des Européens de tout grade et obtenir l'obéissance de soldats musulmans à ces chrétiens qui, pour eux, étaient des chiens; il trouvait enfin table rase, et il pouvait tout. Qu'a-t-il voulu d'utile? qu'a-t-il fait pour cette nationalité dont on parle? Rien.

S'il fut jamais possible de supposer que Méhémet-Ali ait eu au fond du cœur une pensée bienveillante pour les Egyptiens, si des actes de réforme mal appréciés ont permis de voir en lui un grand homme qui avait conçu le noble projet de rendre à la lumière et à sa gloire passée un peuple abattu, il suffirait d'examiner sa conduite actuelle pour ne conserver aucun doute.

Ses défenseurs ont dit longtemps qu'il était absorbé par les soins de la guerre ; qu'il ferait le bien du pays, quand il n'aurait plus à veiller à sa propre conservation ; qu'il tournerait toutes ses pensées vers le bonheur des Egyptiens, quand il serait délivré des préoccupations politiques. Les faits sont accomplis, le sort du vassal de la Porte est fixé pour toujours, l'hérédité du vieil empire des Pharaons est garantie à sa famille ; mieux que personne au monde, il sait que les intérêts divers et les rivalités des grandes puissances lui assurent la possession de sa conquête et le mettent à l'abri des attaques des unes et des autres ; la paix est profonde, on peut dire irrévocable, l'avenir ne saurait inspirer aucune inquiétude. Il a donc le terrain parfaitement libre depuis quatre ans ? Que fait-il de mieux qu'auparavant ? Ce qu'il fait ? Il laisse dépérir lentement, systématiquement toutes les institutions créées pour la guerre, et d'où pourrait sortir aujourd'hui le progrès. Les ateliers-modèles de l'arsenal et de Boulack sont désorganisés, les écoles primaires et préparatoires sont abandonnées à elles-mêmes, les écoles centrales négligées ; la flotte, qui a englouti des trésors, pourrit dans le port, le pays est exploité sans merci comme une ferme que l'on doit quitter à fin de bail, les jeunes gens que l'on a envoyés étudier en Europe, éloignés des hautes fonctions publiques, à moins qu'ils ne soient Turcs ou Arméniens, sont relégués dans les emplois subalternes. Découragés, rétribués avec une parcimonie insultante, ou même repoussés, plus d'un de ces jeunes gens ont été contraints par la misère de se faire drogmans des voyageurs, c'est-à-dire domestiques. L'éducation qu'ils ont reçue s'est perdue pour les autres comme pour eux, et les fellahs, au lieu de recevoir quelque adoucissement à leur infortune, restent plongés dans la dégradation de l'ignorance, de la barbarie et de l'ilotisme.

Aussi, à moins d'en avoir été témoin, est-il impossible de croire à l'état d'avilissement où est tombée cette population. Ses douleurs comme sa misère défient toute description. Elle a des coutumes d'une servilité inouïe; on voit, par exemple, des hommes et aussi des femmes vous baiser les mains ou même les pieds, oui, les pieds, en signe de remercîment. Le dur mépris avec lequel on la traite n'est égal qu'à la honteuse soumission avec laquelle elle le supporte. La première chose que l'on aperçoit, en débarquant à Alexandrie, c'est un garde éloignant, à grands coups de courbach, les âniers et les chameliers qui se pressent pour s'offrir aux voyageurs; et ces malheureux reculent sans s'émouvoir, comme des chiens qu'on chasse. L'usage du bâton est tellement répandu, que nous avons vu un saltimbanque élargir le cercle de ses spectateurs, à coups de bâton, dont quelques-uns touchaient réellement les plus avancés. Les gens riches sont toujours précédés, à cheval ou en voiture, d'un coureur appelé saïs, qui a pour fonction d'avertir les passants. Pour ce faire, les saïs sont tous armés d'un courbach, et ils frappent sur la basse classe, en manière de crier gare, sans pitié ni raison, avec une brutalité ou plutôt une naïveté révoltante; ils battent le misérable qui ne se range pas assez vite, comme nous repoussons du pied une pierre qui gêne notre marche, et l'homme du peuple se résigne à cela comme à une chose naturelle! Que de fois nous avons vu des porte-faix pliant sous le fardeau, et jusqu'à de pauvres vieilles femmes, la tête souvent chargée d'un poids énorme, se détourner du sentier où nous devions nous rencontrer, tout d'abord et du plus loin qu'ils nous apercevaient! On ne peut se faire une idée de l'abjection de cette race infortunée; le joug qui pèse sur elle est si dur qu'elle y est devenue insensible..... Le bâton et le courbach sont les uniques moyens de gouvernement du prince régénérateur; ils n'ont pas même disparu de ces fameuses écoles qui ont fondé sa réputation. Les élèves y sont punis de 20, de 50, de 100 coups sur la plante des pieds. Dans les ateliers, ainsi que nous le rapportons plus haut, les contre-maîtres surveillent les ouvriers avec une baguette; le collecteur des impôts les perçoit, le courbach à la main, et c'est un fait, souvent cité, qu'un ingénieur, ayant demandé qu'on mît à sa disposition les moyens nécessaires pour accélérer les travaux dont il était chargé, reçut du ministre 500 courbachs ! Il est permis de le dire sans exagération, l'Égypte est un pays où un huitième de la population bat les sept autres huitièmes.

Celui qui peut tout et qui n'a fait quoi que ce soit pour réprimer ces mœurs ignobles a-t-il jamais voulu le bien? a-t-il jamais pensé à la nationalité du peuple qu'il gouverne? Il ne se trouvera pas un homme en Europe, un seul pour répondre : Oui.

Il faut ici l'avouer, à la honte de l'Occident et avec l'espoir de corriger le mal en le dénonçant, il est beaucoup d'Européens qui donnent le plus funeste acquiescement aux odieuses violences dont l'Egyptien est victime. Il en est peu qui apprennent à parler l'arabe, mais ils parlent le courbach dès le premier jour, comme disait le docteur Estienne avec une amère ironie. A peine arrivés, ils bâtonnent les pauvres fellahs pour la moindre chose, et croient montrer d'autant plus de supériorité, qu'ils frappent plus fort et plus aveuglément. Coupables insensés! ils ne réussissent qu'à se montrer plus cruels. Leurs excès ont beaucoup altéré la considération que les Turcs avaient pour l'intelligence et les connaissances des hommes à chapeau. Si les lumières, disent-ils, ne donnent pas à l'esprit plus de modération et au cœur plus de bonté, il n'y a pas lieu d'en tirer si grande vanité. Avant toute chose, ne faut-il pas être humain?

Nous avons entendu de ces Français, si faciles à lever le courbach, s'écrier que les fellahs ne feraient rien s'ils n'y étaient contraints par la force : c'est ce que ne manquent jamais de dire ceux qui flagellent de ceux qu'ils flagellent. C'est aussi ce que les colons disent des nègres. Les brutalités de la violence paraissent si repoussantes aux hommes mêmes capables de les commettre, qu'ils cherchent toujours à les excuser par la nécessité.

Bien des exemples, au reste, nous ont démontré sur les lieux que la théorie de la bastonnade, ouvertement pratiquée en Egypte, est aussi fausse qu'atroce, et que la préférence donnée à la contrainte sur la mansuétude n'est ici, comme partout, qu'une inepte barbarie. Les Egyptiens ressemblent à tous les autres hommes : ils sont plus sensibles à l'équité, à une loyale rémunération de leurs peines, à la bonté, enfin, qu'à toutes les cruautés du monde. « On cite, dit M. Eusèbe de Salles en racontant « l'incendie du Caire en 1837, on cite le docteur Gaud, qui, « la bourse à la main, payant comptant chaque outre d'eau, a « réuni en un clin d'œil plus de porteurs d'eau que Abid-Effendi, le gouverneur, avec ses ordres, et Basch-aga, chef de « police, avec ses bâtons. » M. Andriel, qui n'est pas seulement un spéculateur distingué, mais aussi un philanthrope, a donné l'ordre exprès, dans sa fabrique, qu'on ne battît jamais, et pour quelque cause que ce fût, ses ouvriers. Son atelier marche admirablement ; les fellahs s'y montrent d'une docilité exemplaire, et tous ces hommes, pour qui le temps semble d'ordinaire n'avoir aucune valeur, sont d'une ponctualité merveilleuse à arriver au premier tintement de la cloche. Quel est le secret de M. Andriel ? Il donne un salaire équitable, paie régulièrement, et renvoie purement et simplement ceux qui se conduisent mal ou ne sont point exacts. L'intérêt personnel, joint aux bons traitements, retient tout le monde dans le devoir, et l'heureux fabricant n'a qu'une chose à regretter, c'est de ne pouvoir employer tous les individus qui se présentent. La douceur mêlée de fermeté sera toujours, non-seulement le plus digne, mais aussi le meilleur moyen de conduire les hommes. L'emploi de la force brutale ne peut que les avilir. Le plus grand mal de la violence est précisément de rendre la violence nécessaire.

En somme, Méhémet-Ali a donné quelque mouvement superficiel aux deux capitales de son empire, comme un physicien galvanise un corps mort ; mais, il n'est que trop vrai, il n'a pas rendu la vie à l'Egypte ; la masse de la nation n'a point avancé d'un pas au delà de ce qu'elle était ; le peu qu'il y a eu de progrès réel est resté dans le Caire et dans Alexandrie ; pas un germe de civilisation n'a été jeté dans les campagnes, là même où il faudrait semer les écoles, les bons exemples, l'ordre et la justice pour recueillir le perfectionnement.

Ce qu'on appelle la nationalité égyptienne est une ombre, un fantôme trompeur avec lequel on en a imposé à l'Europe libérale. Nous mettons en fait qu'il n'y a pas un fellah qui ait entendu prononcer ces deux mots : « nationalité arabe », et qui sache ce que c'est que la patrie. Il n'y a point de patrie ni de nationalité pour des hommes réduits à la condition de serfs. Chacun vit pour soi, seul, isolé, sans esprit public ni union. Méhémet-Ali est parvenu à assurer dans sa famille l'hérédité de la possession de l'Egypte, entreprise d'une vulgaire ambition; mais il n'est pas vrai qu'il ait fondé un nouvel empire égyptien. L'Egypte est comme autrefois dans l'immobilité morale la plus complète ; elle demeure en proie à la barbarie la plus sauvage, sous le joug le plus funeste, et n'a d'autre mouvement réel que celui que font en tombant les villages dépeuplés par la plus atroce misère.

CHAPITRE XI.

Méhémet-Ali.

Biographie de Méhémet-Ali. — La conquête de l'Egypte a été moins difficile qu'on ne croit. — L'influence seule de la France a pu, en dernier lieu, conserver à Méhémet son pachalick. — Il a détruit toute activité, comprimé toute émulation, et ruiné le pays sans parvenir à s'enrichir lui-même. — Son auréole de civilisateur est faite de clinquant. — Son caractère. — Il a fondé un pouvoir fort, unitaire, mais à son profit. — Il exploite l'Egypte plutôt qu'il ne la gouverne. — C'est plutôt un marchand qu'un chef d'État. — La liberté de séjour et de passage en Égypte, pour les Francs, est le résultat de l'emploi des Européens, et non celui d'une volonté généreuse. — Méhémet-Ali n'a usé de la civilisation qu'autant qu'elle servait ses vues personnelles. — M. Rousset. — L'administration réglée selon l'année solaire, pendant que les impôts continuent à être payés selon l'année lunaire. — Toutes les fondations de progrès de Méhémet-Ali n'ont rien produit, parce qu'il ne le voulait pas. — Il est insatiable de célébrité, et a désiré surtout se faire un beau nom en Europe. — L'observatoire érigé à côté des écoles qu'on abat. — La gloire du vice-roi tient à ce qu'ayant compris le pouvoir de *la réclame*, il a su payer son éloge dans quelques journaux. — La personne de Méhémet-Ali. — Conversation avec lui. — Il sait parfaitement ce qu'il fait. — Il doit porter la responsabilité entière de ses actes au tribunal de la postérité.

Méhémet-Ali, quelle que soit l'opinion qu'on ait de lui, appartient certainement à l'histoire ; avant de chercher ce qu'elle en dira, avant de porter sur lui un dernier jugement, complétons notre édification en jetant un coup d'œil sur l'ensemble de sa vie.

Méhémet-Ali est né à la Cavale, petit port de la Roumélie (Macédoine). On ne sait pas précisément son âge ; on lui donne de soixante-seize à quatre-vingts ans. Il vint en Égypte, lors de l'invasion française, à la tête de trois cents hommes que fournit sa province, et resta dans le pays après l'évacuation. Il s'était fait remarquer par son activité et son extrême bravoure, de sorte que les pachas, représentants de la Porte, l'employèrent contre les mameloucks. Ceux-ci, bien que réduits à six mille par trois ans de combats avec nous, voulaient ressaisir le pouvoir qu'ils avaient avant l'expédition. Chef d'un corps d'Albanais, Méhémet-Ali passa de leur côté et entra avec eux dans le Caire, qu'ils assiégeaient. Tel est le premier acte important de sa vie. Son existence politique commence par une trahison. Il se révolta ensuite contre Bardessy, l'un des deux principaux beys des mameloucks, et le chassa du Caire, où il demeura maître de l'autorité en 1804. Il avait alors de trente à trente-quatre ans.

Soit qu'il n'eût pas encore conçu le projet de s'emparer de l'Égypte, soit qu'il ne jugeât pas ce projet réalisable, il fit nommer pacha d'Égypte un Turc, qui était gouverneur d'Alexandrie, mais il continua à exciter la turbulence des bandes albanaises contre ce pacha, tout en combattant les mameloucks, qui cherchaient à rentrer au Caire, et dont la ville redoutait les vengeances.

La Porte, instruite de ces faits, nomma Méhémet-Ali pacha de Geddah, pour l'éloigner d'Egypte; il feignit d'obéir, mais la ville s'opposa à son départ, et les cheiks et les ulémas, qu'il avait toujours ménagés et flattés avec un soin particulier, lui déférèrent la vice-royauté.

La Porte, croyant se l'attacher, le confirma dans cette dignité, le 19 juillet 1805. Il sut alors employer avec habileté l'influence des cheiks pour obtenir les impôts, rude tâche où tous ses prédécesseurs avaient échoué, et consolida ainsi sa position. Les mameloucks parurent se résigner, cessèrent les hostilités, et revinrent au Caire.

Constantinople essaya encore d'éloigner Méhémet-Ali, en le nommant pacha de Salonique; il se fit retenir par les soldats joints à la population. La Porte avait jugé le danger; hors d'état de le conjurer, elle prit le parti de réintégrer Méhémet dans sa vice-royauté, à la condition qu'il ferait un présent de 4,000 bourses (500,000 fr.). Il s'empressa de payer, et, protégé par ce baptême d'argent, il vit de jour en jour s'affermir davantage sa puissance.

Il ne lui restait plus qu'un seul ennemi sérieux, les mameloucks; ne pouvant les vaincre, il résolut de les assassiner. Le 11 mars 1811, il les engagea à assister, dans la citadelle du Caire, à l'investiture de son second fils, Toussoun-Pacha, qui allait commander une expédition contre les Arabes wahabytes. Une fois enfermés là, les mameloucks tombèrent fusillés du haut des remparts par les soldats qui eurent pour récompense le pillage des riches maisons des victimes. Plus de mille personnes, dit M. Mengin, témoin oculaire, périrent dans cette circonstance. Ceux des mameloucks qui se trouvaient dans les provinces furent traîtreusement exterminés de la même manière. Quelques-uns pourtant parvinrent à se réfugier en Nubie, à Daer, mais le corps entier était anéanti pour toujours.

Délivré de toute crainte après ce crime, dont la hardiesse ne diminue pas l'infamie, Méhémet obéit à la Porte qui lui ordonnait de combattre les wahabytes, nouveaux sectaires de l'islamisme, qui, pour ramener la religion à sa simplicité primitive, n'avaient trouvé d'autre moyen que d'attaquer Médine et la Mecque, et de piller les richesses de ces villes saintes. Les Arabes wahabytes, qui occupaient le Nedjd et l'Hed-jaz, furent réduits par Ibrahim-Pacha, fils aîné de Méhémet-Ali, après une guerre de six ans que le vice-roi soutint seul, et qui rendit son nom célèbre dans tout l'empire autant que cher à tout bon musulman (1819).

Cette guerre devint en outre la base véritable de sa force, en lui servant de motif pour organiser une armée régulière. Les arnaoutes, ou Albanais, avec lesquels il s'était élevé, conservaient un grand esprit d'insubordination; ils étaient difficiles à manier, demandaient de continuels ménagements, et avaient des exigences auxquelles on ne pouvait pas toujours résister. Méhémet-Ali, qui avait vu fonctionner les troupes de l'expédition française, comprit les avantages que lui procurerait une armée disposée à l'européenne, et les moyens d'action sûrs, constants et fixes qu'il y trouverait. Dès 1815, il fit venir plusieurs officiers français comme instructeurs, et eut le bonheur de rencontrer dans le colonel Sèves (aujourd'hui Soliman-Pacha), un homme dont le génie militaire, après lui avoir formé d'abord quelques régiments, lui créa ensuite une armée entière, disciplinée, avec toute son administration (1821).

Une fois cette grande chose en bonne marche, il sacrifia une partie des arnaoutes à son double profit, en les envoyant faire la meurtrière conquête du Sennaar et du Kordofan, États de la Nubie-Supérieure, définitivement annexés à l'Egypte en 1820. Le reste fut livré avec un impitoyable calcul au climat destructeur des bords de la mer Rouge. « Méhémet-Ali, dit le docteur « Aubert-Roche, connaît tellement l'influence de ce climat sur « la race blanche, qu'il a envoyé périr sur le littoral de l'Arabie « la soldatesque indomptable des arnaoutes dont il voulait se « débarrasser; en dix années, de dix-huit mille il n'en resta que « quatre cents. Il est vrai de dire que Méhémet-Ali avait eu soin « de choisir les endroits les plus malsains pour y mettre ces gar-« nisons [1]. »

D'un autre côté, le vice-roi fortifiait son œuvre avec une habileté plus ou moins barbare, en détruisant les petits chefs qui occupaient l'Egypte et en concentrant tous leurs pouvoirs dans ses mains. — Le corps des ulémas était redoutable autant par son influence religieuse que par ses richesses. Il confisqua les immenses biens des mosquées, sous prétexte de les administrer, et, maître des richesses, il eut à sa discrétion l'influence religieuse.

Méhémet-Ali, en même temps qu'il faisait venir des officiers, des médecins, des ingénieurs pour son armée régulière, des industriels pour monter les fabriques destinées à la vêtir, et des savants pour les différentes écoles d'application, envoyait en France et en Angleterre de jeunes Egyptiens qui demandaient à l'Occident ses connaissances pour les aller, disait-on, répandre sur les bords du Nil. Il était naturel de croire que le conquérant de l'Egypte était un homme honnête et bien inspiré; la France,

---

[1] *Essai sur l'acclimatement des Européens dans les pays chauds. Annales d'hygiène publique*, t. XXXI.

toujours si accessible aux généreuses pensées, loua d'abord le pacha novateur, et bientôt s'éprit de passion pour lui.

Cependant, une circonstance grave faillit le perdre aux yeux de l'Europe : la Grèce venait de s'insurger ; le sultan ordonna au vice-roi de joindre ses troupes aux siennes pour écraser des chrétiens rebelles. Il y allait de l'intérêt de la religion ; refuser c'était se rendre à jamais odieux à l'islamisme. Soixante-trois vaisseaux, dix-sept mille hommes et huit cents chevaux de troupes régulières quittèrent Alexandrie pour se rendre en Morée, en 1824, sous les ordres d'Ibrahim-Pacha. On sait que la bataille de Navarin délivra la Grèce en détruisant la flotte turco-égyptienne. Méhémet, pour rétablir son nom de libéral, compromis tout à la fois par l'expédition même et par les cruautés d'Ibrahim en Morée, recueillit dans ses États les Grecs qui s'y réfugièrent, se faisant ainsi, avec son adresse ordinaire, le protecteur d'hommes qu'il avait essayé d'exterminer.

Quand de nouvelles réquisitions, plus violentes que jamais, eurent mis le vice-roi à même de reprendre une attitude militaire imposante, il demanda l'investiture de la Syrie, en récompense de son empressement à servir les haines du croissant et des pertes qu'il avait faites[1]. Il avait d'ailleurs des griefs contre le pacha de Saint-Jean-d'Acre, qui refusait de fermer son gouvernement aux émigrés fellahs que les exactions chassaient tous les jours en plus grand nombre de l'Egypte. On ne lui donna que l'île de Candie ; il accepta l'île et envoya son fils à la tête d'une puissante armée prendre la Syrie (1831).

La Porte n'était pas en mesure de repousser cette audacieuse et subite irruption du vassal sur les terres du suzerain ; Saint-Jean-d'Acre tomba au pouvoir du généralissime Ibrahim-Pacha après un siége de six mois.

L'armée turque parut alors et fut battue à Homs ; une seconde armée, que le sultan envoya peu après, fut culbutée aux défilés de Beylan ; enfin, au mois de décembre 1832, Ibrahim, à la tête

---

[1] L'expédition de Morée a coûté à l'Egypte vingt-trois millions et demi de francs.

de 30,000 Égyptiens, et toujours dirigé par Soliman-Pacha, fit subir, dans les plaines de Konieh, une complète déroute à une troisième armée ottomane forte de 60,000 hommes. Cette éclatante victoire ouvrait les portes de Stamboul aux troupes du vice-roi ; mais la Russie, qui espérait tirer quelque chose du conflit, mit 20,000 hommes à la disposition du sultan. Les puissances, justement inquiètes de la présence des Russes à Constantinople, s'interposèrent ; on négocia, et, le 14 mai 1833, la Syrie fut cédée, à titre de fief, à Méhémet-Ali, qui s'engagea à payer à la Porte le tribut annuel qu'acquittaient ses prédécesseurs, les pachas de Syrie.

Ibrahim avait été secondé dans sa conquête par les Syriens, heureux de voir battre leurs vieux oppresseurs les osmanlis ; mais, un an après la cession, les barbaries du vainqueur, jointes au système oppressif du grand-pacha, provoquèrent une révolte dans la montagne et à Jérusalem. Sa répression coûta des pertes énormes, et fut suivie de représailles terribles. Bientôt, le régime imposé à la Syrie devint aussi affreux que celui qui pesait sur l'Egypte ; les habitants vendaient jusqu'à leurs enfants pour répondre aux exigences fiscales du Caire ; les rapines et les cruautés de la domination égyptienne exaspérèrent tous les esprits et firent naître la haine dans tous les cœurs. Ces belliqueuses peuplades s'insurgèrent de nouveau ; elles redemandaient à grands cris leurs anciens maîtres, et elles envoyèrent une ambassade à Constantinople pour solliciter des secours. Mahmoud, homme énergique et tenace, que la mauvaise fortune pouvait abattre et non pas dompter, recomposa une flotte et une armée qu'il fit marcher sur la Syrie au commencement de 1839. Mais le destin de l'empire turc semblait accompli : son armée fut vaincue à la journée de Nezib (juin 1839) et la flotte vint tout entière se livrer à l'heureux Méhémet.

La victoire de Nezib, où Ibrahim se distingua par sa seule qualité de courageux soldat, et la trahison de l'amiral ottoman, remettaient une seconde fois les clefs de Constantinople aux mains de Méhémet ; Ibrahim hésitant d'abord se préparait enfin à aller les prendre, lorsqu'un ordre de l'Europe l'arrêta.

Les cabinets d'Occident commencèrent à échanger des notes sur ce qui se passait. Méhémet-Ali, menaçant toujours Constantinople, pouvait amener une conflagration qu'ils ne voulaient pas; d'ailleurs que deviendrait l'Orient dans les mains de cet homme qui n'avait su qu'exténuer l'Egypte et ravager la Syrie? L'Angleterre surtout, qui voyait avec déplaisir un allié de la France prêt à s'asseoir sur le trône du sultan, se montra fort animée, et tomba d'accord avec l'Autriche, la Russie et la Prusse, sur la résolution de comprimer l'ambition du pacha victorieux. Le cabinet des Tuileries, lié par ses bienfaits envers le vice-roi et par sa politique, n'adhéra pas, comme on sait, aux propositions de la quadruple alliance. Les confédérés résolurent de poursuivre sans notre participation.

Quoi que l'on puisse penser de Méhémet-Ali, c'était le devoir de la France de le défendre; car, au fond, c'était bien elle que l'on attaquait en attaquant le vice-roi d'Egypte. Le gouvernement de juillet parut un instant le comprendre et vouloir soutenir l'honneur du pavillon tricolore; on le crut dans le monde, Méhémet le crut aussi, et il accepta la lutte.

Ibrahim avait, à la vérité, 120,000 hommes de troupes effectives; mais elles étaient mal payées, découragées par de longues privations, et d'autant plus démoralisées que chaque habitant était devenu pour elles un ennemi acharné. Malgré la victoire de Nezib, l'insurrection excitée par l'implacable et rapace administration du vice-roi avait gagné la Syrie entière, qui implorait l'assistance de l'Europe. Dans de telles circonstances, les Egyptiens, après avoir vainement attendu la France, sur les promesses de laquelle ils avaient droit de compter, se laissèrent vaincre sans combattre par quelques soldats anglo-turcs que débarqua le commodore Napier. Ils abandonnèrent Beyrouth et Saint-Jean-d'Acre bombardées, avant un assaut, avant même une brèche aux remparts. A cette nouvelle, Méhémet ordonna à son fils d'évacuer la Syrie (décembre 1840).

La retraite de Syrie sera pour Ibrahim-Pacha un déshonneur qu'il n'effacera jamais. Faite sans ordre, sans prévoyance, avec une honteuse impéritie, elle devint plus meurtrière qu'une défaite. Sur 200,000 individus qui composaient le personnel du camp de Damas, où le généralissime avait rassemblé tout son monde, soldats, femmes, enfants et administrateurs, 60,000 seulement gagnèrent l'Egypte [1]; les autres jonchèrent les routes de leurs cadavres.

Personne ne l'ignore, à la suite de cette retraite, la Syrie fut rendue à la Porte, et la vice-royauté de l'Egypte héréditairement assurée à Méhémet-Ali et à sa famille. Cette dernière concession, pour le dire en passant, est loin d'atteindre le haut but politique qu'on se proposait. Par le fait, elle laisse encore l'équilibre d'Orient dans le provisoire. « Que peut-elle signifier, fait observer « le docteur Aubert-Roche, pour la stabilité des choses, lors-« qu'il est prouvé, par l'expérience des mamelroucks, que la race « blanche ne se perpétue pas en Egypte? Si les diplomates « avaient eu de bonnes observations sur l'acclimatement en « Egypte, ils n'auraient pas commis une faute aussi gros-« sière [2].

En définitive, que résulte-t-il de cette rapide mais véridique esquisse? La conquête de l'Egypte a été moins difficile qu'on ne croit. L'expédition française l'avait préparée pour le premier venu. Ce qui restait de mamelroucks n'avait plus de force; le sultan était désarmé; le peuple égyptien est toujours prêt à tous les jougs. Pour prendre l'Egypte, il a suffi d'une bande d'Albanais, d'une certaine adresse, et d'un grand crime. De toutes ses conquêtes, il ne demeure à Méhémet-Ali que le Kordofan et le Sennaar, pays sans importance. Il a reculé, dès qu'il a vu en face une poignée d'Européens; sa couronne de gloire militaire est tombée dans les fossés de Beyrouth et de Saint-Jean-d'Acre, désertés par ses soldats plutôt que pris par les Anglais. Malgré son habileté, il eût, en dernier lieu, perdu son pachalick. L'influence seule de la France a pu le lui conserver. Vaincu, soumis, humilié, il a été contraint de courber le front devant la

---

[1] Hamont.
[2] *Essai sur l'acclimatement des Européens dans les pays chauds. Annales d'hygiène publique*, t. XXXI.

Porte. L'Egypte n'est pas et ne sera pas constituée en Etat indépendant ; elle tient encore à la Turquie par tous les liens de forme et de fond qui attachent le vassal au suzerain. Méhémet et ses descendants paieront, tous les ans, tribut à titre d'hommage ; son pavillon porte le croissant de Constantinople et sa monnaie le chiffre du sultan. Voilà pour son ambition.

Quant à ses réformes, elles ont abouti à épuiser l'Egypte d'hommes, de bétail, de chevaux ; son imprévoyance a dissipé des richesses énormes ; il a tant abusé qu'il a tari les sources. Il a ruiné le pays sans parvenir à s'enrichir lui-même. Par son monstrueux système de solidarité générale des contribuables, il a détruit tous les ressorts de l'activité, paralysé toute entreprise agricole. En monopolisant les industries et les denrées dans l'espoir d'augmenter ses revenus, il a comprimé toute émulation et conséquemment toute amélioration, augmenté les frais de régie, tué le commerce ; et, en appauvrissant tout le monde, il s'est appauvri lui-même.

Le peuple est aux abois, le trésor obéré, le crédit mort, et l'intérêt de l'argent à vingt pour cent sur gages. La plus extrême misère et la tristesse règnent partout ; le bien-être ne se trouve nulle part ; les fellahs désertent la terre natale et le Nil qu'ils adoraient, pour aller chercher sous les Turcs un sort moins intolérable, et la population continue à décroître sur cette portion du globe, privilégiée du ciel, où l'homme n'aurait besoin que d'un guide paternel pour jouir de tous les biens de la terre. Enfin, personnellement, Méhémet-Ali est détesté, haï : chacun fait reproche à la nature des longs jours qu'elle lui accorde, et, lors des affaires de Syrie, après avoir formé une garde nationale des habitants du Caire et d'Alexandrie, il fut presque aussitôt forcé de la désarmer, parce que les citadins juraient très haut de tourner leurs baïonnettes contre lui, à la première occasion favorable.

Voilà ce qu'il y a de vrai sur les merveilleuses choses que le monde civilisé attendait de Méhémet-Ali. Ce résultat n'est digne, en vérité, ni d'un conquérant généreux ni d'un chef habile. Non, ce n'est pas là l'œuvre d'un grand homme ; il n'y a dans tout ceci rien d'un bon cœur ni d'une bonne tête ; on y trouve un fait matériel détestable, pas une idée.

Et notre jugement ne s'éloigne pas d'une vue juste, d'une critique rationnelle. Nous ne comparons pas l'Egypte à l'Europe, à ce que nous voudrions qu'elle fût, ni même à ce qu'elle pourrait être ; nous la comparons à ce qu'elle a été, et nous la trouvons plus pauvre, plus dégradée, plus durement opprimée qu'elle ne fut jamais. La domination anarchique des mameloucks lui avait été moins fatale que ne l'est l'autorité unitaire de Méhémet-Ali. Le pouvoir est concentré dans une seule main, il est vrai ; mais sans doctrine, sans morale, sans politique. L'ordre qui règne à la surface est l'ordre de la torpeur et de l'inanition ; le fatal désordre du despotisme est au fond, et mine sourdement l'édifice.

Méhémet a beaucoup enfanté, mais il n'a produit que des avortons, et toutes ses créations sont mortes ou se meurent. Examinez de près son auréole de civilisateur, vous la trouverez faite de clinquant. Il aime ce qui est nouveau, mais il est impatient comme un enfant ; il ne sait pas attendre, et sacrifie des milliers d'hommes pour jouir plus vite de ce qu'il désire. Il est astucieux, mais sans prudence ; il ne s'inquiète pas aujourd'hui de ce qui arrivera demain. Sa volonté est forte, mais aveugle au point d'en devenir quelquefois insensée. Y a-t-il rien de plus extravagant que de faire payer aux soldats les pertes de la déroute, aux ouvriers les détériorations des machines ? Il voit mesquinement, et il a perdu ou gâté ses meilleures entreprises par de misérables économies. A des mérites incontestablement supérieurs, il joint des défauts qui ne sont propres qu'aux intelligences de troisième ordre, comme celui, par exemple, de vouloir s'occuper de tout et faire tout.

Ce n'est pas du reste que nous soyons tenté de nier les qualités de Méhémet-Ali. Sans aucun doute, il en a de grandes. Il a montré, dans ses derniers revers, une résignation calme, qui est du vrai courage. Jeune, il fut brave ; vieux, il est encore énergique. Ignorant comme un arnaoute, c'est à quarante ans, et au comble de la fortune qu'il a su apprendre à lire et à écrire !

On ne peut lui refuser un certain sens de l'ordre matériel, et toute la vigueur qu'il fallait avoir pour le faire triompher en Orient; il a détruit le brigandage à main armée ; il a pacifié le pays d'une manière admirable ; les chrétiens comme les musulmans y peuvent voyager avec une sécurité parfaite. Avant lui, il n'était pas possible d'aller voir les Pyramides, à trois lieues du Caire, sans escorte ; aujourd'hui, les routes des contrées les mieux administrées d'Occident ne sont pas plus sûres que celles d'Egypte. Lorsqu'une barque, surprise par le calme, veut s'arrêter à la chute du jour, elle fixe une amarre à terre, soit au pied d'un village, soit au milieu des champs, et, depuis longues années, il n'est point d'exemple qu'une seule ait été attaquée. Il est à jamais regrettable que le vice-roi ait employé des moyens atroces pour obtenir ce résultat ; mais du moins l'a-t-il obtenu. Aussi, est-ce plus encore quand on voit ce que son inflexible volonté a pu produire, qu'on lui pardonne moins le bien qu'il n'a pas opéré et le mal qu'il a fait.

Ce qui gâte les grandes choses de Méhémet-Ali, c'est l'évidente petitesse du sentiment qui les inspire. Il a fondé un pouvoir fort et unitaire au milieu d'un pays livré, depuis des siècles, à l'anarchie, mais ce fut pour son seul et unique avantage. Nous avons démontré qu'il n'y a en Egypte que lui et des esclaves, qu'il la possède plutôt qu'il ne la gouverne, qu'il l'exploite plutôt qu'il ne l'administre.

L'Egypte n'est pas dotée d'une organisation régulière, de ce qu'on peut appeler une administration. La volonté du maître y est la loi suprême, unique ; l'arbitraire règne partout. On ne découvre véritablement pas une idée que l'on puisse appeler gouvernementale en fouillant l'œuvre entière du vice-roi.

Dans sa jeunesse, Méhémet-Ali s'était adonné au commerce avec succès, il en a conservé le goût ; il est sans cesse occupé d'une partie de coton ou de riz à placer ; il vend, il achète, il est toujours entouré de négociants avec lesquels il a, selon une expression vulgaire, un plaisir extrême à tripoter des affaires. C'est un marchand, ce n'est pas un chef d'Etat. — Le progrès n'est pas dans quelques plantations d'agriculteur, dans quelques manufactures d'industriel, dans quelques édifices d'entrepreneur ; il n'est pas, encore une fois, dans toutes ces opérations d'un faiseur d'affaires : il consiste dans des institutions fondamentales, générales, qui vont prendre le peuple au cœur, et attaquer à la racine le mal de l'ignorance et de la barbarie.

Décidé à avoir une armée régulière, Méhémet-Ali a poursuivi ce but avec une persévérance, un courage d'esprit et une résolution dignes d'admiration chez un Macédonien, qui, répétons-le, ne savait ni lire ni écrire à quarante ans. Mahométan, il a su sacrifier à propos les préjugés de sa religion, il a appelé des Européens, des chrétiens à son aide, il les a écoutés, il leur a obéi, quand il en a eu besoin, comme un élève intelligent obéit à son professeur ; il leur a donné du pouvoir, de l'argent et de la considération ; il leur a conféré le titre de bey, ce qui était sans exemple avant lui dans l'islamisme. Il est sorti de ce fait la liberté de séjour et de passage en Egypte pour les Francs. L'ancien royaume des Pharaons, qui leur avait été fermé jusqu'ici, leur est ouvert aujourd'hui ; ils y sont respectés au lieu d'y être insultés, et il existe une diligence du Caire à Suez, à travers le désert ! Cela, certes, est beau et utile ; mais, sans se laisser dominer par aucune passion ni par un méprisable esprit de dénigrement, il faut bien le reconnaître, cela est plutôt le résultat de la condition des choses, de l'emploi des Européens, que celui d'une volonté préméditée et raisonnée. Le percement de l'isthme serait mille fois plus efficace pour amener de fraternels rapprochements. Méhémet s'y refuse.....

Méhémet-Ali ne s'est servi de la civilisation qu'autant qu'elle pouvait aider ses vues toutes personnelles. Pour le mieux prouver, rentrons dans un détail : examinons ce qu'il a fait des conseils de M. Rousset. C'était l'ordre qu'il paraissait chercher en appelant cet habile économiste pour régler la gestion des finances; ce n'était qu'une vis de compression fiscale mieux fabriquée qu'il cherchait en réalité. Il désirait perfectionner les moyens d'arracher plus facilement, plus abondamment, de l'Egypte, tout ce qu'elle peut rendre, comme on use d'une machine à vapeur pour extraire d'une substance quelconque tous les sucs qu'elle peut contenir. Ce jugement à l'égard de ce qu'il attendait de M. Rousset, de ce qu'il lui demandait, se fonde, pour les personnes initiées, sur des preuves positives, pour tout le monde, sur des résultats généraux. M. Rousset, chargé d'établir une comptabilité, fut amené à faire une enquête pour connaître ce qui existait déjà. Il découvrit sans peine tous les vols, tous les brigandages que commettent les agents de l'État, depuis le premier jusqu'au dernier. Il les signala. La population du Caire, apprenant que ses propositions étaient en faveur des contribuables, se tenait en foule aux abords du divan (salle de conseil) où on les discutait. Il n'était question que de son rapport partout, nous a-t-on raconté, et le peuple allait jusqu'à dire que M. Rousset était envoyé par le pacha de France afin d'obliger le pacha d'Égypte à réduire les impôts. Pour Méhémet-Ali, le rapport ne fit que préciser des pillages sur lesquels il savait parfaitement et depuis longtemps à quoi s'en tenir; il ne remédia pas au mal malgré la solennité de la dénonciation, et se contenta de déplorer hypocritement son impuissance. — Nous avons vu en commençant que, ne payant pas ou payant mal ses fonctionnaires, il lui convient de les laisser prélever eux-mêmes leurs appointements sur le peuple.

M. Rousset a pu faire agréer des simplifications dans la comptabilité, qui ont diminué d'un tiers les frais d'administration, et amené la réforme de 1800 employés inutiles. Hors des mesures de cette nature, c'est-à-dire des mesures auxquelles se rattachent des *économies*, on n'a rien compris, on n'a rien voulu comprendre à ses propositions. Ainsi, les langues arabe et turque, les calendriers solaire et lunaire étaient usités concurremment; on a senti la justesse de ses observations sur ce point, et aujourd'hui tout ce qui touche à l'administration est écrit en arabe et réglé selon l'année solaire. Les prôneurs ont vanté ces améliorations, mais ils n'ont pas dit que les droits de fermage et l'impôt personnel continuent à être payés selon l'année lunaire. Pourquoi cette incroyable exception? c'est qu'elle donne un bénéfice de onze jours au trésor!!!... La base de toute bonne administration financière est l'établissement d'un budget; le professeur d'économie politique n'aura pas manqué de le dire, et cependant on ne voit pas qu'il ait rien obtenu à cet égard : c'est qu'un budget eût reflété dans ses colonnes les caprices et les désordres du maître.

M. Rousset appartient à l'école démocratique ; chargé d'organiser un système financier, un de ses premiers besoins a dû être d'indiquer les moyens de soulager la classe pauvre ; nous tenons d'un homme que sa position mettait à même de connaître les rapports de notre compatriote que celui-ci, pour se faire écouter, avait été jusqu'à dire : « Plus un peuple a d'aisance, plus « le souverain en peut tirer d'argent. » Rien n'a fait. Cette incontestable vérité n'a point été accueillie, parce qu'il eût fallu commencer par accorder l'aisance. Méhémet-Ali a repoussé toute réforme de cette nature : il n'y voyait qu'une réduction des profits immédiats de son exploitation.

Le vice-roi d'Egypte a joué le Turc libéral pour attirer sur lui l'intérêt de l'Europe et y trouver un appui sinon matériel, du moins moral, mais toutes ses fondations tant préconisées n'ont rien produit, parce qu'il leur a toujours manqué l'esprit de vie, l'amour du prochain. Partant d'un principe d'égoïsme, l'application qu'il a faite des choses de progrès a été nulle ou funeste. Ses institutions les plus avancées en apparence portent en elles, comme on l'a vu pour l'établissement de la vaccine, entre autres, quelque vice qui les frappe d'impuissance. Ce sont de beaux instruments dont on a enlevé une pièce capitale, ils ne cessent point de paraître magnifiques, mais ils ne peuvent fonctionner ou fonctionnent mal. Il essaie dans deux ou trois localités d'établir la conscription, et parce que les premières tentatives échouent, il en revient aussitôt à l'horrible moyen de la presse ; il fait arroser les rues du Caire, mais il ne fait pas assainir les villages ; il expulse les almées des capitales, mais il les relègue dans les petites villes, et autorise partout les khowals, que l'on pourrait appeler les hommes almées ; il assure la libre circulation des étrangers en Egypte, mais il défend sous peine de mort à l'Egyptien d'aller s'établir où il veut ; il donne 15,000 francs à M. Solon pour professer le droit administratif, mais il n'établit pas d'état civil; on naît et on meurt en Egypte comme chez les sauvages, rien ne le constate.

Par une contradiction singulière, mais non pas sans exemple dans un homme qui méprise assez l'espèce humaine pour asservir ses semblables, Méhémet-Ali est insatiable de célébrité; son but principal est de courtiser, de tromper l'opinion publique européenne, son système est tout entier destiné à séduire les étrangers : tout pour le dehors, rien au dedans. Le mouski, grand quartier du Caire, devient la proie des flammes, le vice-roi d'Egypte ne donne aucun secours; Smyrne brûle, il met 500,000 piastres à la souscription *publique!* C'est pour cela que tout en minant l'école de médecine de Kosr-el-Ayny, il vient d'envoyer de nouveau à Paris quelques jeunes gens pour y montrer leurs tarbouchs dans nos facultés; c'est pour cela encore qu'il vient d'ériger à grands frais un observatoire au Caire et d'y placer des instruments dont il n'y a pas trois personnes en Egypte capables de se servir. La société magnétique d'Angleterre lui a demandé de faire faire des observations correspondantes à celles de Londres : il a bien vite chargé M. Lambert de ce travail délicat. Pendant que l'Europe regardera Méhémet-Ali en haut de son observatoire, parfaitement inutile aujourd'hui, elle ne le verra point en bas tuer les écoles, unique source d'où la régénération de son peuple pouvait sortir.

A l'heure même où nous écrivons, au moment où les fellahs demi-nus meurent d'inanition sur les monceaux d'ordures qui obstruent leurs tanières, on vient d'annoncer dans un de ses journaux qu'il allait fonder une académie des beaux-arts au Caire. Il se pourrait bien, en effet, qu'il jetât quelques milliers de piastres dans cette nouvelle jonglerie; nous ne serions pas surpris qu'il envoyât cinq ou six musulmans glorifier son nom à Rome, en y étudiant la peinture; mais, encore un coup, ces retentissantes inutilités ne sont bonnes qu'à provoquer des articles de journaux.

A vrai dire, la renommée de Méhémet-Ali tient surtout à l'esprit qu'il a eu de comprendre le pouvoir de la *réclame*. Il est le premier Turc qui ait usé de la presse, et qui se soit fait mettre dans les gazettes; il a pris de nombreux abonnements à des feuilles de Paris et des ports de mer ; il paie encore des subventions, et, chose étrange qui explique l'incroyable empire qu'obtiennent les flatteurs, il éprouve un grand bonheur à se faire traduire les éloges de son génie, dont il pourrait trouver la facture dans ses comptes. Malgré tout, il est difficile que la vérité tarde longtemps encore à se faire jour : les esprits sérieux commencent déjà à se détromper, et bientôt le vice-roi d'Egypte n'aura plus d'autre renommée que celle qu'il mérite, celle d'un charlatan.

Nous avons eu occasion de voir Méhémet-Ali. Clot-Bey nous a offert de nous présenter à lui. Nous n'avons pas refusé. Souvent la vue et la conversation d'un homme donnent une intelligence plus parfaite de ses actes; c'était d'ailleurs le premier jour de notre arrivée au Caire, nous n'avions encore rien vu et nous ne savions pas que Méhémet-Ali n'est qu'un négrier déguisé en civilisateur.

Le vice-roi se trouvait alors à son palais de Choubrah. Pas de gardes, aucun appareil : on croirait entrer chez un particulier. Cette belle simplicité gagne tout d'abord, je suis forcé d'en convenir, un cœur de démocrate. Entièrement vêtu à la turque, Méhémet était assis, les jambes allongées, sur un grand coussin posé par terre à l'angle du divan. C'est un vieillard de petite taille, d'une propreté extrême, d'une figure régulière. Ses yeux très vifs sont enfoncés sous des sourcils blancs. Son sourire est gracieux et sa physionomie agréable, mais profondément empreinte d'un cachet de ruse, ce que confessent ses meilleurs amis, en disant qu'il a l'air fin. Il nous reçut, M. le docteur Estienne et moi, avec des manières aisées, d'une parfaite convenance, sans hauteur ni familiarité. C'est tout à fait ce que l'on appelle en France un homme de bonne compagnie. Après les premiers compliments et le café, ayant appris que je m'étais particulièrement occupé de la question de l'esclavage, il dit : Eh bien ! causons là-dessus. Il ne pouvait mieux choisir à mon gré. Malgré les difficultés d'une conversation par interprète, il m'a été facile de voir qu'il est bien théoriquement ce qu'il est dans la pratique. Il croit à la force, même comme agent moral. Il a soutenu que les nègres étaient beaucoup plus heureux dans la servitude des peuples civilisés que dans la grossière et sauvage indépendance de leur pays; qu'au lieu d'envoyer des missionnaires en Afrique, ainsi que le font les Anglais, c'était une bonne armée qu'il fallait, et que l'Afrique, une fois conquise, on lui imposerait la lumière sans peine. Il a ajouté, citant son propre exemple, qu'il avait été obligé souvent d'employer la contrainte pour faire le bien qu'il voulait opérer. On n'en peut douter en voyant l'état de l'Egypte. Tout cela est banal et vulgaire sans doute; mais il y a lieu de croire que l'esclavage ne saurait être défendu par de meilleurs arguments, car je n'en ai jamais trouvé d'autres dans la bouche des ennemis de la liberté.

Quoi qu'il en soit, en causant avec Méhémet-Ali on acquiert la certitude qu'il ne peut se tromper sur la valeur de ce qu'il fait. Ce n'est plus un soldat macédonien, un arnaoute portant au rang suprême la brutalité de son ignorance, c'est un homme d'une intelligence vive, qui a beaucoup acquis, malgré son manque absolu d'éducation première; qui a étudié l'Europe, qui connaît tout ce qui s'y passe et tout ce qui s'y pense. Il a conservé ses forces et ses facultés en dépit de son grand âge. On a cherché à excuser son criminel despotisme en parlant des idées au sein desquelles il a été élevé et du monde où il vit. L'excuse n'est pas admissible. Méhémet-Ali s'est mis depuis longtemps au-dessus des préjugés fanatiques de son pays. Un jour il engagea les chefs de tous les cultes et de toutes les sectes de son empire : mahométans, derviches, juifs, catholiques, arméniens, grecs, coptes, à prier Dieu en commun pour arrêter la crue du Nil qui se retirait trop vite. Est-ce l'homme capable de se donner ces airs de prince philosophe dont il est permis d'expliquer les mauvaises actions par le mauvais milieu dans lequel il se trouve. Non, Méhémet-Ali a prouvé, et il suffit de l'entendre pour en demeurer convaincu, qu'il sait parfaitement distinguer le bien du mal. Il doit porter la responsabilité entière de ses actes au tribunal de ses contemporains et de la postérité.

ÉGYPTE.

SECONDE PARTIE. — VOYAGE.

CHAPITRE PREMIER.

Bateaux-postes du Levant. — Malte.

Bateau à vapeur *le Caire*; sa force, sa consommation. — Les paquebots à vapeur causent une perte à l'administration, et pourraient payer leurs frais. — Manière dont les passagers de troisième classe sont traités. — Il faut trouver un autre combustible que la houille. — Les frères et sœurs moraves aux premières. — L'île de Calypso. — Les chevaliers de Malte. — Ils avaient des esclaves. — Les Anglais se contentent d'occuper l'île. — Les Maltais, vrais idolâtres. — La ville. — Les Maltaises. — Le palais. — L'église Saint-Jean.

A bord du *Caire*, 7 novembre 1844.

Le Caire est un des bateaux à vapeur de l'administration des postes. Son équipage est de quarante-sept hommes [1]; sa force de deux cent vingt chevaux. Il appartient à un groupe de six paquebots qui feront le service direct entre Marseille et Alexandrie, ne touchant qu'à Malte pour y prendre du charbon. Cette ligne est indépendante des autres bateaux qui continueront à desservir la Grèce et Constantinople. *Le Caire* consomme de vingt à vingt-deux tonneaux de houille par vingt-quatre heures,

---

[1] 25 matelots, 16 hommes pour la machine, 5 officiers et 1 médecin; 47 en tout.

ce qui donne, à 45 francs le tonneau, une moyenne de 900 fr. par jour pour le combustible seulement.

Les bateaux-postes causent chaque année, à l'administration, une perte de 5 millions. Il n'y aurait pas à regretter un tel sacrifice, s'il était indispensable. Toute dépense, pour énorme qu'elle soit, est digne d'un grand peuple, lorsqu'elle est utile et bien entendue. Mais l'administration gaspille un argent qui est, en définitive, celui des contribuables. Loin de perdre, elle pourrait gagner. La compagnie du Lloyd autrichien, dont le siége est à Trieste, réalise des bénéfices considérables, en ne faisant pas d'autre navigation que celle où nous trouvons un pareil déficit. Ses bateaux, aussi rapides que les nôtres, mais dégagés du luxe de commis et de paperasses que nous mettons partout, sont mieux régis, font moins de frais, et rendent plus de services au commerce en portant des marchandises qui augmentent encore ses revenus. Il faut ajouter, il est vrai, que les rigueurs absurdes de la quarantaine de Marseille rejettent sur la ligne de Trieste presque tous les voyageurs au retour d'Orient en Europe.

La disposition de la chambre réservée aux pauvres, dans nos malles à vapeur, atteste le peu de sollicitude qu'ils inspirent au gouvernement.

Voudra-t-on croire que, dans ces bâtiments construits pour l'État et appartenant à l'État, les passagers de troisième classe n'ont que des stalles à l'entour d'une pièce étroite? Hommes et femmes réunis ensemble sont condamnés à dormir, pendant huit et dix jours de traversée, dans des fauteuils de bois où, lorsqu'il y a gros temps, ils ont besoin de toutes leurs forces pour se maintenir sans rouler les uns sur les autres! Ce n'est pas là leur moindre torture. Que l'on imagine l'état de malheureux pris du mal de mer et ne pouvant se coucher, ne pouvant prendre la position horizontale, unique soulagement à cet horrible et indéfinissable souffrance! Les bouchers qui entassent des veaux dans des charrettes, où le cou de ces pauvres bêtes semble prêt à se détacher du tronc à chaque cahot, ne se montrent guère plus barbares que ne l'est le directeur des postes de France envers les passagers de troisième classe.

Sur les chemins de fer, des wagons découverts au mois de janvier comme au mois d'août ; à bord des bateaux à vapeur, des stalles de bois le jour et la nuit, telle est la part faite au peuple dans les deux grandes inventions du XIXe siècle!

Nous sommes partis le 4 à onze heures précises, comme l'indiquaient les annonces de l'administration, et, après avoir longé la Sardaigne, hier 6, nous avons eu la Sicile en vue aujourd'hui. Cependant, la mer a été si mauvaise que nous perdrons vingt-quatre heures. Comment ne pas admirer, malgré ce retard, la puissance merveilleuse qui fait franchir en sept ou huit jours les cinq cents lieues qui séparent Alexandrie de Marseille ! Et toutefois l'homme n'en peut rester là. Le charbon, que l'on ne saurait arracher à la terre sans un travail répugnant, meurtrier, et sans des dépenses énormes, ce charbon qui encombre, qui salit tout, et dont la fumée est insupportable, il faut qu'il disparaisse ; ce brasier ardent, il faut l'éteindre, car il brûle presque autant d'hommes que de houille ; les chauffeurs sont voués à une mort prématurée. Et puis, il y a véritablement trop de danger à mettre tant de feu entre des planches peintes à l'huile, de l'étoupe et du goudron. Quand on voit les flammes qui sortent de la cheminée toucher quelquefois le mât d'artimon, et les étincelles brûler les toiles sur lesquelles elles tombent, on s'étonne, sans pouvoir se l'expliquer, qu'il n'arrive pas plus de pertes totales semblables à celle du *Président*.

Beaucoup d'Anglais prennent aujourd'hui la route de Marseille pour se rendre aux Indes par Alexandrie et Suez. Nous en avons à bord presque autant que de Français. Parmi eux se trouve un frère morave qui conduit aux *East-Indies* trois ou quatre femmes destinées, peut-être, à épouser là-bas, comme c'est leur coutume, quelques frères devenus veufs. Ces pieuses personnes, qui vivent des dons faits à leur dévoûment, voyagent très confortablement ; elles sont aux premières. Vertus chrétiennes de l'humilité et de la pauvreté, qu'êtes-vous devenues ?...

Malte, 8 novembre.

Nous avons abordé ce matin, à sept heures, cette île rendue célèbre par l'ordre chevaleresque qui a pris son nom.

Malte est un rocher si aride qu'on y apporte encore tous les jours de la terre végétale, en guise de lest ; ses habitants sont obligés de tirer leur nourriture du dehors. Mais il est situé au milieu de la Méditerranée, entre l'Afrique et l'Italie, aux avant-postes de l'Orient. Cette admirable position et ses trois grands ports bien fermés en ont fait un point de la plus haute importance à toutes les époques du monde. Les Phéniciens, les Grecs et les Romains se le disputèrent avant que les modernes en fissent un sujet d'envie et de batailles nouvelles. On est seulement étonné que la fable mette l'empire de Calypso sur un îlot dont la situation explique la fortune, mais dont l'aridité calcaire ne se prête nullement aux grottes fraîches, aux bosquets parfumés, aux collines verdoyantes que fréquentaient les nymphes de la mythologie.

L'île de Malte a donné son nom aux chevaliers de Rhodes, quand ces anciens frères hospitaliers de Jérusalem, chassés de Rhodes par les Turcs, l'obtinrent de Charles-Quint, à qui elle appartenait. Les chevaliers hospitaliers, là comme à Rhodes, furent des moines braves, intrépides, pillards, débauchés jusqu'à la dissolution, et faisant grande dépense avec le produit de leurs courses de corsaires. L'Ordre, composé d'hommes de toutes nations indistinctement, ne recevait que des nobles, et se montrait même très rigoureux sur les titres des postulants. Il fallait faire preuve d'au moins quatre quartiers. En revanche, on admettait, sans aucune vérification, les bâtards des princes souverains. Cette exception, lorsqu'on se met au point de vue de la légitimité, grand principe des aristocrates, donne bien la mesure des sentiments de dignité, de moralité et de religion qui animèrent de tout temps la noblesse.

Les chevaliers de Malte réduisaient à un dur esclavage leurs prisonniers musulmans. Beaucoup d'écrivains, qui, à la vérité, n'étaient pas esclaves, s'accordent à dire que les prisonniers turcs oubliaient vite leur patrie dans les fers de Malte, ne désiraient plus la liberté et étaient fort heureux. Malgré leur bonheur, ces esclaves des frères religieux formèrent, en 1749, un complot pour regagner leur indépendance en égorgeant les chevaliers. La conjuration fut découverte ; mais le danger avait été si formidable que l'on en célébra l'anniversaire jusqu'à la prise de l'île par les Français[1]. Il est impossible de faire un pas dans l'histoire sans y trouver la révolte toujours à côté de la servitude.

Devenus inutiles du jour où les peuples chrétiens eurent une marine capable de les défendre contre les Barbaresques, les chevaliers de Malte n'existaient plus que de nom quand Bonaparte, se rendant en Egypte, prit l'île sans coup férir et sans autre droit que le droit de conquête. Les Anglais la reprirent sur nous, en vertu du même principe, le 8 septembre 1810, à la suite d'un long siége. La capitulation qui la leur livra fait le plus grand honneur à la faible garnison française que Bonaparte, devenu premier consul, abandonna à elle-même comme les troupes restées en Egypte.

Les Anglais se contentent d'occuper Malte et d'y entretenir les fortifications. Selon leur excellente méthode habituelle, ils ne gênent les habitants ni dans leurs mœurs ni dans leur religion : tous les carrefours de Lavalette ont encore leurs statues de saints ou de saintes coloriées ; toutes les rues sont remplies de moines, d'abbés et de gens d'église. Les Maltais, comme les Espagnols et les Italiens, sont de vrais idolâtres, et les guenilles du peuple permettent de voir qu'ils ont le corps chargé d'amulettes.

La ville de Lavalette sent tout à la fois l'Espagne et l'Orient. Les rues sont dallées ; les maisons, de style mauresque, toutes bâties en pierre de taille, sont fortes et carrées comme des bas-

---

[1] On peut lire les détails de ce vaste complot dans un résumé de l'histoire de Malte, plein de science et de jugement, que M. Fréd. Lacroix a donné à *l'Univers pittoresque*.

tilles. Aux petites croisées des grillages en bois tourné qui garnissent leurs balcons, on aperçoit de jeunes femmes, à la tête coquettement couverte d'une mantille de soie noire, au regard curieux, au teint ardent et basané, aux traits forts, mais réguliers.

La réputation de galanterie des Maltaises est-elle méritée? Quel est le pays, le nôtre compris, où l'on n'en dise pas autant des femmes? Les voyageurs ont une certaine tendance à généraliser, et, l'orgueil aidant, la facilité d'une rencontre de hasard en a, nous le croyons fort, trompé plus d'un.

Il existe à Lavalette deux monuments célèbres : le palais des Grands-Maîtres et l'église Saint-Jean. Le palais n'a guère de remarquable qu'un beau musée d'armures, une chambre en tapisseries des Gobelins, éblouissantes de fraîcheur, et un large escalier, dont les marches très basses supposent une excessive mollesse chez ceux qui le firent construire. Les salles sont principalement ornées de l'histoire de l'ordre, peinte par des artistes italiens justement oubliés, sauf peut-être Mathias il Calabrese. Le morceau capital est un portrait du grand-maître Vignacourt, dû à Carravaggio. C'est la répétition de la superbe toile qui est au Louvre, avec le jeune écuyer de moins.

L'église Saint-Jean serait admirée partout; elle est couverte du haut en bas d'ornements sculptés et dorés d'une richesse un peu lourde, mais que relève leur beau goût. Plusieurs tombeaux en marbres de couleurs différentes, avec des faisceaux d'armes et des figures sculptés, font bien à leur place, quoique le style de Louis XV qui les caractérise les rende en général peu dignes d'attention. Ce qu'on admire sans restriction, c'est le pavage de l'église, tout entier composé de plaques de marbre blanc, sur lesquelles sont incrustées les armes, en jaspe et en agathe, des chevaliers qu'elles recouvrent. Cette immense mosaïque est vraiment magnifique.

Le Carravaggio a bien payé l'hospitalité qu'il reçut à Malte avant d'y être persécuté. Il a laissé à l'église métropolitaine l'un de ses chefs-d'œuvre, la Décollation de Saint-Jean : rarement ce génie sombre et puissant s'est montré plus fort et plus hardi que dans cet ouvrage capital.

CHAPITRE II.

D'Alexandrie au Caire.

Les chameaux, les ânes, montures du pays. — Alexandrie, ville européenne. — Sa population. — Manière de s'asseoir. — Bazars. — Boutiques. — Les marchands. — Costume des femmes. — Il ne reste rien de l'ancienne Alexandrie. — Colonne de Dioclétien. — Sentiment artistique des Grecs et des Romains. — Cimetière. — Les aiguilles de Cléopâtre. — Fontaine d'Albâtre. — Le palais du vice-roi. — Le Delta. — Canal Mamoudyeh. — Comment Méhémet-Ali le fit recreuser. — Atfeh. — Fouah. — Bazar des comestibles à Fouah. — Café sous une tente. — La pipe et le café. — Luxe de chiboucks. — Les chibouckiers. — Kafr-Saïa. — Les almées. — Leur costume. — Leur orchestre. — Leur danse mimée et son caractère. — Les femmes d'Orient n'échappent pas à la prostitution. — Des spéculateurs font élever des esclaves pour le métier d'almées ; des mères y vouent leur enfant. — La jeune almée et la jeune fille.

Alexandrie, 12 novembre 1844.

Un bateau à vapeur est comme une diligence que les mauvais chemins peuvent retarder de quelques heures, mais rien de plus. Ainsi qu'il avait été prévu, nous sommes arrivés aujourd'hui, après huit jours de mer, au lieu de sept.

On n'aperçoit l'Egypte que quand on y touche; c'est comme un océan de sable qui continue la Méditerranée, et son apparition subite augmente une certaine émotion, dont les coureurs du monde les plus endurcis ont peine eux-mêmes à se défendre en abordant le pays des sphinx et des pyramides.

Le Caire n'avait pas encore jeté l'ancre, qu'il fut entouré de grosses barques construites à l'européenne et remplies d'hommes à turbans et à tarbouchs [1], qui se disputèrent nos bagages

---

[1] Le tarbouch est ce que nous appelons le bonnet grec.

avec acharnement. A terre il fallut de même se défendre contre une nuée d'âniers et de chameliers, offrant leurs ânes et leurs chameaux. — Il n'est guère d'animal plus laid que le chameau, plus bizarrement construit, plus désagréable à voir; mais il n'en est pas peut-être, sans excepter le cheval, dans lequel l'homme ait trouvé un plus utile auxiliaire. En Orient, il n'existe pas d'autre porteur de fardeaux, et on le charge souvent de cinq à six cents kilogrammes. Ceux qui devaient nous servir replièrent docilement, à la voix de leurs conducteurs, leurs quatre jambes jusqu'à terre; on entassa les malles, à droite et à gauche de leur double bosse, dans un filet en gros cordage; puis ils se redressèrent en poussant une sorte de gémissement sauvage. Pour nous, il n'y avait que des ânes; il fallait, bon gré mal gré, accepter la monture du pays, que personne ne dédaigne, ou aller à pied. Nous avons donc résolûment monté à âne comme tout le monde, et l'on nous a conduits au quartier franc, presque exclusivement habité par les étrangers. L'hôtel d'Orient, où nous sommes descendus, est un véritable hôtel parisien, et il y a certainement fort peu de tables d'hôtes en Europe mieux et plus splendidement servies.

Alexandrie, au surplus, est une ville à moitié européenne; elle renferme 10 à 12,000 Français, Italiens, Anglais, Allemands, et le nombre en augmente tous les jours. Sur la place du quartier franc, entourée de maisons bâties à l'européenne, couverte d'hommes à chapeaux au milieu desquels circulent des tilburys, des calèches et des cabriolets, il est difficile de se croire en Egypte.

La paix générale assurée à l'Orient, la facilité de transit pour les Indes, le service réglé des bateaux à vapeur, augmentent rapidement la prospérité de cette ville. On évalue à 60,000 âmes sa population totale actuelle.

C'est du côté des bazars qu'il faut aller pour trouver la physionomie locale, et voir dans les cafés ou dans les rues les hommes d'Orient accroupis sur des bancs, les jambes croisées sous eux et les babouches à terre. Malgré leurs vêtements en lambeaux, ils semblent n'avoir rien à faire qu'à fumer la longue pipe turque (chibouch), qu'ils tiennent tous avec un calme empreint d'un remarquable caractère de dignité. La manière de s'asseoir qu'ont adoptée les Orientaux leur a donné une souplesse d'articulation incroyable. Ils peuvent ainsi prendre des attitudes que nous regarderions comme des tours de force. Les ouvriers qui n'exercent pas un état où la station droite soit absolument indispensable sont également assis sur leurs talons ; il n'est pas jusqu'à des cloutiers dont nous n'ayons vu la petite forge et l'enclume établies à ras du sol. Dans cette position ils savent utiliser leurs pieds, et l'adresse avec laquelle ils s'en servent leur donne presque deux mains de plus. Les gens même qui écrivent ne s'asseient pas à notre manière. Ils appuient le papier sur une jambe qu'ils relèvent, et quelquefois aussi sur la main gauche.

Les bazars d'Orient sont des galeries ou des rues couvertes, ayant de chaque côté une rangée de petites boutiques toutes uniformes. Dans une niche carrée de 2 m. 66 à 3 m. 33 de haut sur 4 à 5 mètres de largeur et de profondeur, élevée d'à peu près un mètre au-dessus du sol, sont rangées les marchandises. En avant de cette niche est une saillie où se tient un homme assis sur un tapis ; voilà le marchand et sa boutique. L'acheteur, debout, se trouve, comme on voit, à la hauteur de l'industriel, et les marchandises s'étalent sur le tapis comme sur une table. Tout le commerce d'Orient se fait dans ces espèces de cages. Les grandes villes réunissent les différentes spécialités sur un même point : elles ont le bazar des étoffes, des armes, des habits confectionnés, des fourrures, des comestibles, des soieries, des draps, de la sellerie, des châles, des tapis, des chaussures, de la bijouterie, etc. Les marchands sont multipliés à l'infini, et ne possèdent, la plupart, qu'un très modique capital. Ils arrivent là le matin, et retournent chez eux au coucher du soleil. Ils n'ont pas en général l'empressement presque servile que l'on trouve dans les magasins d'Europe, et surtout d'Angleterre. L'intérêt qui agite si puissamment nos passions ne trouble guère leur impassibilité musulmane ; mais, par malheur, il n'a pas épargné leur conscience : les mahométans se montrent peu fidèles à leur vieille réputation de ne surfaire jamais, et l'acheteur, qui croit manquer à soi-même et aux autres, en offrant moins qu'on ne lui demande, paie trop cher aujourd'hui en Orient comme en Occident. Toutefois, il faut dire qu'il règne encore au milieu des bazars une sécurité extraordinaire. Le marchand abandonne entièrement sa boutique ou laisse tomber sur l'ouverture un simple filet, sans avoir rien à redouter.

On ne voit que des hommes dans les boutiques. La séquestration morale qui pèse sur les femmes les exclut, par le fait, de tout acte de la vie extérieure. La tenue d'un commerce entraîne forcément avec le monde un contact auquel les musulmans, même de la dernière classe bourgeoise, ne voudraient pas exposer leurs compagnes. L'obligation où elles sont d'avoir le visage caché en public gênerait d'ailleurs beaucoup leur position comme marchandes. Les femmes de fellahs seules paraissent dans les marchés, où elles vendent les légumes, les fruits et toutes les choses qu'elles apportent de la campagne. La misère, la nécessité, domptent les préjugés.

Ces femmes à la figure voilée, et dont on n'aperçoit que les yeux, sont assurément ce qui frappe le plus l'étranger. Elles excitent chez lui, les premiers jours, autant de surprise que de curiosité. En Turquie, les femmes s'enveloppent complètement la figure, sauf les yeux, avec un fichu de gaze blanche ; ici, elles portent un voile de gaze noire, ouvert à l'endroit des yeux, tombant le long du visage et se terminant en pointe flottante. Il faut rendre cette justice aux Égyptiennes, qu'elles mettent un grand soin à serrer le voile contre elles sitôt qu'un homme s'approche, et cependant nous ne savons dire comment il arrive toujours qu'on peut voir celles qui ont de la beauté.

La tête est en outre recouverte du *hâbara*, grande pièce d'étoffe qui enveloppe le corps tout entier par dessus une robe sans ceinture. Ces amples et longs vêtements ne sont assurément pas de l'invention des femmes, car ils n'ont d'autre but que de dissimuler toutes les formes.

On distingue les Alexandrines par l'habitude qu'elles ont d'être toujours habillées de laine blanche ; les Cairoises ont au contraire uniformément adopté la soie noire, des pieds à la tête.

Contre l'opinion généralement répandue en Europe, les femmes musulmanes sont libres de sortir quand elles veulent; on en rencontre, à Constantinople particulièrement, beaucoup dans les rues et dans les bazars, seules ou suivies d'esclaves de leur sexe. En Egypte, elles marchent plus rarement à pied ; elles montent à âne, en les enfourchant disgracieusement de la même manière que font les hommes. Celles qui sont riches ont, au lieu de selle, un bât très large et très élevé, recouvert d'un tapis de Perse sur sur lequel elles s'asseient comme sur un divan. On conçoit que, dans ces conditions, il leur est impossible de garder l'équilibre ; aussi ne vont-elles jamais qu'au pas, et soutenues de chaque côté par un domestique. C'est l'usage, lorsqu'on est à âne, de tenir le *habara* de manière que le vent le gonfle en s'y engouffrant. Il ne fallait pas moins que le soin haineux et bizarre avec lequel les musulmans veulent cacher leurs femmes, pour réaliser quelque chose d'aussi laid que ces énormes et abominables paquets blancs ou noirs cheminant avec lenteur.

Nous ne parlerons pas ici de la condition des femmes en Orient. C'est là une haute question déjà traitée avec plus ou moins de sérieux par beaucoup de voyageurs. Elle demanderait presqu'un volume pour être approfondie comme elle le mérite. Nous réservons nos observations et nos notes pour un ouvrage sur les femmes, que nous avons commencé depuis plusieurs années, et dont l'utilité plus immédiate des travaux sur l'esclavage des nègres nous a détourné.

14 novembre.

De l'ancienne Alexandrie, il ne reste rien. De l'école philosophique et astronomique qui porta ce nom, de cette ville fameuse qui eut une si grande part dans l'histoire intellectuelle et religieuse de l'humanité, qui fut un moment le siége de la science du monde, et dans laquelle le catholicisme soutint ses disputes les plus illustres, il reste à peine ici le souvenir. Les habitants de l'Alexandrie moderne sont d'ignorants et pauvres Arabes, ou des spéculateurs grecs et européens, qui ne s'inquiètent pas le moins du monde d'Arius ou de saint Anastase, de Nestorius ou de saint Cyrille. On n'a pas même su donner son véritable titre au seul monument du passé qui subsiste encore, à la colonne élevée en l'honneur de Dioclétien : tout le monde l'appelle la colonne de Pompée. Ce monolithe de trente mètres de haut sur trois de diamètre, porté par une base en maçonnerie grossière, et surmonté d'un affreux chapiteau, provient des carrières de granit, que les Romains ouvrirent à Syène. Les Romains n'ont guère laissé en Egypte d'autre monument frappé à leur empreinte spéciale. Comme les Grecs, ils se bornèrent à compléter ou à augmenter les vieux temples; et le peu qu'ils ont fait de nouveau est toujours dans le style du pays. Admirable sentiment artistique des anciens! ils ont voulu laisser intacte la grande unité architecturale de la terre des obélisques, ils se gardèrent de la troubler par des œuvres d'un caractère différent.

Au pied de la colonne, au milieu d'une vaste plaine de sable gris et incandescent [1], est un cimetière misérable, délabré, que l'on dirait indigne d'une ville comme Alexandrie, si l'on ne savait que les mahométans respectent beaucoup les morts, mais ne s'en occupent pas du tout. Rien au monde de plus simple qu'une tombe égyptienne : un carré en maçonnerie, de la longueur du corps, élevé de quarante ou cinquante centimètres; pour indiquer la tête, une petite colonne surmontée d'un turban, ou une plaque de pierre terminée en triangle, selon le sexe du mort, puis, au milieu du massif, un trou dans lequel meurt un aloès rabougri [2], et voilà tout. Le carré de maçonnerie est-il d'une certaine étendue, c'est qu'il recouvre un caveau commun dans

---

[1] Le thermomètre centigrade marquait aujourd'hui, 14 novembre, 27 degrés à l'ombre : c'est la température commune du pays en hiver.

[2] L'aloès, dans l'opinion des Egyptiens, a la propriété de préserver du mauvais œil. On en place aussi au-dessus des portes de toutes les maisons nouvellement construites.

lequel les cadavres sont rangés à côté les uns des autres. On y pénètre par une petite porte basse que les chacals, dit-on, visitent très souvent.

Aux portes d'Alexandrie, on voit encore deux obélisques : l'un est à moitié enterré et les hiéroglyphes de la partie découverte, sur laquelle on marche, ne présentent déjà plus aucune forme. L'autre, quoique debout, n'a pas moins souffert. Les deux faces, tournées du côté de la mer, sont complètement érodées par le vent salin qui fait éclater chaque jour quelques parcelles de ce fier granit. Ces deux monolithes, dus à Thoutmosis III, plus connu sous le nom de *Mœris*, qui vivait 1700 ans avant notre ère, avaient été donnés par le grand-pacha, l'un à la France, l'autre à l'Angleterre. L'Angleterre ne s'est jamais souciée de faire les dépenses nécessaires pour enlever le sien ; la France a préféré, avec raison, celui de Louqsor, qui est maintenant aux Champs-Elysées, au lieu d'être dans la cour du Louvre, sa véritable place. Une centaine de fellahs, logés dans les huttes de boue que nous avons décrites, végètent au pied de ces antiques monuments, témoignage éclatant de l'art, de la science et du génie de leurs ancêtres.

En fait d'ouvrages modernes, on est réduit à citer une fontaine sans eau, perdue à l'une des extrémités de la grande place. C'est un petit obélisque monolithe en albâtre, dressé au milieu de quatre vasques de même matière. Ce n'est point une idée heureuse d'employer l'albâtre en aussi grosses masses. Celui d'Egypte est, comme les autres, rempli de callosités d'un aspect désagréable, et veut être traité plus discrètement, pour paraître avec tous ses avantages.

Trois carrières d'albâtre, situées dans la chaîne arabique, sont aujourd'hui exploitées en Egypte ; la première, un peu au-dessus de Beny-Soueff ; la seconde, en face de Syout ; la troisième, toujours en remontant, entre Syout et Atkim. On travaille l'albâtre, au sortir de la carrière, sous des hangars de nattes, et les plaques sciées, polies, préparées, descendent ensuite au Caire par le Nil.

Outre la fontaine, on doit aussi noter le palais que s'est fait construire le vice-roi. Il est en général de beau goût et digne d'un chef d'État. Ce palais, où du reste tout est européen, sauf les divans qui remplacent les siéges, contient des présents de presque toutes les têtes couronnées. Le pape lui-même a payé son tribut à la demeure du vieux pacha, dont la rébellion envers son prince légitime fait la principale gloire! Louis-Philippe est représenté au milieu des royaux donataires par l'inévitable service de table en porcelaine de Sèvres. On dit que chaque assiette de ce service vaut 500 francs. Il est très possible qu'elles aient coûté cela à la manufacture de la liste civile, mais on les obtiendrait assurément aussi belles pour 50 francs dans les fabriques particulières, auxquelles la fabrique royale fait tant de tort à si grands frais!

Mêlées à tout ce luxe, il y a bien encore des choses qui rappellent le sauvage de la Roumélie, telles qu'une pendule ornée d'un convoi de waggons, passant et repassant sur un chemin de fer d'un pied de longueur. Ce joujou d'enfant est dans le salon le plus riche, celui où Méhémet-Ali se tient de préférence. On voit aussi, jurant au milieu des produits les plus recherchés de l'art européen, trois ou quatre portraits des fils du vice-roi, peints et encadrés à la manière de ceux qu'on trouve dans les loges de portier. Leur présence atteste du moins que Méhémet-Ali ne craint pas de violer la loi du prophète, qui défend de représenter la face humaine.

Au palais est joint un harem considérable, que nous n'avons pu visiter, malgré l'absence du grand pacha. On n'ignore plus à cette heure que les actes de délire qui ont fait craindre, il y a un an, pour sa raison, étaient le résultat d'un breuvage que Méhémet-Ali avait bu dans une visite à son harem.

16 novembre.

Le Nil, comme on sait, ne vient plus jusqu'à Alexandrie; il se sépare, un peu au-dessous du Caire, en deux branches, dont l'une débouche à Rosette et l'autre à Damiette. C'est l'espace compris entre ces deux branches que l'on appelle *Delta*, parce qu'il a la forme triangulaire de la lettre grecque de ce nom. Tout le monde sait que le Delta est composé d'alluvions du Nil. Aussi les anciens, qui avaient fait un dieu de leur fleuve, appelaient-ils le Delta un présent du Nil. Lorsqu'on touche cette langue de terre célèbre, on ne peut s'empêcher de la regarder avec recueillement et vénération, de se rappeler la place importante qu'elle tient dans les annales de notre globe. La science, en considérant les atterrissements réguliers qui ont lieu à l'embouchure de certains fleuves, n'est-elle pas arrivée à faire de ces fleuves des sortes de clepsydres avec lesquels elle a pu déterminer d'une manière relative l'âge du monde? Mesurez le volume du sable accumulé à l'orifice de ces grands instruments avec celui du sable qui s'y amasse annuellement ou par siècle, et la comparaison des deux quantités vous donnera approximativement la valeur du temps depuis lequel a commencé ce travail de la nature. Le Delta est un des premiers points où l'on ait appliqué cette opération, et, en évaluant à 1000 mètres par siècle, comme l'ont fait, d'après certains indices, Dolomieu, Cuvier et d'autres, l'avancement progressif de cette terre d'alluvion, il en résulte une somme de 54,000 ans pour le temps écoulé depuis l'origine des atterrissements jusqu'à nos jours.

Des observations semblables sur d'autres lieux du globe ont permis de faire, en quelque sorte, la preuve de ce calcul, et lui ont ainsi donné tout à la fois une autorité et un intérêt immenses. Bornons-nous à dire que l'étude du Pô a fourni des observations en rapport avec celles du Nil : l'étendue de ses alluvions suppose 40,000 ans de formation [1].

La troisième branche du Nil, qui reliait, lors de la fondation d'Alexandrie, cette ville avec le cœur du pays, avait été comblée par les sables quand les califes firent la conquête de l'Egypte. Ils rétablirent la communication au moyen d'un canal,

---

[1] Voy. art. Chronologie dans l'*Encyclopédie nouvelle*, dont les travaux de Pierre Leroux et de Jean Reynaud font un des plus beaux livres du dix-neuvième siècle.

mais ce canal lui-même se perdit sous l'inepte administration des mameloucks ; ce n'était plus qu'un fossé desséché pendant la plus grande partie de l'année, à l'époque où Méhémet-Ali s'empara du pays. D'un autre côté, les sables avaient presque barré les embouchures de Damiette et de Rosette.

Méhémet-Ali n'eut pas de peine à juger qu'il importait à la consolidation de sa puissance, comme à ses intérêts pécuniaires, de joindre la capitale politique de l'Egypte à la capitale commerciale, et il ordonna de rouvrir le canal Mamoudieh. Ce canal, outre ses immenses avantages comme voie de communication, arrose encore toute la campagne qu'il parcourt, la fertilise, et porte de l'eau douce à Alexandrie, qui autrement en serait privée, cernée qu'elle est de trois côtés par la mer et de l'autre par le lac salé de Maréotis.

Le canal Mamoudieh, premier joyau de la couronne de Méhémet-Ali comme prince civilisateur, a été exécuté par des moyens dont l'odieuse barbarie ne sera jamais effacée par l'utilité du but ni par l'importance des résultats.

Un nombre immense de fellahs, hommes, *femmes et enfants*, furent mis en réquisition, et l'on peut dire sans métaphore que cette rivière artificielle, de soixante-douze kilomètres de long sur trente-cinq mètres de large, a été faite à mains d'hommes, car on ne leur donna pas même d'outils. Ils creusaient avec leurs doigts! Les malheureux ouvriers, conduits au bâton, sans salaire, ne recevant que d'insuffisantes distributions de vivres, furent impitoyablement traités. Dix-huit mille individus, assure-t-on, périrent dans ce travail qui ne présentait aucune difficulté, et qu'on pouvait aisément faire sans qu'il en coûtât rien à l'humanité.

On navigue sur le canal comme sur le Nil, avec de grandes barques appelées canges, que l'équipage tire à la cordelle, quand le vent fait défaut.

Partis hier à deux heures, nous avons atteint aujourd'hui, à la même heure, la ville d'Atfeh, où le canal emprunte ses eaux à la branche de Rosette. Atfeh est tout entière bâtie en briques crues ; on ne peut en rien dire de plus. Que ne serait point cependant une telle ville au milieu d'un peuple civilisé! Elle commande Alexandrie, Rosette et Damiette ; elle est le centre où vient aboutir toute l'Egypte pour se rendre à la Méditerranée.

Un peu au-dessus des écluses d'Atfeh, on aperçoit, sur la rive droite du Nil, la ville de Fouah, qui joue un si grand rôle dans l'histoire des califes. Du passé, il ne lui reste que son nom et trois ou quatre minarets. Ces élégantes flèches de pierre font un agréable contraste avec la fabrique de tarbouchs, immense bâtiment lourd, plat et carré qui occupe le bord de l'eau.

Le soir, nous avons suivi à Fouah notre drogman, qui allait faire quelques provisions. Ce que l'on appelle le bazar des comestibles est une allée étroite, sale, dont les boutiques sont à peine éclairées par une mèche qui brûle dans un godet de verre. En France, des lieux aussi fréquentés et aussi obscurs seraient bien vite mis au pillage par les voleurs. Le bazar des comestibles est le seul qui reste ouvert après le coucher du soleil, parce que l'excessive pauvreté des habitants les oblige à acheter leurs vivres à chaque repas. On vit, en Egypte, non pas au jour le jour, mais à l'heure.

17 novembre.

Aujourd'hui, après avoir dépassé le misérable village de Sidi-Ibrahim, nous avons vu, en marchant sur les bords du Nil, pendant que nos hommes tiraient la cange, un café sous une tente au milieu des champs. L'établissement était complet: à l'entrée, un mauvais fourneau en terre crue avec des cafetières; à côté, les petites tasses en porcelaine dans leurs soucoupes en cuivre, les *chiboucks*, les *narghilehs* [1]; au milieu de tout cela un homme assis sur ses jambes, soufflant le feu avec un éventail; enfin, au fond, trois ou quatre nattes déchirées pour servir de divan aux consommateurs. En Orient, tout le monde sans exception, riche

---

[1] Pipe persane, dont la fumée passe dans un réservoir d'eau.

ou pauvre, fume et boit du café constamment, à toute heure du jour. Vous n'entrez jamais chez quelqu'un sans qu'il vous soit offert une tasse de café et une pipe, et l'on observe dans ces compliments de bienvenue un cérémonial aussi grave que de bon goût. C'est le triomphe des Turcs, et il faut reconnaître que ces hommes assis sur leur divan, tenant entre les trois premiers doigts un chibouck dont la cheminée pose à terre dans un petit bassin de cuivre, et qu'ils portent de temps en temps à leurs lèvres, ont vraiment une extrême distinction de manières.

Le chibouck, tout le monde le sait, est une pipe droite et fort longue. Le bout en ambre, appelé bouquin, est plus ou moins riche, selon la fortune du propriétaire. Il y a des bouquins garnis d'un collier de diamants d'un prix énorme. La canne de la pipe peut aussi être ornée de soie, de dessins en fil d'or, de glands et de franges, dans lesquels excelle la fantaisie orientale. L'usage d'offrir à fumer a introduit un grand luxe de pipes chez les personnes qui reçoivent beaucoup. Les maisons bien montées ont un serviteur appelé chiboukier, dont l'occupation exclusive est d'entretenir et de charger les pipes, qu'il présente tout allumées. Un homme riche, soit qu'il fasse une simple promenade, soit qu'il aille quelque part où il restera longtemps, est toujours accompagné d'un chiboukier, qui porte sa pipe dans un fourreau de laine blanche. Les pauvres ne quittent jamais non plus leur chibouck, et, pour ne pas s'en embarrasser les mains, ils le placent dans l'ouverture de leur robe, derrière le dos, d'où il sort au-dessus d'une épaule d'une façon très peu pittoresque.

19 novembre.

Nous étions ce matin, à la pointe du jour, au village de *Kafr-Saya*. Bien que ce ne soit, comme les autres, qu'une agglomération d'un certain nombre de masures de boue, il a l'étrange honneur de posséder des *almées*. Elles exercent là fort ouvertement leur double métier de danseuses et de courtisanes, malgré les ordonnances du vice-roi contre la prostitution des femmes.

Les almées n'observent pas les prescriptions de Mahomet, relatives aux vêtements de leur sexe : elles paraissent en ville à visage découvert, et habillées comme les femmes d'Orient ne le sont que dans le harem. Un *fessi*, petite calotte rouge dont le fond est souvent couvert d'une plaque ou de broderies d'or, laisse échapper les cheveux rejetés en arrière et divisés en mille longues tresses mêlées de joyaux et de pièces de monnaie d'or. Le cou, les bras et les mains sont chargés de colliers, de bracelets et de bagues, accumulation de bijoux étrange, mais non pas sans caractère. Une petite veste de velours brodée d'or, dont les manches, serrées sur le bras, s'élargissent à la naissance du coude au point de devenir pendantes, laisse voir une robe traînante de soie ou d'étoffe légère : cette robe, déjà boutonnée par devant, depuis le bas de la poitrine jusqu'au-dessous de la ceinture, est, en outre, plaquée sur le corps de manière à en dessiner les formes et les moindres mouvements par un châle roulé autour des hanches. Enfin, les pieds, chaussés de souliers rouges, mais généralement sans bas et quelquefois tout nus, sont ornés d'anneaux d'or, d'argent ou d'ivoire au-dessus de la cheville. Rien de plus élégant, de plus séduisant que ce costume.

Les almées ont, pour danser, un orchestre composé d'un tambour de basque, d'un *darabouka* et d'un *kemengeh*. Le darabouka est un tambour en terre cuite, dont un entonnoir qui aurait le petit bout court et très ouvert donne la figure parfaitement exacte. La peau, à laquelle bien des fois tient encore le poil, tant elle est mal préparée, s'applique sur le côté évasé. Le darabouka, placé sur un genou et sous un bras, se bat avec les deux mains. C'est un instrument d'origine africaine. Le kemengeh est une sorte de violon avec un archet et des cordes en crins de cheval ; la caisse est une noix de coco coupée aux trois quarts, sur laquelle on a tendu un parchemin. Les artistes s'accroupissent à côté l'un de l'autre, et font avec ces instruments une musique qui n'a, pour des oreilles européennes, d'autre mérite que son étrangeté. Ils sont accompagnés par la voix glapissante de celles des almées qui se reposent, assises près d'eux, les jambes croisées l'une sur l'autre, posture commune en Orient aux femmes comme aux hommes.

Ainsi accompagnée, la danseuse exécute bien moins une danse qu'une pantomime dont il n'est pas possible de rendre compte d'une manière convenable. Ce sont des poses variées et voluptueuses où tout est calculé pour exciter les sens du spectateur, et dans lesquelles on remarque surtout une prodigieuse souplesse. Souvent, pendant que les jambes et le buste restent immobiles, les hanches, agitées d'un tremblement convulsif, semblent détachées de la colonne vertébrale, jusqu'à ce que le corps s'affaisse peu à peu avec langueur pour se redresser tout à coup avec vivacité. Les mains arrondies au-dessus de la tête ou portées en avant font sonner de petites castagnettes de métal, et les pieds, posant toujours à plat, ne marquent guère que la mesure, sans franchir un espace d'un mètre ou un mètre et demi au plus. Quelquefois, deux almées se réunissent; mais, comme elles font toutes deux la même chose, on peut dire qu'elles dansent l'une en face de l'autre bien plutôt qu'ensemble.

Nous n'avons rien en Europe d'analogue à ces pantomimes, où une grâce extrême et presque antique est jointe à des figures licencieuses. Une semblable chorégraphie est un trait de mœurs; elle ne pouvait naître que chez un peuple adonné aux jouissances matérielles, ne cherchant pas dans ses plaisirs la délicatesse qui en fait pour nous le plus grand charme. Les Orientaux appellent souvent les almées dans les harems pour y donner le spectacle de leurs divertissements. Il paraîtrait même que ces danses entrent dans l'éducation féminine, et constituent un des talents que les Turcs attendent de leurs femmes. On ne peut guère s'en étonner: puisqu'ils les méprisent assez pour les cacher, ils ne peuvent leur demander autre chose que la volupté ou des excitations à la volupté.

« La classe des almées, dit Clot-Bey, se recrute, en général,
« parmi les femmes répudiées, qui ont pris en dégoût la servi-
« tude de la vie conjugale, ou qui, ne pouvant se remarier,
« n'ont d'autres moyens d'existence que la prostitution. »

Ainsi donc, l'espèce de servitude qui leur est imposée ne préserve pas même les femmes d'Orient du dernier malheur ; la fatalité du mal pèse sur elles comme sur les nôtres ! Et les penseurs, qui cherchent dans l'étude et la méditation de nouvelles combinaisons sociales où l'humanité échapperait à ces vices qui la dévorent depuis tant de siècles, passent pour des factieux ou des fous !...

Les almées ne se recrutent pas seulement parmi les femmes répudiées ; d'horribles spéculateurs élèvent de jeunes esclaves pour ce métier ; des mères y vouent leurs filles....... Parmi les danseuses qui étaient réunies autour de nous, à Kafr-Saya, il y en avait une de quatorze à quinze ans, qui ne prit aucune part à la fête ; la pauvre créature, encore toute endormie, bâillait et se frottait les yeux. Quand il s'agit de partager l'aumône commune que nous leur laissions, elle témoigna la même indifférence ; mais sa mère, qui l'avait envoyée et suivie, montra une hideuse rapacité.

En rentrant à bord, nous y trouvâmes une enfant de douze ou treize ans, que le patron de la barque nous a demandé la permission de mener au Caire. Elle a toujours le visage soigneusement enveloppé ; lorsque parfois elle s'enhardit à tourner la face de notre côté, elle met la main sur ses yeux et regarde à travers ses doigts ; les matelots, à l'heure des repas, la servent à part ; car une musulmane ne peut manger qu'avec sa mère, son père, ses sœurs ou son mari ; personne ne commet la faute de lui adresser la parole ; elle est assise sur le pont depuis trois jours, dans une immobilité, un silence et une oisiveté déplorables, mais, quelque triste que me parût son sort, quelque cruel que fût son isolement, je pensai qu'elle était bien heureuse encore de n'avoir pas eu une mère pareille à celle que nous venions de voir.

CHAPITRE III.

Caire.

Superficie de l'Égypte. — Boulak. — Aspect du Caire. — Ses rues. — Les macherebiehs. — La ville va crouler. — Elle n'est pas éclairée la nuit. — Place d'El-Esbekyeh. — Beauté intérieure des anciennes maisons — Mauvais goût moderne. — Jardins. — La charité musulmane les ouvre à tout le monde. — Celui de Rodha. — Les ânes. — Les âniers merveilleux coureurs. — Facilité d'accès chez les Orientaux. — Réception. — Les Orientaux signent toujours avec un cachet. — Citadelle. — Architecture polychrôme. — Puits de Joseph. — Panorama du Caire. — Ménagerie du vice-roi d'Egypte. — Circoncision. — Fantasia. — Mariage de pauvres pour célébrer la circoncision.

20 novembre 1844.

Nous avions atteint au lever du soleil la pointe du Delta, où le Nil se divise en deux branches. Le fleuve, qui est appelé là le Franc-Nil, y présente une nappe d'eau magnifique.

Le Delta, qui constitue presque à lui seul la Basse-Egypte, est la province la plus fertile et la plus étendue du pays.

	myr.	kil.	mèt.
La Basse-Egypte a	260	myriam. de superficie, tandis que
la Moyenne - Egypte n'en a que	100
et la Haute-Egypte.	95
En tout	455
On compte ensuite	26	myriam. de sables.
et	144	myriam. de fleuve.
L'Egypte entière a donc	625	myr. (1,600 lieues) carrés déroulés, en suivant le cours sinueux du Nil, sur une longueur de

IIᵉ PARTIE. — VOYAGE, CHAP. III.

84 myriam., depuis Assouan, confin de la Nubie inférieure, jusqu'au port d'Alexandrie.

A peine a-t-on pénétré dans le Franc-Nil, qu'on aperçoit Boulak, d'ou s'élèvent, comme des obélisques, les cheminées des machines à vapeur de diverses usines, et dont les bords, couverts d'une multitude d'embarcations de toutes formes et de toutes dimensions, annoncent bien une grande cité. Mais si Boulak, vu du fleuve, donne une haute idée du Caire, la route poudreuse qui conduit à la ville est faite pour détruire cette impression ; on n'y rencontre qu'une population en guenilles, à moitié nue ; des soldats d'une saleté honteuse, avec des chameaux et des ânes affreusement harnachés.

L'aspect du Caire console l'artiste d'un aussi triste spectacle. C'est un amas de maisons de style arabe, peintes de grandes bandes horizontales, rouges et blanches, accumulées les unes sur les autres de la manière la plus originale, avec des milliers de petites rues inextricables et d'impasses si tortueux et si étroits qu'on craint toujours, en y entrant, de s'engager dans une allée de maison. Il serait d'autant plus facile de s'y tromper, que ces ruelles obscures, étranglées, décrivant de fantastiques zigzags, ont encore des portes, restes du temps où l'on était obligé de se défendre contre les incursions nocturnes que les bédouins venaient faire jusqu'au cœur de la capitale. Les maisons, toutes d'un seul étage, sont si rapprochées qu'elles se touchent souvent par leurs macherebiehs, larges balcons toujours placés en saillie pour les exposer au courant d'air. Cette disposition particulière a un grand avantage : elle transforme les rues en galeries couvertes, où le soleil ne peut pénétrer. Les macherebiehs, vitrés à l'intérieur, sont en outre enveloppés d'un mystérieux grillage en bois, à compartiments variés et d'une grâce parfaite, derrière lequel sont cachées les femmes qui viennent là prendre le frais.

Du reste, ceux qui veulent voir la vieille et célèbre capitale de l'Égypte doivent se hâter. Le Caire s'écroulera certainement avant un demi-siècle: toutes ses maisons surplombent et semblent ne se tenir encore debout qu'en dépit des lois de la gravitation, comme ces vieilles ruines chancelantes que l'on s'attend chaque jour à voir tomber.

Le Caire n'est pas éclairé la nuit : chaque personne qui circule doit avoir une lumière. Les bourgeois ont simplement un fallot qu'ils font porter devant eux. Les gens de luxe sont poétiquement précédés de deux ou trois serviteurs chargés de grands pots à feu dont les flammes s'élèvent dans les airs, sillonnent les murailles, et d'où l'on s'étonne qu'il ne sorte pas plus d'incendies.

L'étroitesse des rues de la ville donne un grand prix pour les habitants à la place d'El-Esbekyeh, qui serait moins célèbre, si elle n'était la première promenade que l'on ait vue en Orient. Tout se réduit à un vaste terrain en friches, entouré d'une allée d'acacias et renfermé dans un canal sans eau, sur lequel sont jetés trois ponts sans parapets. On pourrait certainement faire une très belle place à l'Esbekyeh, mais elle n'est encore que dégrossie.

Il n'y a d'autres monuments au Caire que ses innombrables mosquées et quatre ou cinq fontaines publiques. Les façades de ces fontaines demi-circulaires, en bronze ou en marbre, sont magnifiquement et délicieusement ciselées et sculptées à jour.— Le musulman semble avoir voulu indiquer que sa maison est un lieu secret en n'appelant l'attention sur elle par aucun ornement extérieur. Le luxe est réservé pour l'intérieur, où les inépuisables fantaisies du style arabesque se joignent dans les anciennes habitations à des mosaïques et à des eaux jaillissantes au milieu d'immenses salles revêtues de marbre. Pourquoi faut-il que la mode turque ait remplacé la mode arabe? Les murailles des appartements modernes sont barbouillées de grands paysages exécrables. Un paysage turc est généralement composé d'une double colonnade bien blanche, sous prétexte de marbre, avec un jet d'eau sur le devant, et pour fond un rideau d'arbres droits comme des piques, le tout découpé sur un ciel d'un bleu éclatant. Quelquefois, à la place du rideau d'arbres, le fond est occupé entre les deux corps de colonnades par un superbe fauteuil cramoisi. De perspective, point; mais, en revanche, la lumière est répandue partout à profusion avec une égalité républicaine. Nous nous rappelons avoir vu dans un palais du vice-roi ou d'Abbas-Pacha une pièce où le décorateur avait renoncé au paysage. Sous un encadrement en étoffes drapées on voyait une grosse pendule rocaille d'où tombaient des poids en or attachés à des cordes de couleur. Et cela répété autant de fois qu'il se trouvait de panneaux dans un salon d'au moins cinq mètres de haut, sans diversifier même l'heure des horloges, qui marquaient toutes midi et demi avec une précision désolante.

Un luxe fort recherché en Egypte est celui des jardins. Dans les pays chauds, l'ombre, l'eau, le feuillage, sont des jouissances réelles. Au Caire et surtout à Alexandrie, tous les hommes riches ont un jardin qu'ils ouvrent au public par suite du principe de charité, base fondamentale du Coran. Ils ne le ferment que quand ils descendent avec le harem dans un kiosque à jet d'eau et à treillage, qui embellit toujours ces lieux de plaisance. La nature du pays permet d'appliquer là un système de décoration interdit à l'Europe, nous voulons parler de draperies de soie tombant des frises du kiosque et mêlées aux plantes grimpantes. L'effet est étrange au premier abord, mais non pas désagréable. Un des plus beaux jardins du Caire est naturellement celui de Méhémet-Ali, à Choubrah. Il est peut-être trop tiré au cordeau, mais il présente d'épaisses et luxuriantes masses de verdure vraiment superbes; l'œil y plonge avec délices et s'y repose des terribles réverbérations du sable d'Egypte. La plupart des allées sont en cailloutis pour lesquels on a ici un goût particulier; des dessins simples et variés en pierres noires s'y détachent sur un fond blanc. La chose est jolie à la vue, mais un peu dure aux pieds.

Le jardin d'Ibrahim-Pacha, à la fameuse île de Rodha, doit être distingué entre tous les autres; il réunit la science et l'agrément. On y trouve les différentes espèces de bambous, le caféier, le pommier, la cochenille, mille sortes d'arbres et de plantes de l'Inde, de l'Amérique, de l'Europe, de toutes les parties du monde; on y distingue un petit chêne, le seul que l'on soit parvenu à faire vivre en Egypte. Ibrahim-Pacha n'attache pas sans raison le plus grand prix à cette belle collection botanique. Elle lui fait beaucoup d'honneur.

L'usage des voitures, nous n'avons pas besoin de le dire, est impraticable dans une ville percée comme le Caire. Il en existe quelques-unes, mais elles sont employées seulement pour aller aux environs ou au palais de Choubrah, résidence d'été du grand-pacha. On n'a d'autre moyen de transport que les chameaux, les ânes et les chevaux, encore est-il très difficile avec eux de pénétrer dans les rues et les bazars, où la population est toujours excessivement serrée. Autrefois, il était interdit aux rayas et aux petites gens de monter à cheval, aujourd'hui tous ceux qui ont de quoi en acheter un peuvent s'en servir; mais l'âne est la monture commune et générale. L'âne d'Orient trotte et galoppe admirablement, il paraît plus beau et plus actif que le nôtre, sans doute parce qu'il est mieux traité et qu'on lui demande davantage.

On trouve au Caire et à Alexandrie, au coin des carrefours, à la porte des hôtels et dans tous les endroits fréquentés, des ânes de louange qui stationnent avec leurs conducteurs, comme nos fiacres. La selle est un bât très épais et très doux, le prix est fort modique; on fait une course pour une piastre (25 cent.), la journée entière est de cinq piastres, y compris le salaire du conducteur, mais sans compter, bien entendu, l'inévitable backchis. Quand vous prenez un âne, l'ânier vous suit à pied et l'excite de la voix ou en le frappant sur la croupe; c'est aussi l'ânier qui se charge de crier gare et de faire faire place dans les rues toujours encombrées[1]. Il est impossible d'avoir passé un jour en Egypte, sans garder dans la mémoire leur cri continuel de *tchemala*, *tchemala*, prononcé avec la syllabe du milieu indéfiniment prolongée. Il n'y a pas au monde de coureurs plus infatigables que ces hommes, dont généralement l'âge varie de quatorze à vingt ans. Ils sont les premiers à vous lancer à fond de train et à vous y maintenir. Voulez-vous, par un sentiment

---

[1] On donne au Caire de 200 à 250,000 ânes. Il nous a été impossible d'arriver à des chiffres plus précis.

d'humanité, ralentir la marche, ils supposent que vous mettez leur vigueur en doute, et redoublent de vitesse. Au retour d'une excursion aux pyramides, comme la nuit approchait, nos âniers nous prièrent eux-mêmes d'accélérer un peu le pas, pour rentrer avant la fermeture des portes du Caire. Nous nous livrâmes à eux, et ils finirent par nous ramener au grand galop en poussant des cris joyeux. Cette course, qui dura plus de deux heures, ne parut en lasser aucun, quoiqu'ils nous suivissent depuis quarante-huit heures.

22 novembre.

En présentant aujourd'hui quelques lettres de recommandation, nous avons pu juger de la facilité avec laquelle on arrive chez les Orientaux. Tout venant trouve accès sans peine auprès d'eux. Vous pénétrez dans une cour où trois ou quatre individus fument assis sur des bancs à claire-voie, fabriqués avec la grosse côte des feuilles de dattiers. Ces domestiques se lèvent à votre approche, et, si le maître est à la maison, l'un d'eux vous conduit à une porte ouverte qu'il vous montre. Vous entrez et trouvez au fond de la pièce, assis sur un divan, les jambes croisées et les babouches à terre, un homme qui ne bouge pas, dont le visage impassible s'anime à peine, et qui, d'un geste grave et poli, vous engage à prendre place à ses côtés. Là, il vous salue en portant la main droite sur la poitrine et au front qu'il incline légèrement, puis, prenant la lettre, il frappe trois coups dans ses mains, manière d'appeler les domestiques, qui n'est praticable, pour le dire en passant, que dans les pays à portes ouvertes, et il demande le café. Si la lettre lui inspire pour vous de la considération, il frappe de nouveau trois coups tout en lisant, et demande la pipe. Le café et la pipe se reçoivent avec une salutation sérieuse, échangée avec le maître de la maison et toutes les personnes présentes, toujours en portant la main droite sur la poitrine et au front. On ne doit jamais employer en pareil cas la main gauche, réservée pour les usages impurs. Quand vous vous retirez, votre hôte se lève sur son divan, et vous trouvez à la porte un domestique qui vous mène jusqu'au seuil de la maison. Il y a dans tout cela de la lenteur, du gaspillage de temps; mais beaucoup de goût, de noblesse et une gravité tempérée par un caractère de bienveillance séduisante.

Nous avons rencontré ce facile accès, qui doit tenir à l'esprit d'hospitalité de la loi musulmane, jusque chez les ministres, et il faut convenir que les nôtres sont moins abordables. La réception n'empêche pas d'ailleurs les Orientaux de vaquer à quelques affaires, ce qui nous a permis d'observer un usage singulier. Ils ne signent jamais avec la plume, mais avec un cachet de métal gravé en creux. Ils prennent, au moyen du petit doigt, un peu d'encre qu'ils mettent sur le cachet, et, après avoir mouillé le papier avec l'index imbibé de salive, ils impriment leur nom. Cette méthode fort sale et fort longue est d'autant moins explicable qu'il est évidemment plus facile de contrefaire un cachet qu'une signature; elle doit être une tradition de l'époque où les *gentilshommes* de l'Orient ne savaient pas écrire.

Une de nos premières courses de curiosité a été pour la fameuse citadelle du Caire, construite par les califes sur la pointe de la montagne du Mokattan, dépendante de la chaîne Arabique. On y voit encore la porte principale, due aux Arabes, flanquée de ses deux belles et fortes tours rondes, quelques fûts de colonnes, que l'on dit avoir appartenu au palais de Saladin, et les restes de la mosquée de ce prince, aujourd'hui convertie en magasin. Un minaret de cette mosquée subsiste encore; il est un peu lourd, mais son dôme a conservé quelques tuiles de faïence, coloriées et vernissées, qui devaient être d'un effet resplendissant. Ceci ne mérite mention à nos yeux que comme un nouveau témoignage en faveur de l'architecture polychrôme. A l'instar des Egyptiens et des Grecs, les Arabes, qui furent de si grands artistes, avaient donc introduit, de même que les Européens au moyen âge, la couleur dans leurs monuments. — Les amateurs de backchis ne vous laissent pas oublier à la citadelle de visiter le puits de Joseph, ainsi nommé du prénom de Saladin, qui le fit creuser. Ce beau puits, où l'on peut descendre par un escalier tournant, va chercher à travers la montagne le niveau du Nil, à quatre-vingt-treize mètres de profondeur. Il est destiné à fournir aux besoins de la garnison, dans le cas où l'aqueduc, qui amène l'eau du fleuve, viendrait à être coupé.

Comme place d'armes, cette citadelle est dans un pitoyable état. Les fortifications sont presque démantelées, et le peu de canons qu'elles possèdent sont de petit calibre.

Sans excepter le palais que Méhémet s'y est fait bâtir et une immense mosquée en construction, dont nous parlerons plus tard, ce qu'il y a de plus beau à la citadelle est incontestablement le coup d'œil qu'offre le Caire du haut de la terrasse principale. Ce panorama ne ressemble à rien de ce que nous connaissons. Les minarets, déjà si fins, si élégants par eux-mêmes, paraissent s'élancer avec plus de hardiesse encore dans les airs, lorsqu'on les aperçoit à vol d'oiseau au-dessus de cette fourmilière de maisons d'un seul étage et à toiture plate, sans autres monuments, sans places ni repos. Mais combien n'est pas plus beau encore que l'aspect de cet ouvrage des hommes le superbe spectacle qu'offre la nature ! Nous ne pouvons résister au plaisir de citer la magnifique page où M. Pariset a décrit ce tableau : « C'est
« surtout au sommet du Mokattan que l'on peut embrasser d'un
« regard ce grand ensemble d'objets, et, pour ainsi dire, toute
« la physionomie de l'Egypte ; et ces fertiles campagnes, qui
« s'étendent en s'élargissant du sud vers le nord ; et ces plaines
« de sable enflammé, qui paraissent fuir dans l'horizon ; et cette
« longue file de pyramides chargées de siècles, masses légères
« qui semblent nager dans l'espace ; et ce rempart ondulé de
« la chaîne Lybique, dont la crête inégale se dessine sur l'azur
« du ciel ; et ce grand ciel inondé de lumières ; et, dans le fond
« de la vallée, dans le centre de cette terre peuplée de souve-
« nirs, ce même Nil où se sont désaltérées les armées de Sésos-
« tris, d'Alexandre, de César, de Bonaparte ; ce rendez-vous de
« toutes les gloires du monde ; ce même fleuve qui, plein de
« majesté dans son lit sinueux, déploie lentement ses eaux étin-
« celantes de tous les feux du soleil. Tout est ravissant dans cet

« immense éden, tout, excepté les œuvres de l'homme, excepté
« les animaux qui le servent, excepté l'homme lui-même [1]. »

Lorsqu'on descend de la citadelle, on passe devant une masure gardée par quelques hommes en guenilles. Elle renferme un lynx, une hyène, deux lions et deux lionnes, enchaînés par le cou dans de vieilles cages aux grillages rouillés. C'est la ménagerie du vice-roi d'Egypte, dont les possessions s'étendent jusqu'au Kordofan.

En parcourant la ville, nous avons rencontré aujourd'hui une très belle fantasia. La circoncision, chez les musulmans, répond au baptême des chrétiens; elle a lieu vers l'âge de 6 à 8 ans. C'est une grande fête dans la famille, et le sujet, pour les personnes riches, d'une procession pompeuse appelée fantasia. La procession est ouverte par des joueurs de flûte, qu'accompagnent des cimbaliers montés sur des chameaux richement caparaçonnés. A leur suite, un homme porte, au bout d'une longue perche, des feuillages qui représentent un bouquet; un autre homme à côté porte, aussi en l'air, une sorte de coffre garni de cuivres dorés et de miroirs, insigne du barbier chargé de l'opération. Viennent après deux lutteurs vêtus d'un simple caleçon et tout couverts d'huile; puis, chose étrange, des *kohwals*, qui, de temps en temps, s'arrêtent pour exécuter quelques-unes de leurs danses impures, comme les lutteurs pour lutter. Suivent les femmes amies de la famille, vêtues de leurs habits de fête, de leurs couvre-visages ornés de perles et de pièces de monnaie d'or. Ces femmes poussent de temps à autre un cri bizarre, considéré comme un cri de joie, et jettent de l'eau de rose à la figure des passants, qui ne demandent pas mieux que d'en rire. Enfin, sur un cheval tout harnaché de velours rouge brodé d'or vient l'enfant, revêtu d'habits magnifiques. Deux serviteurs le soutiennent de chaque côté, pendant qu'un autre conduit le cheval au pas. L'enfant a toujours la bouche couverte d'un mouchoir, parce que les Orientaux regardent comme dangereux, lorsqu'ils ont une plaie quelconque, de respirer de mauvaises odeurs. La

---

[1] *Mémoire sur les causes*, etc.

procession ne se borne pas là. C'est la coutume des personnes pieuses qui le peuvent faire de doter et de marier quelques personnes pauvres pour célébrer la circoncision de leur fils. La mariée suit également le cortége, précédée de ses compagnes. Elle est couverte d'un grand voile qui, jeté sur sa tête, retombe jusqu'aux pieds et l'enveloppe entièrement. Deux amies dirigent sa marche en la tenant par les bras. Ce groupe de trois personnes chemine sous un dais flottant de toile de couleur, porté par quatre hommes. Les gens de peu de fortune suppriment les chameaux, les lutteurs, les kohwals; mais, lors même qu'on n'est pas en état de doter une fille, on loue des femmes pour figurer le mariage. Cet accompagnement indispensable de toute fantasia affirme le caractère presque impérieux qu'a la charité dans la religion musulmane.

CHAPITRE IV.

Mosquées. — Religion.

Le fanatisme musulman s'est beaucoup relâché. — Les chrétiens peuvent entrer dans les mosquées. — Politesse des Orientaux. — Dispositions d'une mosquée. — Les muezzim. — Beauté des mosquées du Caire. — Celle d'Hassam. — Tombe des princes mahométans. — Mosquée de Teyloun. — Celles d'Amrou et d'El-Azhar. — Méhémet-Ali en fait construire une tout en albâtre, dans la citadelle. — Délicieuse richesse de détail dans l'architecture arabe. — Délabrement des édifices religieux. — Alliance de la familiarité et du respect en Orient. — Prière des musulmans. — Ils prient en tous lieux. — Caractère hygiénique des ablutions. — Les mahométans sont très superstitieux. — Amulettes. — Penchant de l'homme pour la pluralité des dieux. — Santons. — Les idiots déifiés. — La canonisation musulmane. — Fontaine attachée aux tombeaux des santons. — Différentes fontaines. — Eau distribuée gratis. — Quelques mahométans commencent à douter. — Écoles gratuites et communes attachées à toutes les mosquées. — Méthode d'enseignement moderne, pratiquée, depuis des siècles, par les Arabes. — Collège central d'El-Azhar. — Routine. — Personne ne comprend plus l'arabe du Coran. — Les Orientaux qui savent lire et écrire sont des exceptions. — L'arabe parlé, l'arabe épistolaire et l'arabe littéraire. — Uléma. — Les prêtres musulmans. — Corps des ulémas en Égypte. — Vénération des musulmans pour les tombeaux. — Le cimetière d'Alexandrie déplacé. — Derviches hurleurs. — Haut esprit de raison déployé par le chef des hurleurs. — Les derviches hurleurs sont des moines mendiants. — Ils sont répandus dans toutes les contrées musulmanes. — Leur pauvreté. — Grotte de la Vierge. — Chapelle copte. — Les Coptes fort illettrés. — Leur foi chrétienne mêlée d'islamisme. — Les femmes coptes et arméniennes tenues dans l'abaissement du harem. — Erreur sur l'action du christianisme. — Ce sont les prêtres coptes qui font les eunuques. — Les Coptes ont des esclaves. — Les nations catholiques les plus éclairées d'Occident ont des esclaves. — Églises coptes. — Couvent de la Poulie. — Mendicité acharnée. — Les coptes ne sont pas les descendants directs des anciens Égyptiens. — Les différents cultes librement pratiqués dans l'empire du croissant. — Les lazaristes construisent une église à Alexandrie.

Les musulmans ont conservé pour les chrétiens un vif sentiment de haine, parce qu'ils sont encore très religieux; ils n'ont pas oublié non plus les guerres iniques que nous sommes allés leur faire lors des croisades; mais il faut convenir cependant que leur ancien fanatisme s'est beaucoup relâché. Ils peuvent aujourd'hui coudoyer un Franc sans éprouver un mouvement de colère ou de mépris, et rien ne nous est plus facile que de pénétrer à présent dans les mosquées, dont il n'y a pas fort longtemps l'approche nous était interdite sous peine de mort. Il suffit pour cela d'être accompagné d'un cawa [1]. Ceux même qui prient ne sont nullement scandalisés de la présence des curieux et les regardent à peine. La seule obligation qui soit imposée aux étrangers est celle de quitter leur chaussure, comme font tous les musulmans, ou bien de l'envelopper dans des mouchoirs.

Il y a entre la manière dont les Orientaux font leurs politesses et la nôtre la différence de la tête aux pieds. Ils ôtent leurs souliers, comme nous ôtons notre chapeau, chaque fois qu'ils entrent quelque part. Cela tient à ce que n'ayant pas adopté l'usage des chaises, ils s'asseyent partout sur les divans, les nattes ou les tapis; aussi portent-ils dans leurs souliers, dont ils ont presque toujours le quartier abattu, des chaussons de cuir doux. Le plus ordinairement les souliers sont rouges et les chaussons jaunes. En Turquie, la chaussure jaune était interdite aux rayas avant la dernière réforme.

Toutes les mosquées sont bâties sur un plan uniforme, et diffèrent entre elles, sous ce rapport, moins encore que nos cathédrales et nos églises.

Une mosquée est composée de deux parties; la première est une belle cour carrée, entourée d'un portique couvert, au milieu de laquelle se trouve une grande fontaine destinée aux ablutions. De cette cour on passe dans la mosquée proprement dite, dont

---

[1] Le cawa est une espèce d'archer, d'huissier, attaché au service des ministres, des pachas, des hauts fonctionnaires, des ambassadeurs et des consuls. Ils introduisent, ils précèdent leurs maîtres en marche, ils portent leurs ordres, et, bien que dans une demi-domesticité, ils les représentent lorsqu'ils agissent dans l'exercice de leurs fonctions. On les reconnaît d'une manière infaillible à leur tournure caractéristique, à leur ceinture de cachemire, toujours garnie de deux et parfois de quatre pistolets, et enfin à une petite canne qu'ils ne quittent jamais, et avec laquelle ils frappent impitoyablement les gens du peuple. Tous les cawas, en Égypte, sont Turcs.

la porte n'est généralement qu'une portière en tapisserie. En face de l'entrée, et prise dans l'épaisseur du mur, on voit une petite niche vide; elle indique la direction précise de l'orient, de la Mecque. Pour prier, les fidèles doivent toujours se tourner vers l'orient. A la gauche de cette niche, est une chaire uniformément construite comme une échelle de peintre, avec cette seule différence que la rampe est en boiserie pleine. L'iman (le prêtre) monte l'escalier droit; quand il est arrivé sur la petite plateforme, il se retourne, et de là prêche et prononce les prières communes. Au milieu de la mosquée, il y a une tribune carrée, élevée sur quatre pilastres, où l'on répète les avertissements et les annonces d'oraisons parties de la chaire, car la foule, quelquefois répandue jusque dans la cour extérieure, ne peut pas toujours entendre le prêtre.

Chaque mosquée possède un ou plusieurs minarets (jamais plus de sept), du haut desquels les *muezzim* appellent trois fois par jour les fidèles à la prière en se plaçant successivement aux quatre points cardinaux. Il faut le dire, la voix humaine des minarets produit bien moins d'impression que la voix de bronze de nos clochers. Froide, sans passion, indifférente, c'est à peine si elle fait descendre jusqu'à terre quelques sons monotones et nasillards.

Les mosquées du Caire, dont le nombre s'élève, dit-on, à quatre cents, sont d'une beauté que les voyageurs artistes n'ont pas exaltée sans raison; les Arabes y ont jeté à profusion les plus délicates fantaisies de leur délicieux génie architectonique. La hardiesse et la grâce, aussi bien que l'inépuisable et ravissante abondance des détails, caractérisent au plus haut degré ces monuments. Aucun peuple à aucune époque n'a produit des œuvres d'architecture plus élégantes que celles des Arabes. Nous avons particulièrement admiré dans la mosquée d'Hassam, bâtie en 1354 par le sultan Hassam, le dôme de la grande salle où est déposé son tombeau. Les encoignures de ce dôme sont revêtues jusqu'au faîte de grands ornements en bois sculpté et peint, d'un goût véritablement merveilleux. Quand nous disons le tombeau, c'est plutôt la bière qu'il faudrait dire. Le corps des princes mahométans n'est jamais renfermé que dans un catafalque en forme de bière, que l'on place au milieu d'une chambre tapissée, et sur lequel on étend de magnifiques châles de cachemire. Le catafalque d'Hassam, au lieu d'un châle, est couvert du vieil étendard de ce sultan.

La mosquée de Teyloun, bâtie en 876, est une miniature en pierres, véritable type de l'architecture locale ; les arabesques sculptées et coloriées qui couvrent ses murailles lui donnent une richesse extraordinaire. Les vitraux de celle de Ghoury sont d'une perfection égale aux vitraux les plus parfaits de nos vieilles cathédrales, et montrent combien le peuple des califes excellait dans tous les arts.

La plus ancienne et la principale mosquée du Caire, celle qui tient lieu de nos églises métropolitaines, a été construite, l'an 21 de l'hégire (641 de notre ère), par Amrou, dont elle porte le nom. Amrou, lieutenant d'Omar, conquit l'Égypte en 644 et y répandit l'islamisme avec l'ardeur de propagande qui animait les premiers conquérants arabes. Amrou déploya dans sa construction religieuse un luxe inouï ; elle est soutenue par 366 colonnes de marbres variés, avec des chapiteaux tous d'un dessin différent. El-Azhar, fondée plus tard, en 981, est plus vaste encore ; la voûte pose sur 380 colonnes. Placé à certains points de vue, le spectateur croit apercevoir une forêt d'arbres pétrifiés.

Méhemet-Ali fait construire dans la citadelle du Caire une mosquée où il semble avoir eu pour principal but d'atteindre à des proportions plus gigantesques. Commencée depuis vingt-cinq ans, elle ne semble pas prête d'être achevée avant le même nombre d'années. Elle est tout entière d'albâtre égyptien ; il n'existe rien de plus laid que le style indéfinissable de ce monument où le rococo se mêle à l'antique abâtardi ; et cependant les dimensions sont si vastes, l'albâtre est répandu partout en colonnes et en revêtements avec une telle prodigalité, que l'ensemble est imposant.

Sauf les beautés architecturales tenant aux murs, si l'on peut dire, les mosquées n'ont jamais d'autres décorations que la chaire, la tribune et la fontaine; mais les Arabes ont jeté dans ces accessoires des trésors de grâce et d'imagination. Ils sont arrivés dans la ciselure et le coloriage des boiseries à des effets enchanteurs. Nous citerons, entre autres, la chaire de Hassan-Ed (où se trouve le tombeau de Mohammed-Ali), ornée d'une sorte de mosaïque en relief, coloriée avec un mélange de teintes vert, rouge, jaune, lilas et blanc; il est impossible de rien imaginer de plus gracieux et de plus élégant.

On est douloureusement frappé, en visitant les mosquées, de l'état de délabrement où elles se trouvent. Mal tenues, malpropres, tout y est cassé, déchiré; elles semblent abandonnées à la destruction, et l'on est tenté de juger les musulmans fort indifférents pour leurs temples. Les magnifiques vitraux de Ghoury sont brisés en grande partie, et laissent tomber la pluie sur les éblouissantes mosaïques du pavé et sur le catafalque du sultan Ghoury, sans que personne paraisse s'en apercevoir. La pauvreté excessive à laquelle Méhémet-Ali a réduit les mosquées en s'emparant de tous leurs biens n'est pas la seule cause d'aussi déplorables désordres: on les attribue à un sentiment religieux exagéré. Les mahométans craignent de violer la pureté du monument en le réparant, et, de peur de le profaner, ils n'osent y toucher qu'au moment où il va crouler.

Quelles bizarres contradictions peuvent passer par la tête de l'homme! C'est ainsi que, dans ces lieux tant vénérés et consacrés au recueillement de la prière, il n'est pas rare de rencontrer au milieu du jour des gens qui causent, qui mangent et même qui dorment étendus sur les tapis ou les nattes dont le sol est couvert. Les enfants viennent jouer sous les portiques de la cour, près de la fontaine, et leurs cris joyeux, toujours mêlés, hélas! aux larmes de leurs grandes petites querelles, pénètrent bien souvent au fond du sanctuaire. Par un mélange singulier d'idées, le sans-façon le plus familier s'allie, en Orient, jusque dans la maison de Dieu, avec le plus profond respect.

La prière des musulmans se fait debout avec de continuelles génuflexions et des prosternements qui vont jusqu'à terre; c'est un véritable exercice gymnastique qui doit entretenir une salufaire élasticité dans toutes les articulations. On explique par l'usage de baisser le front jusqu'au sol lorsqu'on prie l'exclusion de toutes coiffures à visière, bien que des visières fussent très utiles en Orient pour préserver l'œil de l'ardente action du soleil. Dira-t-on que les mahométans auraient pû prendre l'habitude d'ôter leurs coiffures pour faire leurs oraisons? Nous rappellerons que le prophète commande à tous ses sectateurs d'avoir la tête rasée. Mahomet donnait des lois à des tribus nomades, et aucune mesure de propreté n'était superflue.

Les musulmans doivent obligatoirement prier cinq fois par jour : au lever du soleil, à midi, à trois heures, au coucher du soleil, et enfin deux heures après. Le moment venu, ils prient chez eux ou hors de chez eux, dans la rue ou en plein champ, et rien alors n'est capable de les distraire. Comme ils sont sincèrement religieux, ils ne mettent aucune affectation ni à se montrer ni à se cacher: partout où ils se trouvent, devant tout le monde, ils se prosternent, sans faire attention à personne, sans croire qu'on puisse faire attention à eux. Toutefois, jamais ils ne peuvent se présenter devant Dieu sans être purs, c'est-à-dire sans s'être lavé le visage, la bouche, les narines, les oreilles, la barbe, le cou, les mains et les pieds. C'est pour obéir à cet ordre formel et détaillé du Coran qu'il y a une fontaine dans toutes les mosquées. On ne peut méconnaître le caractère hygiénique de cette prescription, et il ne faut pas habiter longtemps ces plaines brûlées et sablonneuses pour admirer la sagesse du législateur arabe.

Puisque les musulmans sont très dévots, il est inutile de dire qu'ils sont très superstitieux. Il n'y a guère de mahométan qui ne porte sur lui quelque amulette renfermée dans un petit étui de cuir brodé avec recherche. D'ordinaire ces talismans consistent en sentences du Coran, tracées sur un morceau de papier, et il y a beaucoup de gens qui, sans autre profession que celle d'écrivains d'amulettes, gagnent fort bien leur vie. Il existe aussi parmi les musulmans des pratiques purement machinales, comme celle, par exemple, de donner une ou deux piastres mensuelles à un homme pour qu'il vienne tous les matins réciter chez eux quelques versets du Coran, de même que parmi nous un prêtre asperge la maison d'eau bénite à certaines époques.

Bien que le principal dogme du Coran soit l'unité de Dieu, bien que ce soit là le point saillant, essentiel de la réforme religieuse de Mahomet, il n'est pas parvenu à détruire le penchant naturel qu'éprouve l'homme pour la pluralité divine sous une forme quelconque. Les musulmans ne croient qu'à un seul Dieu, mais ils n'ont pu s'empêcher de se créer des intermédiaires entre lui et eux : ils se sont fait des saints qu'ils prient, comme nous prions les nôtres, d'intercéder pour le salut de leur âme.

Les santons (les saints de l'islamisme) sont des hommes qui se distinguèrent pendant leur vie par leur piété et leur sagesse ; mais ce sont surtout des malheureux qui furent privés de la raison. Mahomet, avec l'admirable sentiment de bonté qui éclate à chaque page de son livre, recommande le respect des insensés. La superstition, selon son usage, pousse le précepte à l'extrême et déifie les fous. Les musulmans montrent tous la plus grande déférence pour ces infortunés, comme il arrive encore dans le Valais et dans plusieurs provinces de France ; ils supposent que leur âme, leur intelligence a déjà obtenu la grâce de quitter le corps pour se réunir à l'Être suprême. Ces pauvres gens, souvent presque nus, ou vêtus avec extravagance, entrent-ils dans un café, le maître leur donne la pipe et une tasse, et les assistants tolèrent sans plainte qu'ils mêlent à la conversation leurs folies et leurs bavardages déréglés. Les femmes surtout ont pour eux une vénération extrême ; on les voit dans les rues, et particulièrement à la porte des mosquées, où l'on dépose quelquefois de véritables idiots, toucher ceux des membres de ces infortunés qu'elles ont elles-mêmes malades, dans l'espoir d'obtenir guérison par ce contact ; celles qui sont frappées de stérilité poussent la dévotion jusqu'à un point impossible à dire.

Lorsqu'un santon meurt, s'il a fait beaucoup de miracles pendant sa vie, quelques individus reconnaissants, ou sa famille elle-même, élèvent sur sa tombe un petit dôme où l'on vient prier et faire des dévotions. On remarque dans tous les cimetières, et quelquefois isolés au milieu des campagnes, sur les bords des chemins, beaucoup de ces petits dômes, tous pareils.

La canonisation musulmane n'a pas, comme celle du christianisme, de règles fixes ni de formalités : c'est la voix publique qui la décrète, c'est l'érection du dôme qui la constate. Les ministres de l'islamisme ne la reconnaissent pas, mais ils se croient obligés de céder à l'entraînement général, et la tolèrent. Le sépulcre d'un santon ne porte d'ailleurs aucune inscription : le nom se transmet traditionnellement dans la localité, et l'étranger sait seulement que là est un être privilégié qu'il peut invoquer.

Un santon est du moins utile après sa mort. A sa tombe est toujours attachée une fontaine où viennent se désaltérer les passants. Ces fontaines sont plus ou moins belles, selon la richesse du fondateur. Il y en a qui consistent simplement en trois ou quatre grandes jarres entourées d'un massif de maçonnerie, dans lesquelles on puise avec une tasse de fer-blanc, ou même avec un pot de terre placé sur le bord. En voyant ce petit pot livré ainsi à la foi publique et toujours respecté, je n'ai pu m'empêcher de faire réflexion que, dans notre pays, il serait bien vite cassé par un *gamin*, ou volé par un homme.

Quelquefois ce sont deux ou trois becs de biberon en cuivre qui sortent d'une tablette de marbre scellée dans le mur d'un réservoir, et que l'on tette comme un enfant prend le sein de sa mère. L'usage des musulmans de se passer leur verre ou leur pipe rend ces biberons communs moins choquants qu'ils ne nous le paraîtraient; et, quant à boire dans le même verre, nous ne pouvons oublier que c'était encore un honneur chez nos ancêtres, il n'y a pas trois siècles.

Dans les villes, et au Caire surtout, on compte beaucoup de fontaines d'une beauté et d'une richesse extraordinaires. Elles remontent à la plus belle époque de l'architecture arabe. Des fondations pieuses permettent d'entretenir un gardien qui remplit constamment de belles tasses en cuivre à mesure que les passants les vident en les prenant sur une table de marbre, où elles sont déposées.

L'eau, dans ces contrées brûlantes, et surtout chez les musulmans qui ont le bon sens de ne boire aucune liqueur fermentée, est un véritable bienfait que l'on ne saurait trop prodiguer. Les mosquées et les personnes charitables en font largesse au peuple, et l'on rencontre souvent dans les bazars et les rues des distributeurs d'eau gratis. Chargés d'une grande outre dont l'ouverture est sous leur bras, ils remplissent alternativement deux tasses de fer-blanc ou de cuivre qu'ils donnent à tous ceux qui s'approchent, en répétant à chaque coup des versets du Coran. L'outre se vide rapidement sans confusion ni dispute; ce qui n'est pas, surtout pour nous autres Français, la partie la moins curieuse de cet usage. Chacun attend à son tour avec patience. Il est vrai que les Orientaux paraissent n'avoir qu'une notion très imparfaite de la valeur du temps; ils le consomment ou le perdent avec une complète indifférence.

Pour revenir à la question religieuse, disons que la lumière commence à poindre même dans l'islamisme; la fréquention des Européens éclaire peu à peu les mahométans; déjà quelques-uns doutent, et nous en avons vu d'autres rire de ceux qui pratiquaient. Il n'y a encore, il est vrai, rien de bien avancé; cependant la brèche est faite. Nous souhaitons qu'elle s'agrandisse, car le rapprochement nécessaire entre l'Orient et l'Occident en deviendra d'autant plus facile. Il y a assez longtemps que les haines inséparables de la diversité des religions déchirent le monde; l'heure n'est-elle pas venue de jeter enfin les bases de la seule bonne religion, celle de la fraternité universelle?

A toutes les mosquées sont attachées des écoles où l'on reçoit indistinctement et gratuitement quiconque se présente. Plusieurs mosquées même avaient autrefois des bâtiments où les élèves du dehors trouvaient le gîte et la nourriture. La manière dont les enfants apprennent par cœur est assez curieuse : maîtres et élèves, accroupis en cercle, répètent les versets du livre sacré avec une sorte de chant rhythmé en se balançant de droite à gauche ou de devant en arrière. Cette méthode a pour but d'empêcher, par une certaine agitation donnée au corps, les enfants de s'ennuyer et de s'endormir. On voit que les Arabes ont eu depuis des siècles l'idée qui, de nos jours seulement, a fait mêler de la musique et de petites évolutions aux leçons des écoles primaires et des salles d'asile en France et en Angleterre.

La mosquée d'El-Azhar est plus particulièrement célèbre pour l'instruction supérieure qu'on y reçoit. C'est une sorte de collége où l'on enseigne la grammaire et la philosophie, outre la théologie et le droit, qui se confondent dans le mahométisme, puisque le Coran est tout à la fois la loi civile et religieuse. Les classes se tiennent dans la mosquée même. On voit répandus çà et là, au milieu des gens qui viennent faire leurs dévotions, des groupes de douze ou quinze personnes, couchées ou assises sur les tapis à l'entour d'un vieillard. Ce sont les disciples avec le professeur.

La tradition de l'éducation commune et gratuite s'est encore conservée, mais elle a subi l'influence des circonstances fatales qui enlevèrent aux Arabes leur couronne intellectuelle; la routine y étouffe l'esprit. On n'enseigne plus dans les écoles musulmanes, en Egypte comme en Turquie, qu'à réciter machinalement le livre sacré; les études n'y sont qu'une vraie scholastique vide et sans portée. L'intelligence est partie; et ce Coran, qui est tout pour eux, ils l'apprennent dans sa lettre primitive, de sorte qu'ils ne le comprennent pas plus que nos femmes ne comprennent la messe qu'on leur fait chanter en latin. Sous ce rapport, les Egyptiens n'ont aucun avantage sur les Turcs : l'arabe du Coran est à l'arabe d'aujourd'hui ce que la langue romane est à la langue française; il n'y a pas moins de différence. Les philologues les plus érudits le peuvent seuls expliquer.

L'enseignement des mosquées est si imparfait, et tout à la fois l'incurie des parents si complète, que, malgré la permanence des écoles gratuites, les Orientaux qui savent lire et écrire peuvent être regardés comme des exceptions, et ceux qui le savent ne savent guère autre chose. Un livre parmi eux est une rareté; dans les bazars, où l'on trouve tout, je n'ai pas souvenir d'en avoir vu un seul.

Un grand obstacle à l'éducation vient, il est vrai, de ce que la langue arabe littéraire a retenu tant de mots de ses origines diverses, qu'elle diffère entièrement de l'arabe parlé. L'Egyptien qui veut s'instruire est en quelque sorte obligé d'apprendre deux langues, et l'on pourrait dire trois, car la langue épistolaire a encore des nuances très tranchées comparativement aux deux autres. Celui-là dont le génie serait assez puissant pour rétablir une unité deviendrait le bienfaiteur de toutes les populations qui parlent arabe. Où est à présent le Dante égyptien qui donnera la première impulsion, en composant un poème en langue vulgaire? Introduire l'usage d'écrire comme on parle serait assurément une des premières entreprises d'un prince qui aimerait l'Egypte.

Toutes ces observations peuvent aussi s'appliquer à la Turquie, car la langue turque a de plus grands vices encore que la langue arabe; il faut, pour l'écrire, savoir le persan et l'arabe : être presqu'un savant.

Les individus qui poursuivent les études assez bornées que l'on fait dans les mosquées obtiennent, lorsqu'ils ont atteint un certain degré d'instruction, le titre générique d'uléma, qui les rend aptes à remplir toutes les fonctions sacerdotales ou judiciaires, celles de mufti (docteur de la loi), de cadi (juge), de cheik et d'iman (prêtre). Les mufti, les cadi, les cheiks et les imans, sont donc toujours des ulémas.

Les prêtres musulmans n'ont point un caractère aussi sacré que les nôtres. Tout uléma peut devenir iman, lorsqu'une mosquée se l'attache; mais, quitte-t-il la mosquée, il perd avec la place le titre d'iman et la qualité de prêtre. Les imans au surplus disent simplement à la mosquée la prière aux heures consacrées, et prêchent quelquefois; hors de là, ils vivent dans la société générale sans distinction, ne portent point de costume particulier, peuvent se marier, et, comme leurs fonctions sont assez mal rétribuées, ils exercent même souvent un état.

Le corps des ulémas-prêtres était autrefois aussi redoutable en Egypte qu'il l'est toujours en Turquie; outre son action sur l'esprit d'un peuple religieux, fanatique et ignorant, il disposait de grandes richesses territoriales, données aux mosquées par la superstition des croyants. Méhémet-Ali a su mettre les ulémas dans sa dépendance en s'emparant de vive force de tous leurs biens, et en se chargeant de les rétribuer lui-même. Grâce à ce coup hardi, les prêtres n'ont plus que leur influence religieuse, dont le vice-roi dispose à son gré, puisque c'est lui qui paie. Ils font ce qu'il veut, et leur ministère sacré est à ses ordres. Citons-en un exemple assez curieux. Pour le faire comprendre, nous sommes obligé d'exposer quelques points préliminaires :

Les musulmans s'occupent très peu des morts; rarement, dans leurs cimetières, on voit quelqu'un prier ou pleurer; mais ils regardent les tombes comme sacrées; ils n'ont pas le culte, mais le respect des morts, pourrait-on dire. Le prophète, tout en éloignant la vanité des sépultures, tout en défendant qu'on y mît aucune inscription, qu'on y écrivît même le nom du décédé, a recommandé en même temps pour elles une grande vénération. L'homme enterré, quel qu'ait été son rang dans le monde, garde à perpétuité le terrain qu'il occupe ; sa demeure dernière est sacrée, à quelque état de délabrement qu'elle arrive. Cet excès d'hommage aux morts ne va pas à moins qu'à leur livrer toute la terre. On a bien fait, à la vérité, des tombes communes dans lesquelles on range les cadavres à côté les uns des autres ; mais les champs de repos, malgré cette précaution, occupent encore, près des villes, des espaces immenses.

Lorsqu'Alexandrie prit de l'extension, elle ne tarda pas à toucher les cimetières qui l'entouraient, et s'y trouva arrêtée dans son accroissement. Méhémet-Ali, qui n'est point assez religieux pour avoir des préjugés de cette sorte, voulut que les morts cédassent aux vivants la place dont ceux-ci avaient besoin. Ce fut une grande affaire. Un pareil acte, une semblable profanation devait blesser profondément toute la population. Pour éviter un scandale inutile, le vice-roi chargea les ulémas de trouver dans le Coran un verset qui permît le déplacement des cadavres. Les prêtres de Mahomet trouvent tout ce qu'ils veulent dans le Coran ; ils découvrirent aussitôt d'excellentes raisons pour autoriser religieusement une violation de la loi religieuse, les consciences furent rassurées, et la ville prit ses dimensions naturelles en parfaite liberté.

Toutes les religions ont donné naissance à des sectes plus ou moins éloignées de leur origine ; l'islamisme a les siennes, nombreuses comme celles du christianisme, et souvent aussi bizarres.

Sous ce dernier point de vue, les derviches *hurleurs*, qui ont un couvent au vieux Caire, méritent une mention particulière. Nous les avons trouvés, au nombre de vingt-cinq ou trente, dans une salle ronde voûtée, parquetée, et peinte fort simplement en blanc. Pas de chaire, pas de tribune, comme dans les autres mosquées ; aucune décoration : seulement, la petite niche, symbole de la Mecque, est entourée d'étendards et de quelques vieilles armes, souvenirs des exploits guerriers de la secte.

Les derviches permettent à tout le monde d'assister à leurs exercices, qui ont lieu deux fois par semaine, et, comme s'ils comptaient sur les curieux, une petite balustrade, régnant à l'entour de la salle, réserve à leur usage une place séparée.

Les derviches, pour prier, impriment à la tête et au corps un mouvement de droite à gauche ou d'avant en arrière, en poussant tous ensemble un cri d'un rhythme monotone et sauvage. Les mouvements et le chant, commencés d'abord avec lenteur, s'accélèrent peu à peu jusqu'à un état de paroxysme effrayant ; le corps se plie jusqu'à terre, les yeux sortent de leur orbite, la tête acquiert un balancement si rapide qu'elle semble se détacher du cou ; la poitrine haletante ne laisse plus échapper qu'un rugissement inarticulé, nerveux, rauque, d'où les derviches hurleurs tirent leur nom. Ces cruels exercices, exécutés tantôt à genoux, tantôt debout, sont dirigés par un chef qui en indique les phases successives. Une musique, composée d'un tambour et d'une flûte de bambou, ajoute encore à l'étrangeté du spectacle. Elle s'anime avec le groupe, et, pendant que le tambour précipite son bruit peu à peu avec une violence fébrile, la flûte monte jusqu'à l'aigu le plus aigre, où elle se soutient tant que dure la fureur de ceux qu'elle accompagne.

C'est évidemment là une religion d'hiver, et l'on est surpris qu'elle ait pu prendre naissance dans un pays chaud.

Quand la *prière* est achevée, les derviches rentrent instantanément dans un calme prodigieux ; ils essuient leur visage ruisselant de sueur, reprennent les robes de dessus, dont ils se sont dépouillés à mesure qu'ils s'échauffaient, ramassent leurs coiffures qui ont roulé au loin, et sortent un à un après avoir embrassé le supérieur, et s'être ensuite embrassés réciproquement, en signe de fraternité.

On s'éloigne de ce lieu sans autre impression que celle de la stupeur ; ni le dégoût ni le rire ne vous peuvent atteindre ; tant ces insensés mettent de gravité et de véritable sentiment religieux dans leur farouche manière de rendre hommage à Dieu. On s'étonne, on rêve à la débilité de l'intelligence humaine, on les plaint ; mais il est impossible de les mépriser.

Après la séance, le supérieur nous a engagé à entrer chez lui, où le suivirent quelques autres personnes. Pendant les cérémonies de la pipe et du café, il a fait venir la musique pour *récréer* l'assistance. On a causé ensuite et nous avons été frappé du haut esprit de raison qu'a déployé cet homme qui venait de se montrer si peu raisonnable. « Peu importe, disait-il, le « mode d'adorer le Créateur, pourvu qu'on l'adore en âme et « en vérité ; chaque peuple, chaque secte à sa méthode, et elles « sont toutes bonnes, pourvu qu'on soit sincère en la pratiquant. « Quant à moi, ajoutait-il, je ne reconnais qu'un seul Dieu, « père unique des chrétiens, des juifs comme des musulmans, « et je pense que tous les hommes formeront un jour une même « famille. » Sur quoi il nous a tendu la main avec effusion. Celui qui prêchait ainsi la tolérance et la fraternité au nom de Mahomet était un homme jeune encore, d'une rare beauté de visage, élevé à Bagdad, et envoyé de Perse en Égypte par le chef suprême des hurleurs, pour y diriger le petit couvent qu'ils possèdent au village du vieux Caire.

La difficulté de s'expliquer par interprète ne m'a pas permis de recueillir des renseignements bien exacts sur ces derviches, et je n'en ai pas trouvé dans les livres. Il paraît que ce sont des moines mendiants et voyageurs, qui s'en vont prier Dieu par le monde en hurlant. Il y avait trois Persans parmi ceux que nous avons trouvés rassemblés au vieux Caire. Les résidants vivent dans un monastère où ils sont libres, sans costume déterminé et occupés de travaux manuels et agricoles. Outre ceux de leurs frères qui passent, ils nourrissent et logent aussi beaucoup de pauvres, mais ils demandent aux valides quelques journées de travail à leurs champs pour récompense. Il y a aussi des hurleurs qui vivent en ville et ne se réunissent aux moines qu'à l'heure de la prière. Cette secte, répandue et tolérée dans toutes les contrées soumises à l'islamisme, ne se recrute guère que dans les classes pauvres, du moins s'il faut en juger par le misérable costume de tous ceux que nous avons vus en Egypte et en Turquie. Leur couvent du vieux Caire est une véritable masure. Les derviches *tourneurs*, dont nous parlerons à Constantinople, sont au contraire fort riches.

Nous ne devons pas omettre de mentionner comme curieux monument de religion la *grotte de la Vierge*, qui se trouve aussi au vieux Caire. Au fond d'une ruelle étroite, dans une maison délabrée, on vous conduit à une petite caverne noire et sale, décorée d'un petit autel plus sale encore que la caverne. C'est là que la sainte Vierge et saint Joseph se seraient cachés lors de la fuite en Egypte !... Il y aurait d'abord à prouver que la fuite en Egypte n'est pas un fait apocryphe. Il est bien difficile de penser que l'histoire n'eût conservé aucune trace d'un évènement aussi considérable, aussi effroyable que le serait celui d'un massacre des innocents, et il est digne de remarque que, même parmi les évangélistes, saint Matthieu seul en fasse mention.

Au premier étage de la maison construite sur la grotte de la Vierge, dans une pièce fort étroite, est une chapelle copte où l'on dit la messe devant un autel assez piètrement orné de mauvais tableaux dans le style byzantin. Nous avons fait demander au prêtre du lieu, sorti de sa chambre pour nous voir, si ces peintures étaient à l'œuf ou à l'huile; il nous a répondu avec beaucoup de calme : « Le peintre qui les a faites le sait. » Tous les prêtres coptes sont de cette force. Si les hommes de cette secte chrétienne ont quelque réputation de lettrés, cela tient à ce qu'ils possèdent sur le reste de la nation l'avantage de savoir lire, écrire et faire une addition, rien de plus.

Les Coptes, dont on évalue le nombre à 150,000 répandus sur toute la surface de l'Eglise, sortent de l'hérésie d'Eutychès. Ils croient qu'il n'y a point deux natures en Jésus-Christ, et qu'en lui la nature humaine a été absorbée par la nature divine. Il s'est répandu beaucoup de sang sur cette logomachie. On sait que les Coptes, opprimés par la puissance impériale et spirituelle de Byzance, aidèrent eux-mêmes Amrou à s'emparer de l'Egypte, dans l'espoir de recouvrer leur indépendance religieuse. Sauf la question des deux natures, les Coptes sont d'assez bons catholiques. Ils croient à la Vierge, *Mère de Dieu*, pratiquent la confession, ont le culte des images et disent la messe ; seulement ils la disent en copte, langue perdue pour eux comme pour tout le monde. Ils ne reconnaissent pas le pape, et leurs prêtres se marient; mais leur hiérarchie sacerdotale est semblable à la nôtre et placée sous la juridiction d'un patriarche électif. Leur foi, du reste, est un peu mêlée d'islamisme. Ils se font circoncire, ils quittent leurs chaussures pour entrer dans leurs églises, ils doivent faire une fois en leur vie un pèlerinage à Jérusalem, comme les mahométans à la Mecque. Ils sont monogames, il est vrai ; mais ils épousent souvent des filles de huit à neuf ans, et exigent de leur femme la soumission la plus aveugle.

La femme copte sert à table son mari, qui mange seul; elle est toujours à ses ordres et les attend debout comme une esclave, jusqu'à ce qu'il lui dise de s'asseoir; elle est tenue dans l'abaissement du harem, non moins que la femme musulmane; elle ne sort jamais sans avoir le visage soigneusement voilé; même à l'église, elle est séparée des hommes et placée derrière; enfin son éducation est absolument nulle. Les Coptes ont bien des écoles pour les garçons, mais pas pour les filles.

Les Arméniennes ne sont pas mieux traitées que leurs sœurs coptes.

L'opinion vulgaire et sans critique qui attribue au christianisme l'émancipation relative des femmes ne tient pas compte du rôle servile des chrétiennes en Orient, de même qu'en attribuent les progrès de l'Europe au catholicisme on oublie que les chrétiens d'Orient sont restés dans la barbarie, et que l'Espagne et l'Italie, du moment où elles s'isolèrent du mouvement général des esprits pour s'abandonner à la seule direction religieuse, tombèrent dans la décadence scientifique, littéraire et industrielle.

Le Copte blâme, au nom de sa religion, les mahométans d'avoir plusieurs femmes, mais il n'a pas honte de fournir les eunuques qui gardent les harems. En Egypte, ce sont des négociants coptes exclusivement qui se livrent à cet exécrable commerce, et ce sont plus particulièrement les prêtres coptes qui pratiquent l'horrible mutilation. Ils apprennent à faire cette infâme opération, il faut bien l'avouer, en même temps qu'à dire la messe.

Les principes de l'Evangile n'empêchent pas non plus les Coptes d'avoir des esclaves tout comme les musulmans. Au reste, il ne faut pas aller en Orient pour voir des chrétiens mettre leurs frères en servitude. Les nations catholiques d'Occident les plus éclairées tiennent des nègres en un dur esclavage dans leurs possessions d'outre-mer. Les créoles français qui passent le dimanche à l'église emploient toute leur intelligence, toutes leurs intrigues, tous les moyens imaginables de corruption pour garder les malheureux ilotes que la philanthropie veut leur arracher, et ils sont soutenus dans cette abominable entreprise par le clergé des colonies, qui a aussi des esclaves, et qui les fait fouetter ! On ne peut rappeler sans douleur que l'archevêque de Paris, M. Affre, sollicité par la société d'abolition, de s'associer à ses généreux travaux, a eu l'inconcevable courage de refuser itérativement tout concours.

Les églises coptes sont toutes bâties sur un plan uniforme et pareil à celui des églises grecques. Au fond est le sanctuaire entièrement fermé, privé de jour et n'ayant qu'une porte qui laisse voir un autel ou plutôt une petite table simplement couverte d'un tapis. Le chœur est séparé, par un grillage en bois, de la nef, qui est elle-même coupée en deux par un autre grillage transversal. Nous indiquions tout à l'heure l'usage de cette seconde séparation : dans la première partie se tiennent les hommes, les femmes dans la seconde.

Les Coptes ont aussi des couvents; nous avons visité à Yabal-el-Teir (Moyenne-Égypte), celui de la Poulie, situé sur la crête d'un prolongement de la chaîne Arabique. Ce couvent tire son nom d'une poulie qui, du haut de la montagne taillée à pic, lui permettait autrefois de puiser de l'eau dans le fleuve. C'est un assemblage informe de vieilles et mauvaises constructions en briques crues. On avait la pierre sous la main, on n'a pas même su l'employer.

Les règles monastiques des Coptes doivent être, selon toute apparence, fort peu sévères; du moins avons-nous vu là des hommes entourés de femmes et d'enfants, portant tous le costume du pays, ayant le même aspect de misère que les fellahs, et paraissant aussi incultes. Il nous a fallu croire sur parole un individu à longue barbe et à robe déchirée, qui s'est dit moine, et qui s'est chargé de nous montrer l'église. Cette église est une sorte de crypte portant sur quatre grosses colonnes, où l'on arrive par un petit escalier dont toutes les marches sont en morceaux. L'intérieur, honteusement sale, répond à l'entrée. On voit, dessinés au trait sur les murailles, une vierge et un saint Georges, qu'un enfant semble s'être amusé à barbouiller en trempant son doigt dans un pot de rouge. Au dessus de la porte du sanctuaire, est un petit tableau sans cadre, aussi mauvais que la fresque; il représente la vierge avec les apôtres à l'entour du corps de Jésus-Christ, étendu devant eux sur un linge blanc. Jamais le sublime martyr du Golgotha n'eut un temple moins digne de lui.

On ne peut douter au monastère de la Poulie que les Coptes ne soient tombés, comme le reste de la nation, dans le plus affreux état de misère et de barbarie. La seule chose par laquelle ces moines tiennent encore un peu à la civilisation est le soin qu'ils prennent d'enseigner à lire et à écrire à leurs enfants demi-nus. Ils usent pour cela de petites plaques de fer-blanc sur lesquelles les élèves écrivent à l'encre avec des plumes de bambou, et qu'ils lavent pour recommencer.

Notre départ de la Poulie a été accompagné de tristes circonstances. Quoique nous eussions donné quelque chose pour payer la visite, hommes et femmes se mirent à nous suivre jusqu'au rivage, en mendiant à grands cris quelques paras, sans excepter le moine, qui demandait encore pour son fils. Nous pensions être délivrés quand notre barque prit le large; mais un homme se jeta à la nage et vint nous tendre encore le long du bord une main suppliante !

C'est à ce degré d'avilissement qu'est pourtant réduite la caste la plus éclairée, ou, pour dire mieux, la moins ignorante de l'Egypte, celle qui fournit presque tous les employés aux écritures des maisons de commerce et de l'administration.

Un dernier mot sur les Coptes. Ils se prétendent les descendants directs des Egyptiens de Thèbes et de Memphis. Quoique ce ne soit pas le lieu de discuter la question, nous dirons simplement qu'ils n'ont aucune ressemblance avec les ancêtres qu'ils se donnent et que l'opinion générale leur accorde. Leur physionomie, qui se rapproche du type blanc, s'éloigne d'autant du type égyptien antique, qui a tous les caractères africains, et que l'on retrouve, du reste, fort accentué chez les fellahs. Cela s'explique d'ailleurs rationnellement. Les Egyptiens coptes, ayant embrassé le christianisme, n'ont pas craint de s'allier avec leurs coreligionnaires de Grèce, de Syrie, de Palestine, et ont dû conséquemment, plus que les fellahs, altérer en eux le sang de la race primitive.

Les autres sectes chrétiennes, comme les Arméniens et les Grecs, possèdent de temps immémorial des monastères et des églises en Egypte ; les juifs, dont le nombre s'élève à peu près à 7,000, possèdent aussi des synagogues. Les mahométans ont cela de commun avec les catholiques qu'ils méprisent toute autre religion que la leur ; mais ils ont sur eux l'avantage de laisser chacun librement professer la sienne. Nous avons vu des processions grecques, avec croix et bannières, dans les rues de Péra, à Constantinople. C'est en Turquie que les juifs, odieusement persécutés par toute l'Europe, trouvèrent refuge pour leur foi et pour eux-mêmes.

A côté des chrétiens schismatiques, on va voir bientôt en Egypte de purs catholiques romains. Les lazaristes construisent en ce moment à Alexandrie un couvent et une église. Le vice-roi leur a non-seulement permis de s'établir (permission qu'obtiennent tous les cultes dans l'empire ottoman), mais encore il leur a donné le terrain avec des matériaux provenant de vieilles démolitions. Méhémet-Ali n'était pas homme à négliger une aussi belle occasion de faire parade, à peu de frais, tout à la fois de libéralisme et de libéralité.

CHAPITRE V.

Le Coran.

§ Ier.

Les Arabes conservent la généalogie de Mahomet depuis Adam par Ismaël. — Mahomet naquit pauvre. — C'est un des plus grands poètes de la langue arabe. — Hégire ou fuite de la Mecque. — Propagande à main armée. — Ressemblance entre divers miracles de Jésus et de Mahomet. — Mort du prophète. — Son caractère. — Sa haine pour les Juifs. — Admirable attachement des Juifs pour leur religion. — Mahomet, d'après le Coran, ne fit point de miracles.

§ II.

Mahomet, en prêchant l'unité de Dieu, fondait une unité politique. — Le croyant a une patrie partout où règne le Coran. — Haute valeur humanitaire de l'islamisme. — Une partie du monde suit la loi du prophète. — Mahomet était ignorant. — Sa cosmogonie. — Les Arabes possédaient la tradition d'un Dieu unique ; mais ils étaient devenus idolâtres. — Le Dieu de Mahomet est celui d'Abraham, de Moïse et de Jésus. — L'idée fondamentale de la réforme religieuse du prophète est l'unité de Dieu. — L'adoration des anges, des saints et de Jésus est de l'idolâtrie. — Avant tout, Mahomet veut détruire le culte des idoles. — Il s'appuie constamment sur les traditions bibliques. — Fable sur la mort de Salomon. — Mahomet croit aux anges et au diable. — Les esprits qui écoutent aux portes du ciel. — Saint Augustin croyait aux relations des démons avec les devins. — Moïse n'a rien dit de la résurrection des corps. — Mahomet annonce le jugement dernier. Son enfer. — Son paradis. — Les paradis sont toujours la réalisation de ce que les hommes souhaitent sur la terre. — Plaisirs sensuels promis aux élus, même par le christianisme. — Fatalisme. — La loi chrétienne ne donne pas plus de place au libre arbitre que la loi mahométane. — Les premiers chrétiens fatalistes. — Les jansénistes. — Doctrine de la grâce. — C'est le rationalisme qui a émancipé l'Occident.

§ III.

Le Coran est un livre révélé. — Sa rédaction est très confuse. — Il porte, comme le Pentateuque et l'Evangile, le cachet des passions humaines. — Dangers de fixer la vérité absolue dans un livre. — L'esprit du Coran est plein de mansuétude et de justice. — Sa prescription fondamentale est la charité. — La pauvreté a blessé tous les bons esprits. — Plus d'aumônes, du travail. — Charité des musulmans. — Le Coran commande aussi d'aimer tous les hommes sans distinction de culte ; il prêche le pardon des injures et la douceur, même envers les animaux. — Bonté des musulmans pour les animaux. — La morale du Coran, comme celle de l'Evangile, a élevé l'âme humaine à sa plus haute puissance. — Khalil, halem. — Préceptes de conduite, même de politesse. — Blâme des macérations. — Ordonnances hygiéniques pleines de sagesse. — Les ablutions. — Education. — Les mahométans ont répandu de grandes lumières dans le monde. — L'obligation du pèlerinage à la Mecque indique les vues d'un homme d'Etat. — Les fêtes commémoratives ravivent la foi. — Mahomet éloigne toute cérémonie du culte. — Code criminel barbare. — Mahomet n'a rien fait pour les femmes ni pour les esclaves. — La polygamie rationnelle en Orient, où il naît trois femmes contre un homme. — Mahomet ne la resserre pas dans des bornes suffisantes. — Mariage. — Mahomet avait neuf femmes. — Cette passion effrénée, cause du misérable rôle des femmes dans l'islamisme. — Le Christ était tombé dans un excès contraire. — Le Dieu de Mahomet, à l'exemple de Jehova, règlemente l'esclavage.

§ IV.

Mahomet n'a rien apporté de nouveau à l'humanité. — Il laisse au pouvoir paternel son autorité absolue. — La fraternité universelle est un dogme essentiellement moderne. — Les deux révélateurs chrétien et arabe ne parlent qu'à une nation privilégiée. — La science nouvelle consacre le droit de tous les hommes au bonheur.

§ Ier.

Après avoir parlé, dans le chapitre précédent, des habitudes religieuses des musulmans, il ne sera pas sans intérêt, pour quelques lecteurs, de donner sommairement ici une idée générale du Coran et de ses doctrines.

Disons d'abord quelques mots du prophète :

Mahomet prêchait il y a 1300 ans. Il est le dernier prophète, le dernier révélateur qui ait obtenu créance. Il naquit à la Mecque vers la fin du VIe siècle de notre ère, l'an 570 ou 578. Les Arabes conservent sa généalogie depuis Adam par Ismaël; si bien que les fondateurs des deux religions qui ont le plus occupé le monde moderne se rattachent à Abraham, Jésus par la voie d'Isaac, Mahomet par celle d'Ismaël. La famille du prophète appartenait à la tribu des coreishtes. Elle remplissait héréditairement, en Arabie, les fonctions sacerdotales, et avait, entre autres charges, la garde du temple de la Mecque, comme la tribu des lévites chez les Hébreux.

Né dans la pauvreté, le jeune Mahomet se livra d'abord au commerce, se mit ensuite au service d'une femme riche de la Mecque, qui faisait le négoce, et, à l'âge de vingt-cinq ans, il l'épousa, quoi qu'elle en eût quarante. A l'abri du besoin par ce mariage, il disparut tout à coup, et, pendant quinze années, il demeura, dit-on, au fond d'un antre à préparer son rôle religieux.

Il commença, au sortir de la retraite, par convertir sa femme et un de ses esclaves, qui n'eurent point d'objection, on le pense bien, à lui accorder qu'il était prophète de Dieu. A peine voulut-il aller plus loin, qu'on se moqua de lui ; mais, par artifice ou par promesses, et surtout par le charme irrésistible de son éloquence, il sut gagner plusieurs habitants de la Mecque, où il résidait. « C'était un grand poète, dit M. Eusèbe de Salles, orientaliste compétent. Les premiers *surates* (chapitres) du Coran « furent jugés supérieurs, par leur élégance, aux poèmes sus-« pendus aux portes de la Caaba, par les lauréats de Lou-« kodz[1] ». Il paraît qu'Omar fut principalement converti par le superbe style du *livre*.

Mahomet séduisit, entre autres, à la Mecque, Abu-becr, le personnage le plus riche de la ville. C'était, en pareil cas, une précieuse conquête : les hommes suivent l'argent, la persécution fit le reste.

Les juifs et les chrétiens répandus en Arabie commencèrent à se déchaîner contre le nouveau révélateur. Selon la coutume, ils crièrent à l'imposture. D'un autre côté, tandis que les idolâtres continuaient à rire du prophète qu'ils avaient vu enfant, puis conducteur de chameaux et marchand, les coreishtes, les prêtres des idoles, se voyant attaqués dans leur suprématie et leurs bénéfices, conçurent des craintes et firent la faute de le persécuter, comme les pharisiens et les docteurs de la loi avaient persécuté Jésus. Bientôt ils voulurent le tuer par les mêmes motifs qu'avaient eus les prêtres d'Israël pour tuer Jésus ; ils parvinrent à le faire condamner à mort, mirent à prix la tête de cet hérétique, et, treize ans après le commencement de sa prédication, Mahomet fut obligé d'abandonner la Mecque, où on allait l'assassiner.

L'hégire (en arabe fuite) commence à cette époque. Ce n'est donc pas de la naissance de Mahomet, mais de sa fuite de la

---

[1] 1er vol. des *Pérégrinations*.

Mecque que date l'ère mahométane. Le prophète avait alors cinquante-trois ans.

Déjà célèbre, il reçut asile dans la petite ville de Médine, où il se fit un parti de trois cents hommes déterminés, avec lesquels il entra en campagne. Chef habile et d'une bravoure sans pareille, promettant de riches butins, doué de l'art de persuader, il inspira un courage surhumain à ses soldats, et, longtemps vainqueur, aidé surtout par l'invincible Aly, il finit par s'emparer de la Mecque. Initiateurs guerriers, lui et ses compagnons, qui ne prêchaient que l'épée à la main, proposaient aux vaincus l'islamisme ou l'esclavage, et assurément, du moins pendant la première période de la religion nouvelle, les armes firent autant de conversions que la force de la doctrine. Les petits chefs arabes divisés, disséminés, sans soutien, adoptèrent peu à peu la croyance du vainqueur de la Mecque, de ce prophète qui avait su former en Arabie une armée de trente mille hommes, et la vaste péninsule qui s'étend entre la mer Rouge et le golfe Persique devint tout entière mahométane.

Une chose assez remarquable, c'est que la légende prête à Mahomet, sauf le côté guerrier, une extrême ressemblance avec Jésus. Des prodiges annoncent sa naissance ; il disparaît pendant un certain temps. Il se fait des disciples chargés de propager sa doctrine. Les prêtres sont ses ennemis les plus acharnés et lui proposent des cas de conscience, de grandes difficultés morales à résoudre pour l'embarrasser. Il a eu beau déclarer plusieurs fois dans le Coran qu'il ne lui est pas donné d'opérer des miracles, les hommes ont trop besoin de merveilleux pour ne pas lui en avoir fait faire quelques-uns ; lors donc que les ennemis l'assiègent dans Médine, il nourrit toute la ville avec un panier de dattes ; une autre fois, il rassasie 3,000 hommes avec un agneau et un pain d'orge. Le farouche Soraka le poursuit-il au sortir de la Mecque, Mahomet se retourne vers lui en prononçant son nom, et le cavalier est renversé comme saint Paul, et, comme saint Paul, Soraka se convertit, parce que son cheval est tombé. Mahomet a aussi des relations avec Dieu et les anges. On sait sa fameuse vision nocturne. Une nuit, Gabriel vint le prendre, le fit monter sur Elborak, jument si rapide que l'œil ne la pouvait suivre dans son vol, et ils allèrent visiter les sept ciels et l'enfer.

La vie de Mahomet était assez grande pour se passer de ces petits ornements. Sa mort fut également belle et d'une haute moralité. Lorsqu'il la sentit venir, il se rendit à la mosquée, où il prononça le discours suivant : « O musulmans, si j'ai fait fla-
« geller un seul d'entre vous, voilà mon dos, qu'il frappe ; si
« j'ai flétri sa réputation, qu'il déchire la mienne ; si je lui ai
« fait souffrir un affront, qu'il me traite de la même manière ;
« si je lui ai demandé de l'argent injustement, voilà ma bourse.
« Que personne ne soit arrêté par la crainte de ma colère, l'in-
« justice n'entre point dans mon cœur. » Ensuite, s'adressant à ses plus braves compagnons, il leur recommanda de chasser tous les idolâtres de la péninsule d'Arabie, mais d'accorder aux nouveaux convertis les droits dont jouissent les musulmans ; et comme ses prescriptions orales ne sont pas moins sacrées que celles du Coran, encore aujourd'hui, personne ne l'ignore, tout infidèle qui embrasse la religion mahométane jouit aussitôt des mêmes priviléges que les mahométans. — Jusqu'à la dernière heure, il soutint vigoureusement son rôle divin, et les affaiblissements de la mort ne lui firent rien perdre de sa présence d'esprit. Il s'était si bien identifié avec son personnage, qu'il s'en était fait une seconde nature. Une fois, cependant, au milieu du délire de l'agonie, il demanda du papier « pour écrire le livre qui devait
« empêcher tous les croyants de retourner à l'erreur. » Revenu à lui, il sentit sa faute et ne permit plus que personne l'approchât, à l'exception d'Aïsha, l'épouse préférée. Sûr d'elle, il ne craignit pas de compromettre en sa présence la force du prophète. Elle déclara effectivement que Gabriel s'était présenté trois fois pour « savoir des nouvelles du prophète, » que l'ange de la mort était venu ensuite lui demander la permission de prendre son âme, ce que Mahomet ayant accordé, l'ange remplit à l'instant son redoutable ministère. C'est assurément, dans la donnée, une belle comédie. Le prophète ne pouvait mourir autrement.

On sait peu de chose sur la vie particulière et intime de Mahomet, mais toutes les traditions le présentent comme un homme d'une extrême bonté. Quand on lui serrait la main avec amitié, il ne la retirait jamais qu'on ne l'eût prévenu. Forcé un jour de vaquer promptement à une affaire, et remarquant que son chat s'était endormi sur la manche de sa robe, il coupa la manche, afin de pouvoir partir sans réveiller l'animal. Il était calme, simple, très libéral, peu parleur, bien que doué d'une rare éloquence, et se possédait toujours lui-même. Une de ses dernières actions fut encore une belle action : il donna la liberté à ses esclaves. — On a seulement à regretter que, dans ce moment où l'homme moral rassemble toute sa vertu pour laisser un grand exemple à suivre aux autres hommes, il n'ait pas su étouffer la haine qu'il portait aux juifs. « Que les juifs, s'écria-t-il à la fin de son dis« cours suprême, que les juifs soient maudits de Dieu ; ils ont « changé en temples les sépulcres de leurs prophètes. »

Une fille juive, Kaïbar, que Mahomet avait épousée, avait essayé de l'empoisonner pour venger ses coreligionnaires. Le chef des musulmans ne leur pardonnait pas cette tentative à laquelle il devait le mal mortel qui couvait depuis plusieurs années dans son sein. Les juifs, en outre, s'étaient toujours montrés ses redoutables adversaires. En lisant la vie du prophète, on le trouve perpétuellement en guerre avec des tribus israélites. Aussi, bien que l'on voie Mahomet se faire le successeur de Moïse et confondre sa religion avec celle des enfants d'Israël, on ne doit pas s'étonner qu'il les déteste. L'invincible attachement que cette nation extraordinaire a toujours eu pour sa foi l'a rendue un objet d'éternelle aversion pour les autres religions. Pourquoi les sectateurs du juif Jésus haïssent-ils les juifs ? C'est que ceux-ci, quoique le noyau des premiers chrétiens se soit formé parmi eux, ne voulurent pas adopter la nouvelle loi. Remarquons encore que si tant d'Israélites d'Orient devinrent esclaves, c'est qu'ils préférèrent la servitude à l'apostasie ; car le prophète, dans ses nombreuses guerres de propagande, donnait toujours la liberté aux captifs qui embrassaient l'Islamisme ; les chrétiens qui n'y faisaient point de façon restèrent libres. Il est certain que, dans tout l'Orient, le christianisme, qui s'y trouvait alors fort répandu, a été presque complètement absorbé par le mahométisme; le judaïsme, au contraire, est resté debout, persécuté, méprisé, avili, mais toujours vivant, pour la plus grande gloire de Moïse.

Du reste, Mahomet n'avait pas que les juifs pour ennemis; on juge, en lisant le Coran, des immenses difficultés qu'il eut à vaincre. Au milieu même de ses adeptes, il lui fallait lutter sans cesse contre le doute et l'objection. Ce qui lui manqua le plus pour aider l'accomplissement de son entreprise, ce fut la faculté de faire des miracles. Il a beau citer ceux de l'Ancien et du Nouveau-Testament en preuve de la puissance de Dieu, et dire que leur authenticité suffit pour le dispenser d'en faire à son tour, cet échappatoire ne le sauve pas. Les révélateurs et les prophètes qui l'avaient précédé avaient si bien accoutumé le peuple aux prodiges, qu'on lui en demande sans cesse à l'appui de la vérité de sa mission. Trop ignorant pour faire le moindre tour d'adresse ou pour profiter de l'ignorance des autres, il est obligé de répondre que le temps des prodiges est passé et d'avouer son impuissance. « Ils ne veulent, disent-ils, ajouter foi « au Coran que lorsqu'ils y seront autorisés par des miracles; ré- « ponds-leur : Les miracles sont dans la main de Dieu; moi, je « ne suis chargé que de la prédication. » (Ch. 29.) Mahomet, quoiqu'il n'ait pu appuyer sa mission divine sur ses propres miracles, a néanmoins surmonté tous les obstacles et fondé une des plus grandes religions qui ait occupé la pensée humaine. O courage de cœur, force de l'esprit, persévérance de la volonté, quels vrais miracles ne pouvez-vous produire !

§ II.

Au moment où Mahomet vint au monde, l'Arabie était livrée, sans parler des croyances locales, à mille sectes différentes, venues là de tous les coins de la terre : ismaélites, sabéens, magistes, juifs, chrétiens. Il conçut le hardi projet de réunir toutes ces croyances éparses pour en former un tout au nom d'une pensée morale, de rassembler dans une foi commune ces groupes sociaux dispersés, et de leur donner les incommensurables forces de l'association. C'est là ce qui a rendu les Arabes, ce qui les rend encore aujourd'hui si redoutables à leurs ennemis. Au moment où nous écrivons, la France en fait une cruelle épreuve. Mahomet, en prêchant l'unité de Dieu en Arabie, y fonda une sorte d'unité politique. Son livre est bien plus qu'un recueil de préceptes. Il possède sur l'Évangile l'incalculable avantage de donner ensemble la loi et l'enseignement, de ne pas contenir seulement la révélation religieuse, mais aussi une législation qui a puissamment servi à relier, à fonder l'islamisme. En quelqu'endroit que veuille aller un croyant, là où règne le Coran, en Asie, en Afrique ou en Europe, partout il retrouve les mêmes principes, les mêmes coutumes, le même code, la même administration. Tout pays mahométan est une nouvelle patrie où il possède les mêmes droits qu'au lieu de sa naissance; il en connaît les usages et y rencontre des hommes animés des même idées que les siennes. Les croyants, à vrai dire, ne sont pas Arabes, Turcs, Égyptiens, comme les catholiques sont Français, Anglais, Italiens; non, ils sont musulmans. Et cette égalité parfaite, cette concentration civile et religieuse, forment les meilleurs éléments de la constitution d'une grande unité générale. A cet égard, il est impossible de nier que l'islamisme n'ait dû avoir une très haute valeur humanitaire. Peu s'en fallut qu'au XVIe siècle l'Europe, avec le globe entier, ne devînt musulmane. Que serait-il advenu alors? On ne peut le deviner. L'histoire du mahométisme et l'influence de cette religion dans le monde, même à les envisager d'une manière aussi succincte que celle adoptée dans cet examen du Coran, serait un travail de longue haleine. Ce n'est pas le lieu ici. Nous nous contenterons seulement de rappeler que la moitié de l'Asie, l'Afrique presque tout entière, et une partie de l'Europe, suivent à cette heure la loi de Mahomet.

La grandeur de l'entreprise, mais surtout de la conception du prophète, étonne d'autant plus que Mahomet, il suffit de lire son livre pour n'en pas douter, était un homme fort peu érudit. On ne voit point qu'il ait eu les profondes connaissances que possédaient Moïse et Jésus; le Coran témoigne qu'il ne savait rien de l'histoire du monde politique, qu'il ignorait même les plus simples notions de l'histoire naturelle. Il n'avait guère étudié que le Pentateuque et l'Evangile, et encore peut-on croire qu'il ne les avait pas lus, tant il en raconte les faits d'une étrange façon. Peut-être n'en connut-il les dogmes qu'en causant avec les juifs et les chrétiens refoulés vers l'Arabie, par la destruction de Jérusalem, les guerres religieuses et les luttes de toutes les hérésies qui minaient déjà le christianisme.

Malgré les quinze années de retraite qu'il fit avant de commencer sa mission, il semble avoir complètement ignoré les croyances indiennes, n'avoir pas acquis une idée, même éloignée, des sciences léguées au monde par Rome et par la Grèce.

Il accepte la cosmogonie du Vieux-Testament « Dieu a créé « les cieux sans colonnes visibles ; il a posé sur la terre de hautes « montagnes pour l'affermir. » (Chap. 31.) Dieu, dans le Coran, fait encore de la terre une surface plane : « Nous avons formé le « ciel avec intelligence, nous avons aplani la terre. » (Chap. 51.) « N'avons-nous pas étendu la terre comme un tapis ? » (Ch. 78.) Dieu, selon Mahomet, « a formé l'homme de limon semblable à « celui du potier. » (Chap. 53.)

Le prophète était un véritable Arabe du désert, fort peu familiarisé avec les connaissances de la civilisation ; l'aspect des navires courant sur les mers l'avait frappé d'un tel étonnement, qu'il les cite souvent pour démontrer la toute-puissance du Créateur. « Sa grandeur éclate dans les vaisseaux qui s'élèvent sur les « flots comme des montagnes. » (Chap. 42.) « Les vaisseaux qui « fendent les ondes sont son ouvrage. » (Chap. 55.)

Les Arabes possédaient la tradition d'un Dieu unique ; descendants d'Ismaël, ils adoraient le Dieu d'Abraham et lui rendaient un culte de prières dans le temple de la Mecque, qui, toujours selon la tradition, « avait été bâti par Ismaël, en l'honneur du Très-Haut. » (Chap. 2.) Ce temple s'appelait Casaaba, maison carrée, à cause de sa forme quadrangulaire, forme qui le fait remonter à l'époque reculée où les hommes, ne possédant encore aucune notion d'architecture, ne savaient construire que quatre murailles droites.

Cependant, la croyance à un Dieu unique s'était pervertie

chez les Arabes ; l'idolâtrie, qui pénètre si facilement dans le cœur de l'homme, l'idolâtrie, dont tous les efforts de Moïse n'avaient pu préserver les Israélites, étouffait l'idée primitive, et trois cents idoles de toute espèce avaient envahi le vieux temple de la Mecque. Mahomet résolut de chasser ces intrus, de rétablir la gloire du Seigneur. Plus d'idoles ! c'est là sa doctrine fondamentale, son œuvre capitale. Il veut par la solennelle unité de Dieu ramener l'unité dans les esprits.

Il ne faut pas s'y tromper, le Dieu dont Mahomet se dit l'envoyé est le même que celui de Moïse et de Jésus. « Abraham fut « le premier des prophètes ; Noé, Moïse, David, Jésus, étaient « prophètes ; ils sont tous dans le ciel. » (Chap. 32.) « Le Penta- « teuque, les Psaumes, l'Evangile, ont été écrits de la main de « Dieu. » (Chap. 21.) « L'Evangile confirme le Pentateuque « (Chap. 5), et le Coran met le sceau à l'authenticité des an- « ciennes Ecritures. » (Chap. 46.) Jésus lui-même avait annoncé Mahomet au monde. Vous ne trouverez pas cette prédiction dans l'Évangile ; mais voyez au 61º chapitre du Coran : « Je suis « l'apôtre de Dieu, répétait aux Juifs Jésus, fils de Marie. Je « viens attester la vérité du Pentateuque qui m'a précédé, et « vous annoncer l'heureuse venue du prophète qui me suivra ; « Ahmed [1] est son nom. » Mahomet est donc le suprême envoyé du Seigneur, le sceau des prophètes, comme il s'appelle ; il n'y en aura plus après lui. Il est venu confirmer la mission de ceux qui l'ont précédé, et dire le dernier mot du Créateur à l'humanité.

Tous les révélateurs, eux qui prétendent connaître la vérité, et qui ne peuvent dire la grande vérité nécessaire à savoir, le pourquoi du monde, la raison d'être, le but de l'humanité, tous ont tenu le même langage, et tous aussi, comme le prophète, se sont rendu témoignage à eux-mêmes.

---

[1] Mahomet portait deux noms : celui d'*Ahmed* et celui de *Mohammed*. L'un et l'autre dérivent du verbe *hamad, il a loué*. Le premier est superlatif et signifie *très loué ;* le second est un participe et signifie *loué*. C'est le plus glorieux qu'il prend dans le Coran.

(Note de Savary, trad. du *Coran*.)

Mahomet s'adresse toujours aux *enfants d'Israël.* Il confond à peu près juifs, sabéens, chrétiens, Arabes ; il veut « tirer de « l'erreur tous ces enfants d'un même père ; » il parle à ceux qu'il essaie de convertir, comme Moïse aux Hébreux, des bienfaits que le Tout-Puissant leur accorda en les délivrant des mains de Pharaon. « Dieu vous manifeste ses volontés ; il veut vous ramener sous la loi de vos pères. » (Chap. 4.)

Insistons sur ce point d'exactitude, sur cette filiation de Moïse à Mahomet par Jésus : le Dieu des musulmans est celui des juifs et des chrétiens, le Dieu unique que les ancêtres d'Abraham adoraient en Chaldée, que le premier des patriarches retrouva parmi les peuplades de Chanaan, sorties de la même souche que les Chaldéens; celui enfin dont la connaissance, loin d'être le fruit des sentiments plus épurés de l'homme, paraît au contraire remonter aux premiers âges du monde.

Tout a été dès le commencement. Il n'y aurait en vérité rien de paradoxal à dire que le mosaïsme, le christianisme, l'islamisme, et certainement le sabéisme, dont l'histoire est perdue [1], sont de grandes sectes d'une même religion.

« Il ne faut pas croire, dit lord Byron, que les allusions à « l'arche sainte, à Caïn, et à tous les récits de l'Ancien-Testa-« ment, soient moins familiers aux Turcs qu'aux juifs. Les « premiers se piquent de connaître sur la vie vraie ou fabuleuse « des patriarches des détails plus circonstanciés que n'en donne « notre Ecriture sainte. Non contents de remonter à Adam, ils « possèdent une biographie des préadamites. Ils regardent Sa-« lomon comme le roi de la nécromancie. »

Mahomet relie continuellement sa doctrine à celle de Moïse, de David et de Jésus. « Les juifs, dit-il, assurent que la croyance « des Égyptiens n'est appuyée sur aucun fondement, les chré-« tiens adressent aux juifs les mêmes objections, et les gentils

---

[1] Les sabéens croyaient à l'existence et à l'unité d'un seul Dieu ; mais en même temps ils adoraient des anges et des intelligences qui gouvernaient le monde sous la suprême Divinité : de là une idolâtrie complète.

« tiennent à l'égard des juifs et des chrétiens le même lan-
« gage. » (Chap. 2.) « Rejetez tous vos diverses erreurs, lisez le
« Coran, soumettez-vous à un Dieu unique. Direz-vous qu'A-
« braham, Ismaël, Isaac, Jacob et les tribus d'Israël étaient
« juifs ou chrétiens? Non, soyez donc *musulmans*[1], rien de plus,
« adorateurs d'un seul Dieu comme eux. » (Ch. 2.) « Dis aux juifs
« et aux chrétiens, terminons nos différends, n'adorons qu'un
« Dieu et ne lui donnons pas d'égal. Abraham n'était ni juif ni
« chrétien; il était orthodoxe, musulman. Le Seigneur ne vous
« commande pas d'adorer les anges et les prophètes. » (Chap. 2
et 3.) Mahomet soutient que la seule vraie religion est l'islamisme[2], c'est-à-dire le culte d'un seul Dieu. Dans l'adoration
des anges, des saints et de Jésus, il ne voit qu'un retour à la
pluralité des divinités païennes. Il veut qu'on révère les livres
saints, mais non pas qu'on adore les hommes qui les apportèrent. Il répète jusqu'à la fatigue qu'il n'y a qu'un Dieu. « J'ai
« retiré mes grâces des juifs, j'ai semé la haine et la discorde
« entre les chrétiens, parce qu'ils ont oublié une partie de mes
« commandements. » (Chap. 4.) Bien qu'il admette la conception
immaculée de Jésus dans le sein de la vierge Marie (ch. 3), le
prophète blâme surtout les chrétiens de faire Jésus fils de Dieu.
« Ceux qui disent que le Messie, fils de Marie, est Dieu, profè-
« rent un blasphème; celui qui donne un égal au Très-Haut
« n'entrera pas dans le jardin des délices, sa demeure sera le
« feu. » (Chap. 5.) « Dieu ayant demandé à Jésus s'il avait com-
« mandé aux hommes de l'adorer lui et sa mère comme des dieux,
« Seigneur, répondit-il, aurais-je commandé un sacrilége ? »
(Chap. 5.) « Les infidèles disent que Dieu a un fils; loin de lui
« ce blasphème, le Seigneur se suffit à lui-même. » (Chap. 10.)

On ne peut se faire une idée plus belle ni plus élevée d'un être
suprême. Il est fâcheux seulement qu'au fond la logique s'y
trouve fort compromise : ou il faut reconnaître que Jésus-Christ
est fils de Dieu, puisqu'il s'est toujours posé comme tel, ou il

---

[1] *Meslemoun*, adorateur d'un seul Dieu.
[2] Islam, *consacré*.

faut nier les Évangiles comme œuvre divine, et alors le Coran, qui s'appuie traditionnellement sur eux, perd tout caractère sacré. Mais le prophète n'était pas un dialecticien assez serré pour tenir compte de ces bagatelles.

La grande affaire de Mahomet fut de poursuivre, de détruire le culte des idoles; il est implacable pour les idolâtres, il va jusqu'à défendre de prier pour eux. « Les croyants ne doivent « point intercéder pour les idolâtres, fussent-ils de leurs pa- « rents. » (Chap. 9.) « Le Seigneur ne pardonnera point aux « idolâtres, il remet à son gré tous les autres crimes, mais l'idolâ- « trie est le plus grand des attentats. » (Chap. 4.) « Dieu ne par- « donnera point aux idolâtres, eux seuls n'ont rien à espérer de « sa miséricorde. » (Chap. 11.)

Mahomet, esprit positif et allant aux choses qui se touchent et se voient, n'a réellement d'idées métaphysiques que celle qu'il se fait de Dieu; il soutient que c'est un être spirituel, une essence dégagée de toute matière, et qu'il y a, par conséquent, idolâtrie à le revêtir d'un corps, à en faire un objet corporel. C'est pour cela que, toujours, du reste, à l'imitation de Moïse[1], il défend toute espèce de représentation de Dieu et toute image. A la vérité, il lui prête bien un cerveau pareil au sien propre, puisqu'il suppose que les prières des hommes sont capables de modifier ses décrets, mais l'homme peut-il faire abstraction de sa nature, peut-il rien concevoir en dehors de ce qu'il voit et de ce qu'il éprouve? Peut-il enfin créer Dieu autrement qu'à son image? « L'être suprême, comme dit Fuerbach dans son livre de l'*Essence du christianisme*, n'est-ce pas la pensée, l'intelligence et la raison humaines[2]? »

Pour en finir sur la relation directe et précise qui existe entre

---

[1] « Vous ne ferez point d'image taillée, ni aucune figure, de tout ce qui est en haut dans le ciel et en bas sur la terre, ni de tout ce qui est dans les eaux, sous la terre. »
(*Exode*, ch. xx, v. 4.)

[2] Voir un article très remarquable de M. Ribentroff, sur le livre de Fuerbach, *Revue indépendante*, numéro du 10 juin 1845.

le Pentateuque et le Coran, disons que l'islamisme est profondément imprégné des traditions bibliques. Mahomet reprend çà et là toute l'histoire de Job, d'Abraham, de Noé, de Joseph, de Moïse, de David et des prophètes ; il s'appuie sur elle, et l'on a lieu de s'étonner seulement, puisqu'il reconnaît les livres sacrés pour écrits de la main de Dieu, qu'il les altère d'une manière profonde. Il faut probablement expliquer cela par son ignorance ; nous en avons déjà émis le doute, il n'avait peut-être que la tradition et non les textes. En général, le caractère de *positivisme* que nous indiquions tout à l'heure se retrouve empreint dans ses variantes ; elles tendent à donner au récit moins de spiritualisme, plus de réalité, plus de rapprochement avec la vie commune. Dans l'histoire de Joseph, pour en citer une et faire bien comprendre notre observation, il suppose que le fils de Jacob était près de céder aux désirs de la femme de son maître, lorsqu'une vision l'arrêta (chap. 12), et le commentateur Gelaleddin nous apprend que, dans cette vision, Jacob apparut à Joseph et le frappa rudement à la poitrine, si bien qu'aussitôt le feu de la concupiscence sortit de son cœur. La légende a de la sorte un plus grand cachet de vérité si l'on veut, le mouvement des passions humaines y est mieux observé, mais elle est moins pure et moins grandiose. La fuite d'Égypte est traitée de même façon. Nous ne pouvons juger du style propre du Coran, les orientalistes le disent d'une prose rimée délicieuse et qui n'a rien de comparable pour le charme et la grâce, mais comme ensemble, grandeur de vue et d'idées, on peut avancer que le prophète arabe n'a pas le sens poétique aussi magnifiquement développé que le législateur hébreu.

Mahomet croit à tous les miracles de ses devanciers ; il accepte même beaucoup de fables qui n'avaient certainement cours que parmi les moins éclairés des habitants du désert. Celle-ci, par exemple : après la mort de Salomon, son corps resta une année entière appuyé sur un bâton, et durant ce temps-là des génies continuèrent à exécuter les travaux de construction auxquels il les avait soumis. Cependant, un ver de terre ayant rongé le bâton qui soutenait le cadavre, il tomba ; sa chute apprit aux démons que le roi était mort, et ils reprirent leur liberté. (Ch. 34.) Au chap. 27, le prophète nous représente encore Salomon et la reine de Saba, communiquant de l'Ethiopie à la Palestine au moyen d'un oiseau. « Car Salomon entendait les chants des oi- « seaux, et jusqu'aux fourmis qui causent entre elles. » (Ch. 27.)

On peut juger après cela que la proscription des idoles est à vrai dire le seul point sur lequel Mahomet se soit dogmatiquement montré beaucoup au-dessus de son siècle. Tout en refusant d'adorer les anges, il croit fermement à leur existence et à celle des démons. Dans sa religion, bien que « tout soit écrit au ciel, » que « chaque homme porte son sort attaché au cou » (ch. 16), Eblis, le prince des mauvais esprits, reçoit de Dieu la permission de corrompre les hommes.

Les Babyloniens, qui professaient la religion des mages, c'est-à-dire l'adoration du soleil, représentant le feu, force suprême de la nature, adoraient les anges et avaient même avec eux de fréquentes relations. Les juifs apprirent, pendant la captivité de Babylone, le nom de ces êtres surnaturels et la nature des fonctions qu'ils remplissaient dans le ciel créé par Zoroastre, restaurateur du magisme. Ils les introduisirent dans le ciel de Moïse, quoique le Pentateuque n'en eût jamais parlé. Mahomet se montre fort crédule à ces vieilles inventions que Zoroastre lui-même avait empruntées aux brahmes. « Nous avons mis, fait-il « dire à Dieu, le ciel le plus proche de la terre (il y en a sept, « selon lui) à l'abri des attentats des esprits rebelles; ils n'enten- « dront plus la voix des anges, des traits enflammés les repous- « sent de toutes parts. » (Ch. 37.) Cela veut dire que Mahomet croyait à la fable de certains démons tentateurs qui s'élevaient dans les sphères célestes, écoutaient les discours de Dieu ou des anges, et les rapportaient aux devins. A la naissance du prophète, le Très-Haut ne permit plus de pareilles indiscrétions. Demandez à un fidèle croyant, et il vous dira que les météores lumineux qui apparaissent au ciel sont des feux lancés par le Seigneur contre des démons qui ont encore l'audace de venir écouter aux portes du septième ciel. Ces explications des phénomènes naturels qui rappellent le procédé mythologique des

Grecs, sont dignes de la brillante imagination des Arabes.— Les deux chefs des anges musulmans s'appellent, comme les nôtres, Michel et Gabriel.

Les chrétiens auraient tort de se moquer trop haut des étranges aberrations de Mahomet et de ces relations des démons avec les devins. Jésus chassait les démons, il en admettait de plusieurs espèces. « Cette sorte d'esprits ne se peut chasser que par la « prière et le jeûne. » (Saint Marc, ch. 9, v. 28.) Il discute même avec eux. (Saint Luc, ch. 8., v. 28 à 33.) Saint Pierre et saint Paul disent que les démons rôdent dans l'air, et les appellent « des puissances de ténèbres. » Il n'est pas un Père de l'Eglise, pas un théologien, sans excepter Bossuet, qui n'ait adopté l'existence des démons. Saint Augustin croyait positivement à ces êtres surnaturels et à leur action se manifestant sur la terre par des prodiges, comme celle de Dieu par des miracles. « Esprits « subtils, incorporels, répandus dans l'air, doués d'une agilité et « d'une pénétration extraordinaires, en qui tout est actif, tout « est nerveux par la haine qui les anime contre nous, tout est « entier, excepté leur justice, leur sainteté primitive et par con« séquent leur béatitude; ils prédisent les choses qu'ils doivent « exécuter eux-mêmes, recevant souvent de Dieu le pouvoir « (voilà l'Eblis du Coran) d'envoyer des maladies, de corrompre « l'air et de persuader le mal aux méchants en agissant sur leur « imagination [1]. » Saint Augustin aurait pu s'appuyer, pour soutenir cette dernière thèse, sur l'Evangile lui-même, qui fait entrer Satan dans le corps de Judas pour que celui-ci trahisse son maître. (Saint Luc, ch. 22, v. 2, 3 et 4.) L'Oraison dominicale, prise dans saint Matthieu, a conservé la trace de cette activité que mettaient les anges déchus à pervertir les hommes : « Ne « nous induisez pas en tentation, mais délivrez-nous du Mau« vais. » (Ch. 6, v. 13.) Le Mauvais, c'est Satan, l'esprit du mal.

On voit que le docteur de la grâce était au moins logique lorsqu'il niait le libre arbitre. Au reste, on peut dire que l'antiquité

---

[1] *Traité de la divination ou des prédictions faites par les démons*, à la suite de la *Cité de Dieu*.

tout entière et l'antiquité la plus éclairée croyait à ces relations de l'homme avec de certains génies, de certaines forces actives, supérieures et inexplicables. Socrate n'avait-il pas son démon familier?

Personne n'ignore que les anges jouent un rôle considérable dans le Coran. Ils accompagnent les justes et président aux destins de l'univers. (Ch. 79.) Ce sont les ministres du Très-Haut, ses messagers, ses pages, les exécuteurs de ses volontés. Puisque les rois avaient des princes pour les servir, il fallait bien que Dieu eût des génies pour commander sous lui. Il leur confie ses desseins; lorsqu'il eut écrit le Coran, il le lut à l'assemblée des séraphins, qui s'écrièrent : « Voilà une doctrine merveil-« leuse. » (Chap. 72.)

Le Seigneur, en dictant le Pentateuque, n'avait pas dit un mot de la résurrection des corps, il n'avait prononcé ni peine ni récompense pour la vie éternelle, et cette négation implicite de l'immortalité de l'âme est d'autant plus significative que Moïse, élevé dans les temples de Memphis, n'ignorait pas le système de métempsychose, l'enfer et le paradis des Egyptiens. Mais les Juifs avaient aussi trouvé et adopté ces idées à Babylone, elles étaient devenues pour eux des vérités essentielles, Jésus en avait fait pour les chrétiens des articles de foi; l'imitateur Mahomet devait donc également leur donner place dans son livre, il y revient avec une insistance propre à faire croire qu'il rencontra beaucoup d'incrédules chez les enfants d'Ismaël. Du reste, il annonce qu'on ne fera qu'un jugement commun, et que les morts attendront le jour de ce jugement dans le repos. « La « trompette sonnera une seconde fois, malheur à nous, s'écrie-« ront-ils, quelle voix nous a fait quitter le repos. » (Ch. 36.) Par conséquent les pécheurs qui auront vécu une centaine de mille ans avant la fin du monde auront toujours ces années-là de moins à gémir dans les tortures. C'est apparemment un avantage qui leur est dû pour avoir donné l'exemple du mal aux générations postérieures. Mahomet cherche à rendre la chose un peu moins absurde en ajoutant : « que les infidèles ne croiront avoir demeuré qu'une heure dans le tombeau. » (Chap. 46.)

La doctrine de la résurrection des corps entraîne nécessairement la rémunération, les peines et les félicités de l'autre vie; tout cet attirail de promesses terribles ou enchantées, sous l'influence desquelles l'homme se développant dans la personnalité qui lui est naturelle, n'agit plus qu'égoïstement. Mû alors par la crainte des feux de l'enfer ou par l'espérance des joies du paradis, il perd la force, la véritable vertu, et ne s'exerce plus à pratiquer le bien pour l'amour du bien. Mahomet n'épargne pas les menaces aux pervers. Le Coran, sous ce rapport, n'est pas moins désolant que les prédicateurs de la ligue. « On fera boire « aux idolâtres de l'eau bouillante et corrompue; des flammes « éternelles seront le prix de ceux qui ont nié la religion. » (Chap. 41.) « On leur dira : Voici votre jour, le feu est votre « demeure. » (Chap. 45.) Ce ne sont que brasiers pétillants, charbons ardents, lacs enflammés; l'enfer de Mahomet ressemble à tous les enfers, indien, mage, païen, chrétien, du feu sous mille formes terribles. Il y a longtemps que l'on a constaté la fécondité des hommes dans l'invention des supplices de l'enfer et leur impuissance à imaginer des délices pour le paradis. Les chrétiens se sont bornés à dire que les bienheureux contempleraient éternellement la face du Seigneur, ineffable bonheur facile à comprendre pour ceux qui ont aimé; le prophète, lui, qui n'avait point été dans l'Inde respirer le mysticisme des brahmes, le prophète, habitué au soleil d'Arabie, promet aux fidèles de la lumière, de l'or, des pierreries, de la soie, tout le luxe, tous les plaisirs sensuels imaginables. Pauvre habitant des arides déserts, son paradis est surtout plein de frais ombrages, de fontaines jaillissantes et d'eau limpide. « Les justes boiront « à longs traits dans la coupe du bonheur; couchés sur des lits « de fleurs, ils reposeront près de leurs épouses sous des feuil« lages enchantés. Ils y trouveront tous les fruits; tous leurs dé« sirs seront comblés. (Chap. 36.) De jeunes serviteurs s'empres« seront autour d'eux, on leur présentera des vases d'argent et « des coupes égales en beauté au crystal (chap. 76), remplies « d'une eau pure, limpide et d'un goût délicieux. (Chap. 37.) Les « croyants seront introduits dans les jardins des délices où cou-

« lent des fleuves, séjour d'une éternelle félicité. (Chap. 64.) Des
« bracelets d'argent (chap. 76), des colliers d'or, ornés de per-
« les, des habits de soie et d'or feront leur parure. (Chap. 35.)
« On verra briller sur leur front les rayons de la joie; ils boi-
« ront d'un vin exquis et scellé d'un cachet de musc. (Chap. 83.)
« Pleins d'une bienveillance mutuelle, ils se feront visite et con-
« verseront ensemble. (Chap. 52.) Près d'eux seront des vierges
« intactes, aux beaux yeux modestement baissés. (Chap. 37.) Les
« houris au sein d'albâtre seront leurs épouses. (Chap. 44.) Le
« cœur trouvera dans ce séjour tout ce qu'il peut désirer, tout ce
« qui peut le charmer, et ces plaisirs seront éternels. » (Chap. 43.)

Tous les paradis sont ainsi disposés à l'usage et pour le plus grand bonheur de ceux qui les font. Dans celui des Groënlandais et des Esquimaux, qui gèlent toute l'année dans une demi-obscurité, « il règne un été perpétuel où le soleil ne laisse « jamais pénétrer la nuit. Il y a beaucoup de rennes et de pois- « sons; et l'on mange sans cesse des têtes de phoques qui se re- « nouvellent toujours [1]. » Ce que l'on a supposé exister dans le ciel n'a jamais été que l'imitation de ce que l'on voyait, ou la réalisation de ce qu'on souhaitait sur la terre. Quant aux houris, les mages avaient peuplé leur éden de nymphes destinées aux justes. « On voit bien, dit Duryer, que c'est là que Maho- « met prit la première idée de ses dames habitantes du paradis. » Nous ne savons pas comment étaient les nymphes de Zoroastre, mais les dames de Mahomet sont véritablement ravissantes; leurs yeux ont tant de beauté que si l'une d'elles laissait tomber un regard sur la terre pendant la nuit, elle y répandrait autant de lumière que le soleil en son éclat, et leur bouche est si douce qu'un peu de leur salive jeté dans la mer suffirait pour la dessaler. Enfin, elles n'enfantent pas et sont exemptes de tous les besoins qu'on éprouve sur la terre, sauf celui d'aimer.

Ce qu'il y a de plus étrange, ou plutôt ce qui indique quelle place imperceptible occupaient moralement les femmes dans la

---

[1] *Histoire du Groënland*, par Crentz, citée dans l'*Histoire universelle* de M. Boulland.

pensée des esprits les plus élevés à cette époque, c'est que Mahomet, tout en parlant du bonheur paradisiaque des hommes, ne dit rien de la nature des joies réservées aux femmes qui auront mérité le ciel !

On a fait un crime à Mahomet de ses houris; on lui a reproché les plaisirs sensuels qu'il annonce à ses élus; mais, à part l'exagération, n'est-il pas bien difficile de se faire une idée du bonheur sans y mêler un peu de ces plaisirs-là. L'austère Jésus lui-même n'exclut point les jouissances matérielles du séjour céleste ; on y goûtera d'un vin nouveau : « Car je ne boirai plus désormais « de ce fruit de la vigne jusqu'au jour où je le boirai nouveau « avec vous dans le royaume de mon père. » (Saint Matthieu, chap. 26, v. 29; saint Marc, chap. 14, v. 25.) Dans saint Luc, Jésus annonce aux apôtres « qu'ils mangeront et boiront à sa « table dans son royaume. » (Chap. 22, v. 30.) L'Apocalypse étend cette faveur à tous les bienheureux, et leur assure « qu'ils mangeront et boiront à la table du Sauveur. » (Chap. 21, v. 10) Irénée rapporte une tradition de saint Jean où il fait dire à Jésus-Christ : « Le jour viendra où il y aura des vignes qui au« ront chacune 10,000 branches, et chacune de ces branches « 10,000 plus petites, et chacune de ces plus petites 10,000 « jets, et chaque jet 10,000 touffes de grappes, lesquelles, étant « pressées, rendront chacune 275 gallons de vin. Et lorsqu'un « homme s'approchera pour prendre une de ces grappes sacrées, « la plus voisine criera aussitôt : prends-moi, prends-moi, je « suis meilleure. » Mahomet n'a certes point d'image plus luxuriante.

Comment le prophète pouvait concilier la prière, le repentir, la punition des fautes, la récompense des vertus, la rémunération, le paradis, le purgatoire et l'enfer avec le fatalisme, c'est ce dont il est impossible de se rendre compte; mais toujours est-il que le caractère le plus tranché de la doctrine musulmane, celui qui la sépare aujourd'hui, qui la distingue le plus nettement de toute autre, c'est le fatalisme. Il l'aborde carrément, sans détour; proclamant une fois le Seigneur au-dessus de tout, il ne se dissimule ni à soi ni aux autres les conséquences d'une

telle déclaration ; il lui attribue résolûment le bien et le mal. Saint Augustin, le vigoureux docteur de la *grâce*, ne se montre ni plus explicite ni plus décidé dans son livre *de la Prédestination des saints*. « Si Dieu eût voulu, une seule religion eût régné
« sur la terre. Mes avis vous seront inutiles, s'il veut vous jeter
« dans l'erreur. Ceux que sa grâce éclaire seront les seuls unis;
« l'esprit de dissension divise le reste des mortels. (Chap. 11.)
« Dieu égare et dirige les mortels à son gré. (Chap. 7.) Il ferme
« le cœur des infidèles. Ceux qu'il éclaire marchent dans les
« voies du salut ; ceux qu'il égare courent à leur perte. Je ne
« puis jouir d'aucun avantage ni éprouver de disgrâce sans la
« volonté de Dieu. (Chap. 7.) Celui à qui Dieu refuse la lumière
« est aveugle. L'éternel dirige ses élus au chemin du salut.
« (Chap. 24.) Il donne l'intelligence à qui il lui plaît. Il ne pro-
« longe point la vie des hommes au delà du terme marqué dans
« le livre. » (Chap. 35.) Tout est écrit, le Coran lui-même « était
« écrit dans le ciel depuis le commencement du monde. »

Quand on croit au Dieu de Mahomet, il est impossible, si l'on a quelqu'ordre dans l'esprit, de ne pas croire à tout cela. Du moment qu'on place une puissance suprême en dehors du monde, mais agissant directement sur le monde, on ne peut échapper, quoi qu'on fasse, à la nécessité de mettre tout, le mal comme le bien, dans la dépendance de son pouvoir absolu. Les musulmans dévots, qui remercient Dieu du bien en parfaite assurance, ont trouvé moyen, il est vrai, de se tirer d'embarras lorsqu'ils le voient voulant et tolérant le mal. Ils disent que nous ne savons pas si le mal est un mal, et que la sagesse divine est impénétrable aux mortels. Ceux qui ont l'intelligence plus rigide ou moins complaisante se sentent abîmés sous l'inexorable prédestination, à laquelle rien au monde ne peut échapper, et courbent le front en silence. Pour nous, nous ne pouvons nous empêcher d'être surpris que les musulmans, avant de remplir sur la terre le grand rôle qu'ils ont accompli, ne soient point tombés dans l'immobilité où devait les jeter l'inflexible main qui les pousse vers une fin inévitable.

La loi chrétienne, il faut le reconnaître, ne donne guère plus de place au libre arbitre. « Pas un passereau ne tombe sans que « Dieu le permette. » (Saint Matthieu, ch. 10, v. 29.) « Tous les « cheveux de notre tête sont comptés. » (Saint Luc, ch. 21, v. 18.) « Ses disciples disaient : Qui donc pourra être sauvé? Et « Jésus-Christ les regardant leur dit : « Cela est impossible aux « hommes, mais tout est possible à Dieu. » (St Matthieu, ch, 19, v. 25 et 26.) « C'est pourquoi je vous ai dit que nul ne peut ve- « nir à moi s'il ne lui est donné par mon père. » (Saint Jean, ch. 6, v. 66.) « Le salut de l'homme doit être regardé comme un « effet de la miséricorde de Dieu, qui fait grâce à qui il veut et endurcit qui il lui plaît. » (Epître de saint Paul aux Romains, ch. 29, v. 18.) Ainsi, Pierre n'est pas plus méritant pour reconnaître Jésus comme fils de Dieu, que Judas n'est damnable pour le trahir. Le premier était prédestiné au bien, le second au mal. « Jésus leur dit : Et vous, qui dites-vous que je suis? Simon- « Pierre répondant lui dit : Vous êtes le Christ, fils du Dieu vi- « vant. Et Jésus répondant lui dit : Vous êtes heureux, Simon, « car ni la chair ni le sang ne vous a révélé ceci, mais mon père « qui est dans les cieux. » (Saint Matthieu, ch. 16, v. 17.) Cette idée de la prédestination revient très souvent dans l'Évangile. Quand les deux disciples, fils de Zébédée, demandent à Jésus à être assis à sa droite et à sa gauche dans son royaume, il leur « répond : Il ne dépend pas de moi de vous le donner ; ce sera « le partage de ceux a qui mon père l'a préparé. » (St Matthieu, ch. 20, v. 23.)

Tout cela est invinciblement logique! Le libre arbitre est une absurdité dans un centre où rien ne se fait sans l'ordre de Dieu, où tout arrive par son commandement. Du moment que l'on reconnaît l'existence d'une action providentielle directe, les aptitudes de l'homme ne peuvent plus fonctionner que sous l'influence de cette action ; elles s'annullent par elles-mêmes, elles deviennent des agents employés par la gérence divine, elles cessent d'être une cause pour n'être plus que les instruments de la cause qui est Dieu. Aussi les premiers chrétiens ne se montrèrent pas moins fatalistes que les mahométans. Lorsqu'en 915 le feu prit à l'abbaye de Saint-Benoist sur Loire, les moines,

pour la défendre, se bornèrent à employer la méthode usitée en pareille circonstance, méthode qui consistait à se promener autour des flammes en chantant le *Kyrie eleison*. Le fatalisme oriental a-t-il jamais été plus loin? Quel interprète du livre de Mahomet a jamais autant annihilé les efforts de la volonté humaine que l'auteur, parfaitement orthodoxe, du fameux livre de l'*Imitation*? « C'est pourquoi souvent je forme de bonnes réso-
« lutions, mais la grâce qui aide ma faiblesse venant à manquer,
« au moindre obstacle je cède et je tombe. »

« O grâce vraiment céleste, sans laquelle nos mérites et les dons de la nature ne sont rien. » (§§ 3 et 4 du l. III du ch. 54.)

M. Lamennais dit dans son commentaire sur ce chapitre :
« La religion fait deux choses. Elle nous montre notre misère et
« nous en indique le remède, elle nous enseigne que, de nous-
« mêmes, nous ne pouvons rien pour le salut, mais que *nous*
« *pouvons tout en celui qui nous fortifie*[1]. » (Philip., 13, IV.)

Citons encore, ne fût-ce que pour leur belle poésie, ces vers de la traduction du même livre par le grand Corneille.

> La vertu la plus prête à se voir couronner,
> Quand ta main se retire est aussitôt fragile,
> Et toute la sagesse est comme elle inutile,
> Quand cette même main cesse de gouverner.
> Le naufrage est certain si tu nous abandonnes,
> Le soin de l'éviter nous fait même y courir;
> Mais, sitôt que ta main daigne nous secourir,
> Nous rentrons à la vie et gagnons les couronnes.

Les jansénistes, les d'Arnaud, les Saint-Cyran, les Nicole, les Pascal, furent, comme on sait, d'illustres soutiens de cette doctrine. Ces grands et austères esprits se consumèrent avec un déplorable aveuglement à soutenir la célèbre proposition de Jansénius : « Jésus-Christ n'est pas plus mort pour le salut de ceux
« qui ne sont pas élus que pour le salut du diable. » Pascal dit

[1] 11e édition de la nouvelle traduction de l'*Imitation*, chez Pagnerre, 1843.

textuellement : « On n'entend rien aux ouvrages de Dieu, si l'on
« ne prend pour principe qu'il aveugle les uns et éclaire les
autres[1]. » Plus loin, poussant l'idée jusqu'à ses dernières limites, il ajoute : « Les élus ignoreront leurs vertus, et les réprou-
« vés leurs crimes[2]. » Les croyances du catholicisme sur la
grâce impliquent donc les mêmes troubles pour la raison, les
mêmes embarras pour la conscience que celles de l'islamisme ;
elles ne formulent pas moins nettement l'immutabilité des décrets de la Providence. Un homme était condamné de toute éternité à trahir le Christ pour accomplir les prophéties, car il était
écrit de toute éternité que le sauveur du genre humain serait
trahi par un des siens. « J'ai gardé ceux que vous m'avez don-
« nés, et pas un d'eux n'a péri, hors le fils de perdition, afin que
« l'Écriture fût accomplie[3]. » (Saint Jean, ch. 17, v. 12.)

[1] *Pensées de Pascal*, IIe partie, art. 13, § 11.

[2] Id., ib., art. 17, § 33.

[3] Rien n'est triste comme de voir dans saint Luc et dans saint Jean la fatalité qui pèse sur le malheureux Judas Iscariote. Ce n'est plus qu'un être passif ; il cesse de s'appartenir à lui-même ; il commet l'infâme trahison, en quelque sorte, sans y participer ; il est devenu un instrument qui obéit à une impulsion, à une force étrangères ; il a perdu sa propre individualité pour n'agir plus que sous l'influence d'une puissance intérieure qui s'empare de sa volonté. Voyez dans saint Luc : « Et les princes
« des prêtres et les scribes cherchaient comment ils pourraient tuer Jésus.
« Or, *Satan entra dans Judas*, et, s'en allant, il s'entendit avec les princes
« des prêtres touchant la manière en laquelle il le leur livrerait. » (Ch. 22,
v. 2, 3 et 4.) Dans saint Jean, l'intervention surnaturelle est plus explicite
encore : « Et, le souper fini, lorsque déjà le diable avait mis dans le cœur
« de Judas Iscariote de le trahir, Jésus se leva de table. » (Ch. 13, v. 2.)
Puis, après avoir lavé les pieds des apôtres, Jésus se remet à table et dit :
« Un de vous me trahira. — Seigneur, qui est-ce ? — Jésus répondit :
« Celui à qui je présenterai du pain trempé. Et, ayant trempé du pain,
« il le donna à Judas Iscariote. Et sitôt qu'il fut dans sa bouche, Satan
« entra en lui, et Jésus lui dit : Ce que tu fais, fais-le vite. Judas, ayant
« donc pris cette bouchée, sortit aussitôt. » (Vers. 21, 25, 26, 27 et 30.)
Judas n'est-il pas condamné au crime ? Peut-il résister ? Le diable
l'induit en tentation. Son maître, qui ne l'ignore pas, lui donne un
charme plus efficace encore ; et sitôt que Judas a mis dans sa bouche

Bénissons la philosophie qui a émancipé l'Occident. Si elle n'avait triomphé dans la longue lutte qu'elle a soutenue contre la grâce, si le rationalisme ne nous avait sauvés, nous serions encore livrés aux prêtres; on nous verrait écrasés, comme les Orientaux, sous cette loi de l'absolu, dans laquelle se perd une tête pensante et qui livre l'homme au néant d'une impuissance reconnue.

§ III.

Maintenant que nous avons examiné le dogme de la foi musulmane, pénétrons dans l'étude du livre sacré.

Le Coran est pour les musulmans ce que sont les Vedas pour les Indiens, le Pentateuque pour les juifs, l'Évangile pour les chrétiens, une *révélation*, c'est-à-dire l'ouvrage de Dieu et non de l'homme, une communication du ciel. Le prophète l'écrivit sous la dictée de Gabriel, successivement verset par verset, selon qu'il en avait besoin. Le Coran n'a pas été annoncé dans l'ordre où nous le voyons. Sa rédaction générale date seulement de la deuxième année après la mort du prophète. Jusque-là, il n'existait que par fragments tracés sur de petits morceaux de parchemin, que Mahomet jetait dans une boîte à mesure qu'il les faisait descendre du ciel. Zeid, en les recueillant par ordre d'Abou-bekr, successeur du prophète, ne put parvenir à coor-

---

le pain qu'il tient de Jésus, Satan entre en lui. Alors Jésus lui dit: « Ce que tu fais, fais-le vite. » Il faut me trahir; allons, ne tarde pas; et la misérable victime sort aussitôt pour aller consommer le lâche forfait.

La fatalité antique ou musulmane pesa-t-elle jamais plus impitoyablement sur un homme? Est-il donc possible à Judas de se soustraire au mal? Peut-il empêcher le diable de lui mettre au cœur une exécrable pensée? Peut-il empêcher Jésus de lui donner une bouchée de pain qui achève et complète le maléfice? Non, ce n'est pas Judas qui a livré le Sauveur, c'est le démon revêtu du corps de Judas; et cela n'empêche pas que, depuis dix-huit siècles, le malheureux Judas ne soit chargé de la malédiction universelle, « car il est nécessaire qu'il vienne des scandales; « cependant malheur à l'homme par qui vient le scandale.» (Saint Matth., ch. 18, v. 7.) Hélas! hélas! que de choses désolantes n'y aurait-il pas à dire encore aujourd'hui là-dessus! que de réflexions désespérantes à faire!

donner ces fragments ; et soit à cause de cela, soit plutôt à cause d'un vice primitif, le livre des croyants offre un pêle-mêle d'idées, une confusion de choses où l'on ne trouve que fort péniblement l'esprit, l'ensemble de la doctrine. La révélation mahométane, comme toutes les autres, est fortement empreinte du cachet des passions humaines. Le Pentateuque, l'Évangile et le Coran ne sont point précisément des œuvres de réflexion, des corps de doctrine longuement mûris, mais des ouvrages écrits par leurs auteurs sous les diverses impressions des évènements auxquels ils prennent part. Ces livres, qui sont l'histoire de leur vie, contiennent jusqu'aux arguments dont ils se servent pour établir la légitimité de leur mission ; ils reflètent les différentes situations de leur âme ; aujourd'hui l'idée préconçue domine, on prêche la douceur, la charité ; demain, la colère l'emporte, on lance l'anathème. C'est là ce qui fait des livres sacrés juifs, chrétiens et mahométans un amas de principes opposés dans lequel il n'est crime ni folie qui n'aient trouvé leurs versets de justification. Cette facilité qu'ont les hommes pervers et habiles à légitimer leurs fautes par l'interprétation des écritures *saintes* n'est pas un des moindres dangers qui existent à fixer ainsi la *vérité* dans tel ou tel corps d'ouvrage. C'est, de plus, donner carrière à mille sectes qui ne manquent jamais de commenter la vérité selon leurs besoins ou leurs désirs. A part d'ailleurs ce qu'il y a d'étrange dans une loi *révélée* que l'on est obligé d'*expliquer* pour la faire comprendre, et sur le sens de laquelle il existe, entre les plus savants et les plus fervents, d'irrémédiables contradictions, sans compter ce qu'il y a là de blasphématoire contre une intelligence divine, il nous a toujours paru inconcevable que des hommes sensés pussent croire que Dieu avait dit à Moïse : « OEil pour œil, dent pour dent. » A Jésus : « Celui qui croira sera sauvé, celui qui ne croira pas sera damné. » (Saint Marc, chap. 16, v, 16.) A Mahomet : « Certai-« nement, les chrétiens et les juifs incrédules comme les idolâtres « seront jetés dans les brasiers de l'enfer, ils y demeureront éternellement. » (Ch. 98.) Qu'il nous soit permis d'ajouter que l'origine céleste prêtée aux religions a été réellement un grand malheur pour l'humanité. C'est là ce qui les a rendues naturellement ennemies du progrès. Les sectateurs de Jésus et de Mahomet, par exemple, ayant la parole de Dieu pour fondement de leur foi « se conduisant par une loi qu'ils tiennent de la main de Dieu » comme Pascal dit des juifs, ne peuvent admettre aucune idée nouvelle. Leur doctrine est revêtue d'un caractère sacré, d'une sanction divine; tout ce qui s'en écarte est donc une erreur, tout ce qui la juge une profanation, tout ce qui la contredit un crime, et la charité même leur fait un devoir de l'intolérance, puisque l'infidèle est dans un égarement où il perd les trésors de l'éternité.

Hâtons-nous de le dire, hors ses violences de propagateur, le livre de Mahomet respire une mansuétude, un caractère de justice qui calment et enchantent; tous les chapitres commencent d'une manière invariable et sacramentelle par cette invocation : « Au nom du Dieu clément et miséricordieux. » C'est le véritable esprit de la loi nouvelle, elle sera indulgente pour notre faiblesse, pitoyable pour notre repentir, douce à l'humanité. C'est une doctrine clémente, équitable, tolérante, bonne; le fils n'est plus puni pour les fautes du père. « Nul ne portera
« l'iniquité d'autrui. (Ch. 35.) Nul ne sera chargé du fardeau d'un
« autre. (Ch. 39.) Dieu n'exigera de chacun que suivant ses for-
« ces. (Ch. 2 et 7.) Dieu ne vous punira pas pour une parole
« échappée dans vos jurements, il vous punira si vos cœurs y
« consentent. (Ch. 2.) Une erreur involontaire, qui vous écarte-
« rait du précepte, ne vous rendra point coupable; vous le serez,
« si votre cœur y participe. Dieu est indulgent. (Ch. 33.) O
« croyants! vos femmes et vos enfants sont souvent vos ennemis,
« défiez-vous de leurs caresses; mais si la voix de la nature, si
« la complaisance vous font céder à leurs désirs, le Seigneur est
« bon et miséricordieux. » (Ch. 64.) La morale du prophète est incontestablement aussi pure que celle du fils de Dieu, et ne laisse pas moins d'espoir aux débiles de se faire pardonner leurs manquements à la foi. « Celui qui ne pourra jeûner aux
« époques voulues, parce qu'il serait malade ou en voyage, jeû-
« nera dans la suite un nombre de jours égal à celui qu'il aura

« manqué. » (Ch. 2.) Et après l'interdiction de certaines viandes :
« Celui qui, pressé par la nécessité et non par le désir de se sa-
« tisfaire, aurait transgressé la loi, ne subira point de peine ex-
« piatoire. « (Ch. 2.) « Ceux que le repentir ramènera dans la
« bonne voie éprouveront l'indulgence du Seigneur. » (Ch. 3.)
Mahomet revient souvent et d'une manière explicite sur l'effica-
cité du repentir : « Celui qui, après s'être égaré dans les sen-
« tiers du vice, implorera la miséricorde du Seigneur, éprouve-
« ra les effets de sa clémence. » (Ch. 4.)

Mais la prescription capitale du Coran, celle qui domine les autres et les absorbe pour ainsi dire, c'est la charité dans toute la plénitude de sa beauté et de son abnégation. L'Évangile lui-même n'a rien à cet égard de plus élevé, de plus noble, de plus sensible. « Quand nous reçûmes l'alliance des enfants d'Israël,
« nous leur dîmes, n'adorez qu'un Dieu, soyez bienfaisants en-
« vers vos pères, vos proches, les orphelins et les pauvres, faites
« l'aumône. (Ch. 2.) Le Très-Haut a dit : « Les riches doivent
« donner aux pauvres une portion des biens qu'il leur a don-
« nés. » (Ch. 2.) Mahomet insiste continuellement sur la nécessité d'exercer la bienfaisance. « Il ne suffit point, pour être justi-
« fié, de tourner son visage vers l'orient ou l'occident pendant
« la prière : il faut encore, pour l'amour de Dieu, secourir ses
« proches, les orphelins, les pauvres, les voyageurs et ceux qui
« demandent. (Ch.) Faites l'aumône le jour, la nuit, en secret,
« en public ; celui qui se sera conservé exempt d'avarice, goûte-
« ra la félicité. (Ch. 64.) On leur demandera : Qui vous a fait
« tomber dans l'enfer ? Ils répondront : Nous n'avons point nour-
« ri le pauvre. » (Ch. 74.)

La pauvreté est une plaie sociale qui a blessé les esprits les plus éminents et les plus sages comme une injustice. Tous les chefs de religion ont parlé en faveur des pauvres ; on sait la profonde et touchante sympathie que Jésus avait pour eux. Brahma, Bouddha, Confucius, n'étaient pas moins préoccupés de leur sort. Jésus avait dit : « Un chameau passera plus facilement par
« le chas d'une aiguille qu'un riche n'entrera dans le royaume
« des cieux. » (Saint Marc, ch. 10, v. 25.) Mahomet assura qu'à

mérite égal, les pauvres entreraient au paradis six cents ans avant les riches [1]. Il avait aussi remarqué, lors de sa visite au séjour des élus, que le plus grand nombre d'entre eux avaient été pauvres sur la terre. Philosophes, moralistes, législateurs religieux, tous ces hommes d'amour se contentent de recommander, d'ordonner l'aumône; le christianisme, au milieu de ses théories les plus avancées, du fond de ses plus ardentes aspirations vers le bien, en a fait la vertu par excellence. — Niez donc encore la perfectibilité humaine! Aujourd'hui que la vérité n'est plus le privilége de quelques génies d'élite, qu'elle émane de la conscience universelle, est-il un homme de cœur qui croie à la puissance radicale de l'aumône? L'intelligence générale ne dit-elle point à chacun de nous que la LOI n'est pas là, et que Jésus se trompait en croyant la pauvreté un mal éternel. « Vous aurez toujours des pauvres parmi vous. » (Saint Matth., ch. 26, v. 11.) Il ne faut plus que les pauvres doivent leur existence à la commisération des riches. Un frère la charité à son frère, dérision! L'aumône avilit, le travail ennoblit. L'aumône fait des clients, le travail fait des citoyens. Plus de pauvres, plus d'aumône. Mettons la grande fraternité humaine à la place de la misère des uns et du luxe des autres. Pour tous, du travail selon leurs forces, équitablement rétribué; pour les vieillards, les faibles et les invalides, part à la richesse commune!

Il est juste de dire, à la plus grande gloire du prophète, que ses sectateurs observent religieusement ses belles maximes d'humanité. La charité musulmane est réellement inépuisable, les pauvres, parmi eux, ne sont jamais maltraités, et il existe entre les mendiants et ceux à qui ils demandent une familiarité, une égalité des plus surprenantes. Les lois de l'islamisme consacrent aux nécessiteux un dixième des revenus de l'Etat; elles prescrivent annuellement une aumône extraordinaire. Pendant que la viande, le sel, le blé, supportent la plus grosse part des impôts dans les pays chrétiens, en Turquie, les objets de première nécessité sont exempts de toute espèce de taxe; et les amendes

---

[1] Sale, *Observations historiques et critiques sur le mahométisme.*

que prononcent les juges, au lieu d'entrer toujours au trésor, comme en Europe, consistent souvent à nourrir et à vêtir un certain nombre de pauvres pendant un temps déterminé. Ce n'est qu'en pays musulman qu'on peut trouver une maison particulière comme celle que M. Poujoulat rencontra à Déraclé Dache, route de Malattia. Sur la porte de cette maison, on lit cette inscription en gros caractères turcs. « Ici on reçoit l'étranger au nom du « Dieu clément et miséricordieux. Un homme, quels que soient « sa religion, sa patrie, son rang, est logé et nourri pendant « trois jours dans cette maison, sans qu'il lui soit permis de « donner un seul para au moindre des serviteurs. »

Mahomet n'est pas seulement compatissant pour les pauvres ; lorsque le chef d'armée, le redoutable convertisseur apaise ses désirs ambitieux, lorsque l'homme d'action fait place à l'homme moral, son âme s'élève aux plus larges conceptions de la bonté; il confond fidèles et infidèles, il ne voit plus sur le globe que des frères qu'il faut aimer et secourir, et il s'écrie dans un pur enthousiasme : « Ayez de l'humanité pour *tous les hommes.* « (Ch. 2.) Exercez la bienfaisance envers vos pères, les orphelins, « les pauvres ; exercez-la envers les étrangers et les esclaves. » (Ch. 4.) Après avoir prononcé cent fois l'anathème contre ceux qui ne croiront pas, son cœur s'épure, son esprit se dégage, et brûlant de charité, transporté par le sentiment de la vraie justice, il abat toute barrière de culte et de croyance, il appelle tous les hommes au partage des bontés du Tout-Puissant. « Les juifs, « les sabéens et les chrétiens qui auront pratiqué la vertu se-« ront exempts de tourments. » (Ch. 5.) Sainte contradiction !

On est trop disposé à voir Mahomet toujours le cimeterre au poing. Sa religion n'aurait pas envahi plus de la moitié du globe, si, comme celle de Jésus, elle n'avait ravi l'âme par un fond d'inépuisable générosité. Sans doute, dans le feu de la colère, il fait odieusement trancher la tête, après la bataille de Beder, à deux de ses ennemis; mais, revenu au sang-froid, il prêche ardemment l'équité, la domination de soi-même, l'amour du prochain et le pardon des injures. « Nous connaissons

« les discours des infidèles. N'use point de violence pour leur
« faire embrasser l'islamisme. (Chap. 51.) O croyants, fuyez ceux
« qui veulent vous ravir votre foi et leur pardonnez. (Chap. 2.)
« Ils recevront une double récompense parce qu'ils ont souffert
« avec patience, parce qu'ils ont rendu le bien pour le mal.
« (Chap. 28.) Exerce la bienfaisance envers ton ennemi, et il
« deviendra un ami tendre. » (Chap. 41.) Il montre la propre
charité qui l'anime en disant : « Le prophète aime les croyants
« plus qu'ils ne s'aiment eux-mêmes. » (Ch. 33.) Son amour s'étend sur la nature entière, et, comme Bouddha, il recommande aussi la bonté et la douceur envers les animaux. « Les bêtes qui
« couvrent la terre, les oiseaux qui traversent les airs sont les
« créatures de Dieu comme vous. » (Chap. 5.) Aussi les musulmans sont-ils encore, de nos jours, pleins de pitié pour les animaux ; leur aversion pour la chasse tient à l'observation des lois du prophète. « Dans les pays turcs, comme rapporte très exactement Garcin de Tassy, si le propriétaire d'une bête de somme la bat ou l'oblige à un travail forcé, les officiers de police ont droit de reprendre sa dureté, d'exiger qu'il soulage le pauvre animal[1]. » Beaucoup de minarets portent à leur sommet un vase rempli de grains autour duquel viennent voltiger des nuées de tourterelles, leçon vivante d'hospitalité et de bienfaisance. « On
« conçoit, dit fort bien M. Lucien d'Avesiés, l'ascendant de
« Mahomet sur l'esprit des peuples, quand on voit son église distribuer le pain aux pauvres et la pâture aux oiseaux. »

La morale du Coran, comme celle de l'Évangile, a élevé l'âme de l'homme à sa plus haute puissance et lui a communiqué les plus *divines* inspirations. Les musulmans, non moins que les chrétiens, ont honoré l'humanité par des actes sublimes de courage, d'abnégation et de vertu. Nous nous bornerons à en citer deux exemples. Mahomet se trouvait à Médine lorsqu'une tribu voisine vint lui demander quelques-uns de ses disciples pour être instruite par eux dans l'islamisme. Des six qui furent chargés de cette mission, les idolâtres commencèrent par en tuer

---

[1] Traduction de l'*Exposé de la foi musulmane*.

quatre et vendirent les deux autres aux coreishtes, les plus implacables ennemis de la foi nouvelle. Khabil, un de ces captifs, fut acheté par le fils d'un homme qu'il avait tué au combat de Beder. Il était enchaîné dans une cour et attendait son heure dernière en se rasant la tête avec un rasoir qu'on lui avait prêté, lorsqu'un enfant de la maison vint à s'approcher de lui. Il le saisit et le place sur ses genoux. La mère, témoin de cette action, juge son fils perdu et reste immobile d'effroi. « N'ayez pas peur, dit Khabil, je ne sais point me venger, » et il laisse aller l'enfant après l'avoir doucement baisé au front. Cette générosité ne devait point sauver la vie du mahométan, et il le savait. Dès que tous les membres de la famille furent réunis, on mena Khabil au lieu du supplice, et il eut un instant pour se recommander à Dieu. Il fit une courte prière avec deux seules génuflexions. « J'en aurais fait davantage, dit-il en se relevant, mais vous auriez pu attribuer ma ferveur à la crainte de mourir. Frappez. » Et il tomba [1].

Saint Vincent-de-Paule, prenant les fers d'un forçat, ne fit, sans le savoir, qu'imiter un musulman. Hatem, poète arabe, se mit, l'an 8 de l'hégyre, à la place d'un esclave qui, le voyant passer, implora son secours [2].

Le Coran, comme le Pentateuque, est un code général de morale, d'hygiène, d'organisation politique et de jurisprudence. Il renferme même de simples préceptes de conduite : « O « croyants! ne vous moquez point de vos frères; souvent celui « qui est l'objet de vos railleries est plus estimable que vous. Ne « vous diffamez pas mutuellement, ne vous donnez point de « noms vils; un terme de mépris ne convient pas à celui qui a « la foi. Soyez circonspects dans vos jugements. Mettez des « bornes à votre curiosité. Ne déchirez point la réputation des « absents. Evitez le médisant que suit la calomnie. » (Chap. 68.)

Le Coran contient jusqu'à de simples enseignements de politesse : « O croyants! n'entrez pas dans une maison étrangère

---

[1] *Vie de Mahomet*, en tête de la trad. du Coran, par Savary.
[2] Idem.

« sans demander la permission et sans saluer ceux qui l'habi-
« tent. L'honnêteté l'exige, vous ne devez pas l'oublier. — Sa-
« luez-vous mutuellement, souhaitez-vous les bénédictions du
« ciel, lorsque vous vous aborderez. » (Chap. 24.)

Pour ce qui est de la manière de vivre, les observations de Mahomet ne sont pas moins remplies de sagesse. Il avait sans doute entendu parler des solitaires de la Thébaïde, des habitants des monastères, et il avait merveilleusement apprécié tout ce qu'il y a d'insensé à prétendre glorifier le créateur en martyrisant la créature, tout ce qu'il y a d'outrageant pour la divinité dans la doctrine, imitée des Indiens par les chrétiens, qui fait un hommage au Seigneur des macérations, des privations, de l'abstinence, et qui réduit l'homme à l'état d'une victime toujours prête pour la colère d'un dieu terrible. Il permet aux croyants d'user des biens que la bonté divine leur accorde : « Mangez et buvez avec modération. Dieu hait les excès ; mais « qui peut défendre à ses serviteurs de s'emparer des biens « qu'ils ont reçus de lui et de se nourrir des aliments purs qu'ils « tiennent de sa libéralité. Ce sont les droits des fidèles. » (Chap. 7.) Montaigne ne fait que répéter cela en d'autres termes lorsqu'il dit : « La philosophie n'estrive point contre les voluptés « naturelles, pourvu que la mesure y soit jointe. La modéra-
« tion, non la fuite. »

Mahomet rectifie de la sorte quelques règles du passé, qui ne convenaient plus à son peuple : « La loi que Dieu m'a révélée « au sujet des aliments ne défend que les animaux morts, le sang « et le porc. » Personne n'ignore que ces défenses sont hygiéniques, surtout en Arabie. D'autres ordonnances relatives au culte sont également conformes à la plus saine raison, et l'on ne peut qu'admirer les principes d'économie politique ou de bonne administration, cachés sous leur enveloppe religieuse. Qui ne sait, par exemple, combien sont indispensables, dans les pays chauds, les ablutions et les purifications dont le prophète fait un devoir aux croyants ; en menant à des habitudes de propreté générale, elles contribuent encore d'une manière efficace à entretenir la santé. La prohibition du vin n'est pas moins essentielle; l'usage des boissons fermentées est mortel dans ces contrées brûlantes.

Le Coran s'occupe aussi des soins à donner à l'enfance, et il fait de l'éducation, de l'instruction à donner aux enfants un des premiers devoirs des chefs de famille. C'est une erreur qui, pour être commune, n'en est pas moins grande, de penser que la religion de Mahomet est une religion d'ignorance et de *statu quo*. Il n'y a rien de plus opposé à la vérité, en principe comme en fait. On a vu au chapitre précédent qu'elle ouvre dans tous ses temples des écoles pour l'enseignement primaire et supérieur, où non-seulement elle donne l'instruction gratuite aux pauvres, mais encore nourrit et loge les élèves qui ne peuvent suffire à leurs propres besoins. Aux époques où l'Europe entière était retombée dans la barbarie, les sectateurs de Mahomet soutinrent seuls, pendant plusieurs siècles, le flambeau de la science et de la philosophie, on ne devrait pas l'oublier, et les Arabes ont répandu assez de lumière dans le monde pour que l'on ne puisse sans ingratitude accuser l'islamisme de contenir un principe rétrograde.

Le pèlerinage à la Mecque, dont Mahomet fait une obligation pour tout bon musulman, et qui doit s'opérer à une époque déterminée de l'année, accuse dans le prophète les vues d'un homme d'État. Mahomet, en imposant aux fidèles d'aller prier au moins une fois en leur vie dans le premier temple que les hommes aient élevé à Dieu[1] constitue le lien qui doit rapprocher et réunir les croyants, les mettre en relation d'un bout du monde à l'autre, et entretenir à la Mecque un centre de commerce immense; il répand en outre chaque année l'activité et d'utiles communications par tous les pays que traversent les caravanes de pèlerins. Il ne faut pas oublier que Mahomet avait affaire à des populations nomades presque sans industrie, sans commerce, et qu'aucune circonstance par conséquent ne mettait en rapport naturel.

---

[1] On croit généralement que les fidèles vont à la Mecque visiter le tombeau du prophète; c'est une erreur, le tombeau de Mahomet est à Médine, où il mourut.

A la vérité, on est un peu surpris d'entendre le prophète reconnaître un lieu privilégié pour adorer le Seigneur ; il autorise ainsi des pratiques, des formules qui se rapprochent singulièrement des manifestations idolâtres ; cela s'accorde mal avec cette magnifique doctrine qui fait « de l'univers entier le temple de « Dieu, temple rempli de son immensité, de sa science, de sa « gloire et de sa puissance. » (Chap. 2.) Mais est-il donc possible de dégager absolument l'esprit de la matière ? Et puis les hommes n'ont-ils pas besoin de certains appareils qui les ramènent au principe constitutif, qui les reportent sans cesse à l'unité fondamentale ? C'est à ce point de vue que les fêtes commémoratives sont toujours d'excellentes institutions ; elles entretiennent et réchauffent les souvenirs ; elles ravivent la foi, l'union, l'idée. Sous le rapport du culte, d'ailleurs, Mahomet est d'une réserve remarquable ; il éloigne toutes les pompes cérémoniales ; après le jeûne et les ablutions, il ne recommande guère que la prière ; il ordonne bien aussi des sacrifices, mais ce ne paraît être qu'un moyen détourné de provoquer encore l'aumône. « Dieu ne reçoit ni la chair ni le sang des victimes ; « il agrée la piété de ceux qui les immolent. (Chap. 22.) Tous « les animaux sacrifiés au Seigneur restent à ceux qui les sacri-« fient. Nourrissez-vous de leur chair et distribuez-en à tous « ceux qui vous en demanderont. »

Le Coran, dans son vaste ensemble législatif, traite aussi des matières criminelles ; mais là, hélas ! reparaît le barbare du désert. On ne trouve plus rien du révélateur miséricordieux. Mahomet conserve les usages les plus cruels, tout le luxe impitoyable de la pénalité des premiers âges. Il tolère les peines corporelles, il fait donner 80 coups de fouet aux faux témoins avant de les déclarer infâmes. (Chap. 4.) Il accorde au mari qui a une femme désobéissante le droit de la frapper. Il condamne l'épouse infidèle à mourir de faim. (Chap. 4.) Il dit de couper la main du voleur, homme ou femme, en punition de son crime. (Chap. 5.) La modification de la peine du talion elle-même n'est que facultative. « Nous avons prescrit aux juifs la peine du talion, âme « pour âme, œil pour œil, blessure pour blessure ; celui qui

« changera cette peine en aumônes aura un mérite aux yeux
« de l'éternel. » (Chap. 5.)

Mahomet ne s'éleva point toujours au-dessus des mœurs farouches de son époque; il en subit souvent toute l'influence. Quoi que nous ayons pu dire sur les lueurs de charité *universelle* que l'on rencontre dans son livre, ce ne sont que des lueurs. Le prophète, tout en montrant une vive sympathie à l'égard des pauvres, n'a rien opéré, rien dit pour les deux classes les plus malheureuses de la société, pour celles dont les douleurs exigeaient le plus impérieusement les réformes de la loi et de la morale; nous entendons les femmes et les esclaves.

Il parle longuement du mariage, il en traite les détails avec assez d'étendue pour qu'on ne puisse douter que cette question attira toute son attention; mais nulle part on ne peut saisir en lui le sentiment, l'instinct des souffrances des femmes. Il les voit à l'orientale, dans leur antique rôle d'instruments de plaisir et de procréation, il ne tente pas le moindre effort pour adoucir leur existence d'ilotes, il ne semble pas avoir idée de leurs misères ni de leur dégradation. « Les hommes sont supérieurs
« aux femmes, dit-il crûment au milieu du 4me chapitre, les
« femmes doivent être obéissantes. Qu'elles ne laissent voir leur
« visage qu'à leurs maris, leurs pères, leurs grands-pères, leurs
« enfants, leurs frères, aux enfants de leurs maris, à leurs ne-
« veux, à leurs serviteurs (excepté ceux qui ne leur sont pas
« d'une absolue nécessité), et aux enfants qui ne savent pas ce
« qu'on doit couvrir. » (Chap. 24.) Nous venons de voir que la faute de l'épouse est punie du fouet, son adultère de mort ! Il est juste d'ajouter que, malgré tout, le prophète veut bien accorder aux femmes une part d'héritage. « Dieu vous commande
« dans le partage de vos biens entre vos enfants de donner aux
« mâles une portion double de celle des filles. » (Chap. 4.) Dans sa rudesse, le Coran est encore plus généreux pour les femmes que le code chrétien de la féodalité, qui ne leur accordait rien.

C'est à la philosophie, au progrès des idées de justice, au triomphe de la raison sur la force, que les femmes doivent leur émancipation relative; Jésus n'avait pas dit un mot en leur faveur, si ce n'est pour mettre la répudiation à la place de la peine de mort, comme châtiment de l'adultère, et pour donner la funeste loi de l'indissolubilité du mariage. Si l'Occident avait eu autant de foi à saint Paul que l'Orient à Mahomet, la femme serait dans l'abjection en Europe comme en Asie. « L'homme « n'a pas été créé pour toi, mais toi pour l'homme, » dit à la femme le fougueux fondateur du christianisme [1].

L'institution de la polygamie est parfaitement rationnelle; nous dirons plus, elle est très bienfaisante pour le sexe féminin dans les pays chauds, où il naît notablement beaucoup plus de femmes que d'hommes [2], et l'on ne s'étonne pas que tous les législateurs d'Orient aient été d'accord de temps immémorial pour l'admettre; mais elle avait besoin d'être fortement réglementée pour ne point devenir un odieux désordre organisé. Le prophète, cependant, s'occupe à peine de la resserrer dans de justes bornes, d'en prévenir et d'en punir les excès. Non-seulement, d'après la loi mahométane, un homme peut épouser jusqu'à quatre femmes, s'il a de quoi les entretenir et leur constituer une dot pour le cas de répudiation, mais encore il lui est loisible de cohabiter avec toutes ses esclaves, de posséder un nombre illimité de concubines. (Chap. 4.) Le mari est libre de répudier sa compagne quand il lui plaît, sans avoir aucun compte à rendre de ses motifs. La femme n'est jamais consultée, sa volonté n'entre pour quoi que ce soit dans cette grossière législation matrimoniale : c'est un être passif; elle devra sortir humble et silencieuse de la maison, quand on lui signifiera qu'on ne

---

[1] Saint Paul, Epître aux Corinthiens, ch. 11, v. 9.

[2] « Après des recherches profondes dans le Sud et dans cette partie de « la Mésopotamie dont parle l'Ecriture, en Arménie et en Syrie, j'ai « trouvé qu'il naissait au moins deux femmes pour un homme ; j'ai « observé même une plus grande différence tout le long de la côte de « Syrie jusqu'à Sidon ; la proportion du nombre des femmes qui naissent « est là, comparativement à celui des hommes, comme 3, ou au moins « 2 3/4 à 1. Mais, de Suez à l'autre extrémité de la mer Rouge, pays « qui comprend les trois Arabies, il y a toujours quatre femmes pour un « homme, et j'ai lieu de croire qu'il en est ainsi jusqu'à l'équateur. »
(Bruce, *Voyage aux sources du Nil*, liv. I, ch. 11.)

veut plus d'elle. Les esclaves *femelles* sont livrées au plus ignoble arbitraire. Mahomet *recommande* de les bien traiter, de les marier, mais voilà tout; la recommandation n'est sanctionnée par aucune clause pénale. « Ne forcez point vos femmes esclaves à « se prostituer pour un vil salaire : si vous les y contraignez... « Dieu leur pardonnera à cause de la violence que vous leur « aurez faite. » (Chap. 24.) Ainsi, rien contre le profanateur; le Coran daigne seulement dire que la victime ne sera pas punie ! Que d'abjection contre les pauvres femmes n'implique pas la nature même de cette réserve ! Et c'est Dieu qui dicta le Coran !

Mahomet a bien dit, à la vérité : l'Eternel, après avoir tout créé, fit la femme avec les fleurs, et se reposa ; mais c'est là de sa part une expression de poète sensuel : il ne fait réellement pas de différence entre la femme et les fleurs, elles sont créées ensemble pour les plaisirs de l'homme, et il traite les femmes à peu près comme les fleurs que l'on jette après avoir goûté leur beauté et respiré leur parfum. Il avait déjà six compagnes légitimes, lorsqu'à 53 ans, il épousa Aïeshd, jeune fille de 9 ans, et peu ensuite il ne se fit aucun scrupule de prendre Zaïnad, mariée à Zaïd, son fils adoptif, ce qui valut aux croyants le verset du livre sacré qui les autorise à épouser les femmes de leurs fils adoptifs. (Chap. 33.) Voit-il un jour parmi les captifs juifs une fille qu'il trouve belle, il l'épouse en lui donnant la liberté, et voilà qu'aussitôt descend du ciel cet autre verset : « Vous pouvez épouser les filles libres des juifs » (chap. 5), quoique le Coran eût défendu auparavant de former liaison avec les juifs et les chrétiens. Lorsque Mahomet se fit dire à lui-même : « Tu « n'ajouteras point au nombre actuel de tes épouses » (chap 33), il en avait neuf, et était âgé de 58 ans.

Cette passion effrénée du prophète pour les femmes fut assurément une des causes du misérable rôle qu'il assigne à tout leur sexe dans le Coran, et que sa religion a malheureusement consacré. Le Christ était tombé dans un excès contraire. En ne se mariant pas, il avait donné un mauvais exemple au monde. La virginité fut longtemps considérée par le catholicisme comme une vertu et le mariage comme une action impure et honteuse. L'Eglise orthodoxe, l'Eglise romaine reste vouée au célibat; mais là encore le rationalisme aidé par la nature est demeuré vainqueur, il a confondu ces extravagantes doctrines, et les époux heureux que la mort sépare se consolent avec l'espérance de se revoir au ciel, quoique Jésus lui-même en ait banni l'amour. « Dans le royaume des cieux, les hommes n'auront point de « femmes, ni les femmes de maris. Ils seront comme les anges « de Dieu. » (Saint Matth., chap. 22, v. 50.)

Le Dieu de Mahomet ne se doutait pas plus que l'antiquité païenne que la femme est et doit être l'égale de l'homme. Il ne savait pas davantage que la servitude est une offense à la dignité humaine, un attentat à la noblesse de sa créature de prédilection. A l'exemple de Jehova, il règlemente l'esclavage comme une institution naturelle et légitime. La servitude n'est point une chose infâme aux yeux du prophète, c'est un fait normal qu'il regarde sans à peine y toucher. Toutefois, copiant le précepte de Moïse pour les Hébreux, il interdit aux musulmans d'avoir des musulmans pour esclaves. Le prophète lui-même avait des esclaves, et s'il les affranchit à sa mort, il ne faut voir dans cette action qu'un trait de bonté particulière qui n'attaque pas essentiellement le mal au fond, car il ne commande pas aux croyants de l'imiter : il se borne à présenter les actes d'émancipation comme agréables à Dieu.

§ IV.

Mahomet est certainement un beau génie, une intelligence hors ligne, un des plus grands hommes qui aient existé, et cependant il n'a rien créé en morale. Sauf le point de vue de l'idolâtrie qu'il ne cesse de poursuivre, ce n'est point à proprement parler un réformateur. Généreux et bon, il cherche à améliorer ce qu'il trouve, mais il ne semble pas prévoir un ordre de choses meilleur et plus juste sur la terre. Il ne l'annonce pas et ne fait rien pour le préparer. Venu cinq siècles après le Christ, il ne dit rien de nouveau à l'humanité : c'est bien plutôt un civilisateur politique qu'un moraliste, qu'un véritable philosophe. Il prend la société telle qu'elle est, et ne lui apporte aucun principe neuf ou fécondant; comme science sociale, il en est à la vieille autorité absolue du pouvoir paternel, il la consacre dans toute sa rigueur biblique : le chef de famille est un maître souverain. Semblables à des esclaves, « les enfants ne paraîtront « devant le père que le matin, à midi, et après la prière du soir « pour lui offrir leurs services; hors de là, ils ne pourront se pré- « senter devant lui sans sa permission. » (Ch. 24.) C'est encore la terrible féodalité patriarchale. Or, tout le monde sait que les patriarches n'ont rien moins que la bonté calme dont leur nom est devenu le symbole. Il a organisé toutes les tribus arabes, il les a rassemblées sous une formule religieuse unitaire, mais il n'a rien enseigné au monde que ce que mille autres avaient enseigné avant lui. Comme Brahma et Bouddha aux Indiens, comme Moïse aux Israélites, comme Jésus aux Juifs, il disait aux musulmans : « Vous êtes tous frères, l'égalité vous unit. » (Ch. 40.) Mais, comme ses prédécesseurs à leurs adeptes, il leur permettait, ainsi que nous le disions tout à l'heure, d'avoir des esclaves! L'adorable doctrine de l'immense fraternité humaine est essentiellement moderne.

Cette dernière proposition peut paraître hardie. Epictète s'écriant : « Le stoïcien fait la ronde pour tous les hommes, » Térence lançant au théâtre son magnifique vers: *Homo sum*, etc. « Je suis homme, et rien de ce qui touche l'humanité ne m'est « étranger, » protestent que les anciens eurent conscience de la solidarité de tous les membres de l'espèce, et donnèrent au mot *humanité* le sens de vertu que nous lui donnons ; mais on ne doit pas oublier qu'ils ne disent rien, directement du moins, contre la servitude, et qu'alors on croyait que certains hommes, les esclaves, ne faisaient pas partie de la société:

Les deux révélateurs chrétien et arabe ont connu les sublimes principes de la fraternité et de la solidarité humaines ; mais ils semblent, comme les sages du paganisme qui les avaient précédés, n'en avoir eu qu'une perception incertaine, ou n'avoir pas voulu s'y attacher, ou n'avoir pas cru le moment opportun pour les développer. Loin d'en faire le pivot de leur réforme, ils sont

d'une exclusivité presque sauvage. Chose étrange! Moïse, Jésus, Mahomet, annoncent un Dieu universel, et ils n'annoncent point universellement leur religion; ils s'adressent, par privilége, à un petit nombre, à la nation choisie du Seigneur! « Je n'ai été envoyé
« qu'aux brebis d'Israël, » répond Jésus aux disciples qui intercèdent pour la Cananéenne. (St Matthieu, chap. 15, v. 24.)
« Il n'est pas bon de prendre le pain des enfants et de le jeter
« aux chiens, » dit-il à cette pauvre femme qui insiste. (V. 27.)
« Tu n'es point chargé de diriger les infidèles, dit Allah au
« prophète, Dieu éclaire ceux qu'il lui plaît. » (Chap. 2.)
« N'allez point vers les gentils; n'entrez point dans les villes des
Samaritains, dit Jésus. » (Saint Matthieu, chap. 10, v. 5.)
« Ne formez point de liaisons avec les juifs et les chrétiens, dit
« Mahomet; celui qui les prendrait pour amis deviendrait sem-
« blable à eux. » (Chap. 5 et 60.) « O croyants, cessez d'aimer
« vos pères, vos frères, s'ils préfèrent l'incrédulité à la foi : si
« vous les aimez, vous deviendrez pervers. » (Chap. 9.)

Le Christ, élargissant sa pensée d'amour à mesure qu'il la pratiquait davantage, s'agrandissant en quelque sorte dans son œuvre même, finit, nous le savons, par dire aux apôtres : « Allez, et enseignez toutes les nations. » (Saint Matthieu, ch. 28, v. 19.) « Allez par tout le monde, et prêchez l'Evangile à toute « créature. » (Saint Marc, chap. 16, v. 15.) Mais ce fut seulement après sa résurrection qu'il tint ce langage. Personnellement, il avait appelé les juifs, d'une manière exclusive, au royaume de son Père. Cette idée qu'il n'avait parlé que pour eux, qu'il ne s'était adressé qu'au peuple de Dieu, était si généralement ressortie, pour tout le monde, de ses enseignements, que les premiers juifs convertis au christianisme crièrent au sacrilége quand ils virent saint Pierre et saint Paul prêcher hors des synagogues, et appeler les gentils, comme le maître de la vigne, qui remplace par de nouveaux vignerons ceux qui ont tué jusqu'à son fils. (Saint Matthieu, chap. 2, v. 41.)

La loi qu'apporte Mahomet est si bien une loi particulièrement faite pour un peuple privilégié, et non pour l'humanité entière, que le prophète dit aux Arabes : « C'est par faveur spé-

« ciale que vous recevez la loi de Dieu. Si vous l'abandonnez, « Dieu appellera d'autres peuples. » (Ch. 5.) La parabole du père de famille, qui, voyant ses conviés refuser de venir au repas préparé, y fait inviter les débiles, les aveugles, les boiteux et les passants, ne signifie point autre chose. En vérité, quand on songe que Moïse, Jésus, Mahomet, ces mortels si éminents par le cœur et l'esprit, si ardemment attachés à la moralisation de ceux qui les entourent, soutiennent de telles théories, éprouvent encore un amour si restreint, on se confirme davantage dans la foi à la doctrine du progrès continu. Nous ne sommes point tenté de blasphémer contre eux; nous comprenons que les préceptes mêmes de leur charité ont éclairé, étendu la nôtre, mais nous sentons ce qu'il y a de funeste à immobiliser la pensée humaine dans la leur, et nous glorifions la *science nouvelle* qui consacre les droits imprescriptibles de tous les hommes au bonheur. Ne nous lassons donc point, nous qui avons des biens dont ne jouissaient pas nos pères, travaillons avec un ferme courage pour que nos neveux goûtent à leur tour ceux qui nous sont encore refusés. Les temps de la grande délivrance sont proches.

CHAPITRE VI.

Navigation du Nil. — Le Nil. — Agriculture.

Barque de voyage, appelée cange. — Elle n'est pas garnie. — Impéritie des Egyptiens. — Hors des villes on ne trouve rien. — Location d'une cange. — Nègres barabras qui viennent se louer comme mariniers. — Leur caractère. — Rudesse du métier de matelot du Nil. — Paresse volontaire. — Mœurs des marins du Nil. — Leur musique. — La flûte zummara. — Danse du Barabra. — Café. — Douceur de manières des gens du peuple en Orient. — Backchis à chaque ville. — Les domestiques drogmans. — Le Nil très fréquenté. — Richesse ornithologique de ses rives. — Paysage d'Orient. — Pluie en Egypte. — Le Nil. — S'il se desséchait, l'Egypte disparaîtrait. — Excellence de son eau. — Erreur sur l'action fécondante du limon du Nil. — Direction précise donnée à l'inondation. — La crue du fleuve est loin de suffire à la culture. — Sakyeh. — Chadouff. — Seaux en tresses de feuilles de palmier. — Trois récoltes par an. — Aspect de l'Egypte, au mois de décembre. — Une vue de Normandie. — Culture. — Les vaches au travail. — Manque d'animaux de labour. — Froid. — Costume des fellahs, hommes et femmes. La tournure des femmes, d'une beauté antique. — Mœurs des femmes fellahs. — Elles se cachent le visage, et pas la poitrine. — La pudeur. — Usage du henneh pour colorer les ongles et les mains. — Tatouage.

30 novembre 1844.

Les barques dans lesquelles on remonte le Nil jusqu'à la Haute-Égypte sont appelées canges. Une cange est pontée, et possède deux mâts qui portent, chacun à sa tête, une très grande vergue avec une voile latine. La vergue, suspendue par le milieu, élève par son mouvement de bascule la pointe de la voile à une hauteur extraordinaire. Ce gréement, un peu dangereux, est indispensable pour donner de la prise au vent, car le Nil coule au fond d'une vallée encaissée entre deux chaînes de montagnes. Les mariniers du Nil, quoiqu'ils aient acquis beaucoup d'adresse à manier ce système de voilure, ne parviennent pas toujours à en dominer les vices; et comme ils ont d'ailleurs toute l'imprévoyance arabe, les canges chavirent assez fréquemment.

Une autre cause encore contribue à ces accidents : les cordages sont faits de lyfs de dattiers (fibre de la gaîne qui enveloppe la base des feuilles). Cette matière première, dure, sans souplesse et très courte, se lie mal, se sèche vite et se brise avec une extrême facilité, ne laissant aux mains des matelots que des débris avec lesquels ils font le feu de leur cuisine. Pourquoi ne fabrique-t-on pas de cordages de chanvre? Parce qu'il y a des siècles qu'on emploie les lyfs. Tout, en Egypte, touche encore à l'état sauvage.

A l'arrière de la cange, un peu en contre-bas du pont, est une dunette, juste de hauteur d'homme, composée de deux chambres, l'une au fond, fort petite et bonne pour les bagages, l'autre ayant de chaque côté un large banc qui sert de siége le jour et de lit la nuit. Un espace couvert, où l'on peut prendre l'air et manger, précède ces deux pièces. Que l'on place maintenant, pour les voyageurs, une mauvaise cuisine en terre, au pied d'un mât, avec un fourneau de même construction au pied de l'autre mât, pour l'équipage, et on aura l'idée de l'installation complète d'une cange. C'est, en somme, une barque étroite, incommode, toujours encombrée de cordages, de rames, de crocs, où l'on ne trouve point, littéralement, à faire trois pas devant soi, et où il faut cependant se résigner à vivre deux mois, si l'on veut voir Thèbes.

L'Egypte n'a d'autre grande route que le beau fleuve auquel elle doit sa naissance; mais, bien que ces voyages par eau, d'Alexandrie au Caire et du Caire aux cataractes, deviennent chaque jour plus fréquents, rien n'est organisé dans le pays pour les exécuter d'une manière confortable. Il faut que chaque voyageur achète matelas, tabourets, casseroles, linge de table, vaisselle, jarre à filtrer l'eau limoneuse du Nil; enfin, tout sans exception, jusqu'à la cuisine, la barque est nue. Pas un propriétaire de cange, malgré l'augmentation de loyer et le bénéfice qu'il en retirerait, ne s'est avisé de disposer la sienne de façon à éviter ces dépenses, que chacun doit renouveler. Les Egyptiens font aujourd'hui comme hier, ils ont l'impéritie des peuples barbares. C'est enfin presqu'une traversée de long cours que le voyage de la Haute-Egypte; il faut faire toutes ses provisions d'avance pour le temps que l'on veut y rester, sans oublier du charbon et du biscuit de mer, car on ne trouve absolument rien que des poules et des œufs dans les villages qui bordent le fleuve. A peine peut-on se procurer quelquefois du mouton et du pain dans les marchés des villes, dépourvus des objets les plus communs de la subsistance journalière.

Une cange se loue généralement 1,500 piastres par mois (375 fr.) plus ou moins, y compris l'équipage; et pour ne pas rester à la disposition du raïs (capitaine), les étrangers ont coutume de passer un traité avec lui à la chancellerie de leurs consulats. Il s'engage à être complètement aux ordres du voyageur et à naviguer à la voile nuit et jour, s'il y a du vent, ou bien, faute de vent, à marcher à la cordelle depuis le lever jusqu'au coucher du soleil. Quant au retour, comme on est porté par le courant, il doit avoir lieu à la rame nuit et jour, lorsque le vent manque.

Dix ou au plus douze hommes, outre le raïs et le timonier, composent l'équipage d'une cange.

Toutes les provinces indistinctement fournissent des matelots à cette navigation. Parmi eux se trouvent aussi beaucoup de nègres barabras[1], qui viennent se louer en Egypte et s'en retournent dans leur pays, lorsqu'ils ont gagné une petite fortune, comme les Auvergnats qui émigrent à Paris. Ils sont généralement gais, ouverts, prompts et toujours de bonne volonté à l'ouvrage. Nous en avons un à bord: c'est le facétieux de la troupe, et, dès qu'il ouvre la bouche, les autres se prennent à sourire avant même qu'il ait parlé, comme il arrive aux gens que l'on sait spirituels. Son caractère contraste vivement avec celui de ses compagnons égyptiens, presque tous lents, graves et mé-

---

[1] Les Barabras, plus communément appelés Barbarins, forment une tribu de la Nubie qui confine à l'Egypte. Ce sont des nègres à cheveux crépus, mais ils n'ont pas le nez écrasé.

lancoliques.—C'est parce qu'ils n'ont jamais vu les nègres libres que les Européens les accusent de stupidité. Ils jugent l'homme dans l'esclavage comme si la servitude n'abrutissait pas tous les hommes, quelle que soit leur race ou leur couleur.

Le métier des marins du Nil est plus rude qu'on ne penserait ; lorsque le vent manque ou devient contraire, ils tirent la cange le long de la rive sous un soleil de feu, et lorsqu'elle s'engrave, ce qui arrive souvent, ils sont une fois sur deux obligés de se mettre à l'eau pour la soulever sur leurs épaules. Ils couchent tous sur le pont, simplement enveloppés d'un grand manteau, et subissent ainsi les terribles variations de température qui ont lieu du jour à la nuit dans ce climat où l'on voit le thermomètre, après avoir marqué 25, 26, 28 degrés centigrades à l'ombre, au milieu du jour, tomber le soir à 6 degrés. Les nuits d'hiver, même en Egypte, et surtout par le vent du nord, sont très froides et laissent quelquefois tomber une humidité si abondante, qu'elle mouille le pont comme le ferait de la pluie. Malgré cela, on n'entend jamais les mariniers du Nil se plaindre : ils ne paraissent pas souffrir.

En général, ce sont des hommes inoffensifs ; la seule difficulté que l'on ait avec eux est de lutter contre leur paresse volontaire. Comme la cange est louée au mois, il est de leur intérêt direct d'allonger le voyage, et il n'est sorte de ruses qu'ils n'emploient pour faire le moins de chemin possible. Il faut se fâcher souvent et être toujours sur le qui-vive, afin de déjouer leur inertie calculée ; mais, en somme, ils n'opposent jamais une résistance ouverte.

Leurs mœurs sont très douces, leurs habitudes fort tranquilles. Le soir venu, ils se réunissent en cercle pour écouter un conte ou pour faire de la musique, et, chose singulière, de même que nos matelots, ils poussent tous ensemble au commencement et à la fin de chaque conte, trois grands cris déterminés. Quant à leurs chansons, dont la musique passe pour une tradition conservée parmi eux depuis la plus haute antiquité, c'est une sorte de psalmodie monosyllabique, composée de trois ou quatre notes d'un caractère un peu triste, comme sont toujours les mélodies des sauvages. Hérodote parle beaucoup de l'excessive beauté des chansons du Nil : ou la tradition s'est totalement corrompue, ou les anciens sentaient la musique autrement que nous. Relativement à l'exécution, pas le moindre vestige d'art. Un des hommes chante, et les autres répètent avec lui le refrain en frappant des mains en mesure. D'ordinaire, ils s'accompagnent avec le darabouka et une sorte de flûte en roseau, appelée zummara. Nous avons déjà dit ce que c'est que le darabouka. La flûte zummara a deux tuyaux attachés ensemble, dont l'un, très long, n'est pas percé, de sorte qu'il soutient une basse continue, pendant que l'autre dit le chant. Cette flûte, fort grossière d'ailleurs, et que chacun fait pour soi-même, a deux anches que l'on met entièrement dans la bouche ; le son désagréable et nasillard a de l'analogie avec celui de notre musette.

Le Barabra que nous avons à bord est incontestablement le meilleur musicien de l'équipage : il joue surtout avec une réelle habileté de la flûte à deux branches, et il divertit aussi ses compagnons par ses danses, qui sont toutes plutôt des figures mimées que des danses véritables. L'une d'elles est assez bizarre pour mériter d'être décrite. Il commence d'abord lentement par des contorsions cadencées des hanches et de la tête, en marquant la mesure avec les pieds, puis il s'anime insensiblement jusqu'à une sorte de délire ; ses mouvements acquièrent une précipitation fébrile, et il finit, en courant de tous côtés comme un homme en proie à une agitation terrible, par ôter son tarbouch et tous ses vêtements l'un après l'autre, jusqu'à ce qu'il reste nu. Dans cet état, il termine en faisant encore quelques figures plus ou moins extravagantes. Il nous a été impossible de rien comprendre à cette sauvage pantomime, et notre drogman n'a pu nous l'expliquer, quoi que nous fissions pour donner un sens à ses réponses.

Les marins du Nil, comme tous les marins du monde, ne font pas une manœuvre en commun sans chanter pour régulariser l'ensemble de son mouvement. Ils aiment beaucoup leur musique, mais leur suprême bonheur est de pouvoir mêler à ce plaisir le café, avec la pipe, qui ne les quitte jamais. En Orient, nous l'avons déjà dit, tout le monde boit du café, comme en Europe on boit du vin; et certes, puisqu'il paraît que les hommes ne peuvent s'amuser sans ingérer quelque liquide dans leur estomac, mieux vaut le café que le vin. Il n'a pas les horribles effets de toutes nos liqueurs fermentées, et n'abrutit pas ceux-là mêmes qui s'y livrent avec excès. Ne serait-ce point à cette différence de boisson qu'il faut attribuer la différence, tout à fait à l'avantage des musulmans de *basse classe,* qui existe entre eux et les Européens de même condition. Nous sommes frappé de la douceur de mœurs et de manières de notre équipage. Ces hommes n'ont rien de l'extrême rudesse des nôtres, ils vivent entre eux fraternellement, sans querelles, sans coups ni injures. Ce qui étonne plus encore, c'est la réserve qu'ils gardent tous à l'égard des femmes que l'on rencontre à chaque minute sur les rives du Nil. Nos mariniers de la Seine ne manquent jamais d'apostropher celles qu'ils voient au bord de leur fleuve, et Dieu sait en quels termes!

On ne connaîtrait qu'imparfaitement les matelots du Nil, si l'on ne savait comment ils augmentent un peu leur trop modique salaire (60 piastres, 15 francs par mois). A chaque ville principale qu'ils abordent, ils demandent un backchis, et ils ont tant fait, que c'est maintenant une habitude prise de leur donner 15, 20 ou 25 piastres. On aurait très mauvaise grâce à refuser une libéralité sur laquelle ils sont arrivés à compter comme sur un droit.

Le personnel d'une cange est complété par un domestique du pays, qui sert tout à la fois de cuisinier et de drogman. Ces hommes sont en général très intelligents. Ils forment une classe à part dans le peuple, dont ils se distinguent, malgré leur état de domesticité, par la connaissance d'une langue étrangère et par leur grande fortune relative. Ils gagnent en effet 15 talaris (75 francs par mois), outre le double au moins qu'ils volent sur tous les achats qu'ils ont à faire ou pour lesquels ils vous servent d'intermédiaires. Dans leurs fonctions de drogmans, ils montrent une assurance imperturbable, ils ne se déclarent jamais embarrassés, ils n'hésitent jamais à répondre, mais ils le font presque toujours d'une manière inintelligible. La vérité est que leur science de la langue qu'ils prétendent parler se borne à quelques mots d'usage journalier, et encore dits avec une prononciation dont il est nécessaire de posséder la clef. Il faut savoir, par exemple, que *chamor* veut dire chameau, et *por*, beurre. Que de fois nous avons eu à regretter l'insuffisance de notre interprète! Lorsqu'on voyage dans un pays sans en connaître la langue, c'est, en tout état de cause, comme si on vous en cachait la moitié par un moyen artificiel. Les drogmans égyptiens n'ôtent rien à l'étendue de cet inconvénient.

Le voyage de la Haute-Egypte s'exécute aujourd'hui avec autant de facilité que de sécurité. Grâce à cet état de choses, le Nil est très fréquenté, les embarcations qui l'animent apparaissent au loin avec leurs deux voiles disposées en ciseaux ouverts, comme de grands oiseaux rasant le fleuve. On rencontre journellement quelque cange de voyageurs. L'usage qui s'est établi pour chacun de porter son pavillon national fait bien vite connaître leur pays, et, nous sommes à regret forcé de l'avouer, on voit quatre pavillons anglais contre un français.

On n'est pas condamné à rester toujours à bord : lorsque la barque marche à la cordelle, il est aisé de se faire descendre à terre, où l'on peut visiter les cultures, les villes et les villages, étudier la population et ses mœurs, sans avoir rien à redouter. D'un autre côté, les chasseurs trouvent de quoi s'exercer du matin au soir. Les bords du Nil présentent une richesse ornithologique fabuleuse : la terre est couverte d'oiseaux de toute espèce, de tout plumage ; mais surtout de pigeons, de tourterelles, de pluviers et d'alouettes. Le fleuve offre aussi de belles et nombreuses proies aquatiques, sans compter le pélican, le roi des oiseaux du pays. M. le docteur Estienne en a tué un qui avait trois mètres trois centimètres d'envergure et un mètre quatre-vingt-deux centimètres de longueur. C'était réellement un puissant animal.

Les amateurs de belles perspectives restent volontiers sur la cange, et ne se lassent pas d'admirer le merveilleux spectacle qu'ils ont sous les yeux. Le paysage que l'on voit ici n'a rien d'analogue avec ceux d'Europe ou d'Amérique, et l'on conçoit qu'il ait frappé plus vivement qu'aucun autre l'esprit des artistes. La nature d'Orient présente de longues lignes immenses dont rien ne trouble l'harmonie, que rien n'accidente et qui se perdent dans les vastes profondeurs de l'horizon, au sein d'une atmosphère éclatante de lumière. C'est là le caractère le plus frappant des points de vue du Nil; on coule sur une large nappe grisâtre, quelquefois unie comme une glace, qui s'étend à perte de vue, bordée de chaque côté par des rives plates, basses et étroites comme un encadrement. De ces longues bandes s'élèvent quelques fûts de dattiers, dont le panache élégant et mélancolique se détache en pleine lumière sur un ciel bleu, d'une limpidité incomparable. Il y a, dans ce tableau, un calme auquel ajoute encore l'inexprimable silence propre aux vastes solitudes, une majesté dont la monotonie même réveille, à chaque pas, l'idée de l'incommensurable, et qui laisse dans l'âme un éternel souvenir de noblesse, de grandeur et de beauté! Deux ou trois fois, reportant, après ces contemplations méditatives, nos yeux sur le magnifique fleuve, nous y avons vu un petit oiseau qui, légèrement posé sur une palme tombée dans le courant, faisait miroiter au soleil son plumage d'or, d'émeraude et de rubis.

En général, on a un peu calomnié, il nous semble, le ciel d'Orient. Nous, du moins, nous n'avons pas à nous plaindre de sa fatigante uniformité; plus d'une fois, pendant notre séjour, il s'est voilé comme en Europe, et nous avons eu la distraction, fort peu désirable, d'une demi-tempête sur le Nil, avec torrent de pluie pendant une heure, vent furieux et des vagues presqu'aussi grosses que celles de l'Océan. Notre cange était agitée à nous donner le mal de mer. C'est une erreur de croire qu'il ne pleuve jamais en Égypte. Bien que cela soit rare, la moyenne du nombre des jours de pluie observés pendant l'expédition française a encore été de quinze à seize chaque année. Quelques-unes de ces pluies équivalent à peine à des rosées; mais d'autres durent trois et quatre jours consécutifs avec une telle abondance, qu'elles délaient et font couler parfois les cahutes des pauvres fellahs.

On peut voir, d'après ce que nous venons de dire, que la navigation du Nil offre mille sujets d'études, mille objets dignes d'attacher le savant ou le curieux. La seule chose à désirer est la célérité de locomotion ; et encore, les irritantes lenteurs de la route ne sont-elles pas un avantage? ne permettent-elles pas de voir, d'observer la population, de regarder, de comprendre le pays? Du jour où l'on ira aux cataractes en bateau à vapeur, le voyage, nous le craignons, aura perdu la moitié de son véritable intérêt.

31 novembre.

Partis hier au soir du Caire, nous avons mis vingt-quatre heures pour gagner Torrah, l'ancienne Troie égyptienne. On y va en trois heures avec bonne brise. Nous commençons à subir les chances de la navigation à voiles. Il ne nous reste qu'à contempler la magnificence du Nil et la majesté de ses rives.

Le Nil est peut-être le plus beau fleuve du monde. « Depuis l'endroit, dit M. de Humboldt, où il reçoit l'Atbara ou Teccazé jusqu'au Delta, c'est-à-dire pendant une étendue de 173 myr., il n'est alimenté par aucun autre affluent, fait unique dans l'histoire hydrographique du globe. » Son courant a une vitesse moyenne de quatre kilomètres à l'heure pendant la période de la crue, et des deux tiers pendant les basses eaux. Le Nil, on l'a dit depuis longtemps, est le père de l'Egypte ; il l'a créée, il en est la vie et la richesse ; ce n'est pas sans raison que les prêtres le divinisèrent en le confondant avec le grand être Osiris, et que les Romains l'appelaient le Jupiter égyptien.

L'Egypte, en effet, c'est le Nil et ses deux rives ; elle n'est formée que des terres qu'il inonde ; au delà, on ne trouve, à droite et à gauche, que les plaines de sable du désert ou les longues chaînes des montagnes lybique et arabique. Il y a plusieurs endroits où cette contrée célèbre, resserrée entre les deux chaînes, ne compte pas plus de trois kilomètres sur toute sa largeur. Souvent la chaîne arabique vient s'allonger jusqu'au bord du fleuve et y baigner ses masses calcaires, de façon à ne plus laisser un pouce de terre végétale pendant de longues distances, entre autre, depuis Samalout jusqu'à Girgeh. C'est du côté de la chaîne lybique, sur la rive gauche du Nil, que l'Egypte a son plus grand développement, et c'est là aussi que sont bâties les principales villes, Beny-Soueff, Fechné, Samalout, Mynieh, Melhaouy, Syout, Girgeh, Denderah, Esneh, Edfou, etc.

L'Egypte n'est donc, après tout, que la marge du Nil. Si le Nil venait à se dessécher, l'Egypte disparaîtrait. Il n'y a pas une source depuis les cataractes jusqu'au Delta; le fleuve fournit aux habitants avec une inépuisable abondance de quoi se désaltérer et arroser leurs campagnes. Son eau est la plus saine que l'on connaisse; légère autant que l'eau de pluie, elle est propre à tous les usages, et peut, clarifiée, remplacer l'eau distillée. Longtemps on en transporta à Constantinople pour la consommation du sultan et de sa famille. On se contente, afin de la dégager du limon qui la charge, de la faire filtrer dans de grandes jarres poreuses, fabriquées à cet effet.

Le gonflement du Nil est dû à des pluies périodiques et régulières qui tombent dans les montagnes d'Abyssinie. Telle est du moins l'opinion qui a prévalu jusqu'ici; mais c'est une erreur commune, partagée même par des écrivains fort accrédités, d'attribuer la fertilité de l'Egypte *au limon* que le fleuve déposerait dans ses inondations. Le limon qu'il laisse en se retirant forme une couche presqu'inappréciable, plus mince qu'une feuille de papier, et n'est d'ailleurs que de la poussière de sable. Mais quelle matière fertilisante répartie en aussi petite quantité pourrait produire un effet quelconque? Si le Nil déposait un limon assez épais pour féconder, depuis des milliers d'années qu'il déborde, il eût transformé ses rives en montagnes qui lui auraient bientôt opposé d'infranchissables barrières. C'est l'eau et non pas le sédiment qui développe la rare puissance végétative dont est doué le sol de l'Egypte. Voilà pourquoi, dès les temps les plus reculés, on a élevé le long du fleuve des digues qui l'empêchent de se répandre sans utilité. Au moyen de coupures faites à ces digues, on distribue les eaux dans mille petits canaux qui vont les porter où l'on veut et sur des terres où l'inondation n'atteindrait pas. Si on laissait le fleuve déborder sans le diriger, quel que fût le bien qu'il fît aux champs, il deviendrait une calamité pour les villes et les villages, qu'il envahirait infailliblement.

L'ensemble du système d'irrigation de l'Egypte par la crue des eaux du Nil est encore aujourd'hui le même que celui des anciens ; il a été trop souvent décrit pour qu'on doive y revenir, et n'a d'ailleurs un intérêt direct que pour les hommes qui s'en occupent, et qui ont alors recours aux livres spéciaux.

Au surplus, l'inondation périodique, qui commence à la fin de juin ou au commencement de juillet, et finit vers le milieu de novembre, est loin de suffire à la culture d'un pays brûlé par le soleil et privé de pluies abondantes. Les laboureurs ont constamment recours aux sakyehs et aux chadouffs pour arroser leurs terres. Le sakyeh est un puits à roue hydraulique. On fait une saignée au Nil, de manière à rassembler une certaine quantité d'eau dans un bassin où la roue va la prendre au moyen d'un chapelet de godets en terre cuite. La machine est très simple, mais très grossière et si lourde qu'il faut toute la force de deux bœufs pour la mettre en mouvement ; le chapelet est tellement mal disposé, qu'il laisse perdre la moitié de l'eau qu'il enlève, et les fellahs, indifférents au travail, parce qu'il est pour eux sans profit, ne cherchent pas à l'améliorer. Les sakyehs sont particulièrement employés dans la Basse-Egypte. Dans la moyenne et surtout la Haute-Egypte, où les berges du fleuve sont plus hautes, on continue à employer les chadouffs, tels que nous les représentent les vieilles peintures des tombeaux pharaoniques. Selon la description parfaitement exacte des mémoires de l'institut d'Egypte sur l'agriculture, cet ingénieux appareil est composé « d'un levier suspendu vers le tiers de sa
« longueur sur une traverse horizontale que soutiennent deux
« montants verticaux établis au sommet des berges du Nil ou
« du canal où l'on puise l'eau. La branche la plus courte d
« levier porte un contre-poids de terre durcie, et sa branche la
« plus longue, une verge de bois attachée par un lien flexible,
« de manière que, pendant le mouvement de rotation du levier,
« cette verge reste toujours verticale. A son extrémité inférieure

« est suspendu un seau en cuir. Un homme placé sur une sail-
« lie de terre prend l'eau dans le seau, l'élève à la hauteur de
« sa poitrine et la verse dans un petit canal qui la conduit
« sur les terrains où on en a besoin, et, si cela est nécessaire,
« dans un puisard, où elle est reprise de nouveau par une sem-
« blable machine qui la transmet à une troisième, jusqu'à ce
« qu'elle soit parvenue à la hauteur du terrain qu'elle doit
« arroser. Chaque chadouff élève l'eau à trois mètres environ
« de hauteur; on en place trois ou quatre au-dessus les uns
« des autres, suivant les localités. Les expériences faites sur
« une de ces machines par les savants de l'expédition française
« ont appris qu'un ouvrier égyptien peut élever, au moyen du
« chadouff, près de 50 litres d'eau par minute à une hauteur
« d'environ trois mètres. »

Nous n'avons jamais vu plus de trois étages de ces machines au-dessus l'un de l'autre, ce qui donne déjà une assez belle hauteur, et rarement à chaque étage plus d'un seul chadouff, l'ensemble du système employant par conséquent six hommes seulement, puisqu'il y a deux hommes par chadouff. Il serait, nous croyons, impossible de déterminer la quantité de ces appareils que possède l'Egypte. Ils sont tellement simples et de si facile construction, que les cultivateurs les font et les défont en quelques heures, selon leurs besoins. Les fellahs occupés à puiser ainsi chantent toujours pour alléger la fatigue en régularisant le mouvement, et ils enlèveraient une bien plus grande quantité d'eau, si la misère ne venait là encore diminuer le produit de leur travail. Faute de pouvoir acheter un misérable seau de cuir ou de bois, ils le remplacent par une couffe, sorte de panier à fond conique, en feuilles de palmier. Quelque serré que puisse être ce tissu, on conçoit qu'il laisse toujours fuir beaucoup de liquide. Sur vingt chadouffs, il n'y en a pas deux qui soient montés avec des seaux en cuirs!

Rien n'égale l'incomparable richesse de végétation de l'Egypte : on y fait trois récoltes par an. Le blé, l'orge, les fèves, le lin, plantés après l'inondation, vers novembre et décembre, sont récoltés dans le courant d'avril; le riz, le maïs, les légumes, le sésame, du mois de mai au mois d'août ; puis le dourah et la canne, que l'on isole des eaux par des digues, et que l'on recueille après l'inondation de novembre à décembre. On nous a parlé de prairies artificielles et de luzernes, établies près du Caire, où l'on faisait deux abondantes coupes par mois.

Cette rapide succession dans les cultures amène précisément à cette époque-ci de l'année, où le gonflement du Nil est à sa dernière période de décroissance, un spectacle merveilleux. A côté de champs encore couverts d'eau et noirs d'humidité, on en voit d'autres que retourne la charrue pour les ensemencer ; d'autres, les premiers exondés, que le blé embellit déjà de ses pousses naissantes ; d'autres où éclate la verdure de grandes plantations de cannes, et d'autres enfin où l'on fait la récolte du dourah jaunissant.

La terre d'Egygte, telle qu'elle nous apparaît à cette heure, est ainsi bien loin d'offrir cette teinte monotone de sables brûlants et de nudité aride qu'on lui reproche. Nous rencontrerons bientôt dans la Haute-Egypte de petits bras du Nil, qui, sans exagération, rappellent presque la Normandie ; leurs deux rives en pente douce forment des nappes d'une suave et fraîche verdure, au milieu de laquelle le palmier doum, avec sa tête touffue comme celle de nos arbres, sert à compléter l'illusion [1].

Ce qu'on se rappelle avoir lu avec une grande surprise dans Hérodote, relativement aux semailles d'Egypte, est encore exactement vrai aujourd'hui. Le laboureur jette le grain sur la terre telle que l'inondation l'a laissée ; il le recouvre ensuite en y passant une petite charrue d'une simplicité élémentaire, et tout est dit. Dans trois mois il aura les plus beaux épis du globe. Puisque nous parlons agriculture, disons ici que nous avons remarqué beaucoup de vaches à la charrue ; leur emploi au

---

[1] Le palmier doum n'habite ni la Basse ni la Moyenne-Egypte. Son fruit, peu estimé, a une pulpe spongieuse, que nous ne saurions mieux comparer qu'à du pain d'épice desséché. La noix, semblable à la noix de coco, mais beaucoup plus petite, renferme aussi du lait presque du même goût que celui du coco.

travail est général en Egypte, où il paraît adopté depuis longtemps, et les hommes spéciaux assurent qu'elles ne s'en trouvent pas mal. De même on ne laisse jamais le sol en jachères. Les fellahs savent par tradition, depuis la plus haute antiquité, ce que la science d'Europe a découvert depuis peu d'années seulement, qu'il suffit d'alterner les cultures pour que la terre produise toujours sans avoir besoin de repos.

Le manque d'animaux de labour gêne beaucoup l'exploitation agricole; mal nourris et mal soignés, employés trop jeunes, excédés de travail, ils ont été décimés par des épizooties terribles. Le vice-roi a fait venir d'Afrique des buffles dont la douceur et la force rendent de grands services, et dont les femelles donnent d'excellent lait; mais ils sont encore en trop petit nombre. Ce ne serait d'ailleurs qu'avec l'aide du temps et d'une bonne administration qu'on pourrait réparer le mal.

Ici se présente, avec des circonstances plus repoussantes, avec un caractère plus hideux que nulle autre part, le monstrueux spectacle qu'offre la société telle qu'elle est encore constituée partout. Les fellahs, à demi nus, sèment et récoltent du froment pour les riches, et ils ne mangent que du dourah!

3 décembre.

Le vent, toujours contraire, est si fort et si froid, que, malgré les habits de drap, un manteau est très utile, surtout le matin et le soir. Les fellahs sont évidemment bien moins sensibles que nous au froid; nos hommes paraissent à peine s'en apercevoir. Cela doit tenir à l'habitude qu'ils ont de vivre en plein air et d'avoir constamment nus les bras, les jambes, et, on pourrait dire, le corps entier. Toutes les parties de leur corps, raffermies par le perpétuel contact de l'air, supportent plus aisément les intempéries. Le costume des fellahs se borne à une sorte de tunique à manches courtes, qui laisse le cou découvert, descend au-dessous du genou et est serrée à la hauteur des hanches par une corde. Ils marchent nu-pieds et leur tête rasée est couverte d'une calotte en feutre blanc. Les plus pauvres se contentent de la calotte en toile blanche qu'à la ville on met sous le tarbouch. Les gens un peu plus aisés portent, outre la tunique, une chemise blanche, à longues et larges manches. Lorsqu'ils travaillent, ils relèvent ces manches, et les attachent par leurs extrémités derrière le cou, de façon à laisser les bras libres et nus. Enfin, les hommes qui n'appartiennent pas à la classe des laboureurs, comme les artisans, les petits marchands, par exemple, remplacent la tunique par une longue robe, assez semblable à nos blouses, mais très large, descendant sur les pieds et flottante. Les moins pauvres ont, de plus, un surtout de couleur brune, coupé par devant, fait d'une étoffe de poil de chameau très épaisse, très lourde et très chaude. Ce vêtement est indispensable à cette époque de l'année, où les soirées, les nuits et les matinées sont extrêmement fraîches. La robe et la tunique en toile de coton sont uniformément bleues, et teintes dans le pays. Il n'est guère de village qui n'ait une petite fabrique d'indigo, en plein vent, composée de trois ou quatre jarres en terre cuite, dans lesquelles on prépare la plante que chacun cultive pour ses besoins.

Les femmes fellahs sont toutes, sans exception, vêtues d'une robe large, volante et courte, ouverte sur la poitrine, et attachée par un simple bouton à la hauteur des clavicules. Elles marchent nu-pieds, comme les hommes, et ont toujours la tête enveloppée d'un grand voile de laine légère, dont elles se servent fort adroitement pour se cacher le visage, de façon à n'avoir qu'un œil de découvert. Quant elles ont besoin des deux mains, elles tiennent ce voile dans la bouche ; robe et voile sont toujours bleus. Les femmes fellahs n'usent jamais d'autre couleur. Leurs mouvements acquièrent, par l'usage où elles sont de tout porter sur la tête, une souplesse et un équilibre remarquables, et le long voile livré à l'air, joint à la robe flottante, achève de leur donner une très belle tournure. Lorsqu'elles reviennent du Nil, la tête chargée d'une grande jarre d'eau avec une autre plus petite sur une main renversée, on croit voir marcher une statue antique. La moitié du génie des anciens est d'avoir toujours eu de beaux modèles sous les yeux. Ils copiaient la nature.

On a beaucoup parlé de la dissolution des femmes fellahs ; ce que nous pouvons dire à cet égard c'est qu'elles s'enfuient toutes quand nous approchons de leurs demeures, et s'éloignent du chemin quand nous les rencontrons. Elles mettent autant d'importance à se cacher le visage qu'elles en mettent peu à se cacher la poitrine; c'est même, pour un Européen, un curieux renversement des lois de la décence. L'éducation, les habitudes générales, développent en elles cette manière de sentir dès leur plus jeune âge. Plusieurs fois nous avons trouvé dans les villages de petites filles, à peu près nues, qui, n'ayant qu'une loque, s'en couvraient la figure, à notre approche, et non pas le milieu du corps. On peut bien juger, par là, que la pudeur est une vertu toute de convention; ce qui ne lui enlève rien de sa grâce ni de sa nécessité; elle charme toujours, quelque part qu'on la place.

Les femmes de toute condition se rougissent les ongles et se font des dessins dans la paume des mains avec une plante tinctoriale appelée *henneh*. La puissance colorante du henneh est tellement vive, que ce singulier ornement tient trois semaines et un mois sans avoir besoin d'être renouvelé. Autrefois elles se teignaient en noir le contour cilliaire des yeux, en prolongeant la ligne un peu plus loin que l'angle de l'œil, pour le faire paraître plus grand; mais cette mode, imitée des anciens et plus étrange que désagréable, commence généralement à passer. Les femmes fellahs, qui ont moins le temps de s'adonner à ces recherches, ont, par compensation, un petit tatouage bleu sur les bras, les mains, le menton et le front. On en voit aussi quelques-unes, parmi elles, qui portent un anneau d'or dans la narine droite. Cet abominable luxe se perd heureusement tous les jours davantage, et devient extrêmement rare, surtout dans la Moyenne et la Basse-Egypte.

CHAPITRE VII.

Moyenne-Égypte.

Fayoum. — Lac Mœris. — Beny-Soueff. — Une heure pour acheter quatre poules. — Bon marché de la vie matérielle. — Pigeonniers. — Troupeaux. — Les tondeurs. — Elévation des rives du Nil. — Il ronge les terres sans qu'on lui oppose aucun obstacle. — Les chiens d'Orient. — Onasana. — Almées et cafés. — Jeu du *djerid*. — Dextérité des cavaliers égyptiens. — Samallout. — Ruines partout. — Cannes à sucre. — Fabrication du sucre. — Djebel ou Yabal-Teir. — Palais monolithe. — Motif du Journal de navigation.

7 décembre 1844.

Les pauvres matelots ont encore tiré la cordelle tout le jour, et nous avons péniblement gagné à quatre heures du soir la ville de Beny-Soueff, l'ancien Ptolémaydon (7 myriamèt. du Caire).

Beny-Soueff appartient à la province de Fayoum, qui forme, sur la rive gauche du Nil, une sorte d'appendice attaché à la longue bande de terre qui constitue le pays d'Egypte. Cette province se prolonge assez loin dans le désert, et paraît devoir son existence phénoménale à des marécages. C'est à l'extrémité du Fayoum que le roi Touthmosis III, dit Mœris, fit creuser, 1,700 ans avant notre ère, le fameux lac qui porte son dernier nom. Des écluses y retenaient les eaux amenées par le débordement périodique, et les répandaient ensuite dans la Basse-Egypte. Il y a tout lieu de penser que Mœris ne fit que profiter des dispositions de la vallée pour oser entreprendre et pouvoir achever ce réservoir de 20 myriamètres de tour, dit-on. Il ne reste plus que le nom et les traces de ce colossal ouvrage. On fabrique aujourd'hui dans le Fayoum beaucoup d'essence de rose assez estimée.

Beny-Soueff, siége du gouvernement de la Moyenne-Égypte, est une misérable petite ville bâtie, non pas précisément en boue, mais en briques crues (mélange de terre et de paille hachée), simplement séchées au soleil. Il n'y a guère de construction en pierre que la maison du gouvernement, un palais que Méhémet-Ali s'est fait construire pour le cas où il voudrait, en voyage, s'arrêter un jour à Beny-Soueff, et une belle caserne de cavalerie. Entre le palais toujours inhabité et la caserne, sont d'affreuses huttes de boue où logent les femmes des militaires. Le régiment change-t-il de garnison, les femmes abandonnent sans peine leurs tristes demeures, et vont en refaire de nouvelles près de la résidence de leurs maris.

9 décembre.

C'est à grand'peine que nous avons pu nous amarrer ce soir devant Feschné. La navigation de Beny-Soueff à Feschné, par un vent ordinaire, est de douze heures; la nôtre en a duré quarante-huit. Il est vrai que, condamnés à n'avancer qu'à force de bras, nous sommes obligés de suivre les moindres sinuosités du rivage; nous ne pouvons couper aucun angle, et c'est assurément doubler le trajet, car jamais fleuve, comme disent les poètes, ne s'est éloigné de sa source avec plus de regret que celui-ci. En somme, nous avons mis moins de temps pour venir de Marseille à Alexandrie que du Caire ici.

On est allé, ce matin, acheter quelques poules dans un village. L'opération a duré près d'une heure, parce que, pour attraper ces poules à l'entour de la chaumière où elles couraient en liberté, on n'a rien trouvé de mieux que de lancer contre elles une douzaine d'enfans qui ont fini, après de longs efforts, par en atteindre quatre à la course. Nous n'avons pas d'autre nourriture depuis le départ; excepté dans les villes principales, il est impossible de trouver même du mouton.

L'élève des poules est la grande industrie des villages, on pourrait dire la seule; ils en alimentent les villes, où il s'en consomme une quantité innombrable. Les poules se vendent deux piastres (50 cent.); les œufs, le lait, tout le reste est dans la même proportion. Un très beau poisson du Nil, quand on en trouve, ne dépasse guère deux ou trois piastres. En général, la vie matérielle, en Egypte, est encore à très bon marché, malgré le nombre des voyageurs; il est vrai qu'elle n'est pas splendide. Les femmes fellahs vendent aussi du beurre. Pour le faire, au lieu de battre le lait, elles l'agitent dans une petite outre de peau de chevreau ou d'agneau, qui est suspendue par les quatre pattes.

On voit dans la plupart des villages beaucoup de pigeonniers plus ou moins élevés, toujours construits en boue, mais d'une forme ovoïde assez originale. Le dôme est rempli d'ouvertures rondes par lesquelles entrent les pigeons. Quelques-uns sont disposés d'une manière fort ingénieuse pour contenir un grand nombre d'habitants. Ce sont trois voûtes superposées et percées au sommet, de manière que la gent volatile peut circuler partout et aller occuper les pots fixés dans l'épaisseur des murailles. Elle ne trouve là du reste que le gîte et se nourrit dans la campagne. C'est principalement pour obtenir la colombine que l'on entretient ces pigeonniers; elle est recueillie tous les six mois et vendue particulièrement aux plantations de cannes à sucre. On emploie peu d'autre engrais en Egypte, et, à la vérité, il n'en est guère besoin.

On rencontre encore accidentellement quelques troupeaux de moutons et de chèvres, de quinze à vingt têtes. Il se peut qu'il en existe de plus nombreux, mais nous n'en avons pas vu un seul. Ils sont conduits sans chiens par de jeunes garçons et quelquefois par de jeunes filles. Hier nous nous sommes arrêté devant deux bergers occupés à tondre un mouton; l'un d'eux tenait l'animal, et l'autre, armé d'une grande paire de ciseaux à lames très minces et rouillées, qui se croisaient presqu'à chaque coup sur elles-mêmes, arrachait la laine par parties, plutôt qu'il ne la coupait. Cet instrument grossier changeait une opération très simple en un supplice véritable et prolongé pour la pauvre bête, qui gémissait comme un cheval auquel on met le feu. Tout en est là en Egypte.

10 décembre.

Le Nil commence à être beaucoup plus encaissé que dans le Delta, l'élévation de ses rives est sensible ; on a calculé qu'elle atteint en moyenne, dans la Haute-Egypte, jusqu'à dix et douze mètres.

Depuis Beny-Soueff et même un peu au-dessous, le fleuve ronge considérablement sa rive gauche, sans que nulle part on lui oppose le moindre obstacle. Si nous ne connaissions déjà l'esprit du pays, nous nous étonnerions d'autant plus de cette insouciance, que les Egyptiens ne manquent jamais de s'établir aussi près du Nil qu'il est possible; ils ne peuvent se résoudre à s'éloigner de leur père nourricier, et leurs villages sont toujours à la limite précise de l'inondation, ou sur le bord même, quand la berge est assez haute pour que l'eau n'y puisse atteindre. Il en résulte que le Nil prend, non-seulement beaucoup de terrains encore chargés de cultures, mais que, dans plusieurs endroits, il attaque les habitations mêmes. A chaque pas on aperçoit des pans de murs coupés à pic ; le sol en manquant a entraîné une partie de la maison. L'impassible fellah laisse la maison tomber et va porter tranquillement ses pénates un peu plus loin. Quel peuple! quel engourdissement ! quelle torpeur !

Il n'est pas de village où l'on ne trouve beaucoup de chiens qui aboient tous avec un rare instinct contre les étrangers. Ils sont heureusement fort peu agressifs, et il suffit de faire le simulacre de ramasser une pierre pour les mettre en fuite. Dans les villes, ils habitent par tribu les différents quartiers, et les chiens d'un quartier attaquent avec furie ceux d'un autre quartier, qui s'approchent du leur. Ils se sont créé des limites parfaitement distinctes, qu'un imprudent ou un audacieux ne franchit jamais sans danger. Et ce qu'il y a de plus curieux, c'est que celui qui fuyait tout à l'heure après s'être aventuré au delà de ses frontières, se retourne aussitôt contre ceux qui le poursuivaient dès qu'il touche son terrain. Il comprend qu'il sera bien vite soutenu par les siens, et l'on voit les autres s'arrêter, comme s'ils le comprenaient de même. Ce sont là des faits authentiques, nous les avons observés maintes fois nous-même, non pas sans éprouver une sorte de tristesse à voir l'esprit d'antagonisme se dessiner, même parmi les animaux, avec autant de fureur que parmi les hommes.

Ces chiens vivent nuit et jour au milieu des rues; ils n'appartiennent à personne, et se nourrissent, comme ils peuvent, des débris qu'ils trouvent. Les musulmans, d'ailleurs, bien qu'ils regardent le chien comme un animal impur, dont le seul contact est une souillure qu'il faut laver à l'instant, jettent assez souvent du pain à ceux de leur quartier. Ils s'en font un devoir pour obéir à la loi de Mahomet, qui commande, ainsi qu'on l'a vu, la bonté et la charité envers les animaux. Une chose déjà plusieurs fois écrite et qui nous a été confirmée sur les lieux, c'est que, malgré la chaleur du climat, on ne connaît pas en Orient de cas de rage parmi les chiens.

Quant à ces attaques des chiens dont on aurait, selon quelques voyageurs, à se défendre en Orient, il faut croire que les choses ont heureusement beaucoup changé; pas plus ici qu'à Constantinople, nous n'avons rien remarqué de pareil. Dans l'un et l'autre pays, nous avons vu les chiens redouter l'homme et n'affronter jamais sa canne ou le caillou qu'il menace de leur jeter.

12 décembre.

Depuis deux jours le soleil n'a pas pu percer les nuages, et la température est si froide, que nous serions presque disposé à prendre l'épithète de brûlante, appliquée à l'Égypte, pour une fiction de poète. Le mois de décembre ne cède apparemment ses droits nulle part. Après avoir marché hier et aujourd'hui toujours à la cordelle, sans un souffle de vent ni favorable ni contraire, nous avons fait halte au pied d'Onasana, village d'une certaine importance, quoiqu'il ne soit mentionné sur aucune carte. C'est un lieu ordinaire de station pour les barques de marchandises. On y voit des almées de bas étage, qui, malgré leurs colliers et leurs bracelets d'or, se montrent satisfaites, nous assure-t-on, quand on leur donne cinq piastres (1 franc 25 cent.). Les almées de tout étage, il est vrai, vivent de rien, se logent comme les fellahs, dorment sur une natte, avec leur robe de rechange pour oreiller, et mettent toute leur richesse dans leurs bijoux. Pauvres créatures!

Les matelots trouvent aussi à Onasana des cafés dont l'installation ne doit pas être ruineuse. Trois murailles en torchis et une toiture de feuillage. Pas de porte ni de fermeture d'aucune espèce ; dans l'un des murs, un trou où brûle une petite lampe, à terre des nattes et à l'entrée un fourneau de boue, où se prépare la boisson favorite. Là nos hommes se sont donné le plaisir, pendant la moitié de la nuit, de boire du café en fumant et en chantant leurs trois ou quatre éternelles litanies, accompagnées du darabouka.

Nous avons rencontré ce matin, en marchant au bord du Nil, l'intendant de Selim-Pacha, propriétaire d'une grande partie de cette contrée. Il faisait sa tournée d'inspection, à cheval, suivi de deux cavaliers. Dès qu'il nous aperçut, il nous salua le premier avec la considération que l'on trouve partout ici pour l'habit européen, et nous offrit gracieusement une représentation du fameux jeu arabe, appelé *djerid*. Deux cavaliers se poursuivent au grand galop, en se jetant un bâton d'un mètre ou un m. et demi de long. L'adresse consiste, pour l'un, à atteindre son adversaire ; pour l'autre, à éviter ou mieux encore à saisir le djerid à la volée. Nous avons ensuite assisté au combat simulé de deux cavaliers qui s'attaquent au sabre, fuyant, revevant, cherchant à frapper sans être touché. Enfin notre homme, prenant son fusil, et s'élançant ventre à terre, l'a tiré debout, ferme et droit sur les larges étriers qui servent en même temps d'éperons. Il est difficile de voir un plus beau spectacle que ces nobles jeux équestres. Les trois Égyptiens y ont montré une dextérité parfaite à manier leurs montures. Ils en faisaient réellement ce qu'ils voulaient, et nous doutons que des cavaliers européens pussent les imiter. Nos selles anglaises ne comporteraient pas des mouvements aussi violents, des réactions aussi désordonnées que le permettent les deux hautes palettes des selles turques, dans lesquelles on est si bien emboîté, qu'il est presque impossible de tomber. Il faut dire de plus que les Orientaux traitent leurs chevaux comme nous ne traiterions jamais les nôtres. Le mors arabe est un instrument de torture irrésistible. Après ces exercices qui durèrent au plus une demi-heure, les trois braves coursiers avaient la bouche si déchirée, qu'il en tombait des gouttelettes de sang.

13 décembre.

Le ciel est resté nuageux, mais la chaleur a pris sa revanche et le thermomètre est monté aujourd'hui à 26 degrés à l'ombre; dans dix jours, nous le verrons à Louqsor marquer au soleil 38 degrés. Quelles énormes variations!

Nous avons visité ce matin Samallout (l'ancienne Cynopolis). C'était une grande ville; quelques vieux encadrements de portes en pierres sculptées attestent son opulence passée. On n'y trouve plus aujourd'hui qu'un petit nombre de huttes en boue, adossées contre des pans de murs en briques crues!

Et partout où nous descendons, le même délabrement s'offre à nos regards! Les prôneurs de Méhémet-Ali auraient peine à le justifier de tant de ruines, s'ils consentaient à accepter la discussion de ses actes et à faire autre chose que son panégyrique. Où sont les habitants de tous ces lieux, jadis peuplés, maintenant déserts?

Depuis trois jours nous côtoyons de grands champs de cannes à sucre, surveillés par des gardiens pour prévenir les vols des passants. La canne à sucre a été de tout temps cultivée dans la Haute et la Moyenne-Egypte. Toutes celles que nous avons vues sont petites, maigres, chétives. On les dirait abandonnées à elles-mêmes; elles sont chargées de toutes leurs feuilles, qui dévorent une partie de la sève et les étouffent en empêchant l'air de circuler à leurs pieds.

Les procédés de fabrication du sucre ne valent pas mieux que ceux de la culture : ils remontent à l'enfance de l'art, ou, pour mieux dire, nous doutons que les Arabes des califes fissent aussi mal. Le moulin est composé de deux rouleaux de bois, placés horizontalement et serrés l'un contre l'autre par de simples clavettes en bois. Ces rouleaux tournent au moyen de deux roues à engrenages, si lentement mises en mouvement par un bœuf, qu'il faut quatre ou cinq moulins semblables pour remplir une seule chaudière. Toute cette machine est exécutée par des fellahs, c'est dire qu'elle est d'une grossièreté primitive. Nous croyons superflu d'ajouter que ces pauvres cylindres de bois n'ont pas la force de pression suffisante et laissent la moitié du jus dans la bagasse. Le vésou qui tombe est conduit par une rigole en bois à une chaudière à fond plat, chaudière unique, où il reçoit toutes ses préparations, cuisson, purge, écumage. Il sort de là pour passer dans de grandes jarres de terre cuite, où il se refroidit; puis enfin il est mis en forme. Avec une pareille méthode, les Egyptiens arrivent à ne faire que du caramel.

Un peu plus haut que Samallout, de l'autre côté du Nil, sur la rive droite, est Djebel ou Jabal-Teir, prolongement de la chaîne Arabique, qui vient se baigner dans le fleuve. Ce banc calcaire, entièrement composé de nummulithes, a offert un grand intérêt à mon compagnon, le docteur Estienne, qui est aussi un habile géologue. Pour moi, ce qui m'a frappé davantage, ce sont les traces parfaitement distinctes d'un palais ou d'un temple monolithe, qui fut taillé dans la masse. On reconnaît encore sur une surface très étendue de grandes salles et des gradins d'escalier. Il y a lieu de s'étonner que ces excavations aient été négligées par les savants : aucun d'eux n'en parle. Les moines du couvent de la Poulie, situé au milieu de ces immenses ruines, sont d'une telle ignorance, que, loin de pouvoir nous répondre, ils ne semblèrent pas même comprendre notre curiosité, lorsque nous leur demandâmes quelques renseignements.

14 décembre.

Une bonne brise nord nous a fait aujourd'hui rapidement passer Minyeh, ville importante à 9 myriamètres de Beny-soueff et à 17 myriamètres du Caire; mais elle est tombée dans la soirée, et nous avons dû nous arrêter à quelques kilomètres au-dessus de Meylaouy.

Nous croyons devoir tenir ce petit journal de notre voyage nautique. Il n'intéresse aucunement la très grande majorité des lecteurs, mais il peut être utile à quelque personne qui ferait des observations sur la navigation du Nil.

CHAPITRE VIII.

Race des habitants de l'Egypte. — Antériorité de la civilisation éthiopienne.

Le teint des habitants de l'Egypte devient plus foncé à mesure qu'on remonte le Nil. — Le soleil a-t-il transformé les blancs en nègres? — Les contrées, sous les mêmes latitudes que l'Afrique, n'ont point d'habitants noirs. — Pourquoi, si le climat détermine la couleur, y a-t-il des nègres de différentes nuances? — Opinion de M. Wiseman. — Doutes sur l'unité de la race humaine. — Observations de M. le docteur Aubert-Roche en Nubie et en Abyssinie. — Neige et gelée dans le Samen. — Les Arabes qui habitent sous les mêmes latitudes que les Nubiens sont restés parfaitement blancs. — Si l'on suppose deux races d'hommes, tout s'explique. — L'Égypte a été d'abord peuplée par les nègres. — Les anciens et les modernes sont tous d'accord sur ce point. — Civilisation de la race nègre, antérieure à celle de l'Egypte. — M. Caillaud. — Exploration de M. Hoskins en Éthiopie. — Témoignage de la domination des Éthiopiens en Égypte. — Sabacon. — Tahraka. — Traces, en Egypte, du haut rang que des nègres y occupèrent. — Tableaux ethnographiques de tombes royales où le nègre occupe toujours la seconde place après l'Egyptien. — L'Européen alors était un vrai sauvage nu et tatoué. — Aristote disait identiquement de l'intelligence des peuples d'Europe ce que nous disons aujourd'hui de celle des peuples d'Afrique. — L'inégalité intellectuelle de telle ou telle race d'hommes n'est plus soutenable. — Ergamène, roi d'Éthiopie. — Le royaume de Méroé avait encore un reste de puissance au temps d'Auguste. — La géologie confirme l'histoire. — Aménophis III, dit Memnon, a le visage d'un Africain. — Unions de rois d'Egypte avec des Éthiopiennes. — On retrouve encore dans la Nubie et le Soudan oriental beaucoup des usages et des ustensiles des anciens Egyptiens. — Le type nègre s'est perpétué dans la physionomie des Egyptiens modernes. — Ce sont les races blanches entrées par l'isthme de Suez qui ont éclairci graduellement le sang des natifs. — Il n'y a pas d'Arabes en Egypte. — Les fellahs sont les descendants purs des anciens Egyptiens. — Le climat d'Egypte est mortel aux enfants des étrangers.

11 décembre 1844.

A mesure qu'on remonte le Nil, on peut remarquer que le teint des habitants se fonce chaque jour davantage, quoi qu'il y ait à peine deux degrés de latitude entre le Caire et le point où nous sommes. Cette observation, déjà faite, est aujourd'hui bien avérée pour nous. Il est constant que, dans la vallée du Nil, les hommes se rembrunissent insensiblement, depuis le littoral de la Méditerranée, où ils sont presque blancs, jusqu'au Sennaar, au Kordofan et au Darfour, où ils sont nègres à cheveux crépus et à nez plat, en passant par la Nubie, où déjà entièrement noirs, ils ont généralement le nez un peu aquilin, quoiqu'ils conservent les cheveux crépus. N'y a-t-il donc réellement qu'une race d'hommes? Est-ce donc le soleil qui a transformé avec des milliers d'années un blanc en nègre? La science discute cette question depuis bien longtemps, et ceux qui sont pour la négative représentent avec une logique difficile à réfuter que des contrées situées sous les mêmes latitudes, les îles de la Société, par exemple, qui se trouvent entre les 10e et 20e degrés, comme le Darfour, n'ont point d'habitants nègres; tandis que des contrées fort tempérées et même glacées, comme la Laponie, ont une population non moins foncée que celle de la Haute-Egypte. La terre de Diemen, presque aussi froide que l'Irlande, n'est-elle pas habitée par une race noire? La partie de l'Amérique méridionale qui traverse l'équateur et qui correspond au centre de l'Afrique, n'est-elle point peuplée par des hommes à peau cuivrée? Si toutes les diverses races dérivent d'une seule et même souche primitive, modifiée par des influences de climat, pourquoi le teint des nègres transportés en Amérique et aux Antilles depuis 300 ans n'y a-t-il pas subi la moindre modification, la plus petite altération, même après tant de générations successives? Si des causes climatériques, locales, hygiéniques, ont empêché le type originel de se conserver intact, comment donc ces mêmes causes n'empêchent-elles pas les variétés, auxquelles elles ont pu donner naissance, de se perpétuer invinciblement dans leur entière unité? Comment, si le climat détermine la couleur de la peau et la nature de l'individu, trouve-t-on des tribus, sous les mêmes latitudes, sur le même sol, dans les mêmes conditions, diversifiées par des signes caractéristiques? Comment expliquer qu'en Afrique la transformation de l'homme blanc en homme noir n'ait pas été uniforme, et que la couleur noire des habitants offre des nuances plus ou moins foncées, des types plus ou moins éloignés, de même que la couleur blanche parmi les habitants de l'Europe?

« En opposition directe, dit M. Nicolas Wiseman, avec la
« théorie qui considère la coloration de la peau comme un effet
« du climat, on remarque que la même race conserve sa nuance
« sans variation sensible sous les latitudes les plus distantes, et
« que sous la même latitude les variétés les plus singulières se
« présentent en apparence dans la même race. Les Américains
« offrent un exemple des plus remarquables du premier cas.
« Soit sur les bords glacés des lacs du Canada, soit dans les
« plaines brûlantes des pampas de la péninsule méridionale,
« à peine peut-on découvrir une ombre de différence dans le
« teint des indigènes: la même couleur cuivrée distingue toutes
« les tribus. Pour le second cas, nous trouverons dans l'Orient
« des exemples non moins frappants [1]. »

Après tout, si l'on devait attribuer à la chaleur la coloration de la peau, ce serait la peau elle-même, ou, pour dire mieux, l'épiderme, qui serait noircie, tandis que, tout le monde le sait, le siége de la matière colorante est dans le tissu réticulaire de Malpighi, tissu constitutionnel et hors du contact solaire.

C'est chose grave assurément que toutes les traditions cosmogoniques et religieuses s'accordent pour ne donner qu'un seul père à l'humanité, c'est aussi un point capital que la parfaite identité fondamentale des races diverses; mais, d'un autre côté, comment expliquer les caractères différentiels qui les distinguent d'une manière si tranchée, autrement que par des créations également puissantes, mais diverses. Ce n'est pas d'aujourd'hui que cette question nous occupe et provoque nos doutes, mille fois elle a été pour nous l'objet de ces méditations laborieuses où l'esprit trouve un douloureux plaisir à se jeter, et nous devons avouer que plus nous sondons le problème, plus, malgré l'opinion générale, il nous paraît difficile de concilier

---

[1] *Discours sur les rapports entre la science et la religion révélée*, 4ᵉ discours sur l'histoire naturelle de la race humaine.

l'unité de la race humaine avec l'étude calme et impartiale des faits.

Les observations recueillies en Nubie et en Abyssinie par M. Aubert-Roche viennent de jeter quelques lumières de plus dans cette grande et ancienne controverse. Ce médecin, voyageur et savant tout à la fois, n'hésite pas à croire qu'il y ait au moins deux races d'hommes : une blanche et une noire ; et il appuie sa croyance sur des témoignages qu'il faut ou nier ou reconnaître pour tout-puissants, et sur des raisonnements qui, dans notre humble opinion, ne sont pas réfutables.

« Les Arabes, les Indiens, les Pasteurs, les Abyssiniens et
« les Gallas que j'ai rencontrés sur le littoral de la mer Rouge,
« sont tous de même race, et cette race ne peut être assimilée à
« la race blanche ou caucasienne, ni à la race européenne. Ils
« sont noirs et nous sommes blancs ; c'est là ce qui frappe
« d'abord. Les ethnologistes auront beau chercher des carac-
« tères de division de races, le premier, et Cuvier l'a bien
« reconnu, sera d'abord la couleur ; le bon sens n'admettra
« jamais comme sortis d'une même souche un individu blanc
« et un individu noir.

« On a dit que la couleur importait fort peu, comme caractère,
« dans la classification des races, parce qu'elle dépend de la cha-
« leur du climat. C'est une idée fausse : l'intérieur de l'A-
« frique n'est pas aussi chaud qu'on le croit généralement. Les
« plateaux et les montagnes qui règnent entre les tropiques, et
« d'où sortent tous les grands fleuves de ce continent, sont ou
« tempérés ou froids ; dans la province du Samen, en Abyssinie,
« il fait excessivement froid ; rarement la température monte à
« plus de 20 degrés centigrades, et selon les hauteurs elle ap-
« proche de zéro et descend au-dessous. Dans les villages situés
« sur les plateaux de Tsona, d'Intchercaub, de Darasgué et de
« Devil, etc., il gèle et il tombe de la neige ; je l'ai vu et surtout
« senti. Sur quelques-uns de ces points, à Devil, par exemple,
« l'orge met onze mois à croître et mûrir. Cependant les popula-
« tions de ces contrées sont noires ; ce sont des Abyssiniens,
« qui toujours ont habité ces plateaux et ces villages. Le climat

« n'est pas assez agréable et les productions assez abondantes
« pour y attirer les individus des pays inférieurs, que le soleil
« aurait noircis; de plus, les Abyssiniens savent fort bien que,
« quand ils vont habiter ces hauteurs, ils y contractent des
« catarrhes et souvent y meurent par suite d'affections de poi-
« trine.

« Lors de mon séjour dans le Samen, étonné de trouver une
« population aussi noire dans un climat tempéré et froid, j'ai
« consulté les savants, les prêtres de l'église sacrée de Darrasgué,
« les annales de l'Abyssinie ; il résulte des renseignements que
« j'ai recueillis que cette province est celle qui a été la moins
« exposée aux coups de la guerre et aux invasions ; que jamais
« il n'y avait eu d'émigrations étrangères et provenant des bas-
« pays ; aujourd'hui encore, elle est une barrière contre les Gal-
« las. J'ai vu des habitants du Lasta, du Naréa, du Begember et
« du Schoa, où il fait un peu moins froid que dans le Samen ;
« il y gèle quelquefois. Tous sont noirs, depuis le noir foncé jus-
« qu'à la couleur marron-clair.

« Parmi les femmes d'Abyssinie, il y en a dont la peau
« est tout à fait de couleur café au lait ; ce sont les moins
« noires. Celles que j'ai rencontrées de cette couleur sont à
« Gondar, et, chose remarquable, cette ville est sous une tem-
« pérature assez élevée pour que le bananier y vienne en plein
« vent.

« On peut donc nier que la chaleur du climat soit cause pre-
« mière de la coloration de la peau : c'est évidemment un carac-
« tère de race qui ne permet pas de confondre un blanc avec un
« noir.

« Si l'on examine les traits et le visage des peuples que j'ai ci-
« tés, à part la couleur, il est vrai que l'on trouve une grande
« analogie et une grande ressemblance avec les Européens; ce-
« pendant vous ne rencontrerez jamais de cheveux blonds
« ou châtains, jamais d'iris bleus ou gris, jamais de coloration
« aux pommettes : toujours des cheveux noirs, des yeux noirs,
« et le teint mat sans coloration aux pommettes, même chez les
« individus les plus blancs. J'ai vu des femmes arabes aussi

« blanches que des Européennes, et toujours des yeux noirs, des
« cheveux noirs, un teint mat.

« Plusieurs observations viennent encore confirmer mon opi-
« nion : ainsi, la race blanche n'a jamais pu s'acclimater sur la
« mer Rouge, et quand elle est parvenue à y séjourner un certain
« temps, elle a toujours fini par disparaître ou se perdre par le
« croisement avec la race noire [1]. »

Maintenant, prenons les élémens de la discussion, les termes de comparaison sur les lieux mêmes. S'il fallait attribuer exclusivement au soleil la coloration noire de l'épiderme, pourquoi les Arabes, qui, depuis le commencement du monde, habitent le désert, de l'autre côté de la chaîne Arabique et de la mer Rouge, depuis le 28e jusqu'au 24e degré de latitude, parallellement aux Egyptiens, sont-ils demeurés parfaitement clairs comme leur ancêtre Abraham ? Cette perpétuité de la blancheur de leur peau ne tient-elle pas à ce que, très fiers de leur origine, ils n'ont jamais voulu contracter d'union avec les peuples noirs voisins ? Comment se ferait-il encore que les juifs, qui vivent en Egypte depuis des siècles, sans vouloir non plus jamais se mêler aux indigènes, aient gardé le teint blanc mat qui les distingue ?

Quoi qu'il en soit, le fait observé sur les bords du Nil n'en subsiste pas moins avec des caractères très significatifs ; mais peut-être ne sert-il les partisans de la coloration par la chaleur que pour avoir été mal apprécié. On y a vu le résultat de l'action du soleil sur le corps humain, tandis qu'il est tout simplement le résultat d'un mélange social.

Si l'on suppose deux races d'hommes au lieu d'une seule, tout s'explique clairement, rationnellement. Les habitants des bords du Nil ne sont pas des individus d'une souche blanche unique, qui brunissent jusqu'au noir, à mesure qu'ils remontent vers la ligne, c'est le sang de la race cushite établie en Egypte, qui a été modifié par son alliance avec celui de la race caucasienne ; en d'autres termes, ces Egyptiens, nous en sommes

---

[1] *Essai sur l'acclimatement des Européens dans les pays chauds. Annales d'hygiène publique*, t. XXXI.

bien fâché pour les aristocrates de la peau, ces Egyptiens qui nous ont tout appris sont des mulâtres.

Or, que l'Egypte ait été d'abord peuplée d'hommes noirs, c'est un fait qui prend tous les jours plus de certitude.

Si haut que l'on pénètre vers son origine, l'Egypte apparaît comme une société toute faite et déjà à l'apogée des connaissances humaines. La pyramide de Souphi, dont la construction atteste une science géométrique et mécanique encore non surpassée, remonte à l'an 5112 avant l'ère chrétienne. L'Egypte n'a pas de commencement de civilisation; du jour où on la voit exister, elle a ses mœurs, ses arts, sa religion et son génie perfectionnés. N'est-ce pas à dire que les hommes qui sont venus la peupler apportèrent avec eux la religion, les mœurs, les arts et le génie de leur pays? Maintenant, que ces hommes fussent les nègres de l'Ethiopie, les monuments de haute civilisation dont les voyageurs modernes, Bruce, Buchkhard, Hoskins, Caillaud, ont trouvé les restes à Méroé, viennent donner à cette hypothèse toutes les probabilités qu'exige une critique sévère.

L'opinion de l'antiquité est conforme à ce que nous venons d'exposer. Hérodote, qui n'est point le père de l'histoire, mais un des historiens les plus consciencieux du monde, dit que les Egyptiens étaient « des hommes à peau noire, à cheveux crépus. » Il estime « que les habitants de la Colchide sont une colonie
« égyptienne, parce qu'ils ont la peau noire et les cheveux crépus,
« et, de plus, qu'ils sont, avec les Ethiopiens et les Egyptiens, les
« seuls hommes qui pratiquent la circoncision [1]. » Diodore de Sicile rapporte « que les Ethiopiens considéraient l'Egypte comme
« une de leurs colonies [2] et prétendaient avoir institué le culte
« des dieux, les sacrifices et toutes les cérémonies par lesquelles
« nous honorons la divinité [3]. » « Ce qui se confirme, au dire de
« M. Champollion-Figeac, lorsqu'on observe que la plupart des
« animaux sacrés, selon la religion égyptienne, et surtout l'ibis,

---

[1] Liv. II, sect. 104, trad. de Miot.
[2] Liv. I, sect. 2.
[3] Liv. III.

« n'appartiennent pas à l'Egypte proprement dite, même la plus
« haute, ne l'ont jamais habitée, et ne se trouvent qu'en Nu-
« bie[1]. » M. Champollion-Figeac lui-même, en voulant démontrer que c'est une erreur d'attribuer la première population des bords du Nil aux nègres, ne réussit de la sorte
qu'à prouver, malgré lui, que c'est bien une vérité.

L'identité de la race noire avec la race égyptienne était une
idée si générale, si incontestée chez les anciens, qu'Aristote
donne *presque* toujours le nom d'Egyptiens aux Ethiopiens.
Dans sa nomenclature des diverses variétés de l'espèce humaine,
il mentionne les Egyptiens et pas les hommes noirs. Les Egyptiens représentaient donc pour lui les hommes noirs, ou bien il
faut croire, ce qui n'est pas supposable, qu'il omettait cette
variété. Dans une autre occasion, il se demande pourquoi les
Egyptiens et les Ethiopiens ont les *jambes crochues et les pieds
déformés;* et la naïveté de la réponse égale au moins la naïveté
de la demande. « Cela provient de la même cause qui donne
« aux uns et aux autres des cheveux laineux, savoir, la chaleur
« du climat [2]. »

Nous ne sommes pas tenté de nous inscrire en faux contre la
gloire du grand naturaliste, mais nous devons dire qu'en consul-
tant ses œuvres, et particulièrement ses chapitres sur l'esclavage,
nous avons trouvé plus d'un argument de cette portée.

Empruntons encore à l'antiquité un témoignage d'une clarté
décisive. Lucien, dans le *Navire, ou les Souhaits*, décrit ainsi
un jeune Egyptien qui vient d'arriver à Athènes : « Il a la peau
noire, les lèvres saillantes, les jambes très menues, il parle de
la gorge avec volubilité, et ses cheveux, dont les mèches sont cré-
pues, sont relevés par derrière. » Dans un autre passage de la
même pièce, un des personnages, parlant du patron du vaisseau égyptien, fait remarquer qu'il a les cheveux crépus [3].

Au surplus, les savants modernes sont tous d'un même avis

---

[1] *Egypte ancienne*, coll. de l'*Univers pittoresque*.
[2] *Problèmes*, sect. 14. Cité par M. Hoskins.
[3] 5ᵉ vol. des œuvres de Lucien.

sur le point qui nous occupe. « Quel sujet de méditation ! s'é-
« crie Volney, de voir la barbarie et l'ignorance actuelles des
« Coptes, issus de l'alliance du génie profond des Egyptiens et
« de l'esprit brillant des Grecs, de penser que cette race d'hom-
« mes noirs, aujourd'hui notre esclave et l'objet de notre mé-
« pris, est celle-là même à laquelle nous devons nos arts, nos
« sciences, et jusqu'à l'usage de la parole [1]. »

Selon Champollion le jeune, « les premières tribus qui peu-
« plèrent l'Egypte, c'est-à-dire la vallée du Nil, entre la cata-
« racte de Syène et la mer, vinrent de l'Abyssinie ou du Sen-
« naar. Les anciens Egyptiens appartenaient à une race d'hom-
« mes tout à fait semblable aux Kennous ou Barabras, habi-
« tants actuels de la Nubie. »

« Avant de m'éloigner de la Nubie, dit à son tour notre
« compatriote Caillaud, je me permettrai de consigner ici quel-
« ques observations propres à établir l'antériorité de sa civilisa-
« tion sur celle de l'Egypte. Cette question, que les documents
« historiques laissent encore indécise, acquiert selon moi
« beaucoup de clarté lorsqu'on fait un examen attentif des mo-
« numents et des productions naturelles de l'Ethiopie ou Nubie
« supérieure. J'ai rapporté un grand nombre d'usages anciens
« qui se sont perpétués dans la Nubie, et dont il ne reste plus
« de trace en Egypte. On ne peut, j'en conviens, tirer de cette
« circonstance aucune induction qui amène à penser que ce ne
« fut point dans ce dernier pays que ces usages prirent nais-
« sance. Mais si nous parvenons à établir que les principaux
« objets consacrés au culte des anciens Egyptiens étaient des
« produits appartenant exclusivement à l'Ethiopie, on sera
« porté à reconnaître que ce culte ne fut point créé en Egypte. »
Ici le voyageur expose que les animaux et les objets du culte,
le scarabée, l'ibis, le serpent, le cynocéphale, la pintade, employée comme coiffure d'Isis dans les bas-reliefs des temples, etc., appartiennent exclusivement à l'Ethiopie. Puis il
reprend : « On a dit avec raison que c'est en descendant les

---

[1] *Etat politique de l'Egypte*, ch. 1er, Des diverses races.

« fleuves que se faisaient les migrations des peuplades qui cher-
« chaient à former un établissement. En adoptant cette grada-
« tion naturelle, on ne saurait se refuser à conclure que l'Ethio-
« pie fut habitée avant l'Egypte; c'est donc l'Ethiopie qui eut
« d'abord des lois, des arts, une écriture. » M. Caillaud ajoute
que ces « *éléments* de civilisation n'acquirent qu'en Egypte un
« grand développement, favorisé par le climat et la nature du
« sol. » Mais cependant il constate que « dans l'île de Méroé,
« à Naga, par exemple, et aux pyramides d'Assour, on re-
« marque des monuments qui offrent le caractère purement
« éthiopique par les formes lourdes, l'embonpoint et le cos-
« tume des personnages [1]. »

Ces observations de M. Caillaud sont amplement certifiées par un voyageur anglais, M. Hoskins, qui explora, en 1834, la métropole de l'ancien royaume éthiopien, et dont le beau livre est trop peu connu en France [2]. « La question de savoir, dit
« M. Hoskins, si les Ethiopiens prirent leurs connaissances des
« Egyptiens, ou si ces derniers, au contraire, les leur emprun-
« tèrent, occupe depuis longtemps l'attention des savants.
« L'une de ces deux hypothèses est incontestable, car la simili-
« tude de style implique évidemment une origine commune.
« La sculpture éthiopienne a un caractère spécial. Les grandes
« figures, en particulier, ont une certaine rondeur de formes
« que je n'ai jamais rencontrée dans aucune sculpture égyp-
« tienne. On retrouve aussi dans les petites figures un carac-
« tère analogue, quoi que moins facile à reconnaître, en raison
« de leur dimension. Bien que les hiéroglyphes éthiopiens
« soient maintenant presque effacés, on peut encore constater,
« en les étudiant, qu'ils ne sont pas groupés comme ceux des
« Egyptiens. Leur infériorité évidente sur ce point témoigne
« clairement ou une grande corruption du style des Egyptiens,
« ou, plus probablement, un grand perfectionnement opéré
« par ceux-ci dans l'invention éthiopienne. Cela est d'autant

---

[1] *Voyage à Méroé*, 4 vol. in-8º, 1826. — 3ᵉ vol., p. 270 à 276.
[2] *Travels in Ethiopia*, 1 vol. gr. in-4º, London, 1835.

« plus extraordinaire que Diodore de Sicile nous apprend que
« l'intelligence des hiéroglyphes était, en Egypte, reléguée
« parmi les prêtres seulement, tandis qu'en Ethiopie ils étaient
« compris de tout le monde.

« Pour quiconque a fait, ainsi que moi, une longue étude
« des monuments égyptiens, le style de la sculpture, même en
« l'absence de date précise, doit suffire généralement à déter-
« miner une époque. Il est un fait que tous les voyageurs pour-
« ront observer en passant quelque temps à Thèbes, et qui est
« d'un grand poids dans mon opinion sur la sculpture éthio-
« pienne, c'est qu'elle est presque toute exécutée en bas-reliefs,
« sauf les hiéroglyphes, qui sont en creux. Elle n'a aucune res-
« semblance avec celle des diverses époques de l'art en Egypte,
« ni aucune apparence d'en être une copie corrompue, gros-
« sière. Les bas-reliefs appartiennent tous d'une manière évi-
« dente à la contrée. La plus grande partie de ceux qui sont
« parvenus jusqu'à nous ne se trouvent pas en Egypte, et pa-
« raissent représenter les rites d'une religion beaucoup plus
« simple et plus pure que la mythologie égyptienne. Ils portent
« le cachet de l'originalité; et j'avancerai, par conséquent, que
« le style éthyopien est, quoique perfectionné depuis, antérieur
« à tout autre. » (Pages 74 et 75.)

« On retrouve en Ethiopie les restes ou la trace de 80 pyra-
« mides : 42 à Méroé, 17 à Nouri, 21 à Gibel-el-Birkel. (Page
« 361.) La beauté de ces sépultures confirme l'exactitude des
« souvenirs historiques. Là où le sentiment des arts fut poussé
« à une telle perfection, nous pouvons nous assurer que les
« autres œuvres de l'intelligence n'étaient pas négligées, ni les
« sciences inconnues. (Page 83.) Les vases que l'on voit figu-
« rer dans les offrandes ont un degré d'élégance et de délica-
« tesse qui n'a jamais été surpassé. Ils ne sont pas, comme
« ceux des Phéniciens, des Etrusques, des Grecs et des Ro-
« mains, ornés de figures; mais en ce qui touche le goût, la
« pureté des formes, ils ne le cèdent à aucun de ceux des di-
« verses nations. Des faits de cette nature témoignent seuls
« jusqu'à l'évidence de la civilisation d'un peuple. On peut,

« sans même être très versé dans les arts, comprendre qu'une
« nation chez laquelle on employait des vases aussi riches,
« aussi magnifiques qu'on en rencontre à Londres, ne pouvait
« être dans la barbarie. Quand un peuple parvient à une cer-
« taine connaissance du beau, il ne l'applique jamais à une
« seule chose. Des esprits assez cultivés pour apprécier des ou-
« vrages d'art tels que ceux de Méroé, des hommes habitués à
« tant de recherches dans leurs usages domestiques, ne sau-
« raient passer, il me semble, pour avoir été incivilisés. »
(Pages 349 et 350.)

« Un des doubles portiques des pyramides de Méroé offre un
« vif intérêt, en cela qu'il est cintré d'une manière régulière,
« avec ce que l'on appelle une clef de voûte. Cette arche est
« composée de quatre et de cinq pierres alternativement ; mais
« l'effet est le même, malgré cette irrégularité apparente, les
« pierres étant tenues ensemble par la seule pression de leur
« propre poids. Je puis donc affirmer sans conteste possible
« que la voûte cintrée est originaire d'Ethiopie ; et je crois
« qu'avoir atteint un tel degré dans la science architecturale
« est une démonstration décisive de l'état avancé de la civili-
« sation de ce pays dès les temps les plus reculés. » (Page 73.)

M. Hoskins, résumant sa pensée dans une courte préface,
s'exprime ainsi : « L'Ethiopie renferme des monuments qui
« rivalisent avec ceux d'Egypte en grandeur, en beauté, et qui,
« sous plusieurs rapports, offrent encore plus d'intérêt. Suivant
« Heeren, Champollion, Rosellini et plusieurs autres voyageurs
« illustres, dont le jugement a été confirmé par mes propres
« observations, là fut la terre où les sciences et les arts de
« l'Egypte, et postérieurement de la Grèce et de Rome, eurent
« leur berceau. Dans cette remarquable contrée, nous contem-
« plons les premiers, les plus anciens efforts du génie humain. »
(Page 5.)

Tous ceux qui ont vu le pays par eux-mêmes se trouvent
d'accord sur l'origine noire de la civilisation du Delta. « Quelle
« était, dit M. Pariset, cette population dont il est permis de
« dire qu'elle a créé l'Egypte, et qui n'a cessé, pendant des

« milliers d'années, d'y accumuler des merveilles? D'où venait-
« elle? Comme le fleuve, elle venait des contrées méridionales;
« elle était d'origine éthiopienne [1]. »

« A une époque beaucoup plus reculée (c'est maintenant
« M. Eusèbe de Salles qui parle), à une époque beaucoup plus
« reculée, les Ethiopiens paraissent s'être mêlés avec les Egyp-
« tiens. Ceux-ci, forcés d'abandonner la vallée envahie par les
« pasteurs, se rapprochèrent de Méroé, d'où leur civilisation,
« sinon leur race, était primitivement sortie [2]. »

Tant d'hommes savants n'ont pas fondé leur opinion sur de
vaines hypothèses. Il n'est pas impossible, malgré la regrettable absence d'une histoire spéciale de l'Ethiopie, de constater
le grand rôle que les peuples noirs ont joué dans les premiers
âges de la société. L'Ethiopie, où nul auteur ancien ne pénétra,
n'a pas plus de place, il est vrai, dans le monde passé que n'en
aurait certainement l'Egypte, si Hérodote et Diodore de Sicile
n'avaient eu la facilité de la visiter; mais ces nègres, aujourd'hui si déchus, furent autrefois trop puissants pour qu'en parlant des autres peuples la tradition n'ait pas été forcée de parler
d'eux. — Cette presqu'île, formée par l'Artaboras et le Nil,
que les Grecs appelèrent l'île de Méroé, fut, à n'en plus douter,
le siège d'un empire considérable. On le voit dans l'*Illiade*
porter secours à Troie contre l'invasion grecque [3]. Diodore nous
le dépeint en état de repousser les attaques de Sémiramis, la
guerrière et puissante reine d'Assyrie. Les chroniques de la
Bible signalent deux monarques éthiopiens, Shiskah et Zerah,
qui allèrent (neuf siècles avant Jésus-Christ) attaquer la Judée
avec des armées innombrables. Le premier avait douze cents
chariots et 60,000 cavaliers [4]; le second, trois cents chariots [5].
Quelle civilisation, comme le fait très bien remarquer M. Hos-

---

[1] Pariset, *Mémoire*, etc.
[2] *Pérégrinations*, etc., 2ᵉ vol., p. 88.
[3] Liv. II.
[4] Ch. 12, liv. II, v. 3.
[5] Ch. 14, liv. VIII, v. 11.

kins en relevant ces passages de la Bible, que celle d'un peuple capable de lever de pareilles armées et de fournir aux dépenses de ces vastes et lointaines expéditions !

Le renom scientifique de l'Ethiopie était universel dans l'antiquité. Contentons-nous, pour le prouver, de rappeler ce passage du *Traité d'astrologie* de Lucien : « Les Ethiopiens sont les « premiers inventeurs de l'astrologie. Il durent cette découverte « à deux causes principales : à leur science (les Ethiopiens sur- « passent en connaissances toutes les autres nations) et à la « situation avantageuse du pays qu'ils habitent [1]. » Si c'était le lieu d'entrer dans l'énumération de tout ce que savaient les Ethiopiens, nous aurions beaucoup à dire ; qu'il nous soit seulement permis, pour en donner un aperçu, d'emprunter à M. Humboldt la note suivante : « L'or qu'on trouve dans le « territoire de Sofala surpasse en quantité comme en grosseur « celui des autres pays, puisqu'on en rencontre des morceaux « d'un ou deux *mithkal*, quelquefois même d'un *rotl*. On le « fait fondre, etc., *sans qu'il soit nécessaire de recourir pour « cette opération au mercure*, ainsi que la chose a lieu dans « l'Afrique occidentale ; car les habitants de ce dernier pays « réunissent leurs fragments d'or, *les mêlent avec du mercure*, « mettent le mélange en fusion au moyen du feu de charbon, « en sorte que le mercure s'évapore, et qu'il ne reste que le « corps de l'or fondu et pur. » (*Edrisi*, trad. d'A. Jaubert, t. I, p. 67.)

« Aussi, dans le nord de l'Abyssinie (du Habesch), le géo- « graphe nubien nous montre l'amalgamation en pleine acti- « vité. « Dans la vallée d'Alaki, du pays de Bodja (*Boga de « l'Edrisi*, de Hartmann, p. 48, 78, 81), on transporte les « sables aurifères au puits de Nedjibé, où on les lave dans des « baquets de bois pour en retirer le métal, *puis on mêle ce « métal avec du mercure*, et on le fait fondre. » (*Edrisi*, trad. d'A. Jaubert, t. I, p. 44.)

« Les métallurgistes qui connaissent l'histoire de la chimie

---

[1] Tome IV, p. 61.

« sentiront l'importance de ce passage. Voilà l'amalgamation
« du minerai d'or pratiquée comme un art vulgaire, au dou-
« zième siècle, par les nègres africains de l'ouest [1]. »

L'Ethiopie et l'Egypte furent longtemps en guerre, et tour à tour soumises l'une à l'autre ; preuve nouvelle de la force et de la grandeur de l'Etat de Méroé. Une longue dynastie de princes éthiopiens régna sur l'Egypte, domptée vers le septième siècle avant notre ère. Il n'est guère d'édifices qui ne portent témoignage de ce passage des Ethiopiens sur la terre d'Egypte, et des soins éclairés que *Sabacon*, le conquérant nègre, et ses successeurs de race noire, Sevechos, Tahraka et Sethon, mirent à les réparer et à les embellir. A Louqsor, où tout révèle la munificence de Sésostris, on reconnaît des restaurations faites par ordre de Sabacon. On retrouve encore sa légende royale sur une des portes de Karnac [2].

Sabacon, rapporte Diodore de Sicile, ne se borna pas à des réformes législatives et pénales : il fit faire des chaussées, de nombreux canaux et d'autres grands travaux d'utilité publique. Les guerres de l'invasion avaient détruit ou fait négliger ces éléments constitutifs de la richesse d'un pays ; il répara le mal. M. Champollion-Figeac, qui cite également ce passage de Diodore, y ajoute les réflexions suivantes : « L'Ethiopie n'était pas
« assez étrangère à l'Egypte, pour qu'un chef éthiopien ignorât
« l'état de l'administration publique de ce dernier pays. Il y
« avait, entre la population des deux contrées, confraternité d'o-
« rigine, identité de race, et plus d'un usage carastéristique de-
« vaient être communs aux deux régions. Des rois de l'Ethiopie,
« contemporains de la vingt-cinquième dynastie égyptienne, for-
« mée aussi de princes éthiopiens, élevaient dans leur pays des
« monuments à des dieux qui étaient les mêmes que ceux de
« l'Egypte, en style égyptien, et les inscriptions de ces monu-
« ments étaient tracées dans le même idiome, dans la même écri-

---

[1] *Histoire de la géographie du nouveau continent*, t. V, note des pages 92 et 93.

[2] Champollion jeune.

« ture que l'étaient les inscriptions des monuments de l'E-
« gypte[1]. »

Le nom de Tahraka, un des successeurs nègres de Sabacon, se trouve parmi les inscriptions hiéroglyphiques de Médinet-Abou. C'est, à n'en pas douter, ce Tahraka ou Tiraka dont il est question dans l'Ancien-Testament, comme ayant secouru Hisckiah (Ezéchias) contre Sennackerib, et délivré la Judée du joug des Assyriens. « Il est appelé, fait observer M. Hoskins, dans le
« 2ᵉ livre des Rois, ch. 18, v. 21 et 24, Pharaon d'Égypte, et
« ch. 19, v. 9 du même livre, roi des Ethiopiens, ce qui veut
« dire exactement qu'il gouvernait les deux contrées; et nous
« avons vu que, d'après Manethon et les monuments, il les eut
« effectivement en son pouvoir. »

Les vieux monuments de la vallée du Nil conservent mille traces de la puissance de la race noire et du haut rang qu'elle y occupa. Les deux statues assises, homme et femme, qui ornent une chambre des tombeaux creusés dans la montagne de Giseh, près la grande pyramide, offrent le type nègre le plus caractérisé, grosses lèvres renversées, nez épaté, pommettes larges et saillantes. Voilà donc encore un nègre et une négresse ayant, en Egypte, une position assez élevée pour prendre place dans un des plus beaux hypogées. La figure de l'un des sarcophages que renferme la salle du zodiaque, à la bibliothèque de la rue Richelieu, représente indubitablement un nègre; elle ne peut laisser aucune incertitude sur l'origine éthiopienne de la momie qu'elle renferme.

Parmi les peintures des tombes de Biban-el-Molouk, à Thèbes, on voit des séries de personnages représentant les diverses races d'hommes connues des Egyptiens. Dans ces tableaux ethnographiques, le haut rang que tenaient alors les nègres au milieu des nations civilisées est encore écrit avec une invincible authenticité. « En les observant, dit Champollion jeune, je me
« convainquis qu'on avait voulu figurer ici *les habitants des qua-*
« *tre parties du monde*, selon l'ancien système égyptien : 1° *les*

---

[1] *Egypte ancienne.*

« *habitants de l'Egypte*, qui à elle seule formait une partie du
« monde, d'après le très modeste usage des vieux peuples ;
« 2° les habitants propres de *l'Afrique*, les nègres ; 3° les
« *Asiatiques* ; 4° enfin (et j'ai honte de le dire, puisque notre
« race est la dernière et la plus sauvage de la série), les *Euro-*
« *péens*, qui, à ces époques reculées, il faut être juste, ne fai-
« saient pas une très belle figure dans le monde. »

Ces différentes races sont signalées par leurs traits, leurs costumes, leurs types, avec un soin extraordinaire, avec une précision, une finesse et un art admirables. L'Africain, l'Éthiopien, le vrai nègre, à la peau noire, aux cheveux crépus, aux grosses lèvres renversées, occupe constamment la seconde place après l'Egyptien, qui, naturellement, occupe la première. Il est coiffé comme l'Egyptien et vêtu de même, mais avec plus de luxe. Ensuite vient l'Asiatique, figuré tantôt par le Persan, avec sa barbe noire et touffue, dans toute la magnificence de sa longe robe, tantôt par le Juif et l'Arabe, avec leur nez busqué et leur peau jaune brun, ou bien par l'Ionien, le Grec, plus blanc encore, demi-nu, rude, simplement armé du carquois et d'une massue, ou casse-tête, recourbée, semblable, du reste, à celle des Américains du Nord. L'Européen, qu'il est impossible de méconnaître, est toujours le dernier. Il a la carnation que nous nommons couleur de chair, le nez droit et légèrement arqué, les yeux bleus, la barbe blonde ou rousse, la taille très haute. C'est un vrai sauvage, tatoué sur diverses parties du corps, couvert d'une peau de bœuf non tannée, et ayant quelquefois de longues plumes plantées dans sa chevelure.

Il faut bien le confesser ou anéantir toute la valeur de l'histoire et des monuments, nous qui mettons à cette heure en doute l'intelligence des nègres pour excuser le crime de les réduire à une impitoyable servitude, nous n'étions que des sauvages alors que leurs travaux préparaient, cruels ingrats que nous sommes, la civilisation qu'ils léguèrent à la société avant de retomber eux-mêmes dans la barbarie.—Nous datons d'hier dans l'histoire des progrès de l'humanité, et ce que nous disons aujourd'hui des Africains, les Grecs, déjà parvenus à l'apogée de leur gloire, le disaient encore identiquement de nous il y a deux mille ans à peine. Voyez ce passage de la *Politique* d'Aristote : « Les « peuples qui habitent les climats froids, les peuples d'Europe, « sont en général pleins de courage, mais *ils sont certainement* « *inférieurs en intelligence* et en industrie. Les peuples d'Asie, « au contraire, ont plus d'intelligence et d'aptitude pour les « arts [1]. »

Quoi que l'on décide sur cette proposition, il restera toujours que les Ethiopiens, c'est-à-dire les nègres, eurent à une époque déjà fort reculée un état social très éclairé et couvrirent pendant une longue période de temps le pays qu'ils habitaient, de magnifiques édifices. Maintenant, que les hommes noirs soient ou ne soient pas de la même race que les hommes blancs, qu'ils aient reçu la civilisation de l'Egypte ou qu'ils la lui aient communiquée, peu importe à ce point de vue : il n'en demeure pas moins hors de doute historiquement que leur inégalité intellectuelle n'est plus soutenable. Parler encore de nos jours de la stupidité native des nègres, c'est faire preuve d'une inepte ignorance ou de préjugés que nous appellerons créoles, pour montrer tout l'excès de leur folie. Les monuments de Méroé protestent qu'aux premiers âges du monde, ces hommes pratiquèrent toutes les sciences qui forment l'apanage du génie humain.

Revenons à la discussion commencée.

Les Ethiopiens eurent longtemps, comme les Egyptiens, un gouvernement tout sacerdotal, Diodore de Sicile rapporte de quelle façon ils en furent délivrés à une époque correspondante au règne de Ptolémée Philadelphe. M. Champollion-Figeac relate ainsi cet évènement conservé à l'histoire par Diodore : « Le « collége des prêtres séant à Méroé envoyait, quand il le jugeait « à propos, au roi régnant, l'ordre de quitter le trône et de se « donner la mort. Cet ordre émanait des dieux, et nul mortel « n'avait le droit de s'y soustraire. Le roi contemporain de « Philadelphe, nommé Ergamène, ayant reçu cet ordre, se sou-

---

[1] Liv. IV, ch. 6, trad. de M. Barthélemy Saint-Hilaire.

« vint peut-être de l'exemple donné en Egypte par Menès, et,
« au lieu d'obéir aux prêtres qui lui demandaient le trône et la
« vie, il se mit à la tête de ses troupes, marcha contre le *temple*
« *d'or*, situé sur une hauteur presque inaccessible, s'en em-
« para, fit mettre à mort tous les prêtres, et établit par son
« triomphe le gouvernement civil qui dura quelque temps après
« lui en Ethiopie. Des monuments encore subsistants portent
« le nom de ce roi courageux, et prouvent en même temps
« qu'en réduisant l'ordre sacerdotal au service des temples et
« du culte public, il n'oublia pas ses devoirs envers les dieux
« du pays. On voit encore à Dakkeh, en Nubie, les restes d'un
« temple dont la partie la plus ancienne a été construite et
« sculptée par Ergamène. De pareilles notions sur ce prince
« existent aussi sur le temple de Deboud. Dans les inscriptions
« de ces monuments éthiopiens, on retrouve le système d'écri-
« ture hiéroglyphique égyptienne, sans aucune variation. Le
« nom d'Ergamène est accompagné des titres de « Toujours-
« Vivant, Chéri d'Isis, Approuvé par le Soleil. » Nouvelle con-
« firmation des rapports de l'antiquité classique, sur l'unifor-
« mité des anciennes institutions publiques du culte et de
« l'écriture en Egypte et en Ethiopie. Le temple de Dakkeh
« fut dédié au dieu Toth par le roi d'Ethiopie.

« A Deboud, autre lieu de la Nubie, un roi éthiopien,
« nommé Atharramenon, éleva un temple à d'autres dieux de
« l'Egypte, à Amon-Rha, seigneur de Deboud, à la déesse
« Athor et aussi à Osiris et Isis. » (P. 417.)

La chute de l'Ethiopie est, on peut dire d'une manière relative, assez récente. Le royaume nègre, dont le siége était à
Méroé, avait encore un reste de puissance et d'organisation à
l'époque où Auguste mit Rome et le monde sous le joug. Du
vivant même d'Auguste, peu après la conquête de l'Egypte par
les Romains, les Ethiopiens profitèrent de l'absence des troupes,
habituellement stationnées dans la Haute-Egypte, pour y faire
invasion avec une armée de 30,000 hommes. Leur reine Can-
dace s'empara de Syène, d'Eléphantine, de Philée, ravagea la
Thébaïde, renversa les statues de César et emporta un riche

butin. Elle fut vaincue ensuite par Pétronius, nommé gouverneur de l'Egypte, rendit les prisonniers qu'elle avait faits, les statues qu'elle avait prises, et obtint la paix d'Auguste [1].

La géologie vient corroborer les affirmations traditionnelles de l'histoire, comme celles de tous ces monuments, et combattre l'opinion selon laquelle l'Egypte aurait reçu de l'Inde, la science et la vie intellectuelle : « L'état physique des lieux, dit l'auteur « de l'*Egypte ancienne*, témoigne que la population de l'Egypte « y est descendue de l'Ethiopie avec le Nil. La Haute-Egypte a « été, en effet, bien plus tôt habitable que la Basse, laquelle fut « longtemps inondée, même après que le Nil et la mer ne s'y « rencontrèrent plus. Une émigration venue de l'Asie n'aurait « pu pénétrer dans la vallée du Nil qu'à travers ces mers « et ces marais, également impraticables à ces époques reculées. »

Clot-Bey, qui a vécu longtemps avec les hommes et les choses du Nil, apporte le poids de son affirmation à ces judicieuses conjectures : « D'après la formation du sol de l'Egypte, suivant le « cours du Nil du sud au nord, il est naturel de penser, dit-il, « que les peuplades qui habitaient l'Abyssinie, la Nubie supé« rieure et inférieure, ont dû s'étendre successivement avec le « sol et le fleuve vers le septentrion. Cette hypothèse, qui s'ac« corde avec l'assertion d'Hérodote, paraît s'approcher beau« coup de la vérité, lorsqu'on examine les traits et les formes « des statues qui appartiennent aux monuments de l'anti« quité [2]. »

En effet, sans même parler du sphinx, figure symbolique de l'Egypte, qui porte si bien le type nègre, on retrouve souvent ce type au milieu des bas-reliefs des palais et des temples antiques. Dans les sculptures de l'Aménophium, entre autres, bâti à Thèbes par Aménophis III, les traits du visage du roi sont absolument africains. La petite tête peinte de ce prince, que possède le cabinet des médailles de Paris, lui prête ce caractère de la

---

[1] Strabon, liv. xvii, ch. 1er, 5e vol., p. 434 à 438.
[2] *Aperçu*, etc.

manière la plus prononcée, et l'on ne peut douter qu'Aménophis III, le Memnon des Grecs, celui dont la statue parlante a occupé le monde entier, l'un des plus illustres Pharaons, ne fût sinon nègre, du moins métis très rapproché du nègre. M. Champollion-Figeac nous apprend que « les recherches « hiéroglyphiques de son frère ont établi que la mère d'Amé- « nophis III, femme de Thouthmosis IV, nommée Tmau-Hemva, « était une négresse originaire d'Abyssinie [1]. » Champollion jeune a vu le portrait de cette reine dans le tombeau de Kournah, à Thèbes, et fait remonter son règne à l'an 1687 avant l'ère chrétienne.

Nous avons en vain cherché ce portrait à Kournah : c'est un des morceaux que la barbarie du vice-roi a laissé détruire.

Quant à l'union d'un roi d'Egypte avec une femme africaine, union qui témoigne de l'importance politique qu'avait l'Ethiopie à cette époque, il en est, selon l'observation de M. Champollion-Figeac lui-même, d'autres exemples dans les annales et dans les monuments pharaoniques.

Une considération qui n'est pas sans valeur pour constater les rapprochements intimes qui existèrent entre les Ethiopiens et les Egyptiens, c'est que beaucoup des usages de la vieille Egypte, perdus aujourd'hui sur les rives du Delta, subsistent encore, comme le fait observer M. Caillaud, dans la Nubie et le Soudan oriental. Ce qui attira le plus l'attention de ce voyageur parmi les dépouilles d'un village du Sennaar, que les troupes de Méhémet-Ali venaient de mettre à feu et à sang pour y prendre des esclaves, « ce furent des ouvrages tissés en perles de verre « de diverses couleurs, formant des dessins très réguliers. Ils en « ornent leurs dromadaires ; les femmes s'en font des espèces de « jupons courts, ouverts sur les côtés. L'art de confectionner « ces ornements en perles de verre ou d'émaille paraît, ainsi « que tant d'autres usages, s'être conservé parmi eux depuis « les premiers temps de la civilisation de ces contrées ; car j'en

---

[1] *Egypte ancienne.*

« ai trouvé dans les tombeaux de Thèbes plusieurs de la même
« espèce [1]. »

Les femmes esclaves que l'on amène du Darfour ne sont pas coiffées autrement que les femmes peintes dans les tombeaux, avec mille petites nattes posées les unes à côté des autres tout à l'entour de la tête et jusque sur le front; les nègres usent encore, pour dormir, des chevets en bois, qui étaient fort répandus chez les anciens Egyptiens. Ces chevets très hauts sont destinés à élever assez la tête pour que les cheveux, tressés et huilés, ne se souillent pas et ne se défrisent pas, comme il arriverait si l'on dormait par terre, ou ne salissent pas toute étoffe qui servirait d'oreiller. Dans plusieurs villages de la Haute-Egypte, en deçà même de Thèbes, nous avons vu beaucoup de femmes vêtues d'une grande pièce de laine, couleur gris-noir, enveloppant le corps, et fixée par ses deux extrémités sur l'épaule et le bras gauches, en laissant découverts l'épaule et le bras droits. Le manteau est attaché avec deux longues épingles en argent ou en cuivre, qui sont quelquefois liées ensemble par une chaînette de cuivre ou de verroterie. Eh bien! ce costume est celui des femmes de la Nubie, l'ancienne Ethiopie.

Nous terminerons par une observation plus concluante que toutes les autres ensemble. Le type nègre s'est perpétué jusque dans la physionomie des Egyptiens modernes d'une manière si accentuée, qu'il est impossible de l'y méconnaître. Grosses lèvres, nez petit et large, dents bien alignées et d'une blancheur éclatante, saillie des pommettes, rareté de la barbe, et plusieurs autres marques encore, sont des signes irréfutables d'une filiation directe avec la race noire.

Maintenant, si l'on admet, et l'on ne peut, à notre sens, s'y refuser, que l'Egypte fut une colonie éthiopienne, c'est-à-dire fut nègre, les nuances graduées de couleur que l'on observe chez ses habitants s'expliquent d'elles-mêmes très naturellement et sans l'hypothèse du soleil. Ce sont les peuples asiatiques qui, en venant occuper par la conquête les rives du Nil, y ont modifié

---

[1] 2ᵉ vol., p. 253.

la race primitive, au moyen de leurs alliances avec elle. — Or, c'est toujours par l'isthme de Suez que les ennemis sont entrés en Égypte; autrement dit, c'est toujours dans la Basse-Égypte qu'ils ont fondé leurs premiers établissements. Dès le VIIe siècle avant notre ère, Psamméticus avait attiré au pied des pyramides, pour se soutenir sur le trône, des hommes blancs, des Grecs cariens et ioniens. La longue domination des Perses, des Grecs, des Romains, et ensuite des Arabes, a toujours eu son siége à l'embouchure du fleuve; il n'est donc pas surprenant qu'elle ait à la longue éclairci là le sang des natifs en mêlant avec eux les nouveaux-venus, et que son action modificatrice se fasse moins sentir à mesure que l'on remonte le Nil; de même qu'une teinture jetée dans un grand bassin y colore moins les parties éloignées de la matière colorante que celles qui lui sont immédiates.

Nous avions pensé à étudier en Égypte la différence entre la race turque et la race arabe, à considérer les Arabes au point de vue de ce qu'on peut faire à leur égard en Algérie; nous voulions rechercher quelle influence, par exemple, une nationalité arabe fondée en Égypte aurait exercée sur notre établissement dans la nouvelle conquête de la France. Il a fallu y renoncer. C'est une erreur de croire qu'il y ait des Arabes en Égypte: il n'y a que des Égyptiens. Les vrais Arabes habitent le désert. La domination des califes a bien changé les mœurs et la religion; mais elle n'a pas transformé la population; les vainqueurs étaient en trop petit nombre pour en créer une nouvelle. Ils n'ont laissé trace de leur sang que dans les grandes cités de la Basse-Égypte, où ils résidaient. Les fellahs sont les descendants purs de ces anciens Égyptiens, qui firent de Thèbes et de Memphis les premières métropoles de la science et des arts. Quoique le pays ait été depuis des siècles constamment asservi par différents peuples, la population locale n'a rien perdu, hors des villes, de son type primitif, et les fellahs d'aujourd'hui semblent avoir posé pour les personnages des hypogées, sculptés et peints depuis 3,600 ans. C'est un fait que l'on peut vérifier tous les jours: entre ces figures et les gens des environs, qui vous accompagnent dans vos visites aux tombeaux, il n'y a pas la moindre différence.

Cette intégrité du sang est garantie par une propriété terrible du climat. Sans cause appréciable, sans que la science ait encore pu rendre compte de ce phénomène, l'air d'Egypte est mortel à la descendance des étrangers. Les hommes de tous pays peuvent vivre ici parfaitement, mais ils ne peuvent s'y perpétuer; leur progéniture meurt en bas âge, et quand elle dépasse l'enfance, elle arrive très rarement au delà de quinze à dix-huit ans. Arabes, Turcs, Géorgiens, Européens, subissent tous cette loi commune. Les mameloucks n'ont laissé aucune postérité. Tous leurs enfants mouraient, et l'on sait qu'ils étaient obligés de se recruter par des achats de jeunes Circassiens. Méhémet-Ali a eu quatre-vingt-dix enfants; il ne lui en reste que cinq, et encore le premier est-il natif de Roumélie. On nous a cité un Turc, Maho-Bey, qui, sur quatre-vingt-quatre garçons et un nombre incalculable de filles, n'avait pu conserver un seul ni des uns ni des autres. Chose étrange! les nègres mêmes ne peuvent non plus ni vivre ni engendrer des enfants doués de vie en Basse et Moyenne-Egypte [1]. Le mulâtre n'y dépasse presque jamais l'âge de puberté. On porte la mortalité des enfants des immigrants blancs à quatre-vingt-huit pour cent, et la mortalité de ceux des immigrants noirs à quatre-vingt-dix-huit. — Les nègres meurent presque tous de phthisie ou de paralysie.

Nous ne nous étendrons pas davantage sur la question qui

[1] Ce fait capital n'atteint nullement l'opinion historique et rationnelle qui donne les nègres comme les premiers habitants et les civilisateurs de l'Egypte. La grande émigration éthiopienne s'arrêta dans la Thébaïde, où l'on voit encore les plus beaux monuments de l'Egypte antique. C'est là qu'en se mêlant avec la population du désert et de la mer Rouge, elle aura formé, avec des milliers d'années, la race mixte qui constitua plus tard l'Egyptien proprement dit. Hérodote nous apprend que la Thébaïde, cette contrée touchant à la Nubie, et qui avait Thèbes pour métropole, était à elle seule autrefois toute l'Egypte et en portait le nom. (Liv. II, sect. 15, trad. de M. Miot.)

nous a occupé dans ce chapitre. Elle est immense, et nous n'avons pas eu, on le pense bien, la prétention de la traiter en quelques pages. Nous avons seulement voulu, nous trouvant en présence des choses mêmes, émettre les idées qu'elles nous suggéraient.

CHAPITRE IX.

Haute-Égypte.

Monfalout.— Syout. — Les crocodiles ne descendent jamais plus bas que Syout. — Leur immobilité sur les flots où ils viennent respirer. — Le trochilus. — Les causes finales. — Le crocodile est très peureux. — On est obligé de se cacher pour le chasser. — Girgeh.— Le Nil a déjà dévoré un quart de cette grande ville, qu'on lui abandonne. — Incurie. — L'esprit d'ordre et d'ensemble manque aux Orientaux. — Incohérence de leurs idées. — Alliance des choses les plus opposées.— Bazar de Girgeh.— Tapis fabriqués par les Arabes du désert. —Missionnaires catholiques. — Haute-Egypte. —Température.— Changement dans le costume des femmes, nudité des hommes. — Sommeil en plein air, cause principale des ophthalmies. — Pigeonniers de la Haute-Egypte. — Tous les paysans filent de la laine en marchant. — Divan d'un mamour. — Bonheur prêté à la simplicité de l'état de nature. — Commerce de transit de Kench avec Kosseyr. — L'Egypte entière est logée dans de la boue. — Fabrication des goulch. — Sentiment artistique des potiers. — L'invention des vases à rafraîchir l'eau est de tous les pays. — Flottille de cruches. — Poterie. — Assainissement de la ville. — Nombreuses morts par la piqûre du scorpion. — Le vent toujours rare sur le Nil. — Khous. — Les femmes avec double paire d'oreilles et un anneau de nez. —Village de Louqsor. — Fours à poulets. — Fêtes des Coptes. — Jeux semblables aux nôtres. — Les conteurs. — Manière d'applaudir des Orientaux. — Leur impassibilité. — Ils vivent très retirés. — Théâtres italiens à Alexandrie et au Caire, non fréquentés.

16 décembre 1844.

Le vent du nord nous a fait faire aujourd'hui des pas de géant. Nous avons laissé derrière nous les catacombes de Djebel-Aboufedah, sur la rive droite, et successivement sur la rive gauche Monfalout et Syout. Trois minarets tout blancs, avec leurs broderies variées, décorent Monfalout, et dominent les maisons, assez soigneusement recrépies d'un lavis de boue.

Aux environs de cette ville, cinq ou six enfants se mirent, quand la cange fut en vue, à faire la roue et des culbutes sur le rivage, en criant : Backchis! backchis; ils étaient, filles et garçons, complètement nus.

Syout, l'ancienne Lycopolis (8 myr. de Mynieh, 27 du Caire), est la capitale de la Haute-Egypte. Quelques rares maisons en pierres, l'habitation et le divan (les bureaux) du gouverneur, un palais du vice-roi, quatre ou cinq minarets, une grande caserne de cavalerie, des écrivains publics au coin des rues, pour rédiger les requêtes des gens qui ne peuvent s'adresser au gouverneur, voilà tout ce qui caractérise la ville officielle d'une des trois grandes divisions de l'Egypte. Le reste n'est que de la boue. Mais on ne regrette pas de trouver ici la plus inculte de toutes les misères. On voudrait à cette ville sacrilége un sort plus affreux encore. Nul homme, doué d'une âme honnête, n'y aborde sans un mouvement de honte et d'horreur ; c'est là, comme nous l'avons dit plus haut, c'est là que se font les eunuques. C'est là aussi que se trouve l'entrepôt général du commerce des esclaves. Les grandes caravanes, qui amènent les nègres de l'Abyssinie, de la Nubie, du Kordofan et du Darfour, aboutissent toutes dans cette Gomorrhe nouvelle.

Ce que nous avons appris sur ces caravanes et sur la servitude en Egypte prendra place dans un livre spécial. Nous traiterons alors, avec les développements qu'elle comporte, la question de l'esclavage oriental, et nous examinerons ce que la France peut faire pour le détruire, en lui portant les premiers coups dans sa colonie musulmane de l'Algérie.

Du haut de la montagne qui domine Syout, on a un coup d'œil magnifique et rare à trouver en Egypte. Une vaste plaine de verdure où paissent des troupeaux au milieu de quelques bouquets d'arbres, la ville avec ses coupoles et ses minarets, la nécropole moderne, la plus belle d'Egypte, avec ses tombes blanches ornées de jardins; le fleuve qui, de loin, serpente comme un beau ruisseau et scintille au soleil; enfin, de l'autre côté du Nil, les flancs colorés de la chaîne Arabique, tout cela éclairé par une lumière brillante, sous un ciel bleu. On pourrait presque croire à une vue d'Europe, avec ses accidents pittoresques et ses lointains. En ville, nous avons aussi retrouvé un peu de la France dans la cordiale réception de notre compatriote, M. le docteur

Dubrée, qui est devenu Égyptien et regrette d'autant plus sa patrie, qu'il a perdu la volonté de la revoir jamais.

Les matelots ont signalé ce matin, un peu au-dessus de Syout, le premier crocodile que nous ayons rencontré. Les crocodiles descendent rarement au delà de cette place, et l'on a très peu d'exemples qu'ils aient dépassé Mynieh. Pourquoi? Tout le monde l'ignore, car, en été surtout, ils trouveraient certainement autant de chaleur en bas qu'en haut. Même au milieu de leurs parages, ils n'habitent pas le Nil entier, ils se tiennent dans les endroits où il y a des îlots très bas, parce qu'ils peuvent y monter pour respirer et s'enfuir à la moindre alerte. On les voit au soleil sur le sable, où les anneaux flexibles de leur longue et lourde queue laissent une profonde traînée. C'est aussi là qu'ils déposent leurs petits œufs, car la nature, on le sait, a voulu, par un jeu bizarre, que cet animal, dont la taille acquiert 10 et 12 mètres de longueur, sortît d'un œuf à peine gros comme celui d'une oie. Les crocodiles restent sur leurs îlots absolument immobiles, la gueule niaisement ouverte pendant des heures entières, ayant l'air de s'ennuyer mortellement, et ne paraissant pas même s'apercevoir de la présence d'une douzaine de trochilus qui sautillent autour de leur tête. Cet oiseau, fameux dans l'histoire naturelle par ses liaisons avec le grand reptile, n'est autre, au dire de M. Eusèbe de Salles, que le pluvian. Il vit réellement avec le crocodile dans la plus entière familiarité, ou plutôt il prend, avec son impassible ami, les dernières privautés; il pénètre dans sa gueule béante et le délivre des innombrables insectes qui assiègent sa langue à peine mobile. — Lorsqu'on croit aux causes finales, il doit être terriblement difficile de justifier la présence sur terre des crocodiles, à moins qu'on ne l'explique par la nourriture qu'ils fournissent aux trochilus. Il en est d'eux comme des rats, des tigres, des chacals, des serpents à sonnettes et de tant d'autres bêtes horribles ou nuisibles. Rien ne prouve mieux les forces aveugles de la création que l'existence de ces animaux, dont toute la fonction se borne à chercher leur pâture pour mourir bientôt, après avoir engendré quelques monstres semblables à eux.

Le crocodile, du reste, relativement au mal qu'il peut faire, vaut mieux que sa réputation ; il n'a pas l'audace des caïmans du Mississipi ; il plonge dès que l'homme s'approche. A vrai dire, il n'est redoutable que dans son fleuve, et encore s'enfuit-il dès que l'on agite l'eau fortement ; enfin il est lâche ; il peut surprendre une victime imprudente, il n'attaque jamais un ennemi en face. Dans la Haute-Egypte, nous avons vu les femmes remplir leurs jarres au Nil sans crainte, comme dans la Basse les mariniers se jeter dans le fleuve sans hésitation, et il n'arrive presque jamais d'accidents. Les hommes qui font la chasse aux crocodiles pour les vendre aux amateurs d'histoire naturelle ne sont occupés que d'une chose, c'est de se cacher de façon que l'énorme reptile ne puisse les apercevoir. Pour cela ils construisent en boue, sur l'îlot où ils veulent l'attendre, une sorte de bière dans laquelle ils se blottissent, et de là le tirent, quand il est à leur portée. Jamais un crocodile ne monterait sur le sable, s'il y voyait un homme. On le vise sous le ventre, à la naissance des pattes, car la dureté de sa peau écailleuse n'a point été exagérée ; elle résiste à une balle de fusil. Mais, pour peu qu'il soit blessé grièvement, on ne manque jamais de l'avoir. Comme il lui est impossible de demeurer dans l'eau au delà d'un certain temps sans respirer, il revient toujours mourir sur la rive. On trouve ainsi, dans quelques villages, des crocodiles préparés, au prix de 100 à 120 piastres (25 ou 30 fr.), et les fellahs en tueraient bien davantage, si la grosseur de l'animal n'en rendait la vente très rare.

18 décembre.

Le bon vent du nord ne nous abandonne pas ; hier, dès le milieu du jour, la ville de Tahtah disparaissait derrière nous. Presqu'en face de Tahtah, sur la rive droite, est le village de Cheykh-el-Harydy, porté sur la carte de Lapie sous le nom de Nezlet-el-Garideh. Toute la montage au pied de laquelle ce village se trouve bâti est percée d'excavations faites à mains d'hommes, qui, selon toute apparence, servirent autrefois de catacombes. Nous ne les voyons mentionnées nulle part.

Girgeh (8 myriamètres de Syout et 38 du Caire), qui occupe la place de l'ancienne Ptolémaïs, était autrefois la capitale de la Haute-Egypte. Huit minarets qui dressent encore leurs pointes effilées au milieu de ses ruines attestent sa splendeur passée. Mais le Nil, qui forme un coude un peu au-dessus de la ville, est venu la miner un jour, et on la lui abandonne. A chaque moment quelque pan de muraille, quelque maison s'affaissent avec le terrain qui les portait. Nous avons remarqué ainsi une mosquée dont il ne reste plus que la moitié, et, à l'entour, des tombes coupées en deux. Avant de parvenir à la ville habitée, il faut franchir maintenant un long quartier déjà désert. Au lieu d'opposer au fleuve des quais solides, des digues inébranlables, on le laisse accomplir cette grande destruction, comme si toutes ses œuvres étaient sacrées. Les habitants se sont contentés de reculer à mesure, et le gouvernement de transporter à Syout la capitale et le siége de l'administratian de la province.

Rien ne représente mieux le caractère général du pays que le destin de Girgeh. On vit en Egypte au jour le jour, comme les sauvages. L'homme ne s'y défend pas : il semble réellement obéir à la fatalité, il ignore ce que c'est qu'entretenir, réparer. Les maisons s'ébranlent, les vêtements se déchirent ; il reste dans la maison jusqu'à ce qu'elle s'écroule, il garde le vêtement jusqu'à ce qu'il tombe en lambeaux, puis il va construire une autre cahute un peu plus loin et acheter une robe neuve au bazar. L'ordre, la conservation lui sont des vertus inconnues. Au ministère de l'instruction publique du Caire, plusieurs plaques de l'escalier, qui est en marbre, sont détachées ; la rampe est brisée, et le lourd ministre Eitim-Bey, qui monte là tous les jours, ne s'en aperçoit pas. L'esprit d'ensemble, le besoin du complet, l'harmonie enfin, manquent également aux Orientaux. Ils allient le plus grand luxe à une simplicité qui va souvent jusqu'à la rudesse. L'escalier de marbre dont nous parlions tout à l'heure a une rampe en bois, qui serait à peine digne d'un grenier, si elle était peinte. L'entrée du magnifique jardin de Choubrah est celle d'une ferme mal tenue, avec une porte en planches et des grillages rapiécés. Il n'est pas rare de voir les Orientaux porter une veste de velours, brodée d'or, éblouissante, sur un gilet déguenillé. A des habitudes d'une mollesse efféminée, ils joignent une absence de tout besoin vraiment inconcevable. D'une sobriété rare, même dans les pays chauds, où l'on est si sobre, ils vivent avec rien, et ils ont des pipes de 1,000, 2,000, 10,000 francs. Entourés de vingt domestiques et d'autant d'esclaves, ils savent se passer des choses qui nous sont devenues indispensables, et chez les particuliers les plus riches les habits sont entassés dans des malles en bois, barbouillées de grosses couleurs.

Il reste encore à Girgeh un bazar assez considérable. On y trouve un peu de tout ce qu'on trouve en Égypte, dans mille petites boutiques où il n'y a pas souvent pour 200 piastres (50 francs) de marchandises. Nous avons acheté là pour 12 et 15 piastres (3 fr. et 3 fr. 75 cent.) des tapis en laine, fort grossiers, il est vrai, mais d'un poids énorme relativement à la modicité de leur prix : ils sont fabriqués par les Arabes du désert. Il faut qu'au désert la matière première et la main-d'œuvre soient, pour ainsi dire, sans valeur. Il y a aussi à Girgeh beaucoup de cafés et de boutiques de barbiers [1], remplis d'oisifs, qui sont innombrables dans les villes d'Orient, sans qu'on puisse deviner de quoi ils vivent.

Il existe à Girgeh quelques missionnaires catholiques français ; leur absence au moment de notre visite dans cette ville nous a privé, à notre grand regret, de causer avec eux et de savoir s'ils font des prosélytes. Une chose certaine, c'est qu'ils ont arrangé une petite chapelle assez propre, dans une salle de leur maison, mais l'exiguité du local nous porte à croire que les conversions ne sont pas encore nombreuses.

---

[1] Les musulmans, comme on sait, se rasent la tête presque aussi souvent que nous nous faisons la barbe.

20 décembre.

Le vent est tombé, et c'est à grand'peine que nous avons dépassé hier les villes d'Akhmym (ancienne Panopolis) et de Farchout, aujourd'hui Kasr-Essayad. Ce dernier village, situé sur la rive droite, occupe la place de l'antique Chenoboscion. Il ne reste quoi que ce soit de cette grande ville; on sait seulement par tradition qu'elle existait là. Quelques Coptes, habitants du village, nous ont fait connaître qu'ils étaient chrétiens, en nous montrant des croix grecques tatouées sur leurs bras.

Nous sommes en pleine Haute-Égypte. Le thermomètre monte toujours, au milieu du jour, à 25, 26, 27, 28 degrés; mais il baisse la nuit jusqu'à 5, et le matin il n'est pas encore à 8 au lever du soleil.

Depuis deux jours, nous avons remarqué un changement assez notable dans le costume des femmes. Au lieu de cotonnades bleues, comme plus bas, elle sont vêtues de laine couleur gris-foncé ou noir. L'étoffe, un peu plus épaisse, ne leur permet pas de s'envelopper la figure de la même manière que les autres avec le *habarah*; elles le laissent tomber tout entier sur la tête, et se dirigent alors en regardant par terre. En revanche, l'état de nudité complète est devenu un parti bien pris pour beaucoup d'hommes que l'on voit dans les champs. Ils se contentent d'une petite pièce de toile triangulaire, qu'ils appliquent par devant, et qui tient par une corde nouée à la hauteur des hanches.

Quant aux habitations, elles sont les mêmes; seulement, les huttes sont entourées d'une enceinte formée de terre ou de tiges de dourah. On voit très souvent au milieu de cette cour, sur un massif haut de 66 cent. à 1 mèt., une sorte de vaste corbeille, avec une échancrure pour y entrer, et sur les bords arrondis quelques petits trous destinés à porter des vases d'eau à boire. La famille entière se couche là en été. En plaçant au-dessus du sol cet appareil, tout en terre, bien entendu, on a pour principal but de s'élever autant que possible jusqu'au courant d'air supérieur.— Nous avons déjà dit que l'habitude, prise par les Egyptiens, de dormir à la belle étoile, doit être considérée comme une cause des nombreuses ophthalmies qui désolent ces contrées. L'humidité des nuits y est toujours si abondante qu'elle humecte assez profondément la terre. Si l'on rendait une loi qui obligeât les fellahs à dormir dans des pièces closes, sur un lit, ou bien sur une natte d'au moins cinq centimètres d'épaisseur, on diminuerait d'un quart peut-être les maladies des yeux et la mortalité des enfants.

Les pigeonniers de la Haute-Egypte, encore plus nombreux que ceux de la Basse, ont une forme particulière. Ils ne sont point bâtis isolément, mais dressés carrément sur les maisons de ceux à qui ils appartiennent. Ces constructions se rapprochent un peu de la civilisation : on y trouve des lignes droites, des niveaux, une assiette, et elles exigent l'emploi des briques crues. Elles sont blanchies, parce qu'on a observé que la couleur blanche attire les pigeons; mais les pauvres fellahs n'éprouvent pas le besoin de descendre la couche de couleur jusque sur la masure : un tel luxe est exclusivement réservé pour les animaux. De loin, ces tours carrées, toutes blanches, élevées sur un soubassement noirâtre, offrent un aspect bizarre et imprévu.

Les paysans de la Haute-Egypte ont, comme les autres, l'habitude de filer de la laine en marchant ou lorsqu'ils se reposent. C'est un usage général : ils portent tous une petite quenouille à la main, et on le remarque d'autant mieux que la plupart ayant l'index coupé, ils tournent la laine entre le médium et le pouce. Les femmes, au contraire, ne filent jamais, sans doute parce qu'avec une main toujours occupée à se cacher le visage, cela leur devient impossible.

La misère est immense ici comme partout. En traversant hier un village, je passai près du divan d'un mamour, qui envoya un homme pour m'engager à me reposer. Ce fonctionnaire, dont le rang équivaut à celui de nos sous-préfets, était dans une cabane carrée, enduite de terre, plafonnée avec des poutres de dattier encore revêtues de leur écorce, et ne recevant de jour que par la porte, plus basse que hauteur d'homme. Il n'y avait là littéralement d'autre meuble qu'une natte trouée, sur laquelle notre homme était assis et fumait avec trois ou quatre de ses amis en haillons comme lui. C'est une idée, selon nous, bien fausse, de croire au bonheur prêté par les poètes à la simplicité de nature. Les hommes qui n'ont goûté ni du miel ni du fiel de la civilisation vivent misérables, dans la rudesse, les privations et l'insensibilité. Nulle part je n'ai vu de sauvages qui ne portassent, empreints sur le visage, les caractères, ou comme les fellahs, d'un profond ennui, ou comme les caraïbes, d'un calme inerte.

21 décembre.

Nous ne sommes arrivés qu'aujourd'hui à Keneh (45 myr. du Caire). Trois jours pour faire 7 myr.! Keneh, l'ancienne Cœnopolis, est l'une des seules villes importantes de l'Égypte, bâties sur la rive droite du fleuve. Elle renferme 7,000 habitants, et fait un grand commerce de transit avec Kosseyr, port de la mer Rouge, où l'on s'embarque pour la Syrie et pour le pèlerinage de la Mecque. C'est ici le rendez-vous des caravanes qui vont, à travers le désert arabique, d'Égypte à la mer Rouge et de la mer Rouge en Egypte. Toutes les maisons de Keneh n'en sont pas moins simplement bâties en briques crues. La boue du Nil, à laquelle ses qualités argileuses donnent, il est vrai, une certaine force de cohésion, est décidément la base fondamentale de toutes les constructions de l'Egypte moderne, même dans les villes. Sauf le vice-roi, ses enfants, quelques pachas et quelques beys, la nation entière est logée dans de la boue. La teinte noirâtre, terne et sans vie de cette matière, que l'on ne recouvre même pas d'un coloriage quelconque, donne aux cités les plus populeuses un aspect de misère affligeant à voir.

Keneh est particulièrement célèbre par la fabrication des bardaques ou gouleh. Elle alimente presque seule le pays de ces vases poreux qui servent à rafraîchir l'eau, et qu'elle vend 10 paras (6 centimes). L'argile d'un gris blanchâtre, que l'on trouve à l'est de la ville, et que l'on emploie pour ces poteries, n'existe, assure-t-on, dans aucune autre partie de l'Egypte. Les bardaques se tournent à la main sur un tour semblable aux nôtres, et sont cuites dans de petits fours demi-circulaires, où on les empile l'une sur l'autre, sans crainte d'adhérence. Les ouvriers, tous extrêmement adroits, donnent à leurs produits mille formes variées qu'ils improvisent en tournant. L'exécution en est imparfaite, sans finesse, mais ils se font remarquer souvent par une originalité très heureuse. Les fantaisies des potiers sont à peu près les seuls objets où l'on puisse saisir le sentiment artistique des Égyptiens modernes; il n'y a guère que là ou ils aient conservé une inspiration quelconque de ce genre, car les broderies du costume et l'enharnachement des animaux de monture sont encore des traditions arabes.

Tous les pays chauds ont eu l'idée de faire rafraîchir l'eau dans des vases de terre. L'Inde, l'Amérique, les Antilles, ont leurs bardaques. Les anciennes peintures des hypogées nous en montrent qui sont rangées sur des espèces d'étagères, jusqu'au milieu des champs, à côté des laboureurs. Tout le monde connaît l'opération de physique naturelle qui a lieu dans ces vases. L'eau qui transsude à travers le tissu poreux se vaporise, et la température du liquide contenu s'abaisse à mesure que l'évaporation s'effectue, en vertu de cette loi qu'un corps, pour passer de l'état de liquide à l'état de vapeur, absorbe une certaine somme de calorique. L'eau du Nil, que nous avons trouvée constamment et à toute heure à 18 degrés centigrades plus ou moins, baissait dans les bardaques à 11 et 10 degrés.

Keneh, outre ses bardaques, fait aussi des poteries ordinaires. On rencontre sur le Nil des flottilles de 5, 6, 7, 8 radeaux, composés de grosses cruches rangées le goulot en bas, qui sortent de cette ville. Chaque radeau est dirigé par trois ou quatre hommes qui se servent, pour aider au courant, de gros tronçons d'arbres, auxquels tiennent encore de longues branches. Pas même de rames!

Plusieurs villages, et entre autres celui de Gourez, dans la Basse-Egypte, ont pour industrie spéciale celle de la poterie. Elle est encore dans l'enfance; nulle part on ne rencontre un seul vase vernissé. Il faut toutefois ajouter que les potiers savent cuire des pièces de la plus grande dimension.

A Keneh résident les chefs du service de santé de la moudyrlick dont cette ville est le siége. Nous avons trouvé auprès de M. le docteur Folfi et de M. le pharmacien Fiorani la même bienveillance, la même hospitalité que chez MM. Montanari et Tirant, qui remplissent les mêmes fonctions à Beny-Soueff.

Ces messieurs, malgré les conditions fâcheuses où ils se trouvent, donnent la preuve que des gens de bien savent toujours se rendre utiles. Le docteur Folfi a contraint l'administration locale d'assainir la ville : les nombreux fours à poteries avec leur fumée, les états dont les émanations sont malsaines, ont été repoussés à l'extrémité des faubourgs; on prépare en ce moment un abattoir hors du mur d'enceinte; enfin, en dégageant les portes de la ville des montagnes d'ordures qui les masquaient extérieurement, M. Folfi a rétabli une circulation d'air indispensable dans ces misérables cités où les rues sont si tortueuses et si étroites.

Nous tenons de M. Fiorani qu'il n'est pas de mois, en été, où il n'ait à enregistrer plusieurs morts occasionées par la piqûre du scorpion, et cependant il a constaté qu'il suffit d'appliquer à temps un peu d'alkali volatil sur cette piqûre pour la rendre sans danger!

23 décembre.

Toujours tirant à la cordelle, nous sommes enfin arrivés ce soir fort tard à Louqsor. En général il faut compter sur un mois plutôt que sur vingt jours, pour franchir les 48 myr. qui séparent le Caire des ruines de Thèbes.

Nous avons aperçu ce matin, toujours sur la rive droite, Khous (l'ancienne Apollinopolis-Parva). Ce n'est plus qu'une chétive bourgade habitée principalement par des Coptes. Après Khous, nous avons visité un village aussi misérable que les autres, mais dont les femmes cependant paraissent moins dénuées de tout. Elles portent quelques verroteries, ornements qui indiquent, malgré leur peu de valeur, un certain bien-être relatif. Plusieurs d'entre elles avaient un mince anneau d'or passé dans la narine droite et une double paire de boucles d'oreilles, la première attachée au lobule, et la seconde au cartilage supérieur. Ces cinq anneaux sont tous de dessins variés, en or ou en argent. Leur effet n'est pas heureux; celui du nez équivaut à une difformité horrible, celui du cartilage supérieur tire le pavillon de l'oreille en avant et la rend affreuse. Il arrive aux femmes sauvages, comme aux femmes civilisées, de se tromper quelquefois et de s'enlaidir à force de vouloir s'embellir.

Bien que Louqsor soit le rendez-vous de toutes les canges, ce n'est qu'un misérable village comme les autres; la fréquentation des voyageurs ne semble pas y jeter la moindre aisance; on n'y trouve aucune provision en viande ou en légumes, et c'est avec difficulté qu'on s'y procure des poules dans cette saison! Malheureuses populations, elles sont frappées d'une telle langueur, que le séjour presque continuel, pendant trois mois de l'année, d'un assez grand nombre d'Européens réunis ensemble sur un même point, ne peut lui communiquer le moindre mouvement. Louqsor a cependant l'avantage de posséder aussi un de ces fours à poulets dont l'Egypte garde la tradition depuis les siècles les plus reculés, et que la scientifique Europe elle-même n'a pu qu'imparfaitement imiter. — Les poules, soit à cause de la chaleur, soit par tout autre motif inconnu, n'ont, en Egypte, aucune disposition à couver. C'est pour suppléer à ce vice que l'on a cherché et trouvé le moyen de faire éclore les œufs artificiellement.

Les fours à poulets, très grossièrement bâtis en briques crues, sont composés de deux parties, celle de dessous, où l'on range les œufs sur un lit d'étoupe et de paille, en y entrant par un trou pratiqué dans le plafond qui sépare les deux pièces; celle de dessus, où l'on fait le feu avec des tiges de dourah dont la fumée s'échappe par la voûte construite en forme de dôme et percée à cet effet. La chaleur pénètre en bas à travers une bande mince, d'à peu près 16 centim. de largeur, régnant au pourtour du plancher de séparation. Une petite ouverture faite au niveau du sol, dans la partie inférieure, permet de tirer les poulets à mesure qu'ils viennent à éclore. Vingt de ces fours, rangés sur deux lignes et communiquant entre eux par des cloisons latérales, forment l'ensemble de l'établissement de Louqsor, et fonctionnent à la fois. Chaque four peut contenir de trois à quatre mille œufs, et l'éclosion est achevée au bout de vingt à vingt-cinq jours. Un cinquième des œufs reste stérile. La science consiste dans une parfaite graduation de la chaleur artificielle qui remplace l'incubation naturelle, et dans l'adresse que doit avoir à retourner les œufs, pour les soumettre d'une manière égale à l'action calorique, l'ouvrier qui procède plusieurs fois par jour à cette opération. L'art de conduire les fours se transmet de père en fils parmi ceux qui le possèdent. Le docteur Clot dit qu'on estime à environ vingt-quatre millions le nombre des poulets qui sortent annuellement des deux cents fours répandus en Egypte.

Tout chétif que soit le village de Louqsor, il n'en possède pas moins une compagnie d'almées. Elles viennent donner à toute cange qui arrive une représentation de leurs danses sur le sable du rivage. Il y a aussi un faiseur de tours gymnastiques, qui est de force très inférieure à celle des *Clowns* d'Europe.

Puisque nous sommes amené à parler d'almées et de jongleurs, terminons ce chapitre en disant un mot des divertissements populaires. La fête des Coptes, qui eut lieu pendant notre séjour au Caire, nous a donné l'occasion de les connaître.

Cette fête se célèbre par une sorte de kermesse tenue sur un des côtés de la place de l'Esbekieh, où habitent les principaux membres de la classe des Coptes. Là s'établissent, comme chez nous, des marchands de pâtisserie, de sucreries, de jouets d'enfants; des balançoires, des tourniquets à fauteuils, pareils aux nôtres; des cafés sous tente, où l'on fume et boit le café en regardant danser les impurs khowals; enfin, là viennent encore les jongleurs et les saltimbanques. Nous avons dit dans un des chapitres de la première partie de cet ouvrage quelle est la nature des parades jouées par les saltimbanques.

Ces réjouissances ont, comme on voit, beaucoup plus de ressemblance avec celles de nos fêtes de village qu'on ne s'attendrait à en trouver. Il faut cependant distinguer les conteurs, que l'on rencontre tous les jours dans les rues et les cafés, mais plus particulièrement encore les jours fériés.

Le conteur ne pouvait exister qu'en Orient; le plaisir que l'on peut avoir à l'entendre répond parfaitement aux mœurs nonchalantes du pays, au rétrécissement de son cercle intellectuel et à ses habitudes d'immobilité physique. Cette immobilité, notons-le en passant, est presque impossible à croire pour des Européens et surtout pour des Français. Nous voyons par exemple le timonier de notre cange rester accroupi la journée entière en tenant sa barre, sans remuer ni se lever une seconde.

Chaque conteur possède deux ou trois contes féeriques qu'il répète toujours, en y mêlant les hors-d'œuvre que les circonstances du lieu ou les impressions du moment lui suggèrent. Rien du reste de plus facile que son établissement : il s'assied quelque part, les jambes croisées, à l'ombre, au milieu d'une promenade, sous un arbre, contre une muraille, et joue d'abord d'un petit violon à une corde. Des passants s'asseient de même à l'entour de lui, et quand le groupe lui paraît assez nombreux, il commence. Quelques conteurs prennent le ton de la conversation pour débiter leurs narrations, et les entremêlent de facéties; d'autres les débitent avec une sorte de chant psalmodique soutenu par une ou deux notes du violon. Leurs bénéfices consistent dans les petites pièces de monnaie que leur jettent les auditeurs, selon qu'ils sont plus ou moins satisfaits. L'usage des Orientaux n'est pas de donner, une fois pour toutes, une somme quelconque; ils donnent, comme nous applaudissons, à plusieurs reprises, quand le plaisir qu'ils éprouvent les y engage, et c'est à peu près leur seule manière d'exprimer leur satisfaction. Rien ne frappe davantage un Européen que la tranquillité avec laquelle les Orientaux écoutent un conteur ou regardent danser des almées ; ils montrent une attention soutenue, mais aucun mouvement ne se manifeste sur leur physionomie impassible, ils n'éprouvent pas le besoin de se communiquer entre eux leurs impressions, ils ne poussent jamais, aux beaux endroits, de ces *ah* qui distinguaient si bien Acaste; enfin, quand la narration ou la danse sont finies, ils se lèvent en silence sans témoigner ni regret ni plaisir.

Les médiocres distractions que nous venons de décrire sont à peu près les seules que l'on rencontre en Egypte. Les Orientaux vivent excessivement retirés ; chacun reste chez soi, et ils n'ont rien en commun. Point de réunions entre eux, point de fêtes publiques que les seules fêtes religieuses ; à huit heures du soir il n'y a plus une âme dans les rues.

Deux petits théâtres montés à Alexandrie et au Caire n'ont excité en Egypte aucun intérêt, et ne paraissent pas même avoir eu l'attrait de la nouveauté. A celui d'Alexandrie, une troupe de chanteurs italiens exécute le répertoire moderne sans trop d'infériorité ; nous lui avons entendu chanter la partition de Belisario d'une manière supportable. Au Caire, une troupe également italienne joue des comédies et des drames traduits du français, car nos auteurs dramatiques défraient aujourd'hui le monde entier, même l'Espagne et l'Italie, où ils trouvèrent tant de modèles autrefois. Pour dire vrai, il n'y a guère plus de chrétiens que de mahométans aux spectacles d'Egypte ; à peine trouve-t-on dans les loges une douzaine de femmes européennes assez mal mises. Quant aux femmes du pays, on conçoit que si les musulmans ne viennent eux-mêmes qu'en fort petit nombre au théâtre, ils n'y amènent pas les habitantes de leurs harems ; ils ne se soucient point de leur montrer que, dans l'ordre social européen, les femmes jouissent, au moins quant à la forme, d'une sorte d'égalité avec les hommes.

CHAPITRE X.

Ruines de Thèbes.

Thèbes, la plus grande ville peut-être du monde ancien et moderne. — Louqsor, temple et palais. — Son pylône. — Colosses monolithes qui ornaient la façade de ces édifices. — Obélisques, monuments particuliers aux égyptiens. — Leur destination. — Origine du mot obélisque. — Karnac, le plus magnifique et le plus vaste édifice qu'ait élevé la main des hommes. — Immensité des sculptures. — Cambyse et les chrétiens, destructeurs des temples d'Egypte. — Martelage systématique des figures. — Les religions toujours impitoyables les unes pour les autres. — Souvenir de l'expédition française à Karnac. — Statues de Memnon. — Explication de la statue vocale. — Medinet-Abou. — Ville dispersée au milieu de ses ruines. — Comment de telles constructions pouvaient-elles être habitées par des hommes? — Couleurs du pylône de Medinet-Abou, parfaitement conservées. — Sanctuaire de la déesse Athor. — Noms inscrits sur les murailles. — Rhamseum. — Prodigieux colosse monolithe d'Aménophis III. — Kournah. — Biban-el-Molouk. — Tombeaux des rois d'Egypte. — Hypogée de Menephta Ier, délicatesse et perfection des sculptures peintes qui le décorent. — Chambre non achevée. — Mode de travail. — Détails de la vie privée, peints à la gouache dans le tombeau de Rhamsès-Meyamoun. — Dégradation permanente des hypogées. — Les diverses classes de dévastateurs.

C'est sur la crête de la montagne où quelque cataclysme a ouvert l'étroite et sauvage vallée de Biban-el-Molouk (rive gauche) qu'il faut s'élever pour bien juger ce qu'était l'ancienne Thèbes. Là, on embrasse d'un seul coup d'œil son immense surface. Elle fut certainement la plus grande ville qui se soit étendue sur la terre, et, selon toute apparence, la première qui ait existé en Egypte. Placée au pied de la chaîne Lybique qui lui servait de bornes, et dans laquelle ses anciens rois cachèrent leurs tombes monumentales, elle se prolongeait presque jusqu'à la chaîne Arabique, ayant ainsi le grand fleuve pour artère. Sur la rive droite subsistent encore les ruines des temples-palais de Karnac et de Louqsor; sur la rive gauche, ceux de

Medinet-Abou, de l'Aménophium, de Kournah, de la déesse Athor, et les fameux colosses de Memnon. Ces colosses sont aujourd'hui au milieu de grandes campagnes appelées la vallée d'El-Assassif! Quels ne devaient pas être la population, le mouvement, l'industrie, le commerce, le luxe, les richesses d'une ville où brillaient encore d'autres édifices gigantesques séparés par des distances que l'on ne franchit pas sans plusieurs heures de marche ! Londres, la plus vaste cité moderne, n'égale pas la moitié de l'antique Thèbes, close autrefois d'une muraille aux cent portes.

En abordant à Louqsor, on aperçoit une vaste colonnade : c'est le reste d'une salle hypostyle, lieu des assemblées religieuses, qui faisait partie de l'édifice de ce nom, fondé par Aménophis III, le Memnon des Grecs (1680 ans avant notre ère), et terminé par Ramsès III, le grand Sésostris.

Dans l'axe de cette colonnade aujourd'hui enterrée jusqu'à la moitié de sa hauteur, se trouve à une grande distance le pylône, sorte d'arc de triomphe, élevé devant tous les temples-palais égyptiens. Ce pylône est composé de deux massifs carrés, qui ont chacun 23 mètres de hauteur sur 30 mètres de largeur, et entre lesquels subsistent les restes d'une porte, haute de 17 mètres. La belle corniche de cette porte, due au roi nègre Sabacon, n'existe malheureusement plus, et le dessin qu'en a tracé Champollion jeune, en 1829, sert à la faire regretter davantage.

Malgré les montagnes de poussière et de décombres qui s'élèvent presqu'au niveau de la porte, on trouve à ce groupe d'architecture un air de force et de grandeur que ne possède aucun de nos monuments. Les surfaces sont couvertes de sculptures à relief plat, représentant les conquêtes de Sésostris. Plusieurs centaines de figures se mêlent au milieu d'une sanglante bataille à l'entour du roi, dont la taille surnaturelle représente symboliquement la puissance. Ces sculptures sont en partie détruites moins par le temps qui a disjoint les blocs de grès composant le massif et arrondi leurs angles, que par la stupide barbarie des hommes qui ont martelé les figures principales, et surtout celle de Ramsès.

La façade des temples était habituellement ornée de quatre colosses, images du prince qui avait achevé l'édifice. Ces colosses sont toujours assis, les bras collés contre le corps et les avant-bras avec les mains étendus sur les jambes. L'invariable uniformité d'une telle posture ne laisse guère douter qu'elle n'ait été consacrée par le dogme religieux. A Louqsor, trois de ces statues montrent leur tête au dessus des amas de sable et de poussière qui se sont amoncelés devant le pylône. Une seule est dégagée jusqu'à la ceinture, et permet d'y compter 2 mèt. 33 c. du coude à l'épaule. On ne distingue plus rien d'aucun des visages: ils ont été brisés. Le quatrième colosse, dont sans doute on a voulu s'emparer, a été abandonné un peu plus loin, et l'on aperçoit encore l'extrémité de sa coiffure, dans la cour d'une masure du village construit sur le terrain qui recouvre aujourd'hui le monolithe tout entier. La formation de ces terrains, assez épais pour ensevelir une pareille statue, fait remonter à une époque déjà fort ancienne la tentative pratiquée pour la ravir.

Au devant des colosses, on plaçait en outre deux obélisques qui ajoutaient encore à la splendeur du monument. L'un de ceux de Louqsor est aujourd'hui à Paris, l'autre est encore debout. Tout ce qu'on pourrait dire du degré de lumières où était parvenu le peuple qui éleva ces immenses monolithes ne vaudrait pas ce fait, que les nations modernes, si fières de leur civilisation, décorent les plus belles places de leurs capitales avec les bornes qu'il posait devant ses palais, et ont besoin, pour les transporter et les dresser, de recourir à tout ce que leur génie a de science et de force.

Les obélisques sont des monuments particuliers aux Egyptiens; eux seuls conçurent l'idée d'arracher aux entrailles de la terre ces pierres d'un seul morceau, dont quelques-unes ont jusqu'à 33 mètres de haut. L'obélisque de Paris, un des moins grands (il n'a que 23 mètres), pèse 220,528 kilogrammes. Ils sont tous en granit rose et tirés des carrières de Syène, aujourd'hui Assouan, située à 66 myr. de l'embouchure du Nil, près de la première cataracte. Les statues et les colosses sont également en granit rose. La matière des édifices est un grès roux compact, dont le gisement se trouve à Silsilis, entre Syène et Thèbes. Les Egyptiens exploitaient leurs carrières en vrais géants. Le moindre bloc de leurs constructions surpasse nos plus grosses pierres de taille, et les Grecs seuls ont employé au Parthénon des masses aussi considérables. Le transport de ces matériaux s'effectuait par le fleuve.

On ne peut préciser avec certitude l'époque à laquelle fut érigé le premier obélisque. Le plus ancien dont la date soit certaine remonte à 1822 ans avant Jésus-Christ.

« Les obélisques, dit M. Champollion-Figeac, sont des monu-
« ments essentiellement historiques; placés au frontispice des
« temples et des palais, annonçant par leurs inscriptions le mo-
« tif de la fondation de ces édifices, leur destination et leur dé-
« dicace à une ou plusieurs des divinités du pays; les inscrip-
« tions des obélisques donnent les détails des constructions, le
« nom et la filiation des princes qui les élevèrent; ils indiquent
« les accroissements ou les embellissements de chacun d'eux, et
« par là l'époque relative de chaque partie de l'édifice; enfin,
« les obélisques eux-mêmes sont mentionnés dans ces inscrip-
« tions parmi les autres actes de la piété des Pharaons [1]. »

Il nous paraît curieux d'ajouter à cette note la bizarre étymologie du mot obélisque, puisée dans le même auteur. Le mot français obélisque vient du latin *obeliscus*, diminutif du grec *obélos*, broche. Le mot obélisque signifie donc *petite broche*, *brochette*, et l'on attribue aux Grecs d'Alexandrie cette singulière dénomination. Les Français, qui renchérissent toujours sur tout le monde, ont transformé en *aiguilles de Cléopâtre* les *brochettes* des Grecs d'Alexandrie.

Nous avons trouvé à Louqsor un Italien, M. Castellari, que l'amour de l'antiquité a fixé au milieu des ruines; et, grâce à son inépuisable bonté, nous avons eu la complète intelligence des débris de Thèbes. Ainsi, Karnac, reconstruit par la parole du bienveillant cicerone, nous est apparu dans toute l'immensité de sa grandeur passée. Nous y sommes arrivé par une

[1] *Egypte ancienne*.

allée de sphinx de taille colossale, et à peine distants l'un de l'autre de deux mètres. On compte encore quatre-vingt-dix-huit de ces animaux fabuleux [1]. Le temple avait cinq entrées principales et cinq pylônes, tous précédés d'une allée semblable qui le reliaient avec les autres édifices de la ville. Il faut avoir vu Karnac pour croire à un centre capable de projeter de pareils rayonnements. Quelles murailles! quelle colonnade! quelle salle! Sont-ce bien des hommes qui se réunissaient dans un pareil lieu? Cent trente-quatre colonnes de 23 mètres de haut sur 3 mèt. 66 cent. de diamètre, avec des chapiteaux de 21 mètres de développement! C'est à confondre la raison. La grandeur de ce temple, commencé par Thoutmosis II, et terminé par Ramsès-Meiamoun, est au-dessus de tout ce que l'imagination peut rêver : la fresque du Jugement dernier de Michel-Ange, appliquée sur une des murailles, y jouerait le rôle d'un tableau de chevalet. Le Louvre ne paraît plus qu'un admirable bijou, lorsqu'on le rapproche par la pensée de ces constructions surhumaines qui semblent créées par des géants pour loger des Titans. C'est le plus magnifique et le plus vaste édifice qu'ait jamais élevé la main des hommes. N'étaient les harmonieuses proportions de l'ensemble, l'infatigable et parfaite beauté des détails, on se sentirait terrifié par l'effrayante ampleur des dimensions. Que de science, que de force, que de siècles il a fallu pour arracher de leur couche séculaire ces blocs énormes de grès et de granit, pour les amener où ils sont, pour les exploiter, pour les amonceler dans cet ordre prodigieux, pour couvrir du soubassement au faîte les piliers, les colonnes, les plafonds,

---

[1] « L'association de deux natures, savoir, d'un corps de lion et d'une
« tête de femme, dans la figure égyptienne appelée sphinx, n'exprime-
« rait, si l'on en croit presque tous ceux qui ont tenté de pénétrer
« l'esprit de quelques hiéroglyphes, que l'état où est le Nil quand il
« inonde l'Égypte. Comme ces inondations arrivent aux mois de juillet
« et d'août, lorsque le soleil parcourt les signes du Lion et de la Vierge,
« les Égyptiens auraient réuni sous ce double emblème les signes de
« l'époque qui était pour eux celle de la prospérité de leur pays. »
QUATREMÈRE.

les murailles d'innombrables sculptures coloriées, véritables tableaux historiques tracés sur une échelle dont aucune nation du monde ancien ou moderne n'a même approché. La civilisation, stupéfaite, hésite à croire ce qu'elle voit, et avoue tous ses arts vaincus dans cette demeure héroïque, fondée 1725 ans avant notre ère.

En contemplant ces masses si savamment jointes, si carrément posées sur leurs bases, on ne doute point que ceux qui les élevèrent crurent avoir accompli une œuvre indestructible, et rêvèrent glorieusement l'éternité pour elles. On s'étonne soi-même, à les considérer, que leur durée n'ait point été sans limite, et l'on a peine à se rendre compte de la désagrégation d'aussi formidables assemblages. Ils étaient si puissants, qu'il a fallu, pour les séparer, presque autant de vigueur que pour les unir. Mais est-il rien qui résiste à l'usure perpétuelle des siècles, et l'homme n'est-il pas malheureusement doué des mêmes forces pour détruire que pour créer? Les immenses dalles qui formaient la toiture de Karnac se sont écroulées en grande partie: deux colonnes de la salle hypostyle sont renversées, les chapiteaux sont écornés, les principales figures des bas-reliefs religieux sont martelées; enfin, des peintures qui illuminaient tout, il ne subsiste que des vestiges.

On attribue à Cambyse les destructions capitales, et aux chrétiens le martelage des bas-reliefs. Les religions se sont toujours montrées impitoyables les unes pour les autres; il y a dans leur haine une passion acharnée, cruelle, implacable, que rien ne peut émouvoir. Quand donc seront-elles assez éclairées pour se pardonner leurs erreurs réciproques? On sait que Cambyse avait juré d'immoler les dieux de l'Egypte aux dieux de la Perse; on sait aussi que l'Egypte fut un des plus vastes théâtres où le christianisme poursuivit le paganisme, et que ses rigueurs allèrent jusqu'à faire disparaître des bords du Nil le lotus, fleur symbolique de l'ancien culte du pays. Il fallait bien écraser les figures des temples pharaoniques pour transformer ces temples en églises. On aperçoit encore dans le sanctuaire du palais de Karnac des Saint-Jean, des Dieu le père et Dieu le fils, de style bizantin, peints par dessus les hiéroglyphes qui couvraient les colonnes. Ce sanctuaire, à la vérité, était digne d'un aussi barbare hommage. Tout en granit rose, il est bâti avec des blocs de 5 m. 50 cent. de longueur, sur 1 m. 20 cent. de hauteur et autant d'épaisseur!

Il n'est presqu'aucun temple qui ait échappé à ces dévastations. Les iconoclastes chrétiens et musulmans ne *pouvant* renverser les édifices, se sont bornés à les mutiler. Celui de Denderah a plus que tout autre souffert de leur rage. Il n'y reste littéralement que cinq figures des grandes processions religieuses qui le décoraient. Ces figures occupent un angle à droite, trois sur une première ligne et deux sur une seconde, comme si elles avaient été sauvées à la faveur d'un évènement quelconque qui aurait, d'une manière fortuite, interrompu le massacre. Toutes les autres sont martelées avec une sorte de précision, indice d'une volonté persévérante, systématique et procédant avec ordre, s'il est permis de parler ainsi. A la régularité des coups de marteau, il est facile de juger que cette entreprise impie fut confiée à des hommes d'une certaine adresse. Bien mieux, comme elle demandait à elle seule des mois de travail, on a, pour économiser le temps, laissé toutes les coiffures sans y toucher. Quelle froide colère!

C'est un grand malheur que, grâce à la vanité humaine, les dieux perdent de leur crédit quand leurs autels sont dépouillés. Les cultes nouveaux ont profité de cette faiblesse de la foi pour assurer leur triomphe. C'est ainsi que Théodose prescrivit en Grèce, par un décret de l'an 377, d'employer à l'entretien des routes les statues de marbre qui ornaient les temples du paganisme. Combien de chefs-d'œuvre ont péri sous les coups de ces déplorables rivalités entre ceux qui changent les noms des dieux adorés!

Avant de quitter Karnac, rappelons ici le souvenir que l'expédition française y a laissé de son passage. Sur un pan de muraille, on trouve gravée une table de latitude et de longitude des différentes villes de la Haute-Egypte, sans autre note que ces mots : « République française, an VIII. » Il y a toujours un but d'utilité universelle et un caractère noblement simple dans les moindres actes de cette magnifique époque. La république avait d'autant plus droit de signer sur les ruines de Thèbes, que c'est elle, chose presqu'incroyable, qui les a découvertes. Elles étaient restées oubliées jusqu'à l'époque de l'expédition française. « Thèbes, dit M. Eusèbe de Salles, n'est réellement connue que « depuis l'expédition française. Beaucoup d'auteurs qui ont dé- « crit l'Egypte ont gardé sur elle le silence le plus singulier. « Abdalatif ne l'a pas visitée. Ibn-Alouardy, son contemporain, « au commencement du xiiᵉ siècle, Bakoui, 200 ans après, n'en « disent pas un mot. Aboul-feda, qui finit son ouvrage en 1321, « loue les antiquités d'Aschmounein, Esneh, Memphis, et vante « les poteries de Louqsor. Ibn-Batuta qui remonte le Nil en « 1325, note Louqsor comme une des stations du voyage, et ne « dit rien des ruines. Léon l'Africain, qui remonte le Nil jus- « qu'à Syène, doit avoir toujours passé par Thèbes durant la « nuit, et n'entendit sans doute jamais parler de Louqsor ni de « Karnac. D'Herbelot, dans sa Bibliothèque orientale, demande « si Gous ne serait pas l'ancienne Thèbes. Enfin, en 1668, le « père Protaïs, missionnaire capucin, décrit Karnac et Louqsor « sans se douter qu'il ait foulé Thèbes. Le père Siard et Pococke « ont pris Louqsor pour la tombe d'Osimandias [1]. » Ce relevé nous paraît très curieux. Thèbes et ses colosses, et ses obélisques, et ses longues allées de sphinx gigantesques, et ses monuments prodigieux, perdus pendant des siècles !

Lorsqu'on abandonne Louqsor et Karnac pour aller voir sur la rive gauche du fleuve les autres ruines de Thèbes, on traverse une grande plaine, aujourd'hui cultivée, au milieu de laquelle se trouvent deux colosses assis, de 17 mètres de haut, qui faisaient partie de la décoration extérieure d'un temple entièrement détruit. Ils représentaient Aménophis III, qui occupa le trône vers l'an 1680 avant J.-C. Masses presqu'informes aujourd'hui, tout leur intérêt est dans les souvenirs qui se rattachent à l'un d'eux, la fameuse statue vocale. M. Champollion-Figeac a très bien fait l'his-

[1] Page 143 du 2ᵉ vol.

torique de la statue vocale dans ce court passage : « Les faits qui
« ressortent de ce qui vient d'être dit peuvent se résumer ainsi :
« Un tremblement de terre, l'an 27 avant l'ère chrétienne, brisa
« celui des deux colosses qui est placé vers le nord et en détacha
« la partie supérieure. Quelques années après, il était bruit
« dans le pays des sons que rendait au lever du soleil la partie
« de la statue restée en place, ou le socle qui la portait. Dès le
« règne de Néron, ce bruit était généralement répandu et an-
« nonçait une merveille qui attirait les curieux. Dès cette époque,
« la statue parlante fut considérée comme étant une figure de
« Memnon, fils de Tithon et de l'Aurore, qui saluait sa mère de
« sa voix miraculeuse tous les jours au lever du soleil. La statue
« mutilée fut restaurée par Septime Sévère, et le prodige et les
« chants cessèrent aussitôt. »

Quant au phénomène qui rendit le colosse d'Aménophis III si célèbre, la science physique moderne l'a expliqué ainsi par la bouche de M. Rosière : « Les rayons du soleil venant à frapper
« le colosse brisé, ils séchaient l'humidité abondante dont les
« fortes rosées de la nuit avaient couvert la surface du tronc,
« et ils achevaient ensuite de dissiper celle dont ces mêmes
« surfaces dépolies s'étaient imprégnées. Il résulta de la conti-
« nuité de cette action que des grains ou des plaques de cette
« brèche, cédant et éclatant tout à coup, cette rupture subite dé-
« terminait dans la pierre rigide et un peu élastique un ébran-
« lement, une vibration rapide qui produisait le son particu-
« lier que faisait entendre la statue au lever du soleil. »

En avançant au delà du colosse, devenu muet depuis que la restauration de Septime Sévère a préservé sa surface du contact de l'humidité et de la chaleur, le premier monument que l'on rencontre est celui que Touthmosis Ier fonda sur la butte de Medinet-Abou, 1794 ans avant Jésus-Christ. Cet incomparable édifice fut successivement augmenté et décoré par plusieurs rois et surtout par Ramsès Meyamoun, 1474 ans avant Jésus-Christ. Ce Ramsès Meiamoun ne fut pas moins guerrier et conquérant que Ramsès III, le fameux Sésostris; mais il ne faut pas les confondre ensemble. Une ville assez considérable occupa longtemps les ruines du palais, et les demeures en briques crues de cette population, dispersée comme tant d'autres, souillent encore jusqu'aux frises l'antique monument. On peut toutefois juger, d'après deux pylônes successifs et plusieurs cours qui restent encore, de ce que fut Medinet-Abou. Le gigantesque, ce caractère le plus prononcé des œuvres pharaoniques, se remarque particulièrement dans la seconde cour, où un péristyle avec une galerie soutenue par des cariatides et des piliers de 8 à 10 mètres de haut donne entrée sur une colonnade énorme. Rien en Europe ne peut fournir une idée véritable de la souveraine majesté de cette architecture cyclopéenne. Son style est toujours d'une admirable simplicité, malgré la profusion des sculptures et des hiéroglyphes qui couvrent les parties les plus reculées, les plus obscures de l'édifice. On est seulement embarrassé de savoir comment de telles constructions pouvaient être habitées par des hommes de notre taille et comment elles recevaient la lumière. Sur ce dernier point, il y a lieu de supposer que la beauté du climat permettait de laisser ouvertes les parties centrales et de ne voûter que les galeries circulaires. La constante pureté du ciel dans ce pays explique aussi la conservation de plusieurs morceaux des monuments encore parfaitement coloriés. On remarque surtout un pylône de 13 à 14 mètres de haut, posé par les Ptolémées devant une des portes de Medinet-Abou; il n'a presque rien perdu de ses anciennes peintures et donne à juger quel merveilleux effet devaient produire ces masses ainsi décorées.

Un petit sanctuaire, séparé de Medinet-Abou par une vallée maintenant couverte de débris de momies, était consacré à la déesse Athor. Il appartient à l'époque ptolémaïque. Ses proportions sont restreintes, mais fort élégantes. Au milieu des noms de voyageurs qui salissent ce temple comme tous les autres, on s'étonne d'y voir celui d'un orientaliste homme d'esprit et savant, tracé en caractères dignes, par leur dimension, de Karnac ou de Medinet. Cette vanité des voyageurs, qui arrive, en raison du nombre, jusqu'à dégrader les régions des monuments qui se trouvent à portée de la main, est poussée, chez quelques individus, jusqu'à une sorte de folie. Il y a des gens qui ont trouvé moyen de monter sur la colonne dite de Pompée, à Alexandrie, et d'écrire à 33 mètres de haut leurs noms inconnus, en grosses lettres rouges.

Non loin du temple d'Athor sont les vestiges d'un palais connu sous les différents noms de Rhamseum, d'Aménophium et de Memnonium, parce qu'il est dû à Ramsès III, le grand Sésostris, et fut beaucoup augmenté par l'Aménophis que les Grecs ont transformé en Memnon. Il en reste à peine assez pour faire comprendre qu'il était digne de Thèbes ; un pan de muraille sur lequel on distingue encore une grande et curieuse bataille navale avec des vaisseaux conduits à la voile et à la rame, et un pylône fort endommagé, sur les façades duquel on aperçoit Sésostris debout dans son char lancé au galop, au milieu des morts et des mourants. Près de là sont couchés les morceaux d'une statue d'Aménophis III. Ils formaient le plus énorme colosse assis que l'on connaisse.

Il est plus difficile encore d'imaginer comment le vandalisme de l'homme est parvenu à briser un pareil monolithe que de concevoir comment son génie a pu détacher de la carrière cette montagne de granit et en opérer le transport.

C'est encore sur la rive gauche du Nil que gisent les ruines du palais de Kournah, aussi appelé Menephteum, du nom de son fondateur, Menephta Ier, qui occupait le trône des Pharaons 1610 ans avant Jésus-Christ. Le Menephteum repose un peu des palais de géants ; il appartient plus à l'humanité que les autres, et la raison ne se refuse pas à croire qu'il ait été habité. Sa façade avec dix colonnes n'a que 50 mètres de long sur 10 de haut ; la salle principale, soutenue par 6 colonnes qui portent encore un plafond colorié, n'a que 16 mètres de long sur 11 de large. Ces dernières colonnes, composées de cinq tiges de lotus avec chapiteaux de fleurs de lotus fermées, sont d'une sévérité remarquablement belle.

Kournah est sur la route de la vallée de Biban-el-Molouk, la vieille nécropole des rois d'Égypte, originaires de Thèbes. Cette vallée, remplie de sel gemme et de pétrifications marines que la science regarde comme anté-diluviennes, est encaissée dans de hautes montagnes déchirées et d'un aspect terrible. On veut reconnaître à un endroit assez resserré les traces d'une porte. Cette conjecture expliquerait le nom de Biban-el-Molouck, que M. Eusèbe de Salles traduit par porte des Rois. On a découvert là, jusqu'à cette heure, seize tombeaux, véritables palais souterrains, tous composés de plusieurs grandes salles creusées dans la montagne. Le sol environnant est encore chargé de petites collines formées par les éclats de pierres provenant de ces vastes excavations. Les rois d'Egypte, nous apprend Champollion jeune, commençaient, en montant sur le trône, à construire leur dernière demeure; ils mettaient leur gloire à la rendre magnifique, et, tant que durait leur règne, ils y faisaient travailler pour l'étendre; si bien que l'on peut mesurer la durée d'un règne à la grandeur de l'hypogée. La mort surprenait-elle le prince, son successeur, après y avoir fait déposer le corps, refermait le tout immédiatement pour s'occuper de sa propre sépulture. C'est ainsi que s'expliquent les chambres inachevées que l'on a trouvées dans plusieurs tombeaux.

Le premier que nous ayons vu est celui de Meneptha Ier, successeur de Ramsès Ier, découvert par Belzoni. Un long corridor conduit par une pente rapide à un escalier au bas duquel se trouvent plusieurs chambres donnant les unes dans les autres, et une pièce principale, soutenue par quatre piliers carrés; c'est dans cette pièce qu'était le sarcophage d'albâtre enlevé par Belzoni. Les murailles sont chargées, de haut en bas, sans en excepter les plus petits coins, de bas-reliefs coloriés se détachant sur un fond blanc. On est encore moins effrayé de l'immensité du travail nécessaire pour pratiquer de semblables excavations que du temps qu'il a fallu pour en orner si délicatement les larges surfaces. Ces décorations sont des allégories relatives à la vie spirituelle du prince, au système cosmogonique et à la physique générale des Egyptiens. Champollion jeune, avec la bonne foi d'un vrai savant, confesse que le sens en est fort difficile à comprendre, malgré le secours des légendes hiéroglyphiques qui accompagnent tous les sujets.

Ces vastes tableaux, sculptés et peints, conservent un éclat si extraordinaire, qu'il faut réellement un certain effort pour se persuader qu'ils remontent à 3460 ans. Tous les hiéroglyphistes s'accordent bien pourtant à reconnaître ce tombeau pour celui de Meneptha Ier, et il est constant que ce prince monta sur le trône 1610 ans avant Jésus-Christ. Quels moyens employaient donc les artistes, qui devaient passer des années entières dans ces souterrains, pour ne pas laisser même ternir la fraîcheur de leurs ouvrages par la fumée des lampes qui leur étaient indispensables ?

La chambre la plus reculée du tombeau de Menephta offre une circonstance curieuse. Probablement interrompue par la mort du prince, elle n'a pas été terminée, et l'on y surprend, si l'on peut ainsi dire, les artistes égyptiens au travail. Les murs, dressés avec un soin extrême, ne portent qu'un dessin tracé au crayon noir par-dessus une première esquisse au crayon rouge, qu'il corrige souvent. Ce dessin, fait avec peu de soin, n'indique réellement que la mise en place. Les prêtres d'une certaine hiérarchie marquaient sans doute la composition selon le dogme sacré, et abandonnaient aux sculpteurs la pureté de la forme, la finesse de la ligne, l'art enfin. D'un autre côté, on s'étonne bien davantage encore de l'inconcevable habileté de ces derniers artistes, lorsqu'on examine leurs ouvrages de près ; les sujets et les hiéroglyphes sont innombrables ; le relief a cinq ou six millimètres à peine de saillie ; on pourrait, en quelque sorte, appeler leur sculpture de la sculpture à fresque ; eh bien ! on n'y trouve aucune faute, aucun repentir, et, quoique le calcaire compact et tendre sur lequel ils travaillaient se prête parfaitement à la taille, on ne se lasse pas d'admirer leur merveilleuse sûreté de main.

Le tombeau de Ramsès Meyamoun est semblable à celui de Menephta ; la décoration de ces hypogées était dogmatique, presque systématisée, et ce que l'on retrouve de l'un reparaît en général dans les autres. Cependant, le tombeau de Meyamoun contient à l'entrée huit petites chambres qui lui donnent un attrait particulier. Peintes à la gouache d'une manière très fine et très naïve, elles n'ont rien de funèbre, et l'on peut supposer, en les voyant, que ceux qui les commandèrent eurent pour but de transmettre à la postérité des détails sur les usages domestiques de l'Egypte. Dans la première, consacrée à la marine, on voit des barques de formes différentes, avec leurs gréements et leurs voiles de couleurs variées. Dans la seconde, des armes de toute espèce, sabres recourbés, épées droites, casques, lances, carquois garnis de flèches, étendards avec des emblèmes semblables aux enseignes romaines, et non en étoffes comme les nôtres; cottes d'armes, et jusqu'à des cravaches. Dans la troisième, des lits et des siéges. Les siéges sont très compliqués, artistement décorés, et ont des dossiers ne montant qu'à mi-corps. Les lits sont très bas, sans matelas apparent, et portent seulement ces chevalets-oreillers en bois que nous avons décrits plus haut. Dans la quatrième, des poteries peintes et de plusieurs formes, dont quelques-unes sont encore en usage; des alambics en verre, des corbeilles de jonc et des paniers plats et carrés, avec des anses, absolument pareils à nos cabas, mais ornés de dessins. Dans la cinquième, les travaux de l'agriculture, le labourage, les semailles, et le Nil, d'où sortent des canaux figurant le système d'irrigation. Le Nil porte des bateaux que l'on tire à la cordelle, absolument de la même manière qu'il se pratique aujourd'hui. Dans la sixième, des images, des figures plus ou moins bizarres, probablement les dieux pénates que les particuliers avaient chez eux. Dans la septième, des instruments de musique, et entre autres deux femmes debout pinçant de grandes harpes, où nous avons compté 22 cordes. Enfin, dans la huitième, les travaux culinaires : un pétrisseur de pain, un homme qui souffle le feu placé sous un chaudron, un autre qui pile dans un mortier, puis des comestibles, des gigots, des perdrix, des paniers remplis d'œufs, de fleurs, des petits pains et des fruits, parmi lesquels on distingue des grenades et des pommes de nopales.

Nous ne nous lassions pas d'examiner, d'analyser toutes ces peintures où la vieille Égypte semblait renaître à nos yeux, vivre et marcher devant nous; où elle nous faisait assister elle-même à son existence intime, où elle nous initiait à ses habitudes de tous les jours. On admire les temples et les palais avec un sentiment analogue à celui qu'inspirent, dans l'histoire, les grands évènements du monde; mais ici on est captivé, comme il arrive à la lecture de ces mémoires particuliers qui montrent l'homme sous le héros.

Les magnifiques hypogées de Biban-el-Molouk sont déjà malheureusement très dégradés et subissent tous les jours des mutilations nouvelles. Entièrement livrés à la discrétion du premier-venu, chacun peut y commettre à son gré, en employant la pioche et le marteau, s'il en a envie, les plus sauvages déprédations; et l'on a peine à se figurer la barbarie de certains voyageurs. Afin d'arracher une petite figure, une tête, ou le moindre motif qui leur plaisent, ils taillent tout à l'entour et détruisent ainsi à jamais une large surface de délicieuses sculptures séculaires. Des groupes entiers, des panneaux complets, ont été sacrifiés par de détestables savants pour s'emparer des cartouches hiéroglyphiques qui en étaient la légende explicative. Et encore la plupart s'y prennent-ils avec tant de brutalité et d'ignorance, qu'ils ne parviennent pas à leur fin. Presque toutes ces tentatives ont échoué : un coup porté à faux, un éclat a rendu sans prix le morceau que l'on convoitait; il a été abandonné, et il ne reste plus que les irréparables traces d'une rapacité déçue. Le grand et superbe bas-relief colorié qui est encore dans les magasins du Louvre, et que nous avons pu voir, grâce à l'obligeance éclairée de M. Clarac, est un produit de ce vandalisme soi-disant scientifique. Il représente Menephta Ier, en pied, faisant une offrande à la déesse Athor; il appartenait à un des gros piliers carrés de la chambre sépulcrale de ce prince. Pour avoir cette quatrième face, il a fallu sacrifier les trois autres, et c'est Champollion jeune lui-même, dit-on, qui a commis un pareil attentat! Lorsque M. Eusèbe de Salles visita ce tombeau, il trouva les restes du pilier, chargés de malédictions, presque toutes en langue anglaise, contre le profanateur. Il est impossible, en effet, de voir sans colère ces dévastations et de marcher sans quelque tristesse sur les débris encore brillants de couleur dont elles ont jonché le sol. On admire trop souvent dans les collections européennes des choses qui n'ont pas coûté moins cher aux archives de l'humanité. Les Anglais, dont l'indignation allait jusqu'à souhaiter sur la poitrine de Champollion le poids de la montagne que la colonne brisée ne peut plus soutenir, ne se doutaient peut-être pas qu'ils flétrissaient du même coup la présence, au milieu du musée britannique, des bas-reliefs du Parthénon, ravis par le barbare lord Elgin.

Mais si l'on éprouve de tels sentiments contre les actes des savants qui enrichissent les musées, que dire contre les détériorations dues au plaisir dépravé de détruire pour détruire? Que dire surtout de ces martelages de têtes et de figures entières, attribués à des artistes qui, après les avoir copiées, n'ont pas voulu qu'un autre pût les copier à son tour! Il faut bien reconnaître, hélas! que ces dégoûtantes folies de l'égoïsme sont dans la nature humaine, et qu'il existe des gens capables de plus encore, pour avoir la grossière jouissance de posséder une chose unique. O sublime grandeur, ignoble bassesse de l'homme, insondable mystère!

CHAPITRE XI.

L'art dans l'Égypte ancienne.

Toutes les villes importantes avaient des hypogées. — Les grottes sépulcrales sont remplies d'ossemens humains. — Le tombeau de Psamméticus, délicieux palais monolithe. — Ce chef-d'œuvre est condamné à la destruction. — Nécropole de Syout, transformée en carrière. — Nos impressions dépendent de nos idées sur les choses. — Les momies ne paraissent plus que des objets de curiosité. — Momies contenant encore tous leurs viscères. — Beny-Assan; ses peintures sont perdues. — Les antiquités devraient être confiées à des gardiens. — Dévastation, abandon, profanation des monuments. — Les sculptures des temples et des tombeaux, aussi précieuses pour l'historien que pour l'artiste. — Tableau généalogique. — Soldats marchant au pas emboîté. — Monceau de mains droites coupées. — Coiffures de plumes, semblables à celles des Mexicains. — Supplice de la décollation. — Gymnastique. — Les Egyptiens vivaient presque nus. — Sandales, souliers. — Les femmes portaient de longues robes. — Beau style de l'architecture. — Dé carré des chapiteaux. — La forme pyramidale plus solide que toute autre. — Les Egyptiens ont dédaigné la voûte cintrée. — Caractère dogmatique de la sculpture. — Perfection de l'art, malgré l'absence de perspective. — Justesse de mouvement. — Immenses compositions. — Recherche du modelé. — Finesse exquise dans des profils de femmes. — Les Egyptiens n'excellaient pas moins dans la ronde-bosse que dans le bas-relief. — Ils appliquaient la couleur à l'architecture avec un sentiment d'art parfait. — Ces grands et beaux travaux étaient des œuvres collectives. — Aucune individualité ne s'y révèle. — Pourquoi l'art égyptien n'est pas allé plus loin? — La liberté, indispensable pour l'entier développement du génie de l'homme comme pour son bonheur.

Toutes les villes importantes de l'ancienne Egypte avaient des hypogées plus ou moins beaux, du genre de ceux de Thèbes. La double chaîne Lybique et Arabique est criblée d'ouvertures qui donnent entrée dans des grottes sépulcrales, soit naturelles, soit artificielles. Il faudrait des années pour les explorer toutes. Généralement les grottes renferment des puits d'une profondeur énorme, où l'on déposait les morts. Ces puits ont été bouleversés par les chercheurs de curiosités, et les pièces où ils sont creusés sont maintenant pleines d'ossements et de crânes amoncelés sur des lits de poussière humaine.

Parmi les cavernes de la montagne qui regardent l'emplacement de Memphis, il en est une située à la hauteur du village de Sakkarah, que l'on appelle le tombeau de Psamméticus. Royale ou non, il est impossible de ne la pas juger digne d'un roi. Là, ce ne sont plus des bas-reliefs, mais de grandes bandes perpendiculaires d'hiéroglyphes, prenant depuis le haut juqu'en bas. Ces hiéroglyphes, sculptés les uns en creux, les autres en relief, sont d'une perfection de travail admirable, et coloriés avec une finesse exquise. Les voûtes brillent d'étoiles blanches, semées sur un fond bleu. L'ensemble est d'une rare élégance, sans manquer de gravité, et l'harmonie des tons satisferait le coloriste le mieux inspiré. La disposition des nombreuses chambres, prises successivement dans les entrailles de la montagne, ajoute encore à la magnificence de ce tombeau. Il y règne une variété et un goût accomplis. Les unes sont carrées, d'autres sont ornées d'une double rangée de colonnes, et leur plafond s'arrondit en cintre bien caractérisé; d'autres ont aux quatre angles des niches couvertes de hiéroglyphes, qu'occupaient sans doute autrefois des statues aussi coloriées. Toutes ces pièces étaient fermées avec des portes; on retrouve encore la place des gonds et la rouille verte que le bronze a laissée dans les cavités où il se mouvait. La grotte de Psamméticus est un délicieux palais monolithe, et la civilisation moderne elle-même se glorifierait d'un pareil ouvrage. Quel peuple que celui dont les tombeaux, voués à une éternelle obscurité, renfermaient des richesses d'art d'une aussi rare beauté ! Pourquoi faut-il que ces merveilles soient condamnées à une prochaine destruction? Ce chef-d'œuvre, découvert il y a peu d'années, est livré comme les autres à la rage des voyageurs, qui veulent tous en emporter un fragment.

Quelques années encore, et il ne restera du passé en Egypte que ce qui est indestructible. Les hypogées de Thèbes et de Memphis auront le sort de ceux de Syout et de Beny-Hassan, aujourd'hui perdus sans retour pour la science.

Syout, la grande Lycopolis, appuyée sur la chaîne Lybique, y avait creusé sa nécropole. Dans quelques-unes des nombreuses

excavations pratiquées depuis la base jusqu'au sommet de la montagne, on remarque des trous oblongs, où furent évidemment placés des sarcophages. Celles-là, sans doute, étaient la propriété particulière de familles riches. Dans plusieurs autres il existe, à ras de terre, de ces puits destinés à recevoir les momies du vulgaire et celles des animaux que l'on y rangeait ensemble. — Un des hypogées de Syout devait approcher pour la beauté de ceux de Biban-el-Molouk. Il se compose d'un vaste portique qui conduit à cinq chambres de différentes grandeurs, et dont l'une a le plafond taillé en voûte cintrée. Tous ces tombeaux étaient peints et sculptés; çà et là on aperçoit encore quelques traces de figures, d'hiéroglyphes et de couleur, mais ils ont été entièrement déshonorés. Le vice-roi a permis qu'on en fît des carrières pour la construction du palais et de la caserne qu'il a bâtis à Syout. Au moment où MM. Cadalvène et Breuvery visitèrent le plus remarquable de ces hypogées, en 1835, « il était rempli d'ouvriers qui l'exploitaient, sans res-
« pect pour les magnifiques peintures dont toutes ses parois
« étaient revêtues. Les agents de Chérif-Bey achevaient de dé-
« truire la représentation de quelques sacrifices, entourés d'é-
« toiles parsemées sur un plafond d'azur et d'ornements dispo-
« sés avec autant de goût que d'élégance [1]. »

Devant toutes ces grottes, autrefois creusées et ornées avec tant d'art, aujourd'hui violées avec tant de barbarie, gisent des monceaux de momies d'hommes, de chiens, de chacals, d'oiseaux, mêlés à des linceuls déchirés et à de grosses poteries dans lesquelles on enfermait les oiseaux. — En présence des débris humains, des corps parfois entiers que l'on trouve dépouillés et jetés au milieu des décombres dans les nécropoles de l'Egypte, on peut très bien juger que nos impressions dépendent des idées que nous attachons aux choses. Chacun éprouve, à les voir, le dégoût qu'inspire naturellement un aussi brutal désordre, mais non pas le sentiment d'horreur que soulève une profanation. Accoutumé que l'on est à regarder les

[1] 1er vol., p. 281.

momies comme des objets de curiosité, elles ne paraissent plus en quelque sorte avoir appartenu à notre espèce. Nous en avons ouvert nous-même quelques-unes sans aucun scrupule, et cela nous a donné lieu de remarquer qu'elles contenaient encore tous leurs viscères. Celles-là, il est vrai, ne semblaient pas avoir été préparées de la même manière et avec des soins aussi minutieux que celles que l'on possède en France ; les corps étaient desséchés et parcheminés comme les cadavres renfermés dans le souterrain de Saint-Sever, à Bordeaux. Quoi qu'il en soit, les embaumeurs ne vidaient donc pas toujours entièrement les cavités, ainsi qu'on le croit généralement. Faut-il penser qu'ils réservaient cette opération pour les morts de distinction, ou bien les accuser de n'avoir pas rempli parfois toutes leurs obligations, afin d'en finir plus vite ? Ils croyaient cacher leur fraude dans l'éternité, voilà qu'elle est découverte au bout de trois mille ans ! Faisons le bien pour l'amour du bien, et accomplissons le devoir par respect pour nous-mêmes.

Tout est à regretter dans les grottes de Beny-Hassan-el-Kelim, que la description de Champollion le jeune a rendues particulièrement célèbres. Elles se composent d'excavations prolongées sur une ligne droite assez étendue. L'entrée de plusieurs salles était soutenue ou plutôt décorée par des piliers que l'on avait réservés en creusant la masse. On a retrouvé dans ces piliers le modèle exact de l'ordre dorique avec les cannelures ; mais ils sont aujourd'hui tellement mutilés que cet antique spécimen d'art est complètement perdu. Ce qui en reste n'a plus de forme. Quant aux peintures à la gouache, que l'illustre voyageur français a vues fraîches et parfaites il y a vingt ans à peine, il faut avoir parcouru ses dessins pour saisir ce que les dévastations du vulgaire en ont laissé subsister. La perte est d'autant plus fâcheuse que ces gouaches délicates représentaient des chasses, des pêches, des jeux, des excercices gymnastiques, qui faisaient connaître quelques parties des mœurs de l'antiquité.

Si l'Egypte était gouvernée par un prince réellement éclairé, les tombeaux de Biban-el-Molouk, la grotte de Psamméticus, seraient confiés à des gardiens responsables qui accompagneraient les voyageurs. Une rétribution légère et fixe, imposée aux curieux, formerait la solde des gardiens, et l'on conserverait au moins à l'admiration des générations futures ce qui subsiste encore de ces beaux ouvrages. Par malheur, on ne peut attendre cela de Méhémet-Ali. L'artiste n'a pas moins à se plaindre de lui que l'homme politique et le philanthrope. Le pacha civilisateur n'est qu'un barbare dans tous les sens et sous tous les aspects. Il traite les monuments comme les hommes, et l'on trouve à chaque pas les traces de son indifférence pour les uns et de son mépris pour les autres. A la grande pyramide, les parois en granit rose poli de la chambre principale et le vaste sarcophage monolithe, aussi en granit rose, sont tous les jours débités, si nous pouvons ainsi dire, par les voyageurs, qui, dans la naïveté de leur vandalisme, apportent des marteaux pour avoir le glorieux bonheur d'enlever une parcelle de l'antique monument. Près de cette pyramide sont des tombeaux creusés dans la colline et curieusement sculptés en bas-reliefs; on n'y aperçoit plus qu'une scène d'agriculture avec un laboureur conduisant sa charrue. Plusieurs salles de ces hypogées étaient ornées de statues assises, prises dans la masse; il existe encore deux de ces statues, mais elles seront sans doute bientôt sacrifiées comme les autres. Un Anglais avait eu l'idée parfaitement anglaise d'établir là un petit hôtel pour les visiteurs des monuments de Gisch. Sa spéculation n'a pas réussi, mais il a été remplacé par de pauvres fellahs qui achèvent innocemment de ruiner ces précieux débris.

Les palais et les temples sont comblés de sable et de poussière au point qu'on marche souvent à la hauteur des corniches. A Karnac, le cheick-el-beled a converti en prison une des salles les plus élégantes du petit sanctuaire. Le nitre dont est saturée la poussière de la Haute-Egypte décompose le grès des colonnes du grand temple et le pulvérise, sans qu'on prenne le moindre soin pour l'empêcher. A Louqsor, la porte du pylône est remplie, on ne sait pourquoi, par un mur de briques crues qui la déshonore inutilement; un village, et quel village! est éparpillé au milieu de la grande colonnade, et l'on voit les ânes, les chèvres, tous les animaux qui habitent avec les fellahs, couchés sous les chapiteaux.

Si encore le grand-pacha se contentait de ne rien faire pour la conservation, mais il détruit lui-même. Les dernières mutilations qui ont rendu méconnaissables les sphinx de l'allée de Karnac sont de sa main, ce sont bien ses agents et ses ouvriers qui les ont mis en pièces pour les employer aux fondations d'une salpêtrière construite non loin de là ! Du temple le mieux conservé de tous, de Denderah, qui a encore tous ses plafonds richement ornés de leurs innombrables hiéroglyphes coloriés, il a fait une écurie où se reposent les caravanes de bœufs qui viennent du Sennaar. Deux abominables murs de briques crues joignent le pylône au temple; des auges de boue, qui doivent au reste mêler au fourrage une poudre de terre fort dangereuse, sont appuyées tout à l'entour de la salle hypostyle contre les sculptures, et les chambres du fond, où les conducteurs de ces caravanes allument de grands feux pour se chauffer la nuit, sont couvertes d'une couche de fumée si épaisse qu'il est devenu impossible d'y rien distinguer. Les sables, en s'accumulant contre les murailles de ce bel édifice, fondé par la fameuse Cléopâtre, et en montant même d'un côté jusqu'à son sommet, en ont fait une sorte de colline sur laquelle s'était établi autrefois un village assez considérable, aujourd'hui désert. Quel dégoût n'éprouve-t-on pas en voyant ces décombres de briques crues, ces restes de masures qu'on laisse s'étendre jusque sur les terrasses comme des vers immondes sur un noble cadavre !

Les monuments pharaoniques attestent la puissance à laquelle le génie de l'homme était parvenu aux temps les plus reculés de l'histoire; à ce titre, ils n'appartiennent pas seulement à l'Egypte: ils sont, on peut dire, le patrimoine de l'humanité tout entière. Méhémet-Ali, qui a eu mille preuves de l'intérêt extrême qu'ils inspirent à l'Europe savante, est impardonnable de les abandonner ; et cependant il ne lui en coûterait pas une obole pour les entretenir, pour les préserver de la barbarie des voyageurs, comme du contact de ces huttes modernes dont la population contribue à leur plus rapide destruction.

L'Egypte n'offre-t-elle pas assez d'espace à ses trop rares habitants? Laissez au moins aux gigantesques ruines leur majesté solitaire.

On doit d'autant plus regretter l'anéantissement de ces mémorables restes du passé, que l'historien et l'artiste peuvent y puiser comme à une mine pleine de richesse. Les sculptures des temples et des tombeaux étaient bien moins encore des décorations que des pages historiques. Elles disaient les souvenirs du pays, et chacun pouvait les lire, les consulter d'autant plus facilement que des légendes hiéroglyphiques en expliquaient sommairement le sens. Elles nous fournissent donc des détails authentiques sur l'histoire et la religion de ce peuple extraordinaire, et tous les jours la science, en se perfectionnant, en acquiert une intelligence plus complète. — Une des chambres du palais de Karnac contient, par exemple, un tableau généalogique, avec portraits en pied de tous les rois prédécesseurs de Thoutmosis III, qui régnait 1725 ans avant l'ère chrétienne. Ce tableau remonte à des époques inconnues à la critique moderne. — Dans la grande salle du palais de Ramsès Meyamoun, où sont sculptées les campagnes de ce Pharaon, on voit, entre autres particularités, des soldats marchant en ligne et au pas emboîté, signe certain d'un ordre régulier dans les armées, que l'on croyait fort moderne. Malgré cette marque de civilisation, la barbarie antique se révèle tout à côté dans un monceau de mains droites et d'autres membres, cruel hommage offert au triomphateur. On avait donc alors la coutume de mutiler ainsi beaucoup de prisonniers, ceux-là sans doute qui s'étaient montrés les plus redoutables avant d'être vaincus? — Au milieu des personnages qui décorent un mur de Medinet-Abou, nous avons remarqué des figures de prisonniers, la tête couverte de couronnes de plumes absolument semblables à celles des Mexicains de Fernand-Cortez. N'est-il pas curieux de retrouver en Égypte un usage des Américains? Et combien de pareils rapprochements ne pourraient-ils pas jeter de lumière sur les premières relations des peuples ! — On s'assure dans l'hypogée de Menephta que le supplice de la décollation était pratiqué dans l'ancienne Égypte, on y voit des hommes décapités à genoux près d'un billot, et les mains liées derrière le dos. — Ce que l'on distingue encore des gouaches de Beny-Hassan nous apprend que les Égyptiens avaient fait de la gymnastique un art véritable ; la diversité des poses qui s'y trouvent représentées est innombrable. — L'étude générale de tous ces monuments ne laisse aucun doute sur ce point, que les Égyptiens, comme les Mexicains, vivaient à peu près nus, sauf cependant les prêtres, qui sont vêtus de longues robes. Les rois, dans les bas-reliefs comme dans les statues, de même que les hommes de toute classe, quelle que soit l'action dans laquelle on les représente, n'ont pour tout vêtement qu'un caleçon blanc fort court, ou une sorte de tablier-jupon, pareil à celui de nos boulangers. Ces tabliers, plus ou moins riches, quelquefois plissés à petits plis avec un soin extraordinaire, ou bien encore faits d'une étoffe si transparente, que l'on voit le corps à travers, prennent sur les hanches et tombent au-dessus du genou. Presque toutes les figures, même celles des colosses, sont nu-pieds ; quelques-unes, cependant, sont chaussées de sandales. Toutefois, il est certain que les Égyptiens (peut-être les femmes seulement) portaient des souliers ; du moins en a-t-on trouvé dans les sarcophages, où l'on trouve de tout. Nous possédons un petit soulier d'enfant, en cuir brun, avec des ornements en pareille matière de couleur, et une paire de sandales faites de feuilles de dattier, dont l'extrémité a une longue pointe recourbée, semblable à celle de nos souliers à la poulaine. — Quant aux femmes, elles sont vêtues de longues robes fort riches, souvent transparentes, et portent des coiffures très recherchées et très variées. Il est impossible de douter que les Égyptiennes n'attachassent une grande importance et un grand prix à ce genre d'ornement. La coiffure la plus commune est celle que nous avons déjà décrite comme étant encore en usage chez les Nubiennes et les Abyssiniennes (p. 290).

Ces quelques traits, saisis à Thèbes pendant une visite trop courte, et que nous n'avons nullement, du reste, la prétention d'avoir découverts le premier, disent l'immense intérêt qui s'attache aux sculptures et aux peintures qui subsistent encore ; avec elles, on pourrait presque reconstruire l'histoire publique et privée du vieux peuple des Pharaons.

Sous le rapport de l'art, ces monuments ne commandent pas l'attention à un moins haut degré. L'architecture égyptienne n'est pas belle seulement par ses dimensions colossales : le style en est simple, noble, grand, toujours calme et fort. Il n'est pas un voyageur qui reste insensible à l'extraordinaire majesté de ces prodigieuses colonnades. Les fûts ont une finesse de ligne sans pareille. Les chapiteaux, soit qu'ils s'épanouissent ainsi que la fleur de lotus ouverte qui en a donné le modèle, soit qu'ils se resserrent en se renflant à la base comme la même fleur fermée, ont toujours un galbe d'une pureté exquise et sévère[1]. Ces masses ne sont jamais lourdes, elles ne vous écrasent pas ; il semble au contraire qu'on y respire plus librement. Un des signes distinctifs de l'architecture égyptienne est de ne pas faire porter la frise directement sur le chapiteau, mais sur un dé carré sortant du chapiteau. Cette disposition, bien que les Grecs, qui ont tout pris ici, ne l'aient point adoptée, donne incontestablement à la région supérieure des édifices plus d'air et de légèreté qu'on ne l'observe dans l'ordre architectural que nous avons imité des Athéniens.

Toutes les parties des monuments égyptiens, obélisques, pylônes, murs d'enceintes, ont toujours une légère inclinaison calculée du bas en haut ; leurs colonnes diminuent de même régulièrement de la base au sommet. La durée de ces édifices, prolongée au delà de celle des constructions grecques et romaines, répond que c'est là une condition de solidité scientifiquement observée. Il est bien reconnu que la forme pyramidale, admirablement observée, du reste, au Parthénon, est, de toutes, celle qui résiste le mieux à la destruction. Que de siècles d'études et d'expérience n'attestent pas de pareilles connaissances chez ceux qui les avaient il y a 3700 ans ? Et jusqu'où l'imagination

---

[1] A Denderah, fondé par Cléopâtre, les chapiteaux sont composés de quatre faces humaines, coiffées à l'égyptienne, et l'on doit convenir que cette bizarrerie ne fait rien perdre à la majesté du lieu.

ne remonte-t-elle pas dans le passé intellectuel de la société humaine, lorsqu'on vient à considérer que ces connaissances, les Egyptiens les tenaient eux-mêmes des Ethiopiens, comme nous avons eu lieu de l'établir plus haut?

On a longtemps discuté pour savoir si les Egyptiens possédaient l'art de construire des voûtes avec plusieurs pierres cunéiformes, et, comme on ne retrouve pas de voûtes dans leur architecture, on a conclu pour la négative. Il est hors de doute pour nous que, s'ils n'ont pas fait d'arcs cintrés de cette nature, c'est parce qu'ils n'ont pas voulu en faire. D'abord, M. Hoskins a démontré avec preuves que les Ethiopiens pratiquaient le système de cintrage dans toute sa perfection; pourquoi serait-il resté caché aux égyptiens? Ensuite, on trouve des plafonds creusés en berceau dans les hypogées de Syout, de Beny-Hassan et aussi dans le tombeau de Psammétieus. Ce qu'il est rationnel de croire, c'est que le goût naturellement gigantesque des architectes pharaoniques, leur ayant fait tirer de leurs carrières de grès et de granit des monolithes de 33 mètres, ils ont jugé plus monumental de les employer que de construire des courbes quelconques. La voûte à forme cintrée est née de la pénurie des matériaux; c'est une découverte issue, comme tant d'autres, de la nécessité. Les Grecs, à leur plus belle époque, placés près des immenses carrières du Pentélique, ont également dédaigné la voûte. Le Parthénon, le temple de Thésée, leurs plus magnifiques monuments, sont là pour le certifier.

Quant à la sculpture égyptienne, elle demande, pour être bien jugée, à être prise telle qu'elle est, à son point de vue propre. On ne doit pas l'oublier : c'était un art religieux; il y avait une forme dogmatique dont il n'était pas permis de s'écarter. Pour en être mieux convaincu, il suffit de se rappeler que les Grecs et les Romains, qui élevèrent des monuments aux divinités de l'Egypte, se conformèrent au style local, quoique assurément ils eussent pu le perfectionner, s'ils l'avaient voulu.

— Toutes les théocraties voient la stabilité dans l'immutabilité. L'Eglise grecque a fixé vers le VIIe siècle le système de décoration de ses basiliques, et encore aujourd'hui ses peintres pei-

gnent comme on peignait à Byzance. Ses prêtres n'ont rien changé non plus au costume antique. Les ministres du culte luthérien officient de nos jours avec le justaucorps à longues manches et la vaste collerette du temps de Luther. — Il est difficile de ne pas croire que des idées analogues attachèrent les Egyptiens au mode primitif adopté pour représenter les dieux et les choses religieuses, et les empêchèrent d'innover dans la forme. Cette forme, au surplus, ils la tenaient traditionnellement, comme le reste, des Éthiopiens. On la retrouve, en effet, dans les monuments de Méroé, antérieurs à ceux de Thèbes, et la réflexion que fait sur ce point le judicieux voyageur Hoskins pour les Éthiopiens s'applique également aux Egyptiens. « Nous
« voyons, dit-il, par les fragments encore debout, que les Éthio-
« piens dessinaient les animaux et les ornements d'une manière
« parfaite ; nous pouvons donc considérer comme presque cer-
« tain qu'ils auraient mieux dessiné la figure humaine, si la
« religion l'eût permis. »

La moindre attention portée sur les édifices de Thèbes ne laisse aucun doute à cet égard. Ainsi, les Egyptiens n'ignoraient certainement pas la science de la perspective ; on s'en peut assurer en examinant les sujets des frises creusés avec une profondeur graduée, ou sculptés en raccourci, pour produire leur effet vrai, vus d'en bas. Cependant, l'absence presque totale de perspective dans ces antiques sculptures blesse l'homme moderne le plus ignorant. Tout y est sur le même plan, et la taille surnaturelle prêtée aux princes pour symboliser leur grandeur forme, avec le reste des personnages, un contraste choquant.

Mais, une fois qu'on a accepté ces défauts sacramentels, on est forcé d'admirer le degré de perfection où les sculpteurs égyptiens avaient déjà porté leur art tant de siècles avant les maîtres immortels enfantés par la Grèce. On est surpris de la belle et constante simplicité de leur style, du caractère svelte et gracieux qu'ils surent prêter à des figures dont la raideur était commandée par la loi ecclésiastique et surtout de leur incomparable adresse d'exécution. Malgré les moyens restreints laissés à leur disposition, ils disent toujours ce qu'ils veulent dire, et leur pensée est traduite avec tant de précision, qu'il est impossible de ne la pas retrouver.

On voit qu'ils avaient profondément étudié la face et la mimique humaines, et l'on pourrait appeler leurs bas-reliefs de la sculpture écrite. La merveilleuse justesse du mouvement y remplace la parole, et la physionomie du personnage est d'une vérité si intime, qu'on reconnaît sa nation par le caractère typique imprimé sur son visage.

A ces mérites précieux, les artistes de la vieille Egypte en joignaient d'autres d'un ordre plus élevé. Ils abordaient des compositions d'une étendue effrayante; les plus immenses surfaces sont couvertes de batailles où s'agitent des milliers de combattants. La mêlée de l'Aménophium, pour en citer une, est une véritable mêlée avec tout son désordre, ses carnages et ses innombrables épisodes; l'attitude de Sésostris y est magnifique de force, de courage et de majesté; les chevaux du char, lancés au galop, sont pleins de feu.—Malgré le joug qu'imposait la religion, l'art, en s'exaltant, finit d'ailleurs bien des fois par l'emporter. Il s'en tient encore, avec une crainte respectueuse, aux draperies plates, sans plis ni grandeur, aux poses conventionnelles; mais il s'abandonne, dans la forme, au sentiment de la nature et à la recherche de la perfection. Il n'est pas rare de trouver des jambes et des bras d'un modelé irréprochable parmi ces figures raides et sèches dont le style appartient à une plastique encore à l'état rudimentaire.

Le ciseau du sculpteur égyptien savait aussi animer la pierre de la grâce la plus délicate. A l'entrée d'une cave à momies, située au milieu de l'ancienne nécropole de Thèbes, on voit plusieurs profils de femmes, dignes de prendre place à côté de ce que l'art a produit de plus beau. Le dessin est d'une finesse exquise, l'expression délicieuse; cette fermeté douce et souple qui distingue les chairs de la jeunesse est comprise et rendue avec un incroyable bonheur; enfin il y a dans la coiffure des détails traités avec une élégance et une légèreté parfaites.

Les statues, les sphinx à têtes d'hommes, de lions, de béliers, qui sont venus jusqu'à nous, attestent que les Égyptiens n'excellaient pas moins dans la ronde-bosse que dans le bas-relief. Hauteur de style, savante observation des muscles, simplicité, force et grandeur, caractérisent leur statuaire. Ces beautés sont de tous les temps, aucune école n'y est insensible, et tout le monde les peut distinguer et admirer en considérant le sphinx en granit foncé, qui embellit la cour de la petite entrée du musée, au Louvre.

Sous le rapport de la décoration, on trouve de même que les Égyptiens eurent un très beau sentiment d'art. La couleur qu'ils appliquaient à l'architecture et à la sculpture était toujours employée en teintes plates, avec une sobriété indice d'une expérience consommée. Dans tous les hypogées, les bas-reliefs produisent, en se détachant sur un fond d'une blancheur éclatante, le plus heureux effet, et le fond blanc, par un calcul qu'il est impossible de ne pas apprécier, sert en même temps à combattre l'obscurité de ces catacombes. Les peintures que l'on aperçoit encore sur les monuments y sont ménagées avec une science infinie, et l'on peut juger que leur ensemble devait être d'un aspect magique. On n'y trouve guère employé d'ailleurs que le rouge, le jaune, le noir et l'azur, cette dernière teinte dominante. Si les restes de coloriage des cathédrales gothiques ne suffisaient pas pour convertir tout le monde à l'architecture polychrôme, la vue des temples pharaoniques rassurerait les plus rebelles classiques.

Assurément l'art qui présente de telles qualités peut, à bon droit, passer pour être sorti des langes, malgré ses vices spéciaux; c'est du talent et du génie tout ensemble. Le nom des hommes qui élevèrent les miraculeux monuments de la Thébaïde serait venu jusqu'à nous pour être honoré, si la construction et l'ornementation des édifices égyptiens n'avaient été des entreprises collectives où la part de chacun se perdait dans la gloire de tous comme dans l'œuvre des bollandistes.

Hérodote et Diodore, en parlant des castes qui divisaient le peuple d'Égypte, n'ont pas parlé des artistes. Ceux-ci ont dû cependant être excessivement nombreux pour exécuter les travaux qui couvrent la vallée du Nil. Ils appartenaient sans doute à la caste sacerdotale, et se transmettaient de père en fils les connaissances acquises et les ouvrages commencés. On ne peut expliquer que par une sorte d'abnégation religieuse et une vaste organisation de travail en commun l'entreprise et l'achèvement de ces immenses hypogées sculptés et enluminés à la lueur d'une lampe pour être clos à tous les yeux dès qu'ils étaient finis. Ceux qui enterraient là leur vie pendant des années entières et les créations de leur génie pour des siècles devaient supposer qu'ils accomplissaient une fonction sainte. L'égalité qui existe dans leurs ouvrages nous semble confirmer cette opinion. Il n'y a qu'une seule école, un seul procédé, qu'une même méthode, un même style, et nulle part on ne peut saisir la marque, le cachet d'une individualité quelconque; défauts et qualités sont strictement pareils et s'observent partout, à toutes les époques. C'était un art de tradition, confié à une corporation sévèrement maintenue dans une ligne donnée. Si les artistes égyptiens avaient joui de la moindre indépendance, s'ils n'avaient été enchaînés par quelque chose d'analogue à l'esprit monacal qui leur défendait d'enfreindre la tradition, il se serait certainement trouvé parmi eux des hommes qui auraient secoué le joug du passé et communiqué des perfections nouvelles à un art déjà si parfait. L'histoire des progrès de l'humanité dans tous les genres ne laisse analogiquement aucun doute sur ce point, et nous avons ici une preuve de plus que la liberté n'est pas seulement le plus grand des biens pour tous les hommes, mais aussi la voie la plus sûre et la plus efficace pour donner à leur génie son entier développement.

CHAPITRE XII.

Momification.

On embaumait les animaux comme les hommes. — Grotte de Samoun. — Il faut se traîner sur le ventre pour atteindre les salles. — Il n'y a pas d'exploration plus pénible que celle de la grotte de Samoun. — Incalculable amas de momies de toute espèce. — Émotion particulière que l'on ressent à les développer. — Leur parfait état de conservation. — — L'embaumement avait pour but de prévenir la putréfaction. — Petits paquets ne contenant que des débris de matière animale. — Ces immenses travaux de momification seraient le comble de l'absurdité, s'ils n'étaient le comble de la sagesse. — Destruction calculée des crocodiles. — Puits d'oiseaux sacrés à Sakkarah. — Disposition des pots à momies. — On ne croit plus aujourd'hui que l'Egypte adorât des animaux. — L'unité de Dieu était la base de ses croyances religieuses. — Le culte rendu aux animaux était une corruption d'un symbolisme primitif, comme le culte des images. — Une loi du sacrilége, votée de notre temps. — Science de l'antique Egypte.

L'antique Égypte n'embaumait pas seulement les corps humains, les cadavres des animaux subissaient des préparations analogues. Nous avons déjà vu des chiens, des chacals, des oiseaux parmi les décombres de la nécropole de Syout, mais c'est surtout dans la fameuse grotte naturelle de Samoun (rive droite du Nil) que l'on peut juger jusqu'à quel point furent poussés les travaux de ce genre.

Pour visiter cette grotte, on s'arrête au village de Chara, qui fournit des guides. Ceux qui s'offrirent à nous portaient de vieux fusils rouillés, garnis de fer blanc, incapables de rendre aucune espèce de service. Les guides s'arment ainsi afin de laisser croire à leur double utilité. C'est un souvenir des dangers que l'on courait autrefois à faire cette excursion. La grotte est en effet située assez avant sur le plateau de la chaîne Arabique, et il faut monter et marcher près de deux heures pour l'atteindre. Le chemin est d'une effrayante aridité, mais les géologues ont de quoi s'y distraire. Au pied de la montagne, on rencontre d'énormes boules d'une pierre noirâtre, dont la rondeur parfaite excite la curiosité, et à mi-chemin, sur le plateau, se trouve à fleur du sol un gisement très étendu de magnifiques crystaux transparents, qui brillent aux rayons du soleil.

Arrivés au but, les guides tirent de leurs sacs des cordes, de gros pelotons de ficelle, des bougies, des allumettes, et commencent à se mettre nus. On peut juger dès lors que l'exploration ne sera pas sans difficulté. L'entrée actuelle du dédale mortuaire est un puits à ras de terre, vertical, fort étroit et assez profond, dans lequel les guides se mirent en mesure de nous descendre au moyen de leurs cordes; mais elles étaient si vieilles, si usées, si raccommodées, elles répondaient si bien à la misère désespérée des fellahs, qu'elles nous parurent plus dangereuses qu'utiles. Nous préférâmes descendre en faisant des pieds et des mains comme les ramoneurs dans une cheminée. A peine entré, on est pris dans un passage où il faut littéralement se traîner sur le ventre et sur les coudes pour avancer. Des cloisons de stalactites, tombant jusqu'au sol, divisent la caverne en grandes pièces au fond desquelles on arrive comme par des trous pratiqués à travers d'épaisses murailles; à la fin, les ramifications deviennent assez multipliées pour que l'on doive fixer quelque part le fil qui servira à retrouver l'ouverture. La descente aux mines du Mexique, d'Anzin et de Rive-de-Gier, l'ascension à la soufrière embrasée de la Dominique, la promenade sous les chutes du Niagara, n'ont pas laissé dans notre esprit de souvenirs aussi pénibles que celui de ce trajet. Vous rampez près d'une heure sur des cendres ou sur une poussière d'ossements calcinés et pulvérisés. Une chaleur suffocante vous empêche de respirer, la sueur qui ruisselle sur tout le corps perce les vêtements que vous avez gardés, et les chauves-souris, dérangées dans leur empire, étourdies, éblouies par les lumières, viennent parfois, d'un vol épouvanté, heurter leur corps froid et velu contre votre visage, trop heureux quand elles n'éteignent pas la lumière que vous tenez à grand'peine. Enfin, on ne peut se défendre d'une vague angoisse à se sentir engagé, allongé, pressé dans un canal que le moindre éboulement pourrait transformer en une bière étroite. Pour comble de disgrâce, toutes les parties solides de ce labyrinthe souterrain sont couvertes d'une couche de suie graisseuse véritablement dégoûtante. C'est le résultat d'un incendie qui, allumé par imprudence ou à dessein, y a brûlé sourdement pendant plus de trois années consécutives. — Lorsque les vieux Égyptiens remplirent cette grotte, elle devait avoir une autre entrée que celle connue aujourd'hui. Le travail, dans ces couloirs brûlants où l'on ne peut que se glisser, n'aurait pas seulement offert d'insurmontables difficultés, il serait devenu un intolérable martyre.

Nous nous sommes arrêtés à un endroit où il est possible de se tenir à peu près debout. Notre peloton de ficelle n'allait pas plus loin; mais, s'il faut en croire les guides, ils ne connaissent pas eux-mêmes les limites des catacombes de Samoun, et plusieurs personnes s'y seraient égarées et perdues. Ces catacombes, aussi loin que l'on peut les explorer, renferment d'incalculables monceaux de momies de toute espèce, de toute classe, de toute nature, depuis l'homme jusqu'à des grenouilles, des serpents, des lézards; depuis le crocodile de la plus grande force jusqu'à ses œufs! Jamais pareil nombre de cadavres ne fut accumulé dans un même lieu? L'incendie en a dévoré une quantité immense; depuis 2000 ans, la curiosité des hommes en retire chaque jour quelques-uns, et l'on peut croire qu'on n'y a jamais touché, tant il en reste encore! La grotte de Samoun était une de ces fosses communes où l'on entassait tous les morts vulgaires, hommes et animaux.

Ce n'est pas sans une certaine émotion particulière que l'on dénoue les cordes, que l'on casse les fils, que l'on développe les bandes de linge qui conservent ces momies; on y sent mieux la main de l'homme que dans les grands ouvrages d'architecture; on y retrouve d'une manière plus immédiate et pour ainsi dire plus palpable l'action humaine. Pour ces embaumements grossiers auxquels n'était incontestablement attachée aucune idée religieuse, ou du moins qui n'avaient aucun caractère sacré, les Egyptiens n'employaient que de vieilles toiles, de véritables chiffons, et les coutures, les reprises même, qu'on y remarque quelquefois, leur donnent un intérêt singulier. Il semble que la familiarité de ces détails nous met en rapport plus direct avec ceux de nos semblables qui vivaient il y a 4000 ans. D'un autre côté, l'admiration qu'inspirent leurs monuments se reporte ici sur leur science merveilleuse, lorsqu'après avoir arraché toutes les bandelettes, on trouve le corps qu'elles recouvraient dans un parfait état de conservation.

En voyant l'incroyable amas d'êtres organisés soigneusement momifiés et enfouis dans les cavernes de Samoun, on ne peut plus douter que ce travail n'ait eu pour objet déterminé de ne pas abandonner les corps à leur décomposition naturelle; on est naturellement conduit à partager l'opinion du docteur Pariset, qui attribue l'origine et l'usage de l'embaumement égyptien au besoin de prévenir la peste en prévenant la putréfaction. Cette opinion s'est mieux confirmée encore pour nous par suite d'une observation personnelle. Il y a aussi dans la grotte de petits paquets allongés, informes, entourés de chiffons et de feuilles de dattiers, fortement serrés avec des ficelles; nous en avons développé plusieurs qui n'ont présenté à notre curiosité que des os revêtus de leurs chairs, et non des corps entiers quelconques. Ces morceaux de matière animale, si l'on peut parler ainsi, se trouvent comme plongés dans une pâte de bitume odorant. N'est-il point de la dernière évidence que de pareils débris n'ont été ramassés, recueillis, momifiés, que pour les préserver d'une corruption qui pouvait devenir nuisible à la santé générale? Quelle main-d'œuvre, quelle énorme consommation de bitume, de toile, de fil, de cordes, ne nécessitèrent pas les millions de paquets semblables enfouis avec ordre au fond de ces cavernes! Combien de vivants devaient employer leur existence entière à embaumer, à empaqueter tous ces morts! Quelle armée d'ouvriers ne supposent pas ces immenses travaux de dessiccation de chairs. Comment trouver à tout cela un autre motif que celui d'une mesure de salubrité publique? Est-il une explication plus plausible à un fait qui serait le comble de l'absurdité, s'il n'était le comble de la sagesse?

Il est également difficile de ne pas considérer comme le résultat d'une grande doctrine d'économie administrative l'incalculable quantité de crocodiles naissants ou d'œufs de cet animal, que renferment aussi les paquets dont nous venons de parler. Ils y sont réunis en plus ou moins grand nombre de 4, 6, 8, 10, 20, selon leur grandeur, depuis 8, 10, jusqu'à 40, 50, 60 centim. N'est-on point convaincu, en voyant cela, que les Egyptiens firent une guerre acharnée aux crocodiles, et eurent la volonté, sinon de les détruire, entreprise impossible, puisqu'ils ne l'ont pas accomplie, du moins d'arrêter leur trop abondante reproduction? Ce n'est pas pour leur montrer une stupide vénération, c'est pour les étouffer que ce peuple plein de raison les embaumait. « Tout cela des monuments de piété! s'écrie M. Pa« riset, ne sont-ce pas plutôt des monuments de meurtre, des « actes encore flagrants d'une destruction préméditée, réflé« chie, soutenue avec une constance et exécutée avec des « moyens également admirables? »

Les puits funèbres, creusés dans les plaines de Sakkarah et de Gisch pour y renfermer les oiseaux sacrés de Memphis, ne présentent pas l'intérêt émouvant de la grotte de Samoun ; mais ils n'en commandent pas moins l'attention et la réflexion. Nous avons vu dans celui où nous sommes descendus des milliers de momies d'oiseaux, enfermées dans des pots de terre cuite, exactement semblables à nos formes de pains de sucre. Ces pots sont rangés symétriquement par couches que sépare un lit de sable fin. La disposition générale du souterrain fait penser qu'à mesure qu'un espace donné était rempli, on le fermait pour toujours au moyen d'épaisses murailles de boue. On ne pénètre en effet dans les diverses chambres, ou plutôt dans les divers compartiments, que par des brèches faites aux cloisons. Chaque pot a un couvercle hermétiquement scellé avec du plâtre sur lequel on voit encore l'empreinte des doigts de l'ouvrier qui le posa, il y a trente ou quarante siècles. Nous en avons cassé plusieurs, espérant voir renaître quelqu'ibis, autrefois vénéré ; ce fut en vain ; la momie est toujours parfaitement intacte, mais elle est tout entière consumée par le temps ; elle se brisait sous nos doigts, et tombait en une poussière noirâtre, où l'on ne distinguait que des fragments de plumes, d'ossements et de linge, friables comme de la cire séchée. Du reste, à voir le soin infini avec lequel sont faites ces momifications, l'extrême symétrie qu'il y a dans l'arrangement de leurs bandelettes, on s'effraie du temps et du nombre de bras qu'il a fallu sacrifier pour les confectionner. A de telles marques, nous n'avons pu hésiter à croire que nous ne fussions dans une nécropole d'oiseaux sacrés, et, non plus, comme à Samoun, dans une sorte de fosse commune.

Maintenant que la science commence à soulever les voiles qui enveloppaient l'ancienne Égypte, on se rend compte du culte qu'elle rendait à des animaux, et l'on a cessé de s'en moquer. Il était impossible qu'un peuple parvenu à tant de science et de sagesse, qu'un peuple chez lequel allaient étudier les législateurs, les historiens et les philosophes de la Grèce, comme, plus tard, les Romains allèrent se former l'esprit à Athènes, il était impossible que ce peuple eût une foi ridicule, et l'on ne croit plus aujourd'hui, ainsi que croyait encore Voltaire, que les premiers habitants des bords du Nil adorassent des bœufs et des ibis.

L'unité de Dieu était le principe fondamental des croyances religieuses des Égyptiens. Amon-Rha était leur être suprême. Les autres divinités n'étaient que des personnifications des différents actes du Dieu unique et des différentes fonctions qu'il remplissait dans l'univers. Chacune de ces divinités était, à son tour, matérialisée sur la terre par un animal, soit à cause de l'utilité de cet animal, soit à cause de quelques qualités analogues à celles de la divinité dont il était le représentant. Le taureau Apis symbolisait Osiris, la terre, avec sa force. Le crocodile de petite espèce, qui recevait une sorte de culte dans la Basse-Égypte, n'y aurait jamais obtenu ces hommages, s'il n'avait été amené chaque année à l'embouchure du fleuve par l'inondation. Reptile d'heureux augure, on l'honorait comme image de l'abondance qui venait avec lui.

Plutôt que de figurer leurs dieux en pierre ou en métal, les Egyptiens leur donnaient emblématiquement une figure vivante. Voilà toute la différence entre eux et nous sous le rapport religieux. Leurs sanctuaires renfermaient l'animal symbolique de la divinité, au lieu de sa statue. Ce n'était donc pas, au commencement, l'animal que l'on adorait, mais, dans l'animal, le dieu qu'il représentait. Cependant il arriva ce qui est arrivé à toutes les époques et dans toutes les sociétés du monde : les masses ignorantes, corrompant le principe, ne saisirent que le fait matériel, et finirent par adorer directement les animaux consacrés, de même que, par toute la chrétienté, elles ont adoré et adorent toujours les statues. L'erreur l'emporta ; les prêtres, qui, sans doute, y voyaient un moyen de domination de plus, ne voulurent point la combattre, et l'on introduisit alors dans la loi peine de mort pour ceux qui tuaient un animal sacré, comme les catholiques ont longtemps puni du dernier supplice et torturé ceux qui brisaient une image de Jésus-Christ, de la Vierge ou d'un saint. Ce barbare fanatisme, hélas! nous touche encore de bien près. A la religion chrétienne, moins qu'à toute autre, il est permis de juger sévèrement la vieille religion égyptienne. On ne peut oublier que, à la honte éternelle de notre siècle, il s'est trouvé, il n'y a pas dix-huit ans, en France, en France ! une chambre législative pour voter une nouvelle loi du sacrilège !...

C'est au bord des nécropoles d'animaux sacrés que M. Pariset a tracé la page suivante ; nous ne pouvons mieux finir qu'en la rappelant : « Quoi qu'en aient publié le septicisme et la déri-
« sion, quiconque se respecte ne parlera jamais avec légèreté
« d'un peuple qui a tout inventé, et de qui nous tenons tout
« par l'intermédiaire des Grecs et des Romains, ses domina-
« teurs, après avoir été ses disciples ; d'un peuple que Théo-
« phraste a proclamé le plus éclairé de l'univers ; qui, plusieurs
« milliers d'années avant notre ère, avait, pour emprunter ses
« métaphores, uni le ciel à la terre, en réglant les travaux de la
« culture par les révolutions des astres ; trouvé le vrai système
« du monde, l'exacte longueur de l'année, le retour des éclip-
« ses, les grandes périodes astronomiques ; établi ce que nous

« n'avions pas, il y a un demi-siècle, un système de mesure
« fondé sur la mesure du cercle terrestre ; déterminé la figure
« de la terre, dressé des cartes géographiques, formé des biblio-
« thèques, écrit des codes, érigé des tribunaux, institué tout ce
« qui donne à la société humaine du lustre, de la félicité, de la
« durée, l'amour du travail, de l'ordre, de la justice et des
« mœurs. »

CHAPITRE XIII.

Pyramides.

Pyramides de Giseh et de Sakkarah. — Effet qu'elles produisent. — Dimension de celle de Souphi, appelée de Chéops. — Revêtement en mastic encore très brillant. — Le Sphinx de Giseh, ses dimensions. — Pyramide à degrés, de Sakkarah. — Les pyramides étaient-elles uniquement des tombeaux? — Elles ne portent aucune inscription. — Il est impossible de croire que ceux qui les élevèrent ne savaient pas l'art d'écrire. — L'origine de ces monuments, en Éthiopie. — Nécropole de Memphis. — De Memphis, il ne reste rien. — Colosse de Sésostris. — Est-ce des carrières de Tourrah que l'on a tiré les matériaux des pyramides? — Beauté de ces carrières. — Les Égyptiens avaient des moyens d'extraction supérieurs aux nôtres. — Inscription en caractères inconnus. — Arabes du désert, fixés au pied des pyramides. — Leurs obsessions auprès des voyageurs, punies à grands coups de courbach par le chef du village. — Mendicité poussée jusqu'à l'abjection.

Il faut être de ces humoristes anglais, qui ont le singulier travers d'être insensibles à tout, ou plutôt qui ont la bizarre prétention de se moquer de tout, pour nier en quelque sorte les pyramides, et leur refuser son admiration. Quant à nous, à peine arrivé au Caire, nous eûmes un irrésistible besoin d'aller voir ces grands ouvrages qui montrent l'homme déjà puissant et instruit dans toutes les sciences constitutives de la civilisation, à une époque tellement reculée, que l'histoire même n'en garde pas de souvenirs.

Les plus célèbres pyramides d'Égypte, élevées au bord du désert Libyque, sur la rive gauche du Nil, à quelques lieues au-dessus du Caire, forment deux groupes peu distants l'un de l'autre ; celles de Giseh, les plus belles, au nombre de trois, et celles de Sakkarah, au nombre de quarante-huit. De ces dernières, il en reste trois seulement; les autres, bâties en petites pierres, ou même en briques, ne sont plus que des monticules informes.

Lorsqu'on voit de loin, bien avant d'atteindre le Caire, la tête des pyramides, elles apparaissent comme de hautes montagnes; à mesure qu'on en approche, cette impression de grandeur diminue, précisément, peut-être, parce que l'esprit les compare involontairement à des montagnes ; mais, lorsqu'on arrive à leur pied, on se sent comme écrasé par ces masses gigantesques « toutes chargées de siècles. »

Les pyramides ont été décrites sous toutes les faces imaginables par les voyageurs et les savants. Nous ne voulons pas répéter ce que tant d'autres ont dit mieux que nous ne le saurions faire. Nous nous contenterons de noter que la grande pyramide de Souphi, communément appelée de Chéops, a 150 mètres de haut, c'est-à-dire est deux fois plus haute que les tours de Notre-Dame ; sa base a 238 mètres et demi ; son volume représente 1,444,664 toises cubes ! Pendant que nous étions au sommet de cette montagne, un Arabe, que nous avons fait monter sur celle dite de Belzoni, qui est presque contiguë, nous semblait plus petit qu'une mouche courant sur un miroir d'appartement. La pyramide de Belzoni a conservé une grande partie du revêtement en mastic poli qui était destiné tout à la fois à rendre ces monuments plus invulnérables, et à en faire des cônes parfaits. Cet enduit glacé brille encore au soleil comme pour attester l'incomparable perfection des procédés industriels, à laquelle étaient déjà parvenus les Egyptiens.

C'est devant les pyramides de Giseh que se trouve le fameux sphinx colossal. Tout le monde sait qu'il tient au sol, qu'il est pris dans la masse même du calcaire, et que c'est la plus grande pièce sculptée d'un seul morceau, qui soit sortie de la main des hommes. Tout a été écrit sur le sphinx de Giseh comme sur les pyramides. Bornons-nous donc encore à enregistrer ses dimensions, c'est le moyen de tout redire en un mot. La longueur totale est de 39 mètres (117 pieds), la hauteur, du ventre jusqu'au sommet de la tête, 17 mètres (51 pieds). Le contour de la tête pris au front chargé de sa large coiffure, donne 27 mètres (81 pieds). Eh bien ! cette colossale sculpture est aujourd'hui presqu'entièrement recouverte par les sables mouvants du désert; on n'aperçoit plus que la tête mutilée et une partie du cou.

La plus intéressante des pyramides de Sakkarah est celle dite à degrés. Divisée dans sa hauteur en six étages superposés, elle offre de plus cette particularité, qu'à l'encontre des autres, qui sont toutes des massifs pleins, elle est entièrement vide. On y pénètre aujourd'hui par un couloir tellement ensablé, qu'il faut s'y glisser à plat ventre pour arriver dans l'intérieur. Même avec des flambeaux, il est difficile d'apercevoir le sommet conique de cet étrange édifice, où l'on ne trouve qu'un large puits d'une profondeur inconnue.

La science paraît être fixée sur la destination des pyramides. Tout le monde s'accorde à les regarder comme des tombeaux. Celle de Souphi ou Chéops renferme encore, dans la principale chambre, un sarcophage trop grand pour qu'on ait pu l'en retirer. Est-il bien vrai cependant qu'un peuple parvenu au développement que suppose l'érection de semblables montagnes de pierres les ait élevées seulement « pour y enfermer un squelette de cinq pieds? » comme dit Volney. Notre raison, il faut l'avouer, répugne à le croire, malgré l'opinion générale, et il nous semble toujours que l'esprit investigateur de la critique moderne nous révèlera, sur le but de pareilles constructions, quelque chose de plus satisfaisant. En tous cas, tant d'efforts, de science et de travail, tant de dépenses, d'années et de milliers d'hommes employés pour dresser des monuments sans utilité, pour satisfaire la vanité sauvage de quelque prince, serait assurément le fruit d'une civilisation bien barbare, faite pour inspirer plus de dégoût que d'admiration; mais, du moins, est-on obligé de convenir que cette barbarie a laissé quelque chose de superbement grand.

On n'a trouvé aucune inscription, aucune trace d'écriture ni dans les chambres des pyramides, ni sur les sarcophages qu'elles contiennent. De cette circonstance, en effet fort extraordinaire, surtout lorsqu'on considère l'immense quantité d'hiéroglyphes qui couvrent les monuments égyptiens, quelques auteurs ont conclu que l'écriture, l'art merveilleux de reproduire la pensée par des signes, n'était pas encore découverte à l'époque de la construction des pyramides. Le simple bon sens dit que ce doit être là une erreur. L'existence même de ces indestructibles ouvrages, traversant tant de siècles, atteste une science théorique consommée. L'appareillage, l'agencement des pierres, leurs plans, leur coupe, sont d'une perfection mathématique. La grande pyramide, que l'on fait remonter avec toute sorte de certitude au règne de Souphi, c'est-à-dire à 5112 ans avant Jésus-Christ, est orientée avec une précision irréprochable. « Chacun de ses quatre angles, dit M. Champol« lion-Figeac, fait face à l'un des quatre points cardinaux; ce « n'est, encore aujourd'hui, qu'avec d'extrêmes difficultés « qu'on réussirait à tracer sans dévier une méridienne d'une « aussi grande étendue. » De telles notions géométriques et astronomiques ne supposent-elles pas des connaissances beaucoup trop avancées, des opérations de l'esprit beaucoup trop compliquées pour qu'on puisse les concilier avec l'ignorance d'un système graphique?

Au surplus, selon toute probabilité, les pyramides remontent encore au delà du règne de Souphi; on en rencontre beaucoup à Méroé, et c'est aux Ethiopiens qu'il faudrait demander l'origine de ces monuments, comme celle de tant d'autres choses que l'on suppose de création égyptienne.

Les groupes de pyramides de Gisch et de Sakkarah appartenaient à la nécropole de Memphis, dont les savants indiquent l'emplacement en face du village actuel de Sakkarah, sur les bords du Nil. Toute la partie du désert où elles se trouvent est percée, ou, pour dire plus exactement, criblée de caveaux funèbres, de puits profonds qui contiennent encore des momies d'hommes et d'animaux. La plaine de sable est aujourd'hui couverte d'ossements de toute nature, débris des tombes violées par les chercheurs de curiosités et de trésors.

De Memphis, il ne reste presque aucun souvenir matériel; mais la mémoire des colléges de prêtres, où Pythagore, Hérodote, Platon et Diodore, allèrent s'instruire, ne périra jamais.

— Où fut la docte métropole de l'Egypte, on ne voit plus

qu'un mauvais village de huttes en boue, au milieu d'un bois de dattiers. Cependant, on rencontre encore quelques fragments informes de sculptures gigantesques qui semblent témoigner que là fut le siége d'une grande cité.

C'est aux environs que se trouve le fameux colosse de Sésostris, en granit rose, et celui de la Vénus inconnue. Nous avons dû renoncer à les voir : ils sont couchés visage contre terre dans des fossés, aujourd'hui comblés par l'inondation. Qu'importe? lorsqu'on est sous l'impression de l'écrasante grandeur des pyramides, on ne regrette guère un morceau de colosse, eût-il, comme celui de Sésostris, l'œil de 27 centimètres de longueur, le nez de 58 centimètres, l'oreille de 55 centimètres, et l'ongle d'un doigt de 12 centimètres : du moins, pour notre compte, devons-nous confesser que nous nous acheminâmes sans beaucoup de désappointement vers les bords du Nil.

Après avoir été vainement à plusieurs stations de péage, nous trouvâmes enfin une barque qui nous passa pour aller voir les carrières de Tourrah, ouvertes dans la partie de la chaîne Arabique appelée le Mokattan.

La voix commune veut que ce soit de Tourrah qu'aient été extraites les pierres qui ont servi à la construction des pyramides. Cela nous paraît au moins douteux. Pourquoi les anciens auraient-ils été chercher de l'autre côté du fleuve cette immense quantité de pierres, lorsqu'ils avaient sur le lieu même où ils voulaient construire, dans la chaîne Lybique, une mine inépuisable et facile à fouiller? On a d'autant plus de peine à trouver une bonne réponse à cette question, que le calcaire des deux chaînes est absolument de même nature. C'est sans doute la prodigieuse dimension des carrières de Tourrah qui aura donné lieu à l'opinion accréditée. On ne se lasse pas, du reste, d'admirer la régularité du travail d'exploitation : on pourrait compter les coups de ciseaux sur ces murailles de 20 et 25 mètres de hauteur, taillées comme si elles avaient été dressées au compas.

Les Egyptiens paraissent avoir eu des moyens d'extraction supérieurs aux nôtres, du moins ne s'explique-t-on pas la préparation de plusieurs blocs qui ont été abandonnés avant d'être complètement détachés. Ils sont très symétriquement coupés dessus, dessous, à droite et à gauche, mais on ne devine pas comment les anciens s'y prenaient pour les couper ensuite par derrière. On en est réduit à s'avouer qu'ils eurent des procédés perdus pour la mécanique moderne ! Plusieurs salles de ces carrières portent gravés sur leurs murailles des cartouches que l'on a traduits. Une grande inscription, en caractères tout à fait inconnus, reste seule à déchiffrer. A quelle époque remonte-t-elle? qui l'a tracée ? C'est un problème encore non résolu, mais que l'on ne peut dire insoluble, tant le génie de l'homme a déjà pénétré de secrets du passé, qui semblaient vouloir demeurer éternellement voilés.

Jusqu'au dernier moment, on est affligé ici par le contraste du grandiose des ruines et de l'avilissement des populations. Ce triste rapprochement nous était aussi réservé au milieu de la nécropole de Memphis, et forme la conclusion naturelle d'un ouvrage sur l'Egypte actuelle. On est encore bien loin des Pyramides, que l'on voit accourir une nuée d'Arabes du désert, dont le bonnet blanc et la courte jupe blanche, leur unique vêtement, produisent à distance un effet tout particulier. Ces bédouins, que l'intérêt a rendus sédentaires, appartiennent à un village situé à côté des tombeaux.

Toujours prêts autrefois à piller les voyageurs, ils se disputent aujourd'hui, avec l'acharnement de la cupidité, l'avantage d'être choisis pour guides dans la fatigante ascension des pyramides [1]. Chacun d'eux a mille petites curiosités à vendre, statuettes, vases, pierres gravées, scarabées, et demande audacieusement vingt piastres d'un objet qu'il offre bientôt à une. Rien n'est comparable à leurs obsessions pour vendre, pour être préférés, pour fixer votre attention. Il n'est pas de moyens qu'ils

---

[1] On prend d'ordinaire trois hommes pour vous aider à franchir les immenses assises; deux vous tirent par les bras, l'autre vous soutient par derrière, et encore n'arrive-t-on en haut que les jambes brisées de fatigue.

n'emploient. Ils se disputent chaque voyageur comme une proie; l'un vous saisit une jambe, l'autre un bras, celui-ci l'habit, un quatrième prend la bride de votre monture, et tous paraissent à peine sentir les grands coups de courbach que le cheik du village, accouru avec eux, leur applique comme à une troupe de chiens importuns. Le cheik frappe d'autant plus fort qu'on le regarde, dans l'espoir d'augmenter ainsi le backchis sur lequel il compte en récompense du *service* qu'il rend. Lorsqu'après la visite on a bien payé tout le monde, on trouve cet homme mêlé lui-même au reste de la bande et à une foule d'enfants qui vous poursuivent, sans exagération, pendant plus de deux kilomètres, de leurs cris de backchis. Il n'est aucun pays de la terre où la mendicité soit poussée à ce degré d'importunité et d'abjection. C'est désolant à voir. Méhémet-Ali a tout flétri, tout corrompu, tout tué en Égypte, jusqu'à la fierté de l'Arabe du désert.

FIN.

TABLE ANALYTIQUE.

PARTIE POLITIQUE.

Chap. Ier. — **Impôts.**

But du voyage, page 1.—Division administrative de l'Égypte, 2.—Diverses contributions, 3.— Manière de régler l'impôt territorial, 4.— Solidarité générale des contribuables. M. Cosseri. Le Para, 5. — Villages confisqués au profit du vice-roi. Spoliation des titres de propriété, 6. — Toute l'Égypte est devenue le domaine de Méhémet-Ali. Sa justification par l'histoire de Joseph, 7. — Les impôts perçus à coups de bâton. Cruautés commises envers les contribuables, 8. — Causes de la barbarie des percepteurs, 10. — Démence féroce de certains actes de justice, 11. — La famille du contribuable qui s'enfuit est emprisonnée jusqu'à son retour, 12. — Villages donnés en cadeau. Le don d'un village est une avanie déguisée. Peu de différence entre un fellah et un esclave, 13.— Exactions commises par les percepteurs. Aucun recours contre l'arbitraire. Méhémet-Ali ferme les yeux sur les déprédations, 14. — Tout le monde vole. Agiotage sur les appointements des employés et de l'armée, toujours arriérés. L'État ne doit jamais rien perdre. Ouvriers de l'État, obligés de payer la réparation des machines, 15. — Les officiers responsables de l'équipement des déserteurs. L'armée vaincue en Syrie, forcée de payer le matériel perdu, 16. — Fonctionnaires privés de solde par punition. Mendicité générale. Backchis, 17.

Chap. II. — **Administration de la justice ; juges et prisons.**

Grand-cadi, page 18. — Témoins à bon marché. Vénalité des juges. Le vice-roi viole la loi. Le pouvoir des fonctionnaires est sans limites, 19.—Le garde-magasin qui cherche son voleur. Aucun tribunal protecteur du faible. Les pachas font enlever les ouvriers dont ils ont besoin, 20. — Méhémet-Ali a conservé le droit de vie et de mort. Individus décapités pour avoir parlé de ce qui se passait en Syrie. Fellah pendu pour avoir abandonné son village, 21. — Assassinat d'Achmet-Pacha. Une tête tombée sauve des milliers d'existences, 22. — Sorcière noyée par ordre de Méhémet-Ali, 23. — Le pal, encore appliqué en 1837. Les agents du vice-roi ont aussi droit de vie et de mort. Trente fellahs pendus pour une barque pillée. Un colonel bâtonné dans le propre divan de Méhémet, 24. — La bastonnade ; elle tue. La question. Effroyable supplice, 25. — La torture est la conséquence logique du châtiment corporel, 26. — Les Orientaux, moins cruels que nos colons, ne battent pas les femmes. Les galères, elles ne flétrissent pas. Galériens à l'arsenal d'Alexandrie. Despotisme oriental, 27. — Prison des pauvres. Dourah, 28. — Les musulmans pardonnent facilement. — Prison des riches, 29. — Fatalisme. Pas d'évasion. Le bon plaisir n'a pas de statistique, 30. — Petit nombre des prisonniers, 31.

Chap. III. — Almées, Kowals.

Prison des femmes. Le vol, rare chez les musulmanes. Elles n'échappent pas à la prostitution. Les almées ou courtisanes, page 32. — Elles sont déportées à Esneh. Pudeur de grandes villes. Prostitution des hommes tolérée, 33.— Khowals. Parades licencieuses des saltimbanques, 34.

Chap. IV. — Hôpitaux, École de médecine, École de sages-femmes.

L'islamisme a toujours eu des hôpitaux et des hospices, page 35.—La science thérapeutique perdue en Égypte et en Turquie. L'institution médicale, corollaire de l'établissement de l'armée régulière. Titres. Hôpital militaire d'Alexandrie, 36. — Hospice civil. Mendiants. Hôpital militaire du Caire, 37. — Maladies des yeux. Leurs causes. Quelques mesures d'hygiène en arrêteraient le développement, 38. — Maternité. Enfants trouvés, 39. — Hospice des fous. Service sanitaire des moudyrlicks, véritable jonglerie, 40. — La vaccine introduite à coups de bâton. Ce qu'était l'art de guérir en Égypte, 41. — Belle école de médecine organisée par le docteur Clot, 42. — Durée des études trop limitée. Rare intelligence des élèves égyptiens. Ils occupent aujourd'hui les principales chaires, 43. — École de sages-femmes, fondée par le docteur Clot. Ses immenses difficultés, ses admirables résultats, 44. — Les sages-femmes musulmanes seront des agents de civilisation, 45. — La directrice de l'école d'accouchement est une négresse. La langue française mise dans le programme des écoles égyptiennes. M. Perron, 46. — Ses travaux, 47. — Hôpital européen d'Alexandrie, 48. — Il appartient à la France de le relever, 50.

Chap. V. — Arsenal, Ateliers-modèles, Fabriques.

Magnifique arsenal, construit par M. Cerisy, page 51. — Flotte créée en peu d'années. On ne pourrait faire aujourd'hui une construction navale à Alexandrie. Intelligence et adresse des ouvriers égyptiens, 52.— L'arsenal pouvait devenir une école industrielle pratique. Fonderie de Boulack. Machine à vapeur faite par les Égyptiens. Filature et fabriques de toiles de coton, 53. — Le travail rétribué avec une parcimonie révoltante. Monopole, 54. — Les ouvriers des fabriques du vice-roi, enlevés de force dans les villages, traités comme des esclaves, conduits à coups de bâton et ne recevant qu'un salaire insuffisant, 55. — Les manufactures fondées par Méhémet-Ali sont des spéculations particulières, 56. — Il frappe d'impôts exorbitants une usine élevée par un étranger. Il a rendu l'industrie odieuse aux Égyptiens, 57.

Chap. VI. — Écoles.

Beau système d'éducation. Écoles primaires, préparatoires et centrales. Les élèves soldés par l'État, page 58. — Toutes ces institutions sont déjà mortes ou se meurent. École de cavalerie de Giseh. École polytechnique, 59. — Ses résultats. Les professeurs sont volontairement remplacés par des indigènes d'une manière prématurée, 60. — Cours de droit administratif, par M. Solon; nouvelle jonglerie, 61. — Méhémet-Ali n'est pas doué de la persévérance qui produit les choses durables. La solde des élèves, payée aujourd'hui plus irrégulièrement que jamais. Les honoraires des professeurs et des employés arriérés de plus d'un an. Il faut attendre trois semaines l'autorisation de faire remettre un carreau cassé, 62. — L'hôpital de Ras-el-Tin laissé pendant cinquante-deux jours sans matelas. Les écoles n'étaient que des instruments de guerre, 63.— Loin de profiter de la paix pour les doubler, Méhémet a partout réduit de moitié le nombre des élèves, 64.

CHAP. VII. — **Percement de l'isthme de Suez; Commerce; les Français en Égypte.**

L'idée d'un canal de jonction entre la mer Rouge et la Méditerranée a de tout temps occupé le monde, page 65. — Une compagnie française a offert de se charger de l'opération, 66. — Avantage de la proposition. Méhémet-Ali a refusé. Pourquoi, 67. — Si toutes les puissances voulaient le canal, Méhémet n'y pourrait mettre obstacle. L'Angleterre appuie ses répugnances parce qu'elle veut s'emparer de l'Égypte, 68. — En cas d'un envahissement de l'Égypte, il n'y aurait aucune résistance locale. L'armée régulière est anéantie, 69. — Étroitesse du sentiment patriotique. La Grande-Bretagne a la mesquine ambition de se voir maîtresse de la moitié du globe. Elle excite le vice-roi à construire un chemin de fer du Caire à Suez, 70. — Inutilité d'une pareille entreprise, 72. — Les Anglais ont déjà pris à Aden possession de la mer Rouge. Ils fondent leur influence en Égypte en y répandant de l'argent, 73. — Les dernières affaires de Syrie, funestes à notre position sur les bords du Nil. La France y a perdu son prestige, 74. — Notre commerce éprouve le contre-coup de cet abaissement. Les Anglais ont pris notre place sur les marchés d'Égypte. Exportations et importations comparatives de la France et de l'Angleterre. Tableau général du commerce de l'Égypte, 75.— La décadence de notre commerce s'étend à tout l'Orient, 76.—La frauduleuse infériorité de nos produits déconsidère partout la manufacture française. Urgente nécessité d'une loi sur les marques de fabrique, 77. —Pourquoi la carrière diplomatique est-elle interdite aux drogmans? Mérite et honorable caractère de nos compatriotes en Égypte, 78.— Ils sont abandonnés par la mère-patrie. Sollicitude de l'Angleterre pour ses nationaux à l'étranger. Nos diplomates n'acceptent que le côté politique de leur rôle, 79. — M. Andriel laissé aux mains du rapace vice-roi. Partout les Français se plaignent de la morgue aristocratique de leurs protecteurs naturels, 80. — Les agents anglais entendent bien mieux leurs devoirs, 81.

CHAP. VIII. — **Les Fellahs.**

Il n'y a de différence entre les Égyptiens et les sauvages que l'impôt qui les accable. Aspect repoussant de leurs villages. Leur combustible. L'Égypte n'a pas de bois, page 83. — Aucune espèce de meuble dans la tanière des fellahs, 84. — Tous les écrivains attestent leur indicible pauvreté, 85. — Ils sont quelquefois réduits à se nourrir de feuilles de chardon ou de semences de coton et de graines de lin, 86. — Ils meurent d'inanition à côté des magasins du vice-roi, gorgés de blé. Mortalité que cause la peste parmi eux, 87. — Leur misère intéresse ainsi la santé générale de l'Europe, 88. — La peste se charge de prouver aux plus égoïstes la solidarité de tous les peuples. Le fellah ne sait plus faire vivre ses enfants, 89. — Ils meurent presque tous. On ne trouve pas la moindre parcelle de civilisation dans les villages d'Égypte, 90. — La vie des fellahs se réduit au fait d'exister. L'excès de la misère détruit en nous les impressions délicates, 91. — Splendide palais de Méhémet-Ali. L'apathie des fellahs tient essentiellement aux circonstances où ils se trouvent, 92. — Ceux de Thèbes, antiquaires et habiles faussaires. Le paysan égyptien est paresseux parce qu'il ne retire rien de son travail. Grossièreté des moyens de culture, 93. — Comment on recrute l'armée. Mutilations volontaires pour échapper à la presse. Régiments de borgnes, 94. — Curage des canaux par corvées, 95. — Exactions commises par Abbas-Pacha, 96. — Vols de fourrages à main armée pour nourrir les chevaux du haras de Méhémet-Ali, 97. — Le fellah n'a plus rien. Les femmes même ont été dépouillées de leurs bijoux séculaires, 98. — Six millions de dot à la fille de Méhémet-Ali. Parade et tragédie. Émigration des fellahs en Syrie, malgré les mesures violentes prises pour s'y opposer, 99. — Dépopulation toujours croissante, 100. — Il est difficile de croire à l'esprit de brigandage et de meurtre prêté aux fellahs. Ils sont voleurs parce qu'ils n'ont rien. Les Turcs et le grand-pacha leur donnent l'exemple. Ils paraissent bons et reconnaissants, 101. — L'Egypte peut-elle concevoir l'espérance d'être délivrée de Méhémet-Ali, 102. — Elle y gagnera peu de chose si la révolution est faite par un Turc. Ibrahim pacha est le digne fils de son père, 103. — Il est plus organisateur, mais impitoyable. Diverses preuves de sa cruauté, 104. — L'Egypte ne pourrait être régénérée que par un établissement européen impossible aujourd'hui, 109.

Chap. IX. — **Chasse aux hommes dans le Sennaar et le Kordofan ; Eunuques.**

Conquête du Sennaar et du Kordofan, page 110. — On enlève les habitants pour en faire des esclaves, 111. — Comment fut vengée la mort d'Ismayl, fils de Méhémet-Ali. Le prétendu civilisateur de l'Egypte n'est qu'un vil négrier. Il envoie vendre au marché les nègres qu'il prend. Il paie quelquefois ses troupes avec des esclaves. Un jour de solde, 112. — Récit d'une chasse aux hommes dans le Sennaar, 114. — Méhémet n'a pas pour cette infamie la mauvaise excuse d'un précédent établi, 120. — Syout, seule ville du monde civilisé où l'on fasse encore des eunuques. Méhémet-Ali participe directement à ce forfait, 121. — Pourquoi la France et l'Angleterre ne lui interdisent-elles pas cette exécrable industrie ? Abdul-Medjid appelé à prendre rang parmi les bienfaiteurs de l'humanité, en supprimant les eunuques en Turquie, 122.

Chap. X. — **De la nationalité arabe ou égyptienne.**

L'idée d'une nationalité arabe attribuée à Méhémet-Ali est un mensonge politique, page 123. — Méhémet-Ali est resté Turc, et se considère en Egypte comme en pays conquis. Il n'a jamais porté le costume national, et ne veut pas même parler arabe, 124. — Les arnaoutes. Petit nombre de fellahs envoyés en Europe pour s'instruire. Méhémet, forcé d'employer des gens du pays, les tient à distance, 125. — Ils ne peuvent dépasser le grade de colonel. Jamais un d'eux n'est parvenu à la dignité de pacha. Le vice-roi gouverne avec des

Turcs et des chrétiens. Il n'a fait d'emprunts à la civilisation que dans son intérêt exclusivement personnel, 126. — Le fellah écrasé sous les mêmes vexations qu'autrefois, 127. — Méhémet a fait tout ce qu'il a voulu d'un peuple façonné depuis des siècles à une obéissance servile. Il avait table rase, 128. Aujourd'hui que la paix est irrévocable, il détruit les institutions créées pour la guerre, et d'où pourrait sortir maintenant le progrès. Les Egyptiens élevés en Europe, sont découragés et abandonnés, 129. — Etat d'avilissement où est tombée la population, 130. — L'Egypte est un pays où un huitième des habitants bat les sept autres huitièmes. Les Européens eux-mêmes ont aussi le bâton toujours levé sur les fellahs. Théorie de la bastonnade aussi fausse qu'atroce, 131. — La masse de la nation n'a point avancé d'un pas au delà de ce qu'elle était sous les mameloucks, 132. — Il n'y a point de patrie pour des hommes réduits à la condition de serfs, 133.

Chap. XI. — Méhémet-Ali.

Biographie de Méhémet-Ali, page 134. — La conquête de l'Egypte a été moins difficile qu'on ne croit. L'influence seule de la France a pu en dernier lieu conserver à Méhémet son pachalick, 140. — Il a ruiné le pays sans parvenir à s'enrichir lui-même. Misère générale. Est-ce là l'œuvre d'un grand homme? 142. — L'ordre qui règne en Egypte est l'ordre de la torpeur et de l'inanition. L'auréole de civilisateur de Méhémet est faite de clinquant. Son caractère. Ses qualités, 143. — Il exploite l'Egypte plutôt qu'il ne la gouverne, c'est plutôt un marchand qu'un chef d'Etat, 144. — La liberté de séjour et de passage en Egypte, pour les Francs, est le résultat de l'emploi des Européens, et non celui d'une volonté généreuse. Méhémet n'a usé de la civilisation qu'autant qu'elle servait ses vues personnelles. M. Rousset, 145. — L'administration réglée selon l'année solaire pendant que les impôts continuent à être payés selon l'année lunaire. Pas de budget, 146. — Toutes les fondations de progrès de Méhémet n'ont rien produit, parce qu'elles partaient d'un principe d'égoïsme, 147. — Il est insatiable de célébrité, et désire surtout se faire un beau nom en Europe. L'observatoire érigé à côté des écoles qu'on abat. Retentissantes inutilités, 148. — La gloire du vice-roi tient à ce qu'ayant compris le pouvoir de la *réclame*, il a su payer son éloge dans quelques journaux. La personne de Méhémet-Ali, 149. — Conversation avec lui. Il sait parfaitement ce qu'il fait. Il doit porter la responsabilité entière de ses actes au tribunal de la postérité, 150.

SECONDE PARTIE. — VOYAGE.

Chap. Ier. — Bateaux-Postes du Levant; Malte.

Bateau à vapeur *le Caire*, sa force, sa consommation, 151. — Les bateaux à vapeur du Levant causent une perte à l'administration, tandis que ceux du Lloyd autrichien réalisent des bénéfices considérables. Indigne manière dont les passagers de troisième classe sont traités, 152. — Part faite au peuple dans les deux grandes inventions du xixe siècle. Il faut trouver un autre agent de force que la houille. Les frères et sœurs moraves aux premières, 153. — L'île de Calypso. Les chevaliers de Malte. Ils avaient des esclaves, 154. — La révolte toujours à côté de la servitude. Les Anglais se contentent d'occuper Malte. Les Maltais, vrais idolâtres. La ville de Lavalette, 155. — Les Maltaises. Le palais. L'église Saint-Jean, 156.

Chap. II. — D'Alexandrie au Caire.

Émotion en abordant la terre des sphinx et des pyramides, page 157. — Les chameaux et les ânes, montures du pays. Alexandrie, ville à moitié européenne. Sa population, 158. — Manière de s'asseoir. Bazar. Boutiques. Les marchands, 159. Les femmes n'ont aucune part au commerce. Leur costume, 160. — Les femmes musulmanes sont libres de sortir quand elles veulent. Leur manière de monter à ânes. Il ne reste rien de l'ancienne Alexandrie, 161. — Colonne de Dioclétien, dite de Pompée. Sentiment artistique des Grecs et des Romains. Cimetières. L'aloès, préservatif contre le mauvais œil, 162. — Les deux obélisques. Fontaine d'albâtre, carrière d'albâtre, 163. — Palais du vice-roi, 164. — Delta. Les atterrissements des fleuves servant à déterminer l'âge du monde, 165. — Canal Mamoudyeh. Comment Méhémet le fit recreuser. Atfeh, 166. — Fouah. Bazar de comestibles à Fouah. Café sous une tente, 167. — La pipe et le café. Luxe de chiboucks. Les chiboukiers. Kafr-Saïa, 168. — Les almées; leur costume, leur orchestre, 169. — Leur danse mimée. Cette chorégraphie licencieuse est un trait de mœurs. Les femmes d'Orient n'échappent pas à la prostitution, 170. — Des spéculateurs font élever des esclaves pour le métier d'almées; des mères y vouent leurs filles. La jeune almée et la jeune fille, 171.

Chap. III. — Caire.

Superficie de l'Égypte, page 172. — Boulak. Aspect du Caire. Ses rues. Ses macherebiehs. La ville va crouler, 173. — Elle n'est pas éclairée la nuit. Place d'El-Esbekyeh. Beauté intérieure des anciennes maisons. Mauvais goût moderne. Paysage turc, 174. — Jardins. La charité musulmane les ouvre à tout le monde. Celui de Rodha, 175. — Les ânes de louage. Les âniers merveilleux coureurs, 176. — Facilité d'accès chez les Orientaux. Réception, 177. — Les Orientaux signent toujours avec un cachet. Citadelle. Architecture polychrôme. Puits de Joseph, 178. — Panorama du Caire, 179. — Ménagerie du vice-roi d'Égypte. Circoncision. Fantasia, 180. — Mariage des pauvres pour célébrer la circoncision, 181.

Chap. IV. — Mosquée; Religion.

Le fanatisme musulman s'est beaucoup relâché, 182. — Les chrétiens peuvent entrer dans les mosquées. Politesse des Orientaux, comparée à la nôtre. Cawa. Dispositions d'une mosquée, 183. — Muezzim. Beauté des mosquées du Caire. Celle d'Hassam, 184. — Tombes des princes mahometans. Mosquée de Teyloun, celle d'Amrou et d'El-Azhar. Mehemet-Aly en fait construire une toute en albâtre dans la citadelle, 185. Délicieuse richesse de détail dans l'architecture arabe. Délabrement des édifices religieux. Alliance de la familiarité et du respect en Orient. Prière des musulmans, 186. — Ils prient en tous lieux. Caractère hygiénique des ablutions. Les mahométans sont très superstitieux. Amulettes, 187. — Penchant de l'homme pour la pluralité des dieux. Santons. Les idiots déifiés, 188. — Canonisation musulmane. Fontaine attachée aux tombeaux des santons. Différentes fontaines, 189. — Eau distribuée gratis. Quelques mahométans commencent à douter. Écoles gratuites et communes attachées à toutes les mosquées. Méthode d'enseignement adoptée depuis peu en Europe et pratiquée depuis des siècles par les Arabes, 190. — Collége central d'El-Azhar. Routine. Les érudits seuls comprennent l'arabe du Coran. Les Orientaux qui savent lire et écrire sont des exceptions, 191. — L'arabe parlé, l'arabe épistolaire et l'arabe littéraire. Uléma. Les prêtres musulmans. Corps des ulémas en Égypte, 192. — Vénération des musulmans pour les tombeaux. Le cimetière d'Alexandrie déplacé, 193. — Derviches hurleurs, 194. — Haut esprit de raison déployé par le chef des hurleurs, 195. — Ces derviches sont des moines mendiants. Ils sont répandus dans toutes les contrées musulmanes. Leur pauvreté. Grotte de la Vierge. Chapelle copte, 196. — La réputation de lettrés des Coptes. Leur foi chrétienne est mêlée d'islamisme. Les femmes coptes et arméniennes tenues dans l'abaissement du harem, 197. — Erreur sur l'action du christianisme. Ce sont les prêtres qui font les eunuques. Les Coptes ont des esclaves. Les nations les plus catholiques de l'Occident ont aussi des esclaves. Églises coptes, 198. — Couvent de la Poulie, 199. — Mendicité acharnée. Les Coptes ne sont pas les descendants directs des anciens Égyptiens. Les différents cultes librement pratiqués dans l'empire du croissant, 200. Les lazaristes construisent une église à Alexandrie, 201.

Chap. V. — **Le Coran.**

§ Ier.

Les Arabes conservent la généalogie de Mahomet depuis Adam par Ismaël. Mahomet naquit pauvre. Il prépare sa mission pendant quinze ans, 203. — C'est un des plus grands poètes de la langue arabe. Persécution contre lui. Hégire ou fuite de la Mecque, 204. — Propagande à main armée. Ressemblance entre divers miracles de Jésus et de Mahomet, 205. — Mort du prophète, 206. — Son caractère. Sa haine pour les Juifs. Admirable attachement des Juifs pour leur religion, 207. — Mahomet, d'après le Coran, ne fit pas de miracles, 208.

§ II.

Mahomet, en prêchant l'unité de Dieu, fondait une unité politique, 208. — Le croyant a une patrie partout où règne le Coran. Haute valeur humanitaire de l'islamisme. Une partie du monde suit la loi du prophète. Mahomet était ignorant, 209. — Sa cosmogonie. Les Arabes possédaient la tradition d'un dieu unique, mais ils étaient devenus idolâtres, 210. — L'idée fondamentale de la réforme du prophète est la destruction de l'idolâtrie. Le Dieu de Mahomet est celui d'Abraham, de Moïse et de Jésus. Mahomet est venu dire le dernier mot du Créateur à l'humanité, 211. — L'adoration des anges, des saints et de Jésus est de l'idolâtrie. Avant tout, Mahomet veut détruire le

culte des idoles, 213. — Contradiction dans l'idée qu'il se fait de Dieu, 214.
— Il s'appuie constamment sur les traditions bibliques, tout en les altérant.
Fable sur la mort de Salomon, 215. — Mahomet croit aux anges et au diable.
Les esprits qui écoutent aux portes du septième ciel, 216. — Les Apôtres et
les Pères de l'Église croyaient aux relations des démons avec les devins. Ce
qu'en dit saint Augustin. L'Évangile admet aussi l'action malfaisante des démons dans le monde, 217. — Rôle des anges d'après le Coran. Mahomet
annonce le jugement dernier, quoique Moïse n'ait rien dit sur la résurrection des corps, 218. — Conséquences de la doctrine de la rémunération.
L'enfer de Mahomet. Son paradis, 219. — Les paradis sont toujours la réalisation de ce que désirent les hommes sur la terre. Les houris. Aucune place
pour les femmes dans le paradis de Mahomet, 220. — Plaisirs sensuels promis aux élus, même pas le christianisme. Fatalisme, 221. — Le mal comme
le bien est l'ouvrage de Dieu, 222. — La loi chrétienne n'accorde pas plus au
libre arbitre que la loi mahométane. Les premiers chrétiens fatalistes, 223.—
Doctrine de la grâce. Les jansénistes, 224. — Judas était condamné de toute
éternité à livrer le Christ. Satan entre en lui pour consommer l'infâme trahison, 225. — La philosophie a émancipé l'Occident, 226.

§ III.

Le Coran est un livre révélé. Sa rédaction est très confuse, page 226. — Il porte,
comme le Pentateuque et l'Évangile, le cachet des passions humaines. Danger de fixer la *vérité* dans un livre. L'origine céleste prêtée aux religions a
été un malheur pour l'humanité, 227. — L'esprit du Coran est plein de mansuétude et de justice, 228. — Sa prescription fondamentale est la charité. La
pauvreté a blessé tous les bons esprits, 229. — Plus d'aumônes, du travail.
Charité des musulmans, 230. — Le Coran commande aussi d'aimer tous les
hommes sans distinction de culte, 231. — Il prêche le pardon des injures,
et la douceur même envers les animaux. Bonté des musulmans pour les animaux. La morale du Coran, comme celle de l'Evangile, a élevé l'âme humaine à sa plus haute puissance, 232.— Kabil. Hatem. Préceptes de conduite
et même de politesse, 233. — Blâme des macérations. Les ablutions, 234. —
Education. Les mahométans ont répandu de grandes lumières dans le monde.
L'institution du pèlerinage à la Mecque indique les vues d'un homme d'Etat,
235. — Les fêtes commémoratives ravivent la foi. Mahomet éloigne toute
cérémonie du culte. Code criminel barbare, 236. — Le prophète n'a rien
fait pour les femmes ni pour les esclaves. Il ne voit les femmes que comme
des instruments de plaisir et de procréation. C'est au progrès des idées de
justice qu'elles doivent leur émancipation relative, 237. — Saint Paul les
maintient dans leur antique abaissement. La polygamie rationnelle en Orient,
où il naît trois femmes contre un homme. Mahomet ne la resserre pas dans
des limites suffisantes. Grossière législation matrimoniale, 238. — Mahomet
avait neuf épouses. Cette passion effrénée, cause du misérable rôle des femmes dans l'islamisme. Le Christ était tombé dans un excès contraire, 239. —
Le rationalisme a confondu l'extravagante doctrine qui condamne l'amour.
Le Dieu de Mahomet, à l'exemple de Jehova, règlemente l'esclavage, 240.

TABLE ANALYTIQUE.   363

§ IV.

Mahomet n'a rien apporté de nouveau à l'humanité, page 240. — Il laisse au pouvoir paternel son autorité absolue. La fraternité universelle est un dogme essentiellement moderne, 241.— Les trois révélateurs juif, arabe et chrétien, ne parlent qu'à une nation privilégiée, 242. — La science nouvelle consacre le droit de tous les hommes au bonheur, 243.

CHAP. VI. — **Navigation du Nil; le Nil; Agriculture.**

Barque de voyage, appelée cange, page 244. — Elle n'est pas garnie, 245. — Hors des villes on ne trouve rien. Location d'une cange. Nègres barabras qui viennent se louer en Egypte comme mariniers. Leur caractère, 246. — Rudesse du métier des matelots du Nil, leur paresse volontaire, leurs mœurs tranquilles, leur musique, 247. — Danse des Barabras, 248. — Café. Douceur de manières des gens du peuple en Orient. Backchis à chaque ville. Les domestiques drogmans, 249. — Le Nil très fréquenté. Richesse ornithologique de ses rives, 250. — Paysage d'Orient. Pluie en Egypte, 251. — Le Nil. S'il se desséchait, l'Egypte disparaîtrait, 252. — Excellence de son eau. Erreur sur l'action fécondante du limon du Nil. Direction précise donnée à l'inondation, 253. — La crue du fleuve est loin de suffire à la culture. Sakyeh. Chadouff, 254. — Seaux en tresses de feuilles de palmier. Trois récoltes par an, 255. — Merveilleux aspect de l'Egypte au mois de décembre. Une vue de Normandie. Culture. Les vaches à la charrue, 256. — Pas de jachères. Manque d'animaux de labour. Froid. Costume des fellahs hommes et femmes, 257. — La tournure des femmes d'une beauté antique. Mœurs des femmes fellahs, 258. — Elles se cachent le visage et pas la poitrine. La pudeur. Usage du henneh pour colorer les ongles et les mains. Tatouage. La mode des anneaux de nez disparaît, 259.

CHAP. VII. — **Moyenne-Egypte.**

Fayoum. Lac Mœris, page 260. — Beny-Soueff. Une heure pour acheter quatre poules. Bon marché de la vie matérielle, 261. — Pigeonniers. Troupeaux. Les tondeurs, 262. — Elévation des rives du Nil. Il ronge les terres sans qu'on lui oppose aucun obstacle. Les chiens d'Orient, 263. — Almées d'Onasana, 264. — Cafés. Jeu du djerid. Dextérité des cavaliers égyptiens, 265. — Samallout. Ruines partout. Cannes à sucre. Fabrication du sucre, 266. — Palais monolithe de Djebel ou Yabal-Teir. Motifs du journal de navigation. 267.

CHAP. VIII. — **Race des habitants de l'Egypte; Antériorité de la civilisation éthiopienne.**

Le teint des habitants devient plus foncé à mesure qu'on remonte le Nil, 269. — Le soleil a-t-il transformé les blancs en nègres? Les contrées sous les mêmes latitudes que l'Afrique n'ont point d'habitants noirs. Pourquoi, si le climat détermine la couleur, y a-t-il des nègres de différentes nuances? 270. — Tissu réticulaire de Malpighi. Opinion de M. Wiseman. Doutes sur l'unité de la race humaine, 271. — Observations de M. le docteur Aubert-Roche en Nubie et en Abyssinie. Neige et gelée dans le Samen, 273. — Les Arabes qui habitent sous les mêmes latitudes que les Nubiens sont restés parfaitement blancs. Si l'on suppose deux races d'hommes, tout s'explique, 274. — L'Egypte a d'abord été peuplée par les nègres. C'était l'opinion de l'antiquité. Hérodote, 275. — Aristote, Lucien, 276. — Les modernes sont tous d'accord sur ce point. Volney, Champollion jeune, M. Caillaud, 277. — Exploration des monuments de l'Ethiopie, par M. Hoskins, 278. — M. Pariset constate l'origine noire de la civilisation du Delta, 280. — M. Eusèbe de Salles, de même. La grandeur de l'empire de Maroc attestée par Homère et l'Ancien-Testament, 281. — Renom scientifique de l'Ethiopie dans l'antiquité. Le minerai d'or traité par le mercure en Afrique, au XIIe siècle, 282. — Témoignages de la domination des Ethiopiens en Egypte. Sabacon, 283. — Tahraka. Preuves du haut rang que des hommes noirs occupèrent en Egypte. Tableaux ethnographiques des hypogées, où le nègre occupe toujours la seconde place après l'Egyptien, 284. — L'Européen était alors un sauvage nu et tatoué, 285. — Aristote disait identiquement de l'intelligence des peuples d'Europe ce que nous disons de celle des peuples d'Afrique. L'inégalité intellectuelle de telle ou telle race n'est plus soutenable. Gouvernement sacerdotal de Méroé, détruit par le roi Ergamène, 286. — Le royaume de Méroé avait encore un reste de puissance au temps d'Auguste, 287. — La géologie confirme l'histoire. Aménophis III, dit Memnon, était un mulâtre, 288. Unions des rois d'Egypte avec des négresses. Usages communs entre les Ethiopiens et les Egyptiens, 289. — Le type nègre s'est perpétué dans la physionomie des Egyptiens modernes. Ce sont les races blanches entrées par l'isthme de Suez qui ont éclairci graduellement le sang des natifs, 290. — Il n'y a pas d'Arabes en Egypte. Les fellahs sont les descendants purs des anciens Egyptiens, 291. — Le climat de l'Egypte est mortel pour les enfants des étrangers, 292.

CHAP. IX. — **Haute-Egypte.**

Monfalout. Les enfants faisant la roue, page 294. — Syout, ville infâme. Un point de vue d'Europe, 295. — Les crocodiles ne descendent jamais plus bas que Syout. Leur immobilité sur les îlots où ils viennent respirer. Le trochilus. Les causes finales, 296. — Le crocodile est très peureux. Comment on le chasse, 297. — Girgeh. Le Nil a déjà dévoré un quart de cette grande ville, qu'on lui abandonne. Incurie. L'esprit d'ordre et d'ensemble manque aux Orientaux. Alliance des choses les plus opposées, 298. — Bazar de Girgeh. Tapis fabriqués par les Arabes du désert. Missionnaires catholiques, 299. — Haute-Egypte. Changement dans le costume des femmes. Nudité des hommes. Sommeil en plein air, 300. — Pigeonniers de la Haute-Egypte. Tous les fellahs filent de la laine en marchant. Divan d'un mamour, 301. — Bonheur prêté à la simplicité de l'état de nature. Keneh ; son commerce de transit avec Kosseyr. L'Egypte entière est logée dans de la boue. Fabrication des bardaques, 302. — Sentiment artistique des potiers. L'invention des vases à rafraîchir l'eau est de tous les pays. Flottilles de cruches. Poteries, 303. — Assainissement de Keneh. Nombreuses morts par la piqûre du scorpion. Le vent toujours assez rare sur le Nil. Khous, 304. — Les femmes avec double paire d'oreilles et anneau de nez. Village de Louqsor, sa pauvreté, malgré le séjour des étrangers. Fours à poulets, 305. — Divertissements populaires semblables aux nôtres, 306. — Les conteurs. Manière d'applaudir des Orientaux, leur impassibilité, 307. — Ils vivent très retirés. Théâtre italien à Alexandrie et au Caire, non fréquenté, 308.

Chap. X. — Ruines de Thèbes.

Thèbes, la plus grande ville du monde ancien et moderne, page 309. — Le temple. — Palais de Louqsor. Son pylône, 310. — Colosses monolithes qui ornaient la façade de ces édifices. Obélisques, monuments particuliers aux Egyptiens, 311. — Exploitation des carrières. Destination des obélisques. Origine de ce mot, 312. — Karnac, le plus magnifique et le plus vaste édifice qu'ait élevé la main des hommes, 313. — Immensité des sculptures. Cambyse et les chrétiens, destructeurs des monuments d'Egypte, 314. — Martelage systématique des figures. Les religions toujours impitoyables les unes pour les autres. Souvenir de l'expédition française à Karnac, 315. — Les ruines de Thèbes, ignorées jusqu'à cette époque. Statue de Memnon, 316. — Explication de la statue vocale. Medinet-Abou, 317. — Ville dispersée au milieu de ses colonnades. Comment de telles constructions pouvaient-elles être habitées par des hommes? Couleurs d'un pylône de Medinet-Abou, parfaitement conservées. Sanctuaire de la déesse Athor. Manie des voyageurs d'inscrire leurs noms sur les murailles, 318. — Rhamseum. Prodigieux colosse monolithe d'Aménophis III. Kournah. Biban-el-Molouk, 319. — Tombeaux des rois d'Egypte. Hypogée de Menephta 1er, 320. Délicatesse et perfection des sculptures peintes qui le décorent. Chambre non achevée. Mode de travail, 321. — Détails de la vie privée, peints à la gouache dans le tombeau de Ramsès Meyamoun. Leur attrait particulier, 322. — Dégradation permanente des hypogées. Les diverses classes de dévastateurs, 323.

Chap. XI. — L'art dans l'ancienne Egypte.

Toutes les villes importantes avaient des hypogées. Les grottes sépulcrales sont remplies d'ossements humains, 325. — Le tombeau de Psammeticus, délicieux palais monolithe. Ce chef-d'œuvre est condamné à une prochaine destruction, 326. — Nécropole de Syout, transformée en carrière. Nos impressions dépendent de nos idées sur les choses, 327. — Les momies ne paraissent plus que des objets de curiosité. Momies contenant encore tous leurs viscères. Beny-Assan; ses peintures sont perdues. Les antiquités devraient être confiées à des gardiens, 328. — Dévastation, abandon, profanation des monuments, 329. — Méhémet sait pourtant bien l'intérêt qu'ils inspirent à l'Europe savante, 330. — Les sculptures des temples et des tombeaux aussi précieuses pour l'historien que pour l'artiste. Tableau généalogique remontant à des époques inconnues. Soldats marchant au pas emboîté. Monceau de mains droites coupées. Coiffure de plumes, semblable à celle des Mexicains. Supplice de la décollation, 331. — Gymnastique. Les Egyptiens vivaient presque nus. Sandales. Souliers. Les femmes vêtues de longues robes, 332. — Beau style de l'architecture. Dé carré des chapiteaux. La forme pyramidale plus solide que toute autre, 333. — Voûte cintrée, les Egyptiens l'ont dédaignée. Caractère dogmatique de la sculpture. Toutes les théocraties voient la stabilité dans l'immutabilité, 334. — Perfection de l'art malgré l'absence de perspective, 335. — Justesse de mouvement. Immenses compositions. Recherches du modelé. Finesse exquise dans des profils de femmes, 336. — Les Egyptiens n'excellaient pas moins dans la ronde-bosse que dans le bas-relief. Ils appliquaient la couleur à l'architecture avec un sentiment d'art parfait, 337. — Les artistes appartenaient sans doute à la caste sacerdotale. Leurs travaux sont des œuvres collectives. Aucune individualité ne s'y révèle. Pourquoi l'art égyptien n'est pas allé plus loin. La liberté indispensable pour l'entier développement du génie de l'homme, comme pour son bonheur, 338.

Chap. XII. — Momification.

On embaumait les animaux comme les hommes. Grotte de Samoun, 339. — Il n'y a pas d'exploration plus pénible que celle de la grotte de Samoun, 340. — Incalculable amas de momies de toute espèce. Emotion particulière que l'on ressent à les développer, 341. — Leur parfait état de conservation. L'embaumement avait pour but de prévenir la putréfaction. Petits paquets ne contenant que des débris de matière animale, 342. — Ces immenses travaux de momification seraient le comble de l'absurdité, s'ils n'étaient le comble de la sagesse. Destruction calculée des crocodiles. Puits d'oiseaux sacrés à Sakkarah. Disposition des pots à momies, 343. — On ne croit plus aujourd'hui que l'Egypte adorât des animaux. L'unité de Dieu était la base de ses croyances religieuses, 344. — Le culte rendu aux animaux était une corruption d'un symbolisme primitif, comme le culte des images. Une loi du sacrilège, votée de notre temps. Science de l'antique Egypte, 345.

Chap. XIII. — Pyramides.

Pyramides de Giseh et de Sakkarah, 347. — Effet qu'elles produisent. Dimensions de celle de Souphi, dite de Chéops. Revêtement en mastic encore très brillant. Le sphinx de Giseh, ses dimensions, 348. — Pyramides à degrés de Sakkarah. Les pyramides étaient-elles uniquement des tombeaux? Elles ne portent aucune inscription, 349. — Il est impossible de croire que ceux qui les élevèrent ne savaient pas l'art d'écrire. L'origine de ces monuments en Ethiopie. Nécropole de Memphis. De Memphis il ne reste rien, 350. — Colosse de Sésostris. Est-ce des carrières de Tourrah que l'on a tiré les matériaux des pyramides? Beauté de ces carrières. Les Egyptiens avaient des moyens d'extraction supérieurs aux nôtres, 351. — Inscription en caractères inconnus. Arabes du désert, fixés au pied des pyramides. Leurs obsessions auprès des voyageurs, punies à grands coups de courbach, par le chef du village, 352. — Mendicité poussée jusqu'à l'abjection, 353.

FIN DE LA TABLE ANALYTIQUE.

SAINT-DENIS. — IMPRIMERIE DE PREVOT ET DROUARD.

www.ingramcontent.com/pod-product-compliance
Lightning Source LLC
Chambersburg PA
CBHW050251170426
43202CB00011B/1636